대원불교
학술총서

39

대원불교
학술총서
39

불교와 에크리튀르

대승경전의 기원과 형성

시모다 마사히로 지음
박현진 옮김

운주사

발간사

오늘날 인류 사회는 4차 산업혁명을 통해 완전히 새로운 세상을 맞이하고 있습니다. 전통적인 인간관과 세계관이 크게 흔들리면서, 종교계에도 새로운 변혁이 불가피하게 되었습니다. 이런 상황에서 대한불교진흥원은 다음과 같은 취지로 대원불교총서를 발간하려고 합니다.

첫째로, 현대 과학의 발전을 토대로 불교를 현대적으로 재해석할 필요가 있습니다. 불교는 어느 종교보다도 과학과 가장 잘 조화될 수 있는 종교입니다. 이런 평가에 걸맞게 불교를 현대적 용어로 새롭게 이해할 수 있도록 하려고 합니다.

둘째로, 현대 생활에 맞게 불교를 이해할 필요가 있습니다. 불교가 형성되던 시대 상황과 오늘날의 상황은 너무나 많이 변했습니다. 이런 변화된 상황에서 부처님의 가르침을 제대로 이해할 수 있도록 하려고 합니다.

셋째로, 불교의 발전과정을 종합적으로 이해할 필요가 있습니다. 북방불교, 남방불교, 티베트불교, 현대 서구불교 등은 같은 뿌리에서 다른 꽃들을 피웠습니다. 세계화 시대에 부응하여 이들 발전을 한데 묶어 불교에 대한 총체적 이해가 가능하도록 하려고 합니다.

대원불교총서는 대한불교진흥원의 장기 프로젝트의 하나로서 두 종류로 출간될 예정입니다. 하나는 대원불교학술총서이고 다른 하나는 대원불교문화총서입니다. 학술총서는 학술성과 대중성 양 측면을 모두 갖추려고 하며, 문화총서는 젊은 세대의 관심과 감각에 맞추려고 합니다.

본 총서 발간이 한국불교 중흥에 조금이나마 기여할 수 있기를 바랍니다.

불기 2569년(서기 2025년) 12월

(재)대한불교진흥원

머리말

불교학이라는 학문은 기구한 운명을 걸어왔다. 약 2,500년 전 인도에서 탄생하여 광활한 아시아를 고향으로 삼아 형성된 장대한 지식 체계는, 19세기 초 서구에 연구 거점이 형성되면서 이국의 땅에서 탐구되고, 해체되고, 재구축되기 시작했다. '근대불교학'이라 불리는 현재의 불교학은 인도·유럽어라는 언어 세계에 대한 인식에서 비롯된 새로운 서양 인문학에 의해 학문적 기반이 마련되었다.

오늘날에 이르기까지 근대불교학 200년의 역사는 동양을 대표하는 전통 종교의 지知가 서양의 인문지人文知에 비추어지면서 그 내용을 새로운 형태로 드러내 온 과정이기도 하다. 불교의 지식 체계는 이 힘을 통해 근대 세계에 표현되어 왔다. 동서양을 막론하고 근대불교학이 학계에 착실히 뿌리내릴 수 있었던 것은, 동서양 문화가 내립하면서도 융합하는 세계사적 무대에서 동양의 지知를 참신하게 재구성하고 표출하는 힘을 이 새로운 학문이 지니고 있었기 때문이다.

서양의 인문지는 지난 2세기 동안 비약적으로 심화되고 크게 변화해 왔다. 그러나 이러한 변화에 따라 불교학 또한 변모했는가 묻는다면, 대답은 '아니다'이다. 불교학은 19세기 후반 이후, 문헌학–또는 이른바 '역사학'–이라는 방법을 중심에 두고 남아시아, 중앙아시아, 동아시아, 동남아시아라는 광대한 지역을 포괄하는 독자적인 연구 영역을 구축하면서 자신의 기원인 인문학과의 관계를 점차 의식하지 않게 되었다.

그 결과, 1970년대 사회인류학으로부터의 비판과 1980년대 이후 고고학적 입장에서의 비판을 제외하면, 지금까지 불교학은 그 방법론을 재고할 기회를 갖지 못했다.

실제로 현재 학계가 직면한 해결하기 어려운 몇몇 문제는 불교학이 인문지의 발전과 괴리되면서 발생한 것이다. 그 대표적인 과제는 '고대 인도에서 출현한 대승불교를 어떻게 이해할 것인가'라는 불교 연구에서 최대 수수께끼로 여겨지는 문제이다. 동서양 연구에서 축적된 방대한 논의에도 불구하고, 이 문제는 여전히 해결의 실마리를 찾지 못하고 있다.

이 난제를 해결하기 위해서는 인문학이 오랜 기간 갈등을 거듭해 온, 역사라는 개념의 섬세하고 복잡한 내용을 깊이 탐구할 필요가 있다. 이미 지나간 과거가 어떻게 현재까지 보존되어 왔다고 할 수 있는가? 남겨진 흔적들로부터 어떤 과정을 거쳐 과거 사건이 되살아나는가? 시공을 초월한 타자들 사이에서 동일한 사건에 대한 인식은 어떤 과정을 통해 전달되는가? 이러한 문제를 풀어나가야 한다. 이는 연구 대상에 대한 규명인 동시에 연구 대상과 마주하는 연구자 자신의 지知가 구성되는 과정을 밝히는 일이기도 하다.

1960년대 이후, 인문학에서는 폴 리쾨르(Paul Ricœur), 헤이든 화이트(Hayden White), 자크 데리다(Jacques Derrida) 등의 사상가들에 의해 역사학에 대한 근본적 성찰이 활발히 이루어져 왔다. 역사학에서 '언어적 전회'라는 흐름의 등장이다. 이보다 조금 늦게, 종교학 분야에서는 윌프레드 캔트웰 스미스(Wilfred Cantwell Smith), 제럴드 셰퍼드(Gerald T. Sheppard), 윌리엄 그레이엄(William A. Graham) 등이 성전聖

典이라는 존재에 주목하며 이 독특한 장르의 텍스트가 인류 문명에 미치는 영향과 그 의의를 정밀하게 분석하였다.

이 사상가들은 대상에 대한 지知가 대상과 마주하는 인간의 의식과 얽히며 텍스트라는 장場에서 실현되는 복잡한 과정을 각 주제를 통해 상세히 밝혀내고 있다. 이때 핵심적인 과제는 연구 대상의 내용인 메시지와, 그 대상을 성립시키는 매체인 미디어 간의 상호 의존적 관계, 또는 그 사이에서 벌어지는 '유희'를 파악하는 일이다. 이는 19세기 초 G.W.F. 헤겔이 불후의 명저 『정신현상학』에서 정밀하게 해명한 바 있다. 의식·존재·언어로 분기하며 동적動的으로 성립하는 지知의 양상을 다시 텍스트라는 장場에 배치함으로써, 인문학이 마주하는 대상인 지知의 특성을 과제로 삼은 것이라 볼 수 있다.

인문학이라는 자신의 학문적 기반에 대한 인식이 희박해진 불교학을 방법론적으로 더욱 확실하게 만들고 지금까지 축적된 방대한 연구 성과를 인문학적 지식 체계 속에서 살아있는 것으로 만들기 위해서는, 이러한 사상가들의 성과 전체를 기반으로 삼아 이것들과 비교 검토하는 형태로 불교라는 지식 체계의 특성을 밝힐 필요가 있다. 본서는 그 최초의 시도로, 대승불교의 흥기라는 수수께끼를 구체적 문제로 삼고, 사상가들 중 데리다를 중심으로 다루며 그 해명을 시도한다. '불교와 에크리튀르'라는 본서의 주 제목은 여기에서 유래한 것이다.

이 과제를 해결하기 위해서는 과거를 내용으로 하는 불교의 지知가 현재 성립되는 과정에서, 역사 속의 텍스트(a text in history)와 텍스트 속의 역사(a history in text)라는 서로 다른 대상을 구성하는 방법을 정확히 구분하는 데서 출발해야 하며, 아울러 내용과 매체 간의 동시적

이면서도 상이한 관계를 해명해야 한다.

고대 인도에서의 역사적 현상이었던 대승불교를 이해한다고 할 때, 이는 마치 처음부터 그 형태로 존재하던 사실을 단순히 의식이 사후적으로 파악하는 일로 들릴지도 모른다. 그러나 그 현상이 연구자에게 출현하는 과정은, 남겨진 다양한 사실들, 그리고 무엇보다 텍스트를 통해 대승불교라는 지식 체계가 구성되는 과정과 완전히 중첩되어 있다. 즉, 대승불교는 그 대상을 마주하는 의식의 운동을 통해 지知로 성립할 때 비로소 하나의 '현상'이 될 수 있다.

대승불교 출현이라는 수수께끼에 대해 본서는 흥미로운 결론에 도달했다. 즉, 지금까지 학계에서 오랫동안 믿어져 왔던 것처럼, 역사적 실체로서의 대승불교가 먼저 교단의 형태로 존재하고 그로부터 대승경전이라는 텍스트가 생성된 것이 아니라, 오히려 이념을 부여하는 대승경전이 생성됨으로써 결과적으로 역사적 실체로서의 대승불교 교단이 형성되었다는 것이다. 하나의 장대한 지식 체계의 구성 과정이 대승불교라는 역사적 현상의 형성 과정과 겹치는 것이다.

본서에 수록된 여덟 개의 장은 저자가 지금까지 발표한 논문들을 바탕으로 학계의 연구 진전을 반영하여 상당 부분 가필·수정한 것이다. 제7장은 「종교사란 무엇인가」, 제8장은 「죽은 자와의 대화」라는 특정 주제에 맞춘 논문을 바탕으로 했기 때문에, 각 과제에 특유한 내용을 포함하고 있다. 주註의 유무는 초기 출판 형태를 유지하며, 1차 문헌의 출처는 선행 논문에 맡기고 인용을 최소화했다. 전체는 3부로 구성되어 있다. 제I부는 에크리튀르론, 제II부는 성전론, 제III부는 미디어론으로, 각 부의 중심 주제를 기준으로 한 분류이지만,

동시에 분량상의 가독성을 고려한 것이기도 하며 내용은 부분적으로 중첩되며 전개된다.

연구 대상과 이와 관련된 의식 간의 관계가 어떻게 나타나는지를 대승불교라는 의미의 장場을 구성하는 텍스트를 통해 서양 인문학의 성과와 대조하며 해명하는 작업은, 인문학이 구축하는 지知의 양상 자체를 가시화하는 일이다. 지식의 성립과 전승 과정에서 미디어와 메시지라는 과제는 웹상에서 지식의 구축·전달·교환을 놀라운 규모와 속도로 실현하는 정보통신 혁명이 종이 매체에 기반해 온 인문학의 양상을 크게 변화시켜 나갈 미래에도 변하지 않을 것이다. 이러한 의미에서 본서는 동양에서 형성된 불교라는 하나의 지知를 대상으로 삼아 서양 인문학의 지知의 가능성을 탐구하고 미래 인문학을 전망해 보려는 시도이기도 하다.

제 I 부

불교와 에크리튀르

제1장 에크리튀르론으로 조명하는 불교 연구
— 대승경전 연구의 준거틀 구축

제1절 대승경전 연구의 범위

(1) 텍스트 연구 관점의 전환

본 장에서는 『불교와 에크리튀르』라는 본서 전체 논의에 이론적 토대를 마련하기 위해, 자크 데리다(Jacques Derrida, 1930~2004)의 사상을 중심으로 관련 논의를 언급하면서 대승불교, 특히 대승경전의 연구 방법을 검토한다. 이는 동서양을 막론하고 불교 연구의 오랜 역사에서 거의 다뤄지지 않았던 영역을 탐구하여, 지금까지 여러 차례 제기되어 온 질문을 새로운 관점에서 조명할 가능성을 모색하려는 시도이다. 이미 제기된 질문을 미지의 지평에서 다시 질문함으로써 이전에는 보이지 않았던 의미를 발견할 수 있을 것이다.

여기서 '여러 차례 제기되어 온 질문'은 '대승경전이란 무엇인가'라는 본서 전체의 주제를 의미하며, '거의 다뤄지지 않았던 영역'은 데리다 사상의 핵심인 '에크리튀르(écriture)' 개념이 가리키는 주제 영역이다.

본 장에서는 이 개념이 무엇을 의미하는지, 그리고 불교 연구를 어떻게 심화시킬 수 있는지를 구체적으로 밝히고자 한다. 이에 앞서, 불교 연구자에게는 익숙하지 않은 용어를 번역하지 않고 원어 발음 표기(가타카나)로 사용하는 이유에 대해 간단히 서술하고자 한다.

이는 새로운 용어나 개념의 도입은 기존 문제에 대한 시각을 일시적으로 변화시킬 수는 있지만, 실질적 해결로 이어지지 않는 경우가 많기 때문이다. 유행이 지나고 나면, 문제는 본질적으로 해결되지 않은 채 다른 곳에 남아 있는 경우가 많다. 연구에 실질적으로 기여하려면, 연구자는 다른 영역의 용어나 개념의 도입에 더욱 신중해야 한다. 또한 그것을 번역하지 않고 그대로 사용할 경우, 논의의 핵심 개념을 불분명한 상태로 남겨두는 것이 되므로 연구자로서 불성실하다는 비난을 피할 수 없을 것이다. 외국어의 용어나 개념은 완전히 일치하지 않더라도 자국어로 번역해 제시하는 것이 논의의 공유를 위해 바람직하다. 실제로 여기서 사용하는 용어들은 텍스트, 글쓰기, 쓰는 행위, 서사 문자, 문자 언어, 언어=기호(적 현상) 등의 번역어로 대체할 수 있으며, 이하에서는 이러한 번역어들도 문맥에 따라 적절히 활용할 것이다.

이러한 문제의식을 인식하고 있음에도, 본서에서 이 단어를 도입하고 더욱이 원어 발음 표기로 사용하는 데에는 두 가지 이유가 있다. 첫째, 원어 발음 표기를 통해 이 개념에 내포된 다양한 의미를 하나의 단어로 포괄하여 나타낼 수 있기 때문이다. 이는 단순히 편의상의 문제가 아니다. 물론, 개별적으로 번역하여 구분하면 각 문맥에서의 의미가 더 명확하게 이해될 수 있다. 그러나 한편으로는 개별 문맥들이 서로 연결되어 형성하는 전체적인 맥락과 통합적 관점을 놓칠 수 있다. 바로 이러한 폐해를 방지하기 위해서이다.

둘째 이유는 더욱 중요하다. 이 단어는 경전 연구, 나아가 불교 연구의 피상적인 변화를 넘어, 연구 자세에 내재된 문제를 조명하고 그 방향을 수정하는 힘을 지니고 있다. 그 힘은 이 단어의 기존 의미에서 나오는 것이 아니라, 오히려 일반적인 의미 범위를 크게 넘어 사상, 역사, 종교, 문화에 대한 고찰을 촉발하는 단어의 기능에서 비롯된다. 이는 고정된 의미를 지닌 개념이 아니라, 사상적 활동을 유도하는 방법적 가설이다. 이 단어가 지닌 이러한 특성을 강조하기 위해서는 기호적 특징이 부각되는 원어 발음 표기가 효과적이다.

데리다는 에크리튀르(écriture, 문자 언어)를 통해 파롤(parole, 음성 언어)에 대한 기존의 관념을 전복시키며, 서구 형이상학에서 인식과 존재에 관련된 여러 문제를 부각시켰다. 그는 그 과정에서 다양한 종류의 방대한 텍스트를 깊은 철학적 통찰로 정밀하게 독해하며 에크리튀르 개념을 확고한 체계적 가설로 구축하였다. 그 결과, 데리다는 다음과 같은 점들을 제시하였다. 첫째, 세계 내 존재로서의 '자기自己'에 언어=기호가 깊숙이 스며들어 있다는 점. 둘째, '현존재現存在'란 이미 존재하는 텍스트 속에 자기自己가 얽혀 있는 현상이라는 점. 셋째, 현존재로 살아간다는 것은 그 텍스트를 끊임없이 엮어나가는 것이라는 점이다. 다시 말해, 텍스트는 실존으로서의 자기를 구성하는 세계 자체이며, 텍스트를 엮어나간다는 것은 자신을 현실 세계 속에 위치시키는 행위인 것이다.

그렇다면 불교 연구에서 아직 충분히 논의되지 않는 이 '텍스트론'의 지평 위에서 대승경전을 해명하는 방법을 재고하는 것은 어떤 의미가 있을까? 모든 텍스트는 궁극적으로 위에서 언급한 특성을 바탕으로 성립된다. 다만 그 발현 방식은 텍스트의 언설 유형에 따라 현저하게 드러나기도 하고 그렇지 않기도 하다. 예를 들어, 교리나 철학적 사변을 다루는 논서, 문학적 장식을 통해 자파自派의 정통성을 설득하는 왕통사서王統史書나 푸라나(Purāṇa), 의례의 의미와 근거를 논하는 제의서祭儀書 등은 텍스트의 언설 형태에 따라 각기 다른 특성을 드러낸다. 불교 텍스트 중에서는 아함, 니카야, 율, 논서 장르의 텍스트와 비교할 때, 성전聖典(Scripture)적 요소가 짙은 대승경전에서 이러한 분석이 특히 유효하다.

인문학 전반이 그러하듯, 인도학 및 불교학 연구는 그 발전과 함께 연구 대상인 텍스트의 세부적인 차이를 해명하는 데 주력해 왔다. 그러나 그러한 차이에 몰두한 결과, 그 차이가 인간 존재 자체에 대해 지니는 의미는 오히려 보이지 않게 되었다. 전문 분야의 세분화와 지식량 확대가 초래하는 불가피한 결과로 연구자들이 감수하고 있는 이 경향이 계속 심화된다면, 결국 이 학문은 전문가들만을 위한 것이 될 위험이 있다.

이런 상황에서 텍스트의 실존적 양상이 가시화된다면, 텍스트 해명은 곧 인간 실존에 대한 해명과 밀접하게 관련되어 있다는 점이 드러날 것이다. 근대불교학의 계보에서 구축된 문헌학의 역사를 지닌 대승경전 연구는, 에크리튀르론이라는 현대적 사상 활동과 연결됨으로써 새로운 의미를 담아낼 수 있고, 마침내 '문헌학'(philology, 로고스=말에 대한 사랑)이라는 용어에 잠재되어 있던 풍요로운 의미를 회복할 수 있을 것이다.

(2) 대승경전 연구를 위한 준거틀의 부재

현재 대승경전 연구는 새로 발견된 사본을 중심으로 한 문헌학적 연구, 여러 언어 번역본 비교를 통한 언어학적 연구, 각 경전의 소재 조사와 형성 과정 해명 등 다양한 분야에서 괄목할 만한 진전을 보이고 있다. 그러나 이러한 연구들이 사용하는 방법론에 대한 근본적 고찰은 이루어지지 않았고, 전체적으로 어떤 준거틀에 기반하고 있는지에 대해서도 거의 논의된 바 없다.

대승경전 연구의 방법론적 특성을 이해하기 위해서는 개별 연구 방법에 대한 검토와 더불어, 그 방법론적 타당성을 지탱하는 원리적·철학적 고찰이 병행되어야 한다. 자크 데리다가 제시한 텍스트 이해의 관점을 적용함으로써 대승경전 연구는 연구 대상의 성격과 이에 기초한 연구 성과를 종합적으로 활용할 수 있는 보다 안정적인 형태로 이루어질 수 있을 것으로 기대된다.

우선 대승경전의 연구 방법을 살펴보자. 대승경전의 연구 상황과 그 문제점에 대해서는 이미 시모다(下田)〔1997: 6-12〕에서 논한 바 있고, 본서 제2장, 제3장, 제6장에서도 다루므로 여기서는 개요만을 제시하고자 한다.

먼저 주목할 점은 근대불교학의 역사에서 대승경전 연구가 특정 시기부터 일본 학계의 영향을 크게 받아 왔다는 사실이다. 물론 근대불교학의 시작은 외젠 뷔르누프(Eugène Burnouf, 1801~1852)가 『법화경』의 산스크리트어 텍스트를 프랑스어로 번역하고 상세한 문헌학적 주석과 함께 출판한 쾌거에서 비롯되었다. 이 영향력은 지대했으며, 학계의 관심이 팔리어 문헌에 기반한 '역사적 붓다'의 재구성에 집중되던 상황에서도 바실리예프(Wassiljev), 리스 데이비즈(Rhys Davids), 프르질루스키(Jean Przyluski) 등에게 대승불교의 특성과 기원에 대한 관심을 이어가게 했다(Drewes〔2010a〕〔2010b〕). 그러나 이러한 과정에서 난조 분유(南條文雄, 1849~1927)와 가사하라 켄주(笠原研壽, 1852~1883)의 옥스퍼드대학교 유학을 계기로 『법화경』『무량수경』『아미타경』 등의 산스크리트어 텍스트가 세상에 공개되지 않았다면, 서양 학계가 이처럼 이른 시기에 대승경전의 의의를 깨닫지는 못했을 것이다. 이 두 인물이 19세기 후반 서양 인문학계의 걸출한 존재였던 막스 뮐러(F. Max Müller, 1823~1910)의 관심을 불교로 이끌고, 대승경전을 「동방성전총서」(Sacred Books of the East)에 수록하게 한 것은 연구사에서 간과할 수 없는 업적이다(시모다下田〔2014a〕). 또한 대승불교의 기원은 마에다 에운(前田惠雲)의 『대승불교사론大乘佛教史論』〔1903〕에서 고찰의 중심 근거였던 역사서 『이부종륜론異部宗輪論』이 마스다(Masuda)〔1925〕에 의해 영어로 번역되면서 서양에서 다시금 주목받는 주제가 되었다(시모다下田〔1997: 9〕). 이러한 동향에 근거할 때 우선적으로 필요한 것은 일본 학계 내 대승경전 연구의 흐름을 확인하는 일이다.

지금까지의 대승경전 연구를 되돌아보면, 일본 학계에는 두 가지 흐름이 있었다. 하나는 메이지 이후 시작된 이른바 근대불교학의 문헌학에 기반한 연구이고, 다른 하나는 전통적으로 계승된 각 종파의 교의를 기초로 한 교학의 연장선에 있는 경전 연구이다. 확실히 현재 학계에서는—대학 등 고등교육 기관의 제도적 문제로 인해—큰 틀에서 후자는 전자에 흡수되어 독자적인 흐름을 형성하지 못하고 있다. 그러나 여전히 적지 않은 연구자들의 의식 속에 깊이 자리하며 경전 연구의 중요한 동기로 작용해 왔다. 일본의 대승경전 연구는 근대불교학이 제공하는 연구의 틀과 전통적 교의학이 제시하는 가치 사이에서 갈등을 겪으면서도 양자의 미묘한 융합 속에서 발전해 왔다. 전통적인 불교 연구의 흐름을 새롭게 하면서도 이를 동화시켜 온 근대불교학의 계보에서, 현재 '문헌학'이라는 이름으로 포괄되는 세 가지 연구 방향을 확인할 수 있다. 첫째, 경전을 고대 인도의 역사적 틀 안에 위치시키려는 역사 연구. 둘째, 경전 내부의 말을 어휘 수준 혹은 문법 수준에서 해석하는 언어 연구. 셋째, 텍스트를 구성하는 소재를 특정하거나 편찬 과정을 해명하는 넓은 의미의 텍스트 형성 연구이다. 이 가운데 연구의 틀 자체에 큰 영향을 미치는 것은 첫 번째 역사학적 관점의 연구이다.

일본 학계는 서양의 근대불교학을 도입하는 과정에서, 대승불교의 역사적 정통성에 의문을 제기하는 '대승비불설론大乘非佛說論'이라는 과제에 직면했다. 이때 학계는 전통적인 종파 전승의 교의학에서 벗어나 과학으로서의 불교학으로 전환을 모색하면서, 또한 대승비불설론에 대응할 수 있는 가설을 제시해야 하는 이중의 과제를 떠안게 되었다. 그 이전까지 경전 연구는 개별 경전을 대상으로 한 종파별 교의 연구에 거의 국한되었으나, 이후에는 그 전체를 종합할 수 있는 역사학적 지평을 모색하기 시작했다. 그 결과, 대승불교 기원에 관한 두 가지 가설이 제시되었다. 첫째, 20세기 초에 등장한 '대중부 기원설'

로, 대승불교와의 사상적 공통성을 대중부라는 특정 부파에서 찾으려는 가설이다(마에다前田[1903]). 둘째, 1970년대 일본에서 압도적인 지지를 받은 '재가-불탑 기원설'로, 대승불교 교단의 근거를 재가자가 관리하는 불탑으로 상정하는 가설이다(히라카와平川[1968]).

이 두 가설은 모두 인도불교의 역사적 계보 안에 대승불교를 위치시키려는 공통된 의도를 가지고 있다. 그러나 전자는 『이부종륜론』을 비롯한 역사서의 기록에 의거하는 반면, 후자는 대승경전 자체에 설해진 내용을 근거로 한다는 점에서 주장의 논거가 다르다. 방법론적 문제를 안고 있는 것은 1970년대부터 약 30년간 일본 학계에서 정설의 지위를 차지한 후자이다.

문헌에 기록된 하나의 사건이나 현상을 역사적 사건으로 판정하는 작업은, 그 사상을 나타내는 언술과는 다른 차원의 정보를 부여함으로써 소속 맥락을 '역사'라는 지평으로 이동시키는 작업이다. 이때 부여되는 정보는 해당 언설이 속한 동일한 시공간에 속해야 하며, 동시에 그 언설을 목격하고 검증할 수 있는 외부성外部性을 갖추고 있어야 한다. 이는 일반적으로 역사서나 비문碑文과 같은 사물의 형태로 나타난다. 대중부 기원설에서는 일단 '역사서'에 속하는 문헌을 근거로 삼음으로써 그것이 충족되지만, 재가-불탑 기원설에서는 언설의 차원에 대한 판단에 혼란이 발생하고 있다. 대승경전이라는 작품 내부에 설해진 언설이 외부적 검증 없이, 그 작품을 만든 외부 언설과 동일한 공간에 속하는 것으로 처리되고 있기 때문이다.

전자의 연구에 대해, 물론 역사서에는 오류나 자의적 해석이 있을 수 있으므로 이에 의거하여 복원된 역사가 잘못되거나 편향된 역사일 가능성은 충분히 있다. 하지만 그로 인해 발생하는 혼란과, 언설의 차원이 혼동되어 발생하는 혼란은 의미가 다르다. 전자는 역사 차원에서의 혼란이기 때문에 정확한 정보를 얻음으로써 수정이 가능하다. 반면 후자는 본래 역사적 영역에 속하지 않는 것을 역사로 만들어버렸을 가능성이 있으므로 수정이 아닌 부정이 필요하게 된다.

이러한 태도는 성전에 기록된 내용을 단순하게 사실로 읽는 태도와 공통된 문제를 가지고 있다. 예를 들어, 정토경전에서 설해지는 아미타불을 실재로 간주하고 정토의 광경을 사후에 태어날 세계를 여실히 묘사한 것으로 믿는 입장은 불교 신자들 사이에서 있을 수 있다. 예수의 부활을 문자 그대로 육체적 죽음 후의 기적적인 소생, 또는 불사不死의 실증으로 이해하는 입장도 기독교 신자들 사이에서 존재할 수 있다. 만약 현대 연구자들이 이러한 문자 그대로의 해석을 '원리주의적'이라고 비판한다면, 사회 배경과 관련된 경전 내부 언설을 단순하게 역사적 사실로 이해하는 해석과 도대체 어디가 어떻게 다른지를 설명해야 할 것이다.

불교학계에서는 동서양을 막론하고 이러한 방법론적 과제가 문제시되지 않은 채, '원리주의적' 해석은 처음부터 비합리적인 것으로 배척된 반면, 경전에 설해진 특정 내용을 비판적인 검토 없이 단순하게 역사적 사실의 반영으로 이해하는 태도는 비판 없이 수용되어 왔다. 이로 인해, 재가-불탑 기원설은 1970년대 이후 대승경전 연구의 유력한 방법론적 규범이 되었다. 그 결과, 학계에서는 경전 내부의 언설을 외부 세계의 반영으로 보고, 텍스트 내부 언설의 의미를 '재가-불탑 교단'이라는 가상의 외부 제도에 귀속시키는 방법이 정착하였다.

물론 이후 연구가 진전되면서 '재가-불탑 교단'이라는 가상 교단의 존재는 거의 부정되었다-다만, 제3장에서 논하듯이, 재가자의 역할이 중요한 의미를 지닌다는 점이 부정되는 것은 아니다-. 그러나 경전의 내용을 외부 요인의 결과물로 간주하고, 외부 요인과의 관계를 밝히지 않고서는 경전 내용을 해명할 수 없다고 보는 경향은 동서양을 막론하고 점점 강해지고 있다.

이러한 방법론적 태도는 대승경전을 연구하는 데 큰 장애물이 된다. '역사'라는 개념은 깊고 폭넓은 의미가 있다. 본서 전체에서 제시하듯이, 대승경전의 특성을 통해 알 수 있는 것은 경전 외부에 존재했을 여러 상황과 독립적으로 내부 언설을 확립하는 행위를 계승한다는 의미에서의 역사이다. 제3절에서 논하겠지만, 역사 연구는 1970년대 이후 '언어적 전회轉回'라는 방법론적 혁신을 경험했다. 이를 계기로 텍스트를 해석할 때 텍스트 외부의 존재를 전제로 하는 태도가 의문시되었고, '역사'라는 말로 포괄해 온 다양한 층위를 신중하게 구분해야 한다는 인식이 대두되었다. 불교 연구는 이제 이러한 문제에 주목하고 연구 방법론에 내재된 문제점을 신중히 해소해 나가야 한다.

(3) 현상학적 태도

대승경전 연구에 관한 방법론적 차이를 식별하고 이러한 연구들의 공통 기반을 마련하기 위해서는, 모든 불교 연구의 기저에 있는 '텍스트를 읽는다'라는 가장 기본적인 행위를 성찰하는 것에서 출발할 필요가 있다. 텍스트를 읽을 때 독자는 텍스트 내부의 거주자가 되어, 텍스트의 언설에 의해 자신의 현재가 변용되어 가는 과정을 경험한다. 이때 텍스트의 언설은 그 자체로 힘을 가지며, 독자는 그 언설에서 자유롭지 않다. 그러나 연구자는 물리공간적으로 텍스트 외부에 있으므로 의식적으로도 텍스트 외부에 서서 텍스트를 자유롭게 분석하고 해석하며 해체할 수 있는 존재로 간주하게 된다. 그러나 '텍스트를 읽는다'는 행위는 이러한 이해에 부합하지 않는다.

·텍스트에 몰입하여 읽는 자신을 반성적으로 분석하기 위해서는 텍스트 내부의 사건과 이를 접하는 자신의 의식 속에서 일어나는 현상을, 이를테면 의식을 이중화하면서 동시에 포착하려는 노력이 필요하다. 선행 가설의 영향, 기존 지식의 양과 깊이, 무의식적 관심의 편향, 자신이 처한 역사적 상황의 특수성 등 독해에 영향을 미치는 모든 요소를 인식하면서 이러한 제약 속에서 텍스트를 대하는 자신의 의식 상태를 세심하게 관찰하고 기술해 나가야 한다. 이러한 반성적 작업은 대상 텍스트의 해독, 텍스트 내부의 구조 분석과 함께 이루어져야 한다.

이 문제를 본격적으로 탐구한 것은 에드문드 후설(Edmund Husserl, 1859~1938)이 창시한 현상학이다. 하이데거에게 계승된 이 반성적 지평은 현재까지 철학, 문학, 종교, 사회 등 거의 모든 학문 분야에 큰 영향을 미치고 있다. 데리다는 이 현상학적 방법에 대한 비판을 토대로, 독해, 쓰기, 문자, 상기想起, 표상, 흔적, 기억, 표상화, 허구, 대리보충(supplément), 유보留保, 의식, 동일성, 존재, 시간 등의 일련의 주제를 역사, 이야기, 시, 소설, 철학 문헌, 종교 성전을 통해 통찰하였다. 이 독해에서는 텍스트 내부의 언설을 외부 세계의 직접적인 투영으로 간주하거나 외부 가상 세계에 텍스트 내부의 의미를 위임하는 태도를 인정하지 않는다.

여기서 제기된 과제는 종파 교학적 입장에서 경전을 읽는 경우에도 반성적 태도를 요구한다. 하나의 해석이 전통 속에서 확고한 위치를 차지하고 있더라도, 독자는 이를 일단 보류하고 자신의 의식에 직접 나타나는 것에 입각하여 다시 질문해야 한다. 단순히 권위적인 해석에 따를 경우, 자신 안에 잠재된 무지無知를 간과하게 되며 자신을 텍스트 언설과 매개하지 않은 채 승화시켜 버릴 수 있다. 그렇게 되면 독자는 자신에 대한 성찰의 계기를 갖지 못한 채 텍스트와 일체화되어 만능감을 누리는 상태에 이를 수도 있다. 원리주의가 텍스트 해석 태도와 결합하여 현실의 폭력으로 이어지는 배경에는 이러한 요인이 있다.

반대로, 자신이 채택한 해석을 꼼꼼히 분석하고 성찰해 나간다면, 전통에 의해 보증된 권위로만 여겨졌던 언술이 텍스트에 잠재된 가능성을 열어주는 역할을 한다는 것을 깨달을 수 있을 것이다. 그때, 왜 그 해석이 전통이 되었는지 그 이유 또한 명확해질 것이다.

텍스트 해석에 대한 현상학적 성찰은 기존 해석을 부정하는 것이 아니라, 판단 유보留保를 통해 문제화하는 과정이다. 이 과정을 통해 전통적 해석이든 새로운 시도적 해석이든, 그 안에 내재된 잠재적 문제가 드러나고 그러한 문제들이 발생한 기원을 밝힐 수 있다. 이는 기존 연구 성과를 올바르게 자리매김하는 동시에 그로부터 나타나는 문제를 포착하려는 노력이다. 이를 통해 지금껏 주목받지 못하고 잠들어 있던 텍스트 내부의 가능성이 되살아난다.

제2절 대승경전 연구를 위한 에크리튀르론

(1) 자크 데리다의 위치

대승경전 연구 방법을 원리적으로 반성하기 위해서는 데리다를 단독으로 다루기보다 다른 사상가들의 텍스트론도 함께 고려하여, 그 맥락 속에 위치시키는 것이 바람직하다. 본서에서 자세히 다루지는 않지만, 본 장에서는 다른 세 명의 사상가들의 논의를 염두에 두면서 데리다를 다루기로 한다. 세 명의 사상가는 다음과 같다. 첫째, 내러티브를 중심으로 시간, 역사, 이야기, 자기 동일성의 문제를 의식과 언어의 깊은 층에서 해명한 폴 리쾨르(Paul Ricœur, 1913~2005). 둘째, 19세기의 역사 철학의 언설을 분석하여 비유론(tropology)의 시각에서 역사학의 언어적 전회轉回를 선도한 헤이든 화이트(Hayden White, 1918~2018). 셋째, 스크립처, 즉 성전에 대한 연구들 통해 종교 선제를 현대적 관점에서 조명하여 시대에 따라 새로운 의미로 되살아나는 성선 및 이와 관련된 인간의 역사적 의의를 제시한 윌프레드 캔트웰 스미스(Wilfred Cantwell Smith, 1916~2000)이다. 이들 가운데 리쾨르에 대해서는 시모다(下田)〔2018〕〔2019a〕에서 간단히 언급했고, 스미스에 대해서는 시모다(下田)〔2016〕에서 논한 바 있다.

이야기, 신화, 역사의 내러티브(récit)를 해명한 리쾨르, 역사학의 언설을 정밀하게 분석하고 언어적 전회를 이끌어낸 화이트, 성전(scripture)이라는 특별한 장르의 텍스트를 분석한 스미스. 이 세 사람과 비교할 때 데리다의 관심은 에크리튀르(écriture)라는 현상을 통해 특정 장르의 텍스트가 되기 이전의 문자, 기호, 흔적, 소리 등과 의식 내부의 작용 사이의 관계, 즉 언어의 더 미세한 차원에 초점이 맞추어져 있다. 텍스트 연구 방법에 대해 근원적인 입장에서 문제를 제기하고 있는 것이다.

일반적으로 단순히 '쓰인 것'으로서의 텍스트와 동의어에 불과한 '에크리튀르'라는 말은 데리다의 전략적 용법을 통해 하나의 현상으로 전환된다. 이때 마치 현미경으로 보는 듯한 배율로 언어의 움직임이 떠오르는 동시에, 말과 의식이 융합하고 서로 유발하는 의미 발생의 현장이 펼쳐진다. 여기에 출현하는 에크리튀르는 단순히 책이라는 개념을 넘어, 읽는 행위 전체를 반영하는 세밀한 구성체이다. 이러한 미세한 차원에 고찰의 초점을 맞춘 데리다의 문제 제기는 서양의 형이상학 역사 전체를 중심에서 해체하며 재고하는 동시에, 역사 연구부터 사상 연구에 이르기까지 인문학 전체의 성립에 대한 근본적인 성찰을 촉구했다.

본서 전체에서 점차 밝혀지겠지만, 대승경전을 적절히 이해하기 위해서는 이야기, 역사, 그리고 특히 성전이라는 장르에 속하는 텍스트의 특성을 분석하는 것이 필수적이다. 이에 앞서 먼저 데리다의 논의를 참조하는 이유는 이야기나 성전이라는 독특한 장르에 속하는 텍스트의 특성이 형성되기 이전의, 보다 보편적인 텍스트 양상을 이해함으로써 대승경전에 두드러지게 나타나는 문제들과 그 해결 방향을 밝힐 수 있다고 생각하기 때문이다. 결론을 미리 말하자면, 대승경전은 '쓰기'라는 행위와 그 속에 쓰인 것의 의미에 대해 데리다가 파악한 에크리튀르의 의미와 매우 유사한 점을 직감하며 편찬된 것이다.

데리다가 논하는 내용은 전문가들조차 "정신이 아득해질 정도로 스케일이 크며”, “그 어려움은 과제 자체의 크기에 상응한다”(아다치足立〔1972: 359〕)라고 평가할 정도이다. 게다가 각 논고의 논술은 “마치 몽테뉴가 묘사하는 ‘나’가 여러 겹의 주름을 가지고 있는 것처럼”, 여러 저작 간에 “함축적으로 얽혀 있는”(고다合田〔2013: 619〕) 구조를 가진다. 유럽이라는 ‘서쪽의 곳’에서 서양 형이상학의 역사적 근원에 맞서 싸운 포스트구조주의의 기수旗手가 제공한 광대하고 심오한 유산을 극동의 섬나라에서 진행되어 온 불교 연구에 활용하려는 시도, 더욱이 데리다 연구의 문외한이 이를 시도하는 것은 황당무계한 도전으로 보일 수도 있다. 그렇지만 설령 고찰에 한계나 편향이 존재한다 하더라도 데리다의 문제 제기를 정면으로 다루지 않는다면, 앞으로의 불교 연구에서 확실한 지평을 얻기는 어려울 것이다.

본 장에서 고찰 대상으로 삼는 텍스트는 데리다 본인이 “가장 애착을 가진 시론”이며, “고전적인 철학적 건축술의 관점에서 본다면” “필두”에 오는 『목소리와 현상』(Derrida〔1967a〕, 데리다デリダ〔2005〕), 그리고 그 저서에 “틀림없이 … 〔중략〕 … 긴 수석으로 연결할 수도 있었던” 일련의 성과인 『에크리튀르와 차이』(Derrida〔1967b〕, 데리다デリダ〔2013〕), 『그라마톨로지에 대하여』(Derrida〔1967c〕, 데리다デリダ〔1972〕)로 대략 범위를 한정한다(cf. 데리다デリダ〔2000: 10–11〕). 1967년 같은 해에 출판된 초기의 이 세 작품에는 에크리튀르(écriture), 원原-에크리튀르(archi-écriture), 차이(différence), 차연差延(différance), 흔적(trace), 유보留保(réserver), 대리보충(supplément) 등 데리다의 장대한 사상 전체를 지탱하는 초석이 이미 자리잡고 있다.

서양철학사의 핵심에 도전하며 방대하고 밀도 높은 언술로 그 성과를 남긴 데리다 사상의 총체는 매우 복잡하다. 여기서 단편적인 내용을 추출하여 그가 본래 전혀 고려하지 않았던 불교의 문제에 연결하는 작업은 결코 쉬운 일이 아니다. 여기서는 먼저 대승경전 연구에서 가장 기본적인 문제를 제시하고 그 문제의 구조를 따라 데리다의 논의의 요점과 대조하는 형태로 고찰을 시작하려 한다. '대승경전을 읽는 행위'를 통해 연구자의 의식 속에 실제로 어떤 일이 일어나고 있는지를 파악하는 것이 경전 연구의 출발점에서 확인해야 할 핵심 문제이기 때문이다.

(2) 대승경전의 저자상에 관한 문제

연구자가 하나의 경전을 읽기 시작하면, 읽어 나가는 과정 속에서 의식의 내부가 촉발되어 끊임없이 표상과 의미-인상印象이 생겨나고 변화하는 것을 경험하게 된다. 이 경험은 경전 내부 언설과 그것을 읽는 연구자의 의식 사이에서 어떤 외부 요소의 개입 없이 발생한다. 그러나 연구자는 의식 속에 나타난 표상과 의미-인상을, 특히 그것들이 충분히 현실성을 가진 것으로 느껴질 때, 경전 외부에 실재하는 사물이나 사건을 근거로 나타난 것으로 인식하는 경향이 있다. 기호학 용어로 표현하면, 경전의 언설이라는 시니피앙(signifiant)과 독자의 의식 속에서 환기되는 의미-인상이라는 시니피에(signifié) 외에, 외부에 실재하는 사물이나 사건이라는 레페랑(référent)을 찾으려 한다는 것이다. 독자인 연구자는 의식 속의 표상과 의미-인상이 생생하게 느껴질수록, 그것이 외부 세계의 실재하는 대상(지시 대상)에서 비롯되었다고 근거 없이 확신하게 된다(시모다下田〔2017〕 참조).

그러나 여기서 언설 외부에 상정된 지시 대상은 언어=기호와 무관하게 존재하는 것이 아니라, 오히려 대부분의 경우 시니피앙이자 시니피에로 존재한다. 일상적인 생활 경험의 지평에서 이 지시 대상은 사람을 둘러싼 다양한 사물을 가리킨다. 이러한 사물들은 과거 누군가의 의식 속에 머물렀던 말-기호가 외부로 구현된 것이다. 사람의 주위를 둘러싸고 있는 사물들은 대부분의 경우 언어적 현상과 다름없다.

지시 대상은 인공물에 한정되지 않고, 자연의 풍물일 수도 있다. '자연이 예술을 모방한다'는 표현처럼, 풍물이 사람에게 풍경으로 인식되는 순간, 그것은 이미 언어=기호적 현상이다. 레페랑이 시니피앙-시니피에로부터 분리된 존재라고 생각하는 것은 세계 내 존재로서의 인간의 양상과 언어적 현상 사이의 깊은 관계를 충분히 고려하고 있지 않기 때문이다. 이 과제를 철학적으로 고찰하는 것은 불교의 텍스트론과 사상을 논의하는 데 매우 중요하다. 이에 대해서는 본 장의 제4절에서 다시 다루고자 한다.

경전을 읽는 연구자에게 표상과 의미-인상이 나타나고 그것들이 언설 외부의 실재에 근거한다고 이해될 때, 그 근거로 가장 강력하게 여겨지는 것은 과거 경전 저자가 경전 언설을 통해 지시하거나 암시했을 '과거의 사실'이다. 대승경전 언설 해석에 기반한 대승불교의 다양한 기원설, 즉 재가-불탑 기원설(히라카와平川[1968], 시즈타니靜谷[1974]), 아란야(황야나 숲속의 수행 장소) 비구 기원설(Boucher[2008]), 촌락 비구 기원설(가라시마辛嶋[2005]), 그리고 특정 의례 집행 집단을 상정하는 설(하카마야袴谷[2002]) 등은 모두 시니피앙(기표)과 시니피에(기의)를 초월한 외부 세계의 실재, 즉 레페랑(지시 대상) 존재에 대한 확신에 기반을 두고 있다. 여기서, 경전 언설 외부에 있었을 '사실'을 근거로 경전 언설이 생성되고, 그 언설에 의해 연구자의 의식 속에 표상이 생겨났음을 알 수 있다.

이러한 이해는 연구자가 거의 의식하지 못한 일련의 사고 과정을 전제로 하고 있다. 먼저 연구자는 경전을 읽는 과정에서 자기의식 내부에 나타난 표상과 의미-인상이라는 시니피에를, 경전의 언어라는 시니피앙이 만들어낸 '결과'로 간주하고 그 경전의 언어가 출현하게 된 '원인'을 찾기 시작한다. 여기서 설정되는 것이 바로 경전 저자의 의식 내부에 존재했을 것으로 추정되는 표상과 의미-인상이라는 이차적인 시니피에이다. 이때 독자의 의식 내부에 성립되어 있던 시니피앙-시니피에 관계는 '경전 저자'의 의식 내부로 그 성립의 장場을 옮기게 된다. 그리고 마지막으로 이 관계의 성립을 보증하는 근거로, 이 기호적 현상의 외부에 있는, 즉 '경전 저자'의 의식 외부이자 경전 언설 외부에 있는 '과거의 사실'을 설정한다. 경전 언어의 지시 대상, 즉 레페랑이 성립된 시점에 이 탐구는 비로소 종결된다.

최종적으로 설정된 표상의 '원인', 즉 경전 언설 외부의 '과거 사실'의 정체는, 결국 경전 언설과 연구자의 의식 사이에서 생성된 표상이 가상의 경전 저자의 의식 내부로 옮겨졌다가, 다시 가상 저자의 의식 외부로 밀려 나온 것에 불과하다. 이는 두 번의 의식 이동 과정을 거치는 동안, 어느새 '과거의 사실'이라는 겉모습을 갖춘 출발점의 표상에 불과하다. 결국 이 과정은 복잡하게 꾸며진 동어반복(tautology)에 지나지 않는다.

연구자들은 왜 지금껏 이 암묵적으로 수행된 레토릭의 함정에 빠져 왔던 것일까? 현재 연구자들은 대승경전을 읽으면서 경전 저자의 의식 양태를 상정하며, 그 의식이 경전이라는 텍스트 속에 추출 가능한 형태로 존재한다고 무의식적으로 받아들이고 있다. 그러나 '과거' 작품 저자의 의식 내부가 재구성되어 드러난다 해도, 그 '과거성過去性'과 '타자성他者性'의 타당성을 검증할 수 있는 수단은 누구에게도 주어져 있지 않다. 사실로 존재하는 것은 '현재'의 텍스트와 그것을 읽는 '자기 자신'뿐이다.

더욱이 그 의식 내용이 저자 외부에 있는 '과거의 사실'과 어떻게 관련되어 있었는지 알기 위해서는 과거 저자의 의식 내부와 외부라는 서로 분리된 두 영역을 동시에 관찰할 수 있는 존재가 필요하다. 그러나 애초에 그런 관찰을 수행할 수 있는 존재는 현재 어디에도 없다. 이러한 성찰 없이, 연구자들은 지금까지 재가-불탑 교단의 존재, 아란야에서의 삼매 수행, 전통불교 교단으로 여겨지는 공동체와의 치열한 갈등 등 경전에 기록된 내용을 경전 저자를 둘러싼 '과거 외부 세계'의 반영으로 선험적으로 생각해 왔다.

경전을 독해하는 현장에서 확실히 확인할 수 있는 유일한 사실은 연구자인 독자의 의식 내용이든, 상정된 과거 경전 저자의 의식 내용이든 모두 대승경전에 기록된 언설로부터 환기된다는 점이다. 여기서 경전 저자의 의식 속 '과거성'이라는 정체불명의 양상에 의존하는 대신, 경전이라는 텍스트와 독자인 자기의식 간의 관계에 주목하면 문제는 올바른 방향으로 진전될 수 있다. 달리 표현하면, 애초에 대승경전의 텍스트 내부 언설에 기반한 연구가 과연 언설 외부 사실의 존재를 입증하는 역사 연구로 간주될 수 있는가 하는 물음이 무엇보다 먼저 제기되어야 한다.

자세한 내용은 본 장 제3절에서 다루겠지만, 사실 이 문제는 불교 연구라는 범위를 훨씬 넘어선 역사 연구 일반에서 발생하고 있다. 일본 근세 및 근대사 연구자 야스마루 요시오(安丸良夫)는 역사 연구에서 복원되는 '사실'이 표상과 얼마나 불가분의 관계에 있는지를 다음과 같이 말한다.

> '사실'은 텍스트의 표상을 통해 비로소 존재하기 시작하는 특성을 가지고 있으며, 이를 철저히 따져보면 표상 자체가 역사가가 다룰 수 있는 유일한 역사적 '사실'이라고 할 수도 있다. …〔중략〕… 이러한 '사실'과 표상 사이의 언뜻 모호한 관계는, 인간과 사회에 관한 일들은 대개 '주관화와 의미화를 통해 존재한다는 보다 근원적인 현상에서 비롯된 것이며, 이는 결코 이상한 일이 아니다. (야스마루安丸〔1996: 24〕, 치즈카遲塚〔2010: 188〕 참조)

즉, 역사가는 텍스트 외부에 존재하는 "사실"을 다루는 것처럼 보이지만, 실질적으로는 텍스트와 자기 자신 사이에서 나타나는 표상을 다루고 있는 것이다. 그것이 "사실"이 되는 경위에는 "주관화"와 "의미화"라는 중요한 과정이 개입되어 있다. 그렇다면, 역사적 "사실"의 세계를 알기 위해서는 그러한 "사실"이 "비롯된" "근원적인 현상", 즉 "표상"에 대한 해명이 선행되어야 할 것이다.

이러한 문제를 명확히 하려면, 서양 형이상학이 역사를 통해 명확하게 구분하지 못한 중요한 문제들에 대해 일정한 관점을 세우는 데서 시작해야 한다. 즉, 언어에서 지표 기능과 표현 기능의 차이, 표상과 그 근거로 오인되는 외부 세계와의 관계, 그리고 의식에 '현전'한다고 여겨지는 '실재'에 대한 이해 등이 그것이다. 여기서부터가 데리다의 사상에서 답을 찾아야 할 부분이다.

(3) 에크리튀르의 특성

텍스트 배후에 보이지 않는 저자를 상정하고, 더 나아가 특히 '과거의' 사회적 배경을 상정하여 텍스트의 의미를 설명하려는 연구 태도는, 불교 연구나 역사 연구뿐 아니라 인문학 전체에 널리 퍼져 있다. 그러나 개인이든 집단이든 특정 저자를 찾아냄으로써 텍스트의 의미를 해명할 수 있다는 이해는, 텍스트와 의식 간의 관계를 세밀하게 분석하는 차원에서는 유효하지 않다. 작품의 저자에 관하여 데리다는 다음과 같이 지적한다.

> … 〔쓰여진 작품으로서의〕 에크리튀르의 '주체'를, 글을 쓰는 이의 지고한 고독과 같은 것으로 이해한다면, 그러한 '주체'는 존재하지 않는다. 에크리튀르의 주체란, 매직 메모, 심적心的인 것, 사회, 세계 등 여러 층 사이의 다양한 관계로 이루어진 시스템이다. 이 무대 내부에서는 고전적 주체로서의 단일성을 찾아볼 수 없다. 이 구조를 그려내기 위해서는 사람은 항상 누군가를 위해 글을 쓴다는 점을 지적하는 것만으로는 충분하지 않다. 더욱이 발신자와 수신자, 코드와 메시지 등의 대립은 매우 조악한 도구에 지나지

> 않는다. '공중公衆' 속에서 작품의 최초 독자, 다시 말해 작품의 최초 저자를 찾으려 해도 헛된 일일 것이다. 또한 읽는 저자와 구술-지령指令하는 최초의 독자 사이에서 발생하는 이러한 작품의 기원을 쟁점으로 삼는 전쟁이나 책략에 대해, '문예사회학'은 전혀 자각하지 못하고 있다. 극劇으로서의 에크리튀르의 사회성은 완전히 다른 학문 분야(discipline)를 요구한다. (Derrida〔1967b: 335〕, 데리다デリダ〔2013: 456-457〕를 일부 수정)

연구자가 대승경전의 내용을 토대로 그 저자상을 "고전적 주체로서의 단일성"(la simplicité ponctuelle du sujet classique)으로 구축하려 할 때, 그 배경에는 개인이나 집단인 경전 저자가 특정 의도를 가지고 "누군가를 위해 글을 썼기" 때문에 그것을 밝혀야 한다는 강한 지향성이 있다. "발신자"로서의 저자가 경전이라는 "메시지"에 담아 후대 수신자에게 전달한 내용을, 저자가 가지고 있던 "코드"를 해독함으로써 밝힐 수 있다고 보고, 이를 통해 대승경전을 해명하려는 것이다. 그러나 내러티브적 특성으로 가득 차 있고 성전의 특징을 갖춘, 무엇보다 에크리튀르로서의 대승경전을 해명하기 위해서는 경전을 읽는 사람 자신에게 발생하는 표상과 의미의 문제를 해명해야 한다. 데리다에 따르면, 문학을 사회학적 방법으로 해석하려는 "문예사회학"(sociologie de la littérature)조차 그 사용 도구가 "매우 조악한 도구에 지나지 않는다"라고 한다. 더욱이 지금껏 텍스트를 읽는 행위에 대한 방법론적 성찰이 거의 이루어지지 않은 불교학은 대승경전이라는 텍스트를 해석하는 데 충분한 준비가 되어 있다고 보기 어렵다.

데리다가 "작품의 최초 독자, 다시 말해 작품의 최초 저자를 찾으려 해도"라는 표현으로 상식적인 독자를 순간 당혹스럽게 하고, "읽는 저자(l'auteur qui lit)와 구술-지령하는 최초의 독자(le premier lecteur qui dicte) 사이"라는 언뜻 이해하기 어려운 관계를 지적함으로써, 그는 의식에 현전하는 것의 실재와, 파롤(parole, 음성 언어)의 에크리튀르(écriture, 문자 언어)에 대한 우위를 동시에 전제해 온 서양 형이상학의 근본적인 문제를 비판하고 있다. 바로 이 점이 에크리튀르론의 핵심 중 하나이다.

작품의 저자는 자신의 내면에서 생겨나는 소리를 순간적으로 먼저 듣고, 곧바로 그것을 문자로 옮긴다. 저자 자신이 쓰는 문자를 누구보다 먼저 읽게 되는데, 즉 그 문자의 '최초의 독자'가 됨으로서 새로운 문자를 쓰기 위한 자극을 받는다. 이렇게 저자는 "작품의 최초 독자"로 등장하며, 독자가 됨으로써 '저자'가 되는 것이다. 이 과정에서 실제 육성은 단 한 번도 발화되지 않아도 무방하다. 쓰이는 것, 쓰는 행위, 즉 에크리튀르가 곧 목소리가 되는 것이다.

이 책의 일본어 번역자인 다니구치 히로시(谷口博史)는 'dicter'에 대해 "구술-지령하다"라는 두 가지 번역어를 동시에 부여했는데, 이는 데리다의 의도를 반영한 세심한 번역이라 할 수 있다. '목소리를 들려주며 문자로 옮기게 하다'와 '지시하다'라는 두 가지 의미를 지닌 동사 'dicter'는 작품의 저자에게 이 두 의미를 동시에 구현하는 유일한 동사로 기능한다. 즉, 저자는 자신의 내면에서 목소리를 '지령'으로 발하며 스스로 '구술필기'를 수행한다. 자신의 목소리를 발하는 주체로서 '지령을 행사'하면서, 동시에 지령 내용을 기록하며 '필기'하는 것이다. 이 두 가지 'dicter' 행위를 통해 작품이 탄생하며, 이러한 행위를 수행하는 존재로서 작가는 '최초의 독자'가 된다.

여기서 말하는, 육성이 아닌 목소리는 인도 대승불교의 유식사상에 친숙한 이들에게 '의언意言'(manojalpa) 또는 '유의언唯意言'(jalpa-mātra), 그리고 이 개념들의 반대편에 있는 '명언名言'(abhilāpa)이라는 개념을 떠올리게 할 것이다.

'의언意言', '유의언唯意言'은 명확한 개념이 형성되기 이전, 즉 마음 속에서 은밀히 발화되는 말이며, 이는 의식 작용을 세밀히 관찰하는 명상의 사유 속에서 중요한 위치를 차지한다. 하야시마(早島)〔1982: 168〕는 이 용어를 다음과 같이 설명하고 있다. "의언意言이란 마음의 속삭임이라고도 할 수 있으며, 명확한 말이 되기 전의 상태, 개념화를 일으키는 상태의 말, 또는 말의 잠재적 에너지라고도 할 수 있다." 반면, '명언名言'은 이미 표현되고 발현된 소리이다. 의식이란 잠재적인 소리인 '의언'과 드러난 소리인 '명언' 간의 찰나적 교대라는 현상을 총체적으로 가리키는 술어로 볼 수 있다. 의식 내부에서 나타나는 시니피에-시니피앙 관계에도 비유할 수 있는 의언-명언 관계를 마주할 때, 데리다의 고찰은 불교사상의 심층에 닿아 있음을 알 수 있다.

데리다가 지적하는 이 '목소리'는, 한편으로는 눈앞에 나타나는 에크리튀르를 생성하는 행위를 지시하는 지령자이며, 다른 한편으로는 결과적으로 문자가 된 에크리튀르나 문자가 되기 직전의 잠재적 에크리튀르에 의해 생성되는 피지령자이기도 하다. 이 지령의 기원도, 과정도, 결과도 모두 에크리튀르에서 목소리로 발생하여 에크리튀르로 되돌아간다. 이러한 과정 속에서 주체로서의 작가를 찾으려 해도 발견할 수는 없을 것이다. 텍스트를 읽는 가운데 텍스트를 벗어나, 그 외부의 불특정 다수인 "공중公衆" 속에서 저자를 찾아내려 해도, 이는 결국 "헛된 일"로 끝나고 말 것이다.

본 장 제5절에서 고찰하겠지만, 언설의 이 미세한 차원에서 작동하는 에크리튀르의 양상은 무대에서 상연되는 극劇에 비유할 수 있다. 연극은 연출가, 극작가, 배우, 무대감독 등 "여러 층 사이의 다양한 관계로 이루어진 시스템"으로서 단 하나의 공연을 이룬다. 애초에 무대의 완성 자체는 제작자 측뿐 아니라 관객이라는 무대 외부를 향해 열려 있는 상태로 이루어지므로, '닫힌' 무대의 내부라는 것은 애초에 성립하지 않는다. "이 무대 내부에는 고전적 주체로서의 단일성을 찾아볼 수 없다."

이와 같은 데리다의 일련의 분석은 목소리와 문자, 언어와 의식을 둘러싼 여러 양상의 세밀한 차원에 초점을 맞추면서도, 기억, 지각, 표상, 상기想起, 아카이브, 역사 등의 요소들이 은유적으로 작동하는 다양한 학문 분야의 장대한 문제들을 포괄하고 있다. 여기서 논의되는 목소리와 문자는 제6장에서 다룰 구두口頭 전승과 서사書寫에 관한 근래 종교학 및 사상사 연구와는 차원이 다른 문제이다. 데리다가 제기하는 이 과제를 완전하게 다루기 위해서는 "완전히 다른 학문 분야"가 요구된다.

제3절 역사학에 제기된 과제

(1) 역사학에서의 언어적 전회

데리다가 제시한 에크리튀르론이라는 주제와 에크리튀르의 성질을 바탕으로 대승경전을 연구하는 본 장의 과제는, 불교 연구를 넘어 인문학 일반에 매우 중요한 문제를 제기한다. 즉, 텍스트를 읽음으로써 근본적으로 무엇을 밝힐 수 있는가, 그리고 그 독해의 타당성을 판단하는 근거는 과연 어디에 있는가 하는 과제이다.

문제의 열쇠는 경전 독해 과정에서 생성되어 경전 저자상像의 근거로 간주되는 '표상'을 어떻게 이해하고, 어디에 어떻게 위치시킬 것인가 하는 점이다. 이 근본적인 문제를 해결하지 않으면, 과거 텍스트의 내용이 과거 외부 세계의 실재를 지시한다는 전제가 근본적으로 뒤집힐 수 있고, 인문학의 중요한 축인 역사학의 존립 자체가 위태로워질 수 있다. 앞서 (42페이지) 야스마루 요시오의 지적을 인용하여 이 문제를 미리 제시한 바 있다. 이 점을 다시 한번 확인해 보자.

포스트구조주의 시대 이후 역사학은 '언어적 전회轉回'(the linguistic turn)라는 커다란 도전에 직면했다. 이는 과거의 사료를 바탕으로 현재의 연구자가 객관적인 과거 사실을 복원할 수 있다는 전제에 대한 근본적인 의문 제기였다. 이 문제는 1970년대부터 유럽과 미국에서 부각되었고, 1990년대에는 일본에서도 그 존재가 알려지게 되었다. 하지만 이 문제 제기가 지니는 의미가 일본의 인문사회계 학문에서 어느 정도 받아들여지고 있는지는 확신하기 어려운 부분이 있다. 분명, 이 도전이 계기가 되어 '이야기론(物語り論, 모노가타리론)'-노에

(野家)〔2005〕로 대표되는 입장에 대해, 일반적 용법으로서의 이야기론(物語論)과 구별하여 제시하기 위한 치즈카 타다미(遲塚忠躬, 1932~2010)의 표기-이라는, 역사학 부정으로까지 이어지는 다소 극단적인 비판이 생겨나면서 문제가 지나치게 센세이셔널해진 경향이 있다. 그러나 '언어적 전회'는 무엇보다 역사학의 중요성을 적절히 이해하기 위해 반드시 고찰해야 할 문제이다. 이 문제를 정면으로 논하려면 최소한 헤이든 화이트(Hayden White)와 폴 리쾨르(Paul Ricœur)의 논의를 다루어야 하지만, 이는 별도의 논고에서 다루기로 하고, 여기서는 우선 일본에서 전개되고 있는 논의에 대해 간략히 살펴보고자 한다.

역사학 개론으로 정평이 난 치즈카 타다미〔2010〕의 『사학개론』은 언어적 전회 문제를 중요한 과제로 다루며, 이에 대해 상세히 검토하고 있다. 그는 제프리 루돌프 엘튼(Geoffrey Rudolph Elton)으로 대표되는 19세기 이래의 '소박실재론'적 입장, 이에 대한 '아날학파'(Annales School)의 비판, 이어 등장한 '언어적 전회'에서 '이야기론'으로 이어지는 순서를 따라 '객관적인 과거 사실의 복원'에 대한 비판을 신중히 전개한다.

이 과정에서 제시된 역사학의 방법은, 한편으로는 불교학이 역사학으로서 기능하는 데 유용한 참조 틀을 제공하지만, 다른 한편으로는 내러티브론이나 에크리튀르론이 해명하고자 하는 과제와는 간극이 있음을 보여주기도 한다. 이는 치즈카가 '이야기론' 비판에는 많은 지면을 할애하면서도, 본서에서 다루는 에크리튀르론을 직접적인 논의의 대상으로 삼지 않았으며, 리쾨르나 화이트의 논의를 고려하지 않았기 때문으로 보인다.

치즈카는 역사 연구의 기본적 구도를 사실(객체)－사료史料(매체)－역사가(주체)라는 관계로 파악하고, 연구가 성립하는 기본 요건으로 '사실 입각성', '논리적 정합성', '반증 가능성'을 제시한 후, 연구 과정을 다음과 같이 명료하게 정리했다(치즈카遲塚〔2010: 116〕).

(1) 문제 설정

(2) 사실 발견을 위한 사료 선정

(3) 사료 비판, 대조, 해석을 통한 사료 이면의 사실 인식, 확인, 복원, 추측

(4) 여러 사실 간의 관련 가정, 역사적 의미 해석

(5) 최초 문제 설정의 가설 구축, 수정에 의한 역사상像의 구축, 수정

역사가들은 (1)→(2)→(3)→(4)→(5)의 순서로 고찰한 후, 한층 더 정밀해진 (1)의 단계로 되돌아가 이 과정을 반복함으로써 연구를 심화해 나간다.

이 전제로서, 치즈카는 진실(truth)과 리얼리티(reality, 실재, 실상)를 구분하고 사실(fact)과 사건(event)을 구별하면서, 역사학이 다룰 수 있는 것은 후자의 두 가지라고 한다. 또한 위의 과정 중 (4) '여러 사실 간의 관련 가정, 역사적 의미 해석'에 해당하는 '사건'의 구성에 대해서는 '이야기론'이 성립할 가능성을 인정하는 반면, (3) '사료 비판, 대조, 해석을 통한 사료 이면의 사실 인식'에 해당하는 '사실'에는 이를 적용할 수 없다고 한다.

이 과정에 따라 대승경전 연구를 다시 살펴보면, 두 가지 문제점이 분명해진다. 첫째, 일반적인 시공간 정보가 대부분 결여된 대승경전의 내용은 (3) '사료 비판, 대조, 해석을 통한 사료 이면의 사실 인식'이라는 역사학의 '사실' 인정 조건을 거의 충족하지 못한다. 둘째, 재가-불탑 기원설, 아란야 비구 기원설, 촌락 비구 기원설 등의 가설이 아무리 정교하게 구성되더라도 (4) '여러 사실 간의 관련 가정, 역사적 의미 해석'에 해당하는 '사건(event)'의 차원에 머물 수밖에 없다. 즉, 이 연구를 성공적으로 수행하더라도 '이야기론'의 비판에 노출될 수밖에 없다. 그러나 애초에 (3)이 결여된 (4)는 역사학으로 인정받을 수 없다. 나아가, 대승경전에 설해진 내용은 치즈카가 엔도 슈사쿠(遠藤周作)의 『침묵』을 예로 들어, 역사학은 "예술과는 달리, 이러한 진실의 세계에 결코 발을 들일 수 없다"(치즈카遲塚[2010: 152])라고 하며 명확히 선을 긋는 예술 작품의 특성을 훨씬 많이 포함하고 있다. 이 점은 본 절 (4)항에서 다시 다룰 것이다.

이러한 과정을 전제로 하는 역사학에 '언어적 선회'를 촉구하는 논거로서 치즈카가 제시한 것은 개러스 스테드먼 존스(Gareth Stedman Jones)의 서술이다.

> 이 새로운 접근법의 특징은, 언어가 여러 기호로 이루어진 자율적인 체계임을 강조하고, 그러한 기호의 의미가 어떤 본원적이거나 선험적, 또는 언어 외적外的인 기반과의 관계에 의해 결정되는 것이 아니라 기호들 사이의 관계에 의해 결정된다는 점을 제시한 것이다. 이 새로운 접근법의 매력은 무엇보다도, 언어-더 적절하게

> 말하자면 언설(discourse)-의 기원을 외부의, 소위 '언어 이전의' 참조점에서 찾으려는 시도를 배격함으로써 언어가 리얼리티(reality)를 반영한다는 관념에서 벗어날 수 있었다는 점이다. (Jones〔1996: 20〕, 치즈카遲塚〔2010: 184-185〕를 일부 수정)

이 총괄은 역사학에 도전하는 '이야기론'자들의 논거 기초를 단적으로 보여준다는 점에서 유익하지만, 본 장에서 다루는 데리다의 논의나 본서에서는 자세히 다루지 못한 리쾨르 및 화이트의 섬세한 논의의 요점을 파악하기에는 너무 단순하다. 중요한 것은 이 존스의 지적을 출발점으로 삼아, 문제를 얼마나 더 깊이 파고들 수 있는가 하는 점이다.

치즈카는 리쾨르나 데리다의 논의를 인지하고 긍정적으로 평가했음에도, 이를 직접적인 고찰 대상으로 삼지 않았다. 대신 그는 '이야기론'을 극단적으로 전개한 노에(野家)〔2005〕의 주장에 반론을 제기하는 데 많은 지면을 할애하였다(치즈카遲塚〔2010: 192-206〕). 그 결과, 내러티브론과 에크리튀르론에서 제기된 중요한 요소들이 논의의 장에 오르지 못했다. 과거를 단순히 상기想起로만 파악하여 과거 존재의 실질적 의의를 부정하는 점, 이로 인해 역사학의 핵심 요소인 반증 가능성을 무력화하는 점, 그 결과 역사학을 문학 이론과 동일시해 버린 점, 치즈카가 노에(野家)의 '이야기론'에 제기한 이 세 가지 비판은 데리다나 리쾨르에게는 해당되지 않는다.

여기서 주목할 점은, 이러한 맥락의 논의를 전개하는 과정에서 데리다가 '사실'(fait)이라는 말을 거의 사용하지 않고, 대신 '흔적'

(trace)이라는 단어를 선호했다는 것이다. 데리다에게—그리고 별도의 논고에서 다룰 리쾨르에게도 마찬가지로— '흔적'은 '사실'보다 더 근원적이며, '사실' 이전의 차원에서 발생한 사건의 상흔을 가리킨다. 이에 비해, 치즈카는 거의 일관되게 '사실'이라는 단어를 사용하며, 간혹 '흔적'이라는 말을 쓸 때에도 '사실'과 의미상 거의 구분하지 않는다. 역사학에서 '사실' 이전은 중요한 과제가 아니기 때문일 것이다.

역사학이 '사실'을, 내러티브론이나 에크리튀르론이 '흔적'을 각각 규명의 대상으로 삼는 것은, 사건을 분석하는 언어 층위의 깊이나 세밀도의 차이를 반영한다. 역사가들은 일반적으로 '사건'(event)에 대한 해명이나 구성을 목표로 하기에 '사실'을 고찰하는 반면, 데리다나 리쾨르는 '사실'의 본질을 검증하고 분석하고자 하므로 사실보다 훨씬 더 미세한 언어적 층위의 '흔적'을 대상으로 삼을 수밖에 없다.

즉, 역사학자가 사실을 다루듯이, 데리다와 리쾨르는 흔적을 다룬다. 역사학자에게 사건과 사실이 다르며 그 차이를 명확히 하고 사실이 어떤 과정을 거쳐 사건이 되는지를 밝히는 것이 주제이듯이, 데리다와 리쾨르에게는 사실과 흔적이 서로 다르며, 그 차이를 명확히 한 후 흔적이 어떻게 사실이 되는지 그 미세한 메커니즘을 해명하는 것이 과제이다.

역사적 사실의 근거인 흔적을 중시하는 데리다와 리쾨르는 이러한 흔적에서 드러나는 '역사'라는 지평을 매우 중요하게 여긴다. 의문시해야 할 것은 개별 역사의 양상이지, 역사 그 자체가 아니다. 개별 역사가 하나하나 검증되어 설령 모두 부정되는 상황에 이르더라도, 그것이 역사라는 지평 자체를 부정하는 것은 아니다. 역사 존재의 의의, 그리고 그것을 다루는 역사학의 중요한 의의를 인정하므로 역사를 자처하는 개별 언설은 언제나 반성의 대상이 되어야 한다.

(2) 긴즈부르그 이해의 문제점

엄밀하고 균형 잡힌 분석을 수행하는 치즈카가 데리다, 리쾨르, 그리고 화이트를 고찰 대상으로 삼았다면, 언어적 전회의 의의가 더욱 적극적으로 역사학에 반영되고 역사학은 더 유연하고 탄탄한 기반 위에 새롭게 자리잡았을 것이다. 실제로 다음 구절은 데리다의 이해와 일맥상통하는 해석을 제시하고 있다.

> 여기서 지적된 바와 같이, 언어가 외부 실재를 반영하는 것이 아니라 여러 기호의 자율적(자기완결적) 체계라는 점은, '전회轉回'의 슬로건으로 자주 인용되는 '텍스트 외부라는 것은 존재하지 않는다'라는 주장과 상응한다. 이 데리다의 주장은 이미 도미야마 타카오(富山太佳夫)(富山〔2002: 23〕-시모다 주)가 적절히 해설했듯이, "소위 텍스트 외부의 실재를 부정하는 것이 아니다. 그러한 외부 실재가 존재한다고 하더라도, 그것에 관여하고 언급하기 위해 우리는 말을 사용하며, 그 순간 우리는 텍스트의 개입을 받아들일 수밖에 없다. 그런 의미에서 우리는 항상 텍스트와 얽힌 상황 속에 있다고 말할 수밖에 없다." (치즈카遲塚〔2010: 185〕)

이러한 이해를 전제로 한다면, 치즈카가 논의를 마무리하면서 '유연한 실재론'이라는 이름의 자신의 입장을 뒷받침하기 위해 논거로 제시한 긴즈부르그(Ginzburg)의 다음 구절은 여전히 재고의 여지가 남아 있다.

> 먼저, 역사가들은 … 〔중략〕 … 결코 현실(reality, 실재의 모습을 의미하며, 이하 '현실'도 동일)에 직접 접근할 수 없다는 점을 강조해야 한다. 역사가들의 작업은 필연적으로 〔간접적인〕 추론에 기반한다. 역사적 증거에는 두개골과 발자국 같은 유물 형태의 증거도 있고, 연대기와 공증 문서처럼 의도적으로 작성된 문서 형태의 증거도 있다. 하지만 어느 경우든 특별한 해석의 틀이 필요하다는 점은 변함없다. 그 해석의 틀(a specific interpretive framework)은 특히 후자(문서)의 경우에는 증거가 구성될 때 준거한 특별한 코드와의 관련 속에서 이해되어야 한다. 두 종류의 증거 모두 '왜곡된 유리(distorted glass)'에 비유할 수 있을 것이다. 그 유리에 내재된 왜곡이란 증거가 구성될 때 준거한 코드, 그리고 증거가 인지될 때 준수해야 할 코드를 의미한다. 이러한 내재적 왜곡을 철저히 분석하지 않고서는 건전한 역사적 복원 작업은 불가능하다. 그러나 이 언명은 반대 방향으로도 성립한다. 즉, 증거를 그것이 지시하는 대상의 차원에 대한 어떠한 참조도 없이 순수하게 내적으로 읽는 것도 동일하게 불가능하다는 것이다. … 〔중략〕 … 현재 유행하는 '현실(reality)을 텍스트로 삼아 연구하라'는 지시 명령은, 어떤 텍스트도 텍스트 외부 현실에 대한 참조 없이는 이해할 수 없다는 자각에 의해 보완되어야 한다. (Ginzburg〔1991: 84〕, 치즈카遲塚〔2010: 207-208〕)

역사학적으로는 훌륭한 균형감으로 작성된 이 구절 역시 데리다가 고찰하는 세밀한 텍스트론과는 괴리가 있다. 문제는 "증거를 그것이 지시하는 대상의 차원에 대한 어떠한 참조도 없이 순수하게 내적으로 읽는 것도 동일하게 불가능하다는 것이다"라는 구절이다. 애초에 '증거'(evidence)라는 말 자체가 어떤 외부 대상을 암시하는 의미를 포함하며, 이미 단어에 "지시 대상의 차원"(referential dimension)이 내포되어 있다. 따라서 "증거"를 읽는 이상 "지시하는 대상의 차원에 대한 어떠한 참조도 없이 순수하게 내적內的으로 읽는 것(a purely internal reading)"은 불가능하다. 그러나 이것은 일종의 논점 선취(petitio principii)이며, 이 문제는 텍스트론에서 그 자체로 이미 특정 전제를 담고 있는 "증거"라는 단어를 "읽다"의 목적어로 부주의하게 사용하면서 비롯된 것이다.

이 문제를 고려하지 않은 긴즈부르그는 '텍스트 내부'의 의미를 오해하고 있다. 인용 구절 말미의 "어떤 텍스트도 텍스트 외부 현실에 대한 참조 없이는 이해할 수 없다"라는 문장에서, "텍스트 외부 현실에 대한 참조"(a reference to extratextual realities)라는 행위 자체가 실제로는 새로운 텍스트 내부 사건이 된다는 점이 문제의 핵심이다. 자세한 내용은 다음 항에서 논하겠지만, 이러한 '언어의 지시 기능'을 치밀한 반성에 노출시키는 것이 바로 에크리튀르론이다.

긴즈부르그가 "유리에 내재된 왜곡"이라고 말하며, 이를 "증거"를 구성할 때 준거된 코드와 그것이 인지될 때 준거되는 코드 간의 차이에서 발생한 것으로 볼 때, 그는 이 두 코드를 –'내재된'이라고 말하면서도– 궁극적으로는 초점 거리가 다른 두 렌즈로 상상하고 있다. 각 렌즈의 성능을 철저히 분석하면, 왜곡은 해소되고 진실한 이미지를 얻을 수 있다는 취지일 것이다. 그러나 코드는 단순히 있는 그대로를 보는 눈에 외부에서 덧씌워지는 안경 렌즈 같은 사물이 아니다. 그것은 대상 텍스트를 해독하는 행위와 항상 병행하며 존재하는 현상이다. 코드를 완전히 이해한다는 것은 곧 코드를 사용하는 것과 다름없으며, 코드를 사용하는 것은 코드 내부를 통과하면서 통과 중인 주체 자신의 인식을 형성하는 것이다.

텍스트의 독자와 해석자는 코드를 통해 텍스트를 해독하는 동시에 자기 자신의 인식을 코드에 따라 형성한다. 한 번에 사용할 수 있는 코드－또는 데리다가 선호하는 프로이트의 용어를 빌리면, 만들어낼 수 있는 '통로'(die Bahnung)(Derrida〔1967b: 297ff.〕, 데리다デリダ〔2013: 405ff.〕)－는 단 하나뿐이며, 그 과정에서는 어떤 비교도 불가능하고 '왜곡' 또한 생길 수 없다.

물론 행위로서의 통로 코드가 전사轉寫된 코드표라면, 그것은 사물이므로 여러 개를 확보하고 비교할 수도 있다. 하지만 코드표를 읽는 행위 중에 통과되고 있는 코드는 코드표라는 사물이 아니다. 사람이 두 개의 서로 다른 코드를 오가며 동시에 해독하고 있다고 느낄 때, 실제로는 어느 코드도 사용하고 있지 않으며 자신도 모르게 제3의 코드를 만들어내고 있는 것이다. 텍스트 외부가 존재하지 않는다면, 코드의 외부 또한 존재하지 않는다.

긴즈부르그가 "어떤 텍스트도 텍스트 외부 현실에 대한 참조 없이는 이해할 수 없다"라고 말할 때, 그는 암묵적으로 사물로서의 증거가 속한 과거 시대와 해석자인 자기 자신이 속한 시대를 동시에 포괄하는 제3의 코드를 탐구하고 있다. 이는 당연히 '역사학'이라는 언설 코드이다. 긴즈부르그는 이 코드를 통과함으로써 역사학이라는 인식을 형성하고 역사학이라는 텍스트를 엮어내고 있다. 따라서 이 해독 행위의 확실성 정도는 '역사학이라는 텍스트'가 가진 언설의 본질에 대한 분석과 평가에 달려 있다. 언어적 전회에 대한 비판으로서 긴즈부르그의 고찰은 문제의 핵심을 충분히 파악하지 못하고 있다.

(3) 기호의 반복적 구조와 표상-대리

리쾨르, 스미스, 화이트와 비교할 때 데리다의 분석이 두드러진 점은 본 절에서 과제로 삼는 '표상'을 다루는 방식에 있다. 데리다가 이 문제를 어떻게 파악했는지 해명하는 것은 '대승경전을 읽는 과정에서 연구자의 의식 속에 나타나는 표상을 어떻게 이해해야 하는가'라는 제2절의 중심 과제와 연결된다. 이 과제를 고찰하기 위해, 먼저 데리다의 언술 가운데 유용한 구절을 인용함으로써 논의를 시작하고자 한다.

후설(Husserl)의 현상학을 정교하게 추적하며 비판한 데리다는 『목소리와 현상』 제4장 「의미와 표상」(le vouloir-dire et la représentation)에서 "표현과 의미의 순수한 기능은 전달하거나, 통지하거나, 드러내는 것, 즉 지시하는 것(indiquer)이 아니다"(강조점-시모다 주)라는 주제에 대해 고찰하고, 다음과 같이 결론지었다.

> … 내가 단어를 이른바 '현실적 효과를 목표로'(effectivement) 사용한다고 할 때, 그것이 전달의 목적이든 아니든 상관없이 … 〔중략〕 … 처음부터 나는 어떤 반복 구조를 (반복 구조 속에서) 실행해야 하며, 그 반복 구조의 구성 요소는 표상表象-대리代理적(représen-

tatif)일 수밖에 없다. 만약 사건이라는 단어가 대리될 수 없고, 비가역적인 경험적 일회성을 의미한다면, 기호는 사건이 될 수 없다. 단 '한 번'밖에 발생하지 않는 기호는 기호가 아니며, 순수히 특수한 표현으로만 존재하는 기호는 기호가 될 수 없기 때문이다. 의미하는 것(기표, signifiant)은 그것을 변용시킬 수 있는 다양한 경험적 특성에도 불구하고, 그 경험적 특성을 통해서 그 〔의미하는 것〕의 형태에서 식별 가능해야 한다. 경험적 사건이라고 불리는 것이 필연적으로 의미하는 것에 가하는 왜곡에도 불구하고, 더욱이 그 왜곡을 통해서도 그것은 여전히 '동일한 것'이어야 하며, 그러한 것으로서 반복될 수 있어야 한다. 음소音素(phonème)와 문자소(graphème)는 어떤 작용이나 지각 속에서 모습을 드러낼 때마다 어떤 의미에서는 항상 반드시 다른 것이지만, 하나의 형식적 동일성이 그것을 반복하고 식별하는 것을 허용하지 않으면, 일반적으로 기호로서 그리고 언어로서 기능할 수 없다. 이 동일성은 필연적으로 이데아적이다. 따라서 그것은 필연적으로 표상-대리(représentation)를 포함한다. … 〔중략〕 … 이 표상-대리적 구조는 의미〔기호〕 작용(signification) 그 자체이며, 따라서 나는 어떤 제한 없는 표상-대리에 근원적으로 휘말리지 않고서 '현실성을 지닌' 언술에 착수할 수 없다.

… 〔중략〕 … 기호 일반의 근원적으로 반복적인 구조로 인해, 현실성을 지닌 언술이 상상적 언술만큼 상상적인 언술일 수 있는 가능성, 그리고 상상적 언술이 현실성을 지닌 언술만큼 현실성을 지니고 있을 가능성은 매우 크다. 표현과 관련된 경우든, 지표적인

> 전달 작용과 관련된 경우든, 실재와 표상-대리, 진짜와 상상 속의 것, 단순한 현전성現前性과 반복 간의 차이는 항상 이미 지워지기 시작하고 있다. (Derrida〔1967a: 59-60〕, 데리다デリダ〔2005: 113-115〕를 일부 수정)

이 구절은 언어와 의식, 존재의 문제를 규명하며 제 원리의 원리로서의 현상학을 수립하고자 했던 후설의 사고를 되짚어보는 과정에서 데리다가 도달한 하나의 결론으로 볼 수 있다. 세 곳의 〔중략〕 중, 첫 번째 부분에는 데리다의 분석을 정확히 이해하는 데 중요한 내용이 서술되어 있으며, 다음 절에서 야마구치 즈이호(山口瑞鳳)〔2010〕의 불교사상 이해와 비교할 때 다시 언급할 것이다. 이 문맥 전체를 지금 여기서 제시하면 논의가 후설의 사상에 집중되어 지나치게 복잡해질 수 있으므로, 대승경전이라는 텍스트의 연구 방법을 탐구한다는 목적에 따라 표상의 기원과 본질의 문제에 초점을 맞추고자 한다.

이 구절에서 데리다가 제시한 것은, 경험적 사건, 의미, 표상, 언어=기호 등의 요소들이 서로 밀접 불가분의 관계를 이루는 하나의 네트워크에 얽혀 있는 의식의 구조이다. 사람은 다양한 일을 경험할 때마다 그것을 불변하는 말이나 기호에 담아 스스로 의미를 파악하려 하고, 또한 타자가 그 의미를 파악할 수 있게 한다. 즉, 의미의 성립은 형태상 항상 가변적인 경험과 항상 불변적인 기호 사이에서 실현된다. 따라서 사건의 의미 성립을 경험할 때 사람은 항상 "반복 구조를" 혹은 "반복 구조 속에서(dans)" "실행해야" 한다.

행위의 일회성은 기호나 말로 대체되는 순간, 즉각 반복성으로 전환된다. 이는 “단 ‘한 번’밖에 발생하지 않는 기호는 기호가 아니며”, “순수히 특수한 표현으로만 존재하는 기호(un signe purement idiomatique)는 기호가 될 수 없기” 때문이다. 그러나 “그 반복 구조의 구성 요소(élément)”는 본래 일회적일 수밖에 없는 경험을, 반복을 전제로 성립하는 언어로 이해 가능한 대상으로 대체하는 역할을 하므로 필연적으로 “표상-대리적(représentatif)” 성질을 지닌다.

여기서 번역자인 하야시 요시오(林好雄)가 ‘représentation’이라는 용어에 대해 거의 항상 ‘표상表象-대리代理’라는 두 번역어를 병기한 점은 주목할 필요가 있다. 이 ‘représentation’은 시각적 이미지로 형성되었는지, 청각적 이미지로 나타났는지, 또는—표상이라는 번역어에도 불구하고— 어떤 이미지도 명확히 맺지 않았는지는 중요하지 않다. 이미지가 어떤 과정을 통해 어떻게 형성되었는지는 명확하지 않더라도, 중요한 점은 그것이 항상 사건 자체가 아니라 사건의 대리물로서, 더욱이 동일성을 유지한 대리물로서 의식에 출현한다는 점이다.

사실 말과 기호라는 “의미하는 것”(signifiant)은 “그것을 변용시킬 수 있는” “다양한” 고유한 “경험적 특성”에 항상 휘말리지만, 그럼에도 “불구하고”, 아니 오히려 고유한 “그 경험적 특성을 통해서” 그 말과 기호의 “형태에서 식별”할 수 있다. 즉, “경험적 사건이라고 불리는 것”이 필연적으로 말과 기호에 “가하는 왜곡에도 불구하고, 더욱이 그 왜곡을 통해서도 그것은 여전히 ‘동일한 것’(le même)”이며, “그러한 것으로서 반복될 수” 있다. 언어=기호에 대한 고찰에서 흔히 간과하기 쉬운 이러한 현상에는 끝까지 주의를 기울여야 한다.

기호의 기본 요소인 “음소音素(phonème)와 문자소(graphème)”를 다룰 때도 마찬가지이다. 원리적으로 고려한다면, 이것들은 한편으로 그때그때의 경험적인 "작용이나 지각 속에 모습을 드러낼 때마다" "항상 반드시 다른 것"이어야만 한다. 그럼에도 불구하고 다른 한편으로 그것들이 음소와 문자소라는 효력을 갖는 한, "형식적 동일성이 그것을 반복하고 식별하는 것을 허용하는" 것이어야만 한다. 이 동일성은 개별적 다양성을 이념적 '하나'로 통합하고 대표-대변한다는 점에서 "필연적으로 이데아적"이며, "표상-대리"를 내포하고 있다.

이러한 "표상-대리적 구조(structure représentative)"야말로 일회적인 사건이 의미가 되는 "의미 〔기호〕 작용(signification) 그 자체"이다. 따라서 누군가가 의미 있는 "'현실성을 지닌' 언술에 착수"하려고 하면 그 순간부터 "제한 없는 표상-대리에 근원적으로 휘말리게" 된다. 현실적(effectif)이든 상상적(imaginaire)이든, 의미가 발생하는 언술에 관여하는 이상, 이 구조는 피할 수 없다. 그렇기 때문에 "현실성을 지닌 언술이 상상적 언술만큼 상상적인 언술일 수 있는 가능성, 그리고 상상적 언술이 현실성을 지닌 언술만큼 현실성을 지니고 있을 가능성은 매우 크다." 이것은 고독 속에서 발화되는 독백처럼 타인에게 전달을 목적으로 하지 않는 순수한 언술인 "표현(expression)과 관련된 경우"일 수도 있고, 타인에게 전달을 목적으로 한 "지표적인 전달 작용(communication indicative)과 관련된 경우"일 수도 있다. 그것이 말과 기호를 사용한 언술인 이상, "실재와 표상-대리, 진짜와 상상 속의 것, 단순한 현전성(la présence simple)과 반복(la répétition) 사이의 차이는 항상 이미 지워지기 시작하고 있다."

데리다가 고찰한 이 미세한 지평에서 경험적 사건, 의미, 표상,

언어-기호는 하나의 동적인 관계 속에 엮여 있다. 이 복층적 시스템 또는 네트워크가 바로 에크리튀르이다.

(4) 역사와 문학의 비연속 - 대승경전의 특성

지금까지 표상의 위상을 둘러싸고 언어적 전회(the linguistic turn)를 시도한 논자들이 제기한 난제에 맞서, 역사학이 어떻게 학문적 근거를 확보하는지에 대해 치즈카 타다미의 논의와 거기서 인용된 긴즈부르그의 논의를 중심으로 고찰했다. 역사학을 기반으로 한 입장이므로 관심의 초점이 다른 것은 당연하지만, 데리다가 표상을 다루는 방식과 비교하면, 양측의 논의 모두 텍스트론의 핵심에는 이르지 못한다. 이는 역사학이 텍스트를, 텍스트와 별개의 독자적인-절대적인- 시공간적 좌표축 내부에 놓인 객체로 간주하고, "심적心的인 것, 사회, 세계 등 여러 층 사이의 다양한 관계로 이루어진 시스템"이라는 점을 충분히 고려하지 않기 때문이다. 시스템으로서의 텍스트는 시공간 좌표축 내부에 갇히지 않을 뿐 아니라, 좌표축을 만들어내고 그것 자체가 좌표축이 된다. 이때의 텍스트는 역사에 의해 생성되는 역사적 산물이 아니라, 역사를 생성하고 성립시키는 장場이다.

이러한 텍스트 이해의 차이는 텍스트를 세계 내의 존재자로 간주하는가, 아니면 세계 그 자체로 간주하는가의 차이에서 비롯된다. 독자적인 시공간을 구성하려는 의도로 편찬된 텍스트, 즉 여러 종교의 성전이나 창작 작품, 그리고 픽션은 텍스트 언설 양상의 특수성과 이를 수용하는 이의 태도의 특수성으로 인해 역사적 산물로서의 텍스트와는 질적으로 단절된 면모를 보인다. 이러한 점에서 일반적인 역사 연구 안에 포함될 수 없다.

치즈카 역시 이러한 특성을 지닌 텍스트의 존재 의의와 역사 연구와의 단절을 인정한다. 그러나 여전히 재고할 여지가 남아 있다. 그것은 역사학에서 구축되는 인식 공간의 특징과, 성전이나 픽션을 대상으로 구축되는 인식 공간의 특징을 구별하는 데 충분한 주의를 기울이지 않았다는 점이다. 치즈카는 문학 작품을 '진실'의 영역의 문제로 간주하며 '사실'을 다루는 역사학의 영역을 넘어선 것으로 본다. 그러나 텍스트론으로서 이 '진실'과 '사실'의 관계를 더 깊이 탐구할 필요가 있다.

치즈카에 따르면, 역사학에서의 사실은 구조사構造史적 사실, 사건사事件史적 사실, 문화사적 사실이라는 세 가지로 나뉜다. 구조사적 사실이란, 어떤 남자가 태어났다거나 죽었다거나 어떤 시장에서 상품이 매매되었다는 등 숫자로 표현할 수 있는 사실이다. 이는 "그것 하나만으로는 거의 의미를 갖지 못하지만, 반복적인 대량 현상이 되었을 때 비로소 의미를 갖게 되는 사실"(치즈카遲塚[2010: 138])을 말한다. 한편, 사건사적 사실은 미나모토노 요리토모(源頼朝)가 가마쿠라 막부를 열었다거나 로베스피에르가 테르미도르의 반동으로 실각했다거나 하는, 전통적인 역사학이 즐겨 다뤄 온 "역사적 맥락 속에서 그 사실 자체로 의미가 있는 단 한 번의 사실"을 가리킨다. 문화사적 사실이란, 개인의 범위를 넘어선 인간 집단의 관습이나 심성, 사회적 결합 관계, 정치 문화 등을 나타내는 사실로, 이는 표상이나 언설이라는 형태로 외부에 드러난다(치즈카遲塚[2010: 141]).

치즈카는 이 세 가지 사실 중 구조사적 사실은 흔들림이 없고, 사건사적 사실은 흔들릴 가능성이 있으며, 문화사적 사실은 흔들린다

고 지적한다. 노에 케이이치(野家啓一)의 '이야기론(物語り論, 모노가타리론)'을 적용할 수 있는 것은 이들 중 세 번째 사실 및 두 번째 사실의 일부이다. "역사학에서의 사실 인식의 대상은, 구조사적 사실 → 사건사적 사실 → 문화사적 사실의 순서로 점차 흔들림이 커지며" '사실'은 "이 순서로 점점 확인과 복원이 어려워진다." 나아가 치즈카는 이 '사실'의 "앞에는 역사가가 인식할 수 없는 '진실'의 세계가 무한히 펼쳐져 있다"라고 하며, 그 요지를 다음과 같이 정리하고 있다.

> 개인의 마음속 내면에 관한 것이라도, 그것이 어떤 행위로 외부에 표출되어 (흔적으로 남게 되면), 그 행위는 곧 사실이 된다. 예를 들어, 17세기 일본에서 포르투갈 출신의 한 사제가 '후미에(踏繪)'(밟는 그림)를 밟으며 배교背敎(전향)한 행위가 있었다고 한다. 그 행위는 하나의 사실일 것이다. 그러나 설령 그의 마음 일부가 후미에를 밟는 행위로 표현되었다고 하더라도, 그 행위 이면에 실제로 어떤 마음의 움직임이 있었는지는 사실과 차원을 달리하는 진실의 영역에 속하며, 역사학의 대상이 될 수 없다. 이 사제를 모델로 삼은 엔도 슈사쿠(遠藤周作)의 『침묵』(1966)은 다음과 같은 장면을 묘사하고 있다. 숨어 지내던 중 체포된 사제 로드리고는 '구멍 매달기(아나즈리, 穴吊り)' 고문을 당하며 고통스러워하는 기리시탄(기독교인) 백성들의 신음 소리를 듣고 끝내 참지 못하게 된다. 그때 그의 마음의 귀에는 후미에(밟는 그림) 속에서 슬픈 눈빛으로 그를 바라보고 있는 그리스도의 목소리가 들려온다. "밟아라, 밟아라, 나는 너희들에게 밟히기 위해 이 세상에 태어난

것이다"라고. … 〔중략〕 … 이러한 로드리고 마음 내면의 움직임은 물론 엔도의 창작이다. 그러나 그것이 아마도 진실의 한 단면을 묘사하고 있기에, 이 작품은 독자들에게 깊은 감동을 불러일으키며 오랫동안 읽혀온 것이리라. 그리고 역사학은 예술과는 달리, 이러한 진실의 세계에 결코 발을 들여놓을 수 없다. (치즈카遲塚〔2010: 152〕)

여기서 치즈카는 비록 동일한 역사 자료를 대상으로 삼더라도 역사가와 소설가가 각기 구축하는 목적물이 속해야 하는 세계적 영역이 서로 다르다는 점을 암시하고 있다. 이는 사적私的 언술과 공적公的 언술의 차이에 관한 중요한 논점을 제시하며, 『시간과 이야기(Time and Narrative)』 제3권에서 리쾨르가 역사와 픽션의 구별을 논의한 내용과 연계하여 이해를 심화할 수 있는 주제이다. 이는 별도의 논문에서 다루기로 하고, 여기서는 텍스트론의 입장에서 "행위의 저변에 실제로 어떤 마음의 움직임이 있었는지는 사실과 차원을 달리하는 진실의 영역에 속하며, 역사학의 대상이 될 수 없다"는 구절과, 또한 그것이 "진실의 한 단면을 묘사하고 있기에, 이 작품은 독자들에게 깊은 감동을 불러일으키며 오랫동안 읽혀온 것이리라"는 대목에 대해 보충하고자 한다.

요점은 두 가지이다. 첫째, 여기서 언급되는 '진실'에 대해 치즈카는 역사학의 대상이 될 수 없다고 하면서도, 실제로는 구조사적 사실, 사건사적 사실, 문화사적 사실이라는 '사실'과 연계된 형태로 설정하고 있으며, '사실'에서 '진실'로 연속적으로 이행하는 단계나 계층처럼 이해하고 있다. 둘째, 그 '진실'-여기서는 엔도 슈사쿠가 묘사한 사제 로드리고의 심정-을 문헌이 작성된 당시에 실제로 존재했던 '진실'인 것처럼 간주하고 있다.

이 두 가지 점은 서로 연관되어 있다. 치즈카에게 텍스트는 외적인 '사실'을 가리키는 것이든 내면의 심정을 나타내는 '진실'이든, 텍스트가 형성된 시점의 '과거' 세계라는 시공간의 좌표축 내부에 고정되어 있다. 그러나 엔도 슈사쿠가 묘사한 로드리고 배교에 관한 구절을 '진실'로 확신하게 만든 것은, 다름 아닌 '현재' 치즈카 자신의 '텍스트 해석'이다. 즉, 『침묵』 한 구절에 기록된 '진실'은 17세기 나가사키의 선교사 내부에 존재했던 '과거'가 아니라, 20세기 작가가 엮은 작품과 21세기 역사가가 그 작품을 읽는 과정에서 형성되는 의식 사이에서 생겨나는 미과거未過去-지금 바로 경험되고 있는 과거-이다.

'진실'과 '사실'은 텍스트에 존재하는 객관적 속성이 아니라 '쓰기'와 '읽기' 행위 속에서 출현하는 사건이다. 이는 작품의 저자와 독자가 각기 은연중에 품고 있는 개인적 관심사, 처한 역사적 상황 등 여러 요소를 포함하며, 공동으로 만들어가는 텍스트 내부의 문제로서 "심적心的인 것, 사회, 세계 등 여러 층 사이의 다양한 관계로 이루어진 시스템"의 효과이다.

이와 같이 치즈카의 문제 제기를 보완하고 대승경전을 다시 살펴보면, 그것은 "그것 하나만으로는 거의 의미를 갖지 못하지만, 반복적인 대량 현상이 되었을 때 비로소 의미를 갖게 되는" 구조사적 사실을 서술하는 것이 아니다. 또한 "역사적 맥락 속에서 그 사실 자체로 의미가 있는 단 한 번의 사실"을 의미하는 사건사적 사실을 나타내는 것도 아니며, "개인의 범위를 넘어선 인간 집단의 관습이나 심성, 사회적 결합 관계, 정치 문화 등을 나타내는" 문화사적 사실을 기술하는 것도 아니다. 대승경전은 분명 문학적 작품에 가깝지만, 에도시대 나가사키라는 특정 시공간에 고정된 역사적 사실을 가장하여 구성된 『침묵』과 같은 텍스트와는 크게 다르며, 시공간 자체를 만들어내려는 텍스트라 할 수 있다.

앨런 콜(Alan Cole)이 지적한 바와 같이, 대승경전은 역사적 현실에서는 있을 수 없는 일체지자성一切智者性을 지닌 화자－대부분의 경우 붓다－를 경전의 중심에 두고, 이야기 속 누구도 차지할 수 없는 지점에서 이야기하며, 누구도 도달할 수 없는 지리적·시간적 영역에서 발신한다. 내러티브 내부에 기록된 행동과 언설은 과연 누가, 어떻게 관찰하고 편찬했는지에 대해 모든 것을 수수께끼 속에 남겨둔 채 세계를 재창조한다(Cole〔2005: 16-17〕). 이러한 특성을 지닌 텍스트로서의 대승경전은 역사학적 방법으로 다룰 수 없다. 역사학은 "예술과는 달리, 이러한 진실의 세계에 결코 발을 들여놓을 수 없다."

제4절 불교철학에서의 과제

(1) 사상과 사상사－야마구치 즈이호의 불교사상 이해

제3절에서는 표상의 정체를 추구하며 서양 형이상학사의 핵심 문제를 깊이 탐구한 데리다의 고찰에 따르면, 불교가 문헌을 통해 역사로서 복원된다는 이해에는 의문의 여지가 있으며, 이것이 불교사상에 대한 심도 깊은 고찰의 단서를 제공하고 있음을 살펴보았다. 역사학을

원리적으로 정립하려는 연구의 문제점은, 텍스트가 된 언어나 언설과는 별개의 사실이나 진실이 존재하며 텍스트는 그것들을 능숙하게, 서투르게, 또는 잘못 모방한 이차적 파생물로 이해한다는 점이다. 즉, 논자들은 현존재를 언어=기호적 현상에 본래적으로 스며든 존재로 보지 않고, 그 제약에서 자유로운 존재로 간주하는 것이다.

사실 이 문제는 역사적 연구뿐 아니라, 철학적 고찰에서도 확인할 수 있다. 이와 관련하여 불교사상에 대한 독자적 해석을 전개한 야마구치(山口)〔2010〕와 비교해 보는 것은 이 과제의 깊이를 이해하는 데 유익하다. 8세기 인도 날란다 사원의 학장이자 티베트에 인도 불교사상을 뿌리내리게 한 샨타락시타(Śāntarakṣita, 寂護, 725~788)의 『중관장엄론中觀莊嚴論』에서 정통 불교사상의 흐름을 읽어내는 야마구치의 논의는 기존 불교 연구자들의 불교사상 이해와 중요한 점에서 차이를 보인다.

야마구치의 논의에 따르면, 초기불교 이래 불교사상의 본류에서는 '지식의 원인으로서의 외부 세계', '지각된 결과로서의 표상', '표상에서 추출되어 기억되는 관념'을 구별하는 '세 가지 시간'이 명확하게 의식되고 있었음에도, 바수반두(세친, 5세기)를 비롯한 많은 사상가가 이 점을 잘못 이해한 채 불설에 대한 해석을 전개했다고 한다. 현대 연구자들 역시 거의 예외 없이 같은 오류를 반복하고 있으며, 여기에 서양철학의 시간과 존재에 대한 이해에서 비롯된 오류까지 더해져 불설의 진의에서 더욱 멀어졌다고 지적한다. 그의 저서 「서문」에서 '세 가지 시간'의 의미에 대해 다음과 같이 말한다.

> 간단히 말하면, '세 가지 시간'은 다음과 같다. 먼저, 제1시간에서는 지각 원인이 되는 외부 세계의 선험적 '변화'가 과거와 미래의 경계인 '지금'으로 나타나며, 미래로 나아가면서 정체 없이 소멸된다. 이 지각 원인의 '변화'를 마주하는 생체生體는 천부적인 감수 기능을 통해 외부 세계의 시간적 흐름을 지각으로 받아들이고, 지속적인 순간의 공간적 궤적으로 바꾸어 정지靜止와 이동의 '표상'을 통합한다. 이 순간순간의 허구虛構적인 '현재'에 표상이 성립하며, 그 직후 소멸한다. 이것이 제2시간이다. 표상은 순간의 전후가 구별되지 않은 채 정지靜止적으로 파악되고, 그로부터 추상된 몰沒시간적 형태 관념이 이를 지칭하는 명칭과 함께 '명색名色'으로 구성되며, 기억된 이 '명색'에서 언어 표현이 형성된다. 새롭게 경험되고, 잘못 외부 세계의 포착으로 간주되는 모든 표상은, 상기想起된 '명색'과 동일시되고, 언어 표현대로 '생生·멸滅'하는 실체로 인식된다. 이 실체를 뒷받침하는 '명색'의 몰沒시간적 항상恒常이 마지막 제3시간이다.
> 서양철학은 이 마지막 제3시간만을 근거로 외부 세계를 실체로 간주하는 것을 허용한다. 이것이 불교철학의 이해를 방해하는 근본적인 결함이었다. (야마구치山口[2010: ix-x])

아주 놀라운 통찰이다. 인용문에 제시된 불교사상 이해의 이론적 지주를 요약하면 다음과 같다. 첫째, 지각의 근거인 외부 세계의 존재를 인정하는 점이다. 둘째, 그 외부 세계가 무한소無限小의 단위 시간에 존재한다는 시간의 공간화를 배척하는 점이다. 셋째, '연기'를 현상 일반의 양상을 가리키는 술어가 아니라, 인간의 의식과 외부 세계와의 관계에 관여하는 술어로 해석하는 점이다.

이 세 가지는 불교사상사에서의 위치를 고려할 때, 현재 불교학계에서 공유되고 있는 이해의 핵심을 무너뜨릴 만큼 중요한 문제 제기이다. 첫 번째 점은 인간의 인식 성립이 외부 세계의 존재에 의거한다는 것이므로, 유식사상에서 궁극적 실재의 양상으로 설하는 '삼계유심三界唯心'이나 '유식무경唯識無境'이라는 이해와 양립할 수 없다. 불교 논의에서 흔히 정형화된 방식으로 나타나는, 의식에서 일어나는 일을 의식 문제로만 국한하여 논하는 것은 불가능해지며, 의식을 초월하여 선험적으로 존재하는 외부 세계와의 관계 속에서 이를 다시 이해해야 할 필요성이 제기된다.

두 번째 점에서, 불교의 인식론이나 존재론의 근간을 이루는 '찰나멸刹那滅'(kṣaṇika) 이해가 성립하지 않게 된다. 존재는 찰나(kṣaṇa)를 소유한('-ika') 것이 아니라, 찰나조차 가질 수 없는 채로 단지 계속해서 변해간다. 그렇다면 오늘날 학계의 인식론이 의거하고 있는 다르마키르티(法稱, 7세기, 일설에는 6세기)가 설하는, 궁극적 존재의 조건으로 제시된 '찰나의 존재', 그것과 표리 관계에 있는 '효과적 작용(arthakriyā)의 존재', 그리고 '직접지각의 대상으로서 고유상固有相(獨自相, sva-lakṣaṇa)이라는 궁극적 존재'의 의의, 이 모든 것이 붕괴되어 버릴 것이다. 이는 다니(谷)〔2012〕가 지적한 바와 같다.

세 번째 점에서, '연기'는 이러한 찰나조차 가질 수 없는 외부 세계에 의식을 가진 생체生體가 향할 때 '지각'이 성립하는 현상을 가리키기 위해 사용된 용어이며, 세계의 사물이나 현상 일반의 상호 성립을 설하는 것이 아니다. 따라서 연기를 세계 모든 사물 간 관계를 언급하는 용어로 보는 많은 불교학자들의 이해는 뒤집히게 될 것이다. 연기 이해에 대한 이 관점 전환에 어떻게 응답할 것인가, 이것이 학계에 던져진 질문이다.

이처럼 중요한 문제를 제기하고 있음에도, 해당 저서나 저서의 각 장을 구성하는 논문에 대한 학계의 평가는, 해당 저서 「제8장」의 전신인 야마구치의 논문에 대한 후쿠다(福田)〔1994〕의 엄격한 비판 이후, 호의적이지만 총론적인 논평에 그친 다니(谷)〔2012〕 외에는 없다.

학계가 해당 저서에 대해 침묵하는 데는 두 가지 이유가 있을 것이다. 하나는 원전 텍스트의 번역문을 포함한 해당 저서 논술의 문체적 특이성이고, 다른 하나는 불교 연구에서 사상 연구-사상사 연구가 아닌-에 대한 몰이해이다. 이 두 가지는 서로 관련된다. 첫 번째 점부터 살펴보자.

논리적으로 구성된 불교 텍스트, 즉 논서를 연구할 경우, 특히 일본 연구자들은 연구의 객관성을 확보하기 위해 학계에서 공유되는 번역어를 사용하고 텍스트에 대한 훈고학적 주석으로 자신의 입장을 제한하는 형태로 연구를 진행하는 경향이 강했다. 반면, 야마구치의 저서는 텍스트의 다양한 개념에 대해 독자적인 역어를 부여하고, 본문 해석을 위한 보충 설명을 곳곳에 추가하면서 논술을 전개하고 있다.

여기에 제시된 세 가지 특징은 야마구치(山口)〔2010〕가 전개한 논의 전체를 지탱하는 지주이지만, 개별 불전 속에서 체계적, 명시적으로 설해지는 것은 아니다. 이러한 요소를 과제로 삼으려면, 번역 작업에서 괄호를 포함한 보충 설명이 필수적으로 요구된다. 따라서 원전 해석을 주제로 삼고 있음에도 불구하고, "야마구치 박사의 주장은 박사가 보충한 부분에서밖에 찾아볼 수 없다"(후쿠다福田[1994: 65])는 결과가 되어버린다. 하지만 해당 저서에서 주목할 점은, 제시된 번역과 추가된 보충 설명이 단순히 현대 일본어로 읽기 쉽게 하기 위한 것이 아니라, 불교의 인식론과 존재론의 성립을 근본적으로 정립하려는 의도를 가지고 있다는 점이다. 이는 훈고학적 접근에 내재된 문제를 직시하고 그 한계를 넘어서려는 시도라고 볼 수 있다.

이는 두 번째 점과 관련된다. 사상을 연구할 때, 지금까지의 일본 불교학은 거의 사상사 연구만을 방법으로 채택해 왔으며, 사상 연구의 의의를 인정하는 데 소극적이었다. 물론 거기에는 사상 연구라는 제목을 내건 논문이나 저작의 상당수가, 텍스트에 대한 엄밀한 독해에서 벗어나 저자의 자유로운 발상을 펼치는 데 그쳤다는 문제가 존재한다. 하지만 이는 본래 사상 연구가 짊어져야 할 책임은 아니다. 실제로 Yogācāra 연구에 대해 샤프(Sharf)[2016: 778-779]는 독일과 일본의 연구와 비교하여 영미권에서는 현상학을 중심으로 한 근현대 철학과 연관 지어 진행된 연구가 주류를 이루고 있다고 언급한 바 있다.

사상 연구와 사상사 연구는 그 기초 원리가 다르다. 사상사의 기초 원리는 역사이므로 하나의 사상에 대한 평가는 연대기적 준거틀 안에서 이루어지고, 선행 사상의 전개, 삭제, 변용이라는 형태로 주어진다. 상호 접촉이 인정되지 않는 사상들 간의 연구는 원칙적으로 불가능하다. 반면 사상 연구에서는 사상이 연대기적 준거틀에서 해방되어 개별적으로 독립된 가치를 부여받는다. 따라서 역사적으로 상호 직접적인 접촉이 없었던 경우에도 비교 연구가 가능하며, 사상의 의의는 시공간의 좌표축 내에 고정될 필요가 없다. 사상 연구는 오히려 엄밀한 의미에서 사상을 역사로 환원할 수 없다는 입장에 서 있다.

사상 연구와 사상사 연구의 이러한 방법론적 차이를 인식한 후, 불교 연구 방법으로서 사상 연구의 독자적 의의를 발견하는 것이 중요하다. 그렇지 않으면, 불교사상이 서양철학을 비롯한 다른 세계의 사상과의 직접적 관계 속에서 파악될 가능성은 닫혀버릴 것이다. 그런 의미에서 야마구치의 시도는 높이 평가해야 한다.

이와 관련해 '불교 논리학의 역사성과 비非역사성'을 과제로 삼은 모로 시게키(師茂樹)〔2015: 12-13〕의 논의는, 그가 인용한 우에다 노보루(上田昇)〔2001: 6〕의 논의와 함께 주목할 가치가 있다. 이 논자들은 사상 연구와 논리 연구를 구별하는 데 초점을 맞추고 있기 때문에, 엄밀히 말하면 본 장의 문제 설정과는 다소 차이가 있다. 하지만 사상 연구와 사상사 연구의 차이를 고찰하는 데 유익한 점들이 명확하게 제시되어 있어 주목할 만하다. 즉, 문헌에 명시적으로 나타나는 서술만으로는 한 사상가의 논리학을 온전히 설명할 수 없다는 점, 하나의 문헌에 등장하는 논리적 내용은 해당 문헌이나 문헌의 저자에 국한되지 않고 독립적으로 존재한다는 점, 이러한 의미에서 문헌학이나 역사학의 단순한 유용성을 믿는 태도에는 한계가 있다는 점 등이다.

(2) 후설의 '현재' 이해와의 공통성

야마구치(山口)〔2010〕가 제시한 이해에는 몇 가지 중요한 문제가 포함되어 있다. 가장 주목할 만한 점은 이 '세 가지 시간'에 대한 이해가, 데리다가 『목소리와 현상』에서 검증하고 비판한 에드문트 후설(Edmund Husserl)의 이해와 매우 유사하다는 점이다. '제1시간'은 언어=기호적 현상을 말소하고 현전성을 확보하는 기능적인 면에서 후기 후설이 말하는 '생생한 현재'에 거의 그대로 대응한다. 후설의 현상학은 대상이 생생하게 현전하는 지각 장면을 명증적 인식의 최고 전형으로 삼는데, 이는 지각을 '현재'로 환원하는 것이기도 하다. 『현상학사전』은 이 점을 다음과 같이 간결하게 정리하고 있다.

> … 〔후설의〕 초기 시간론에서 이미 언급되었듯이, 이 현재는 (과거) 파지把持와 (미래) 예지予持에 의해 형성된 두 지평(과거 지평과 미래 지평)에 둘러싸여 있으며, 이들과 연속적으로 융합하는 일정한 폭을 가지고 있다. 그러나 이제 현상학적 반성은 초월론적 주관성으로서의 의식이 작동하는 완전한 현재(원초적·현現양태적 현재)로 거슬러 올라가, 초월론적 주관성 자체의 기능적 현재를 해명해야 한다. 이 원초적 현재야말로 현상학이 의거하는 모든 명증성明證性의 근원일 것이기 때문이다. 이것이 현상학적 반성이 작동하는 현재로의 '철저한 환원'이며, 이 환원 과정에서 앞의 과거 지평과 미래 지평은 괄호 안으로 들어가게 된다. 그러나 이 환원은 단순히 시간 위치의 하나로서 '현재'를 추출하는 데 그치지 않는다. 왜냐하면 지각 대상을 노에마(noema)로 구성하는 노에시스(noesis)로서의 내적 의식류는 그 자체가 시간적 진행을 가진 피구성체인 이상, 이 의식 흐름을 그렇게 구성하는 근원을 향해 환원은 더욱 반복되어

> 야 하며, 이렇게 확보된 '구성하는 근원'은 시간적 피구성체로서의 의식류(의 현재)보다 더 '앞선' 어떤 '비非시간적인 것'이라는 성격을 띠기 때문이다. 후기 시간론에서 나타난 '생생한 현재'란 바로 이러한 '구성하는 근원'을 의미한다. (기다 외木田ほか編〔1994〕「생생한 현재〔生き生きした現在〕」 항목. 또한 데리다デリダ〔2005: 244-247〕 참조)

여기서 후설이 말하는 "의식류보다 더 앞선" "구성하는 근원"으로서의 "비非시간적인 것"인 "생생한 현재"의 시간은, 야마구치가 상정한 지각이 성립하기 이전의 '제1시간'에 대응한다. 물론 후설이 말하는 '생생한 현재'는 초월론적 주관성 안의 '현재', 즉 어디까지나 의식 측면의 현재이므로 야마구치가 말하는 지각의 원인인 의식 외부의 선험적 상황과는 다르다. 이 점은 두 입장 사이에 존재하는 중요한 차이이다. 그러나 언어=기호를 배척하기 위한 기점이라는 기능에 주목하면, 양자는 겹친다. 이 점에서 "서양철학은 이 마지막 제3시간만을 근거로 외부 세계를 실체로 간주하는 것을 허용한다"는 야마구치의 비판은, 적어도 후설 이후 철학에는 해당되지 않는다.

다음으로, 야마구치가 지적하는 '제2시간'과 '제3시간'은 앞서 인용한 『목소리와 현상』 구절 중 세 번째 〔중략〕 부분에 제시된 초기 후설의 이해를 중심으로 한 표상에 관한 논의 내용과 중첩된다. 데리다는 언어=기호적 현상, 즉 에크리튀르 내부에 모든 종류의 표상-대리가 항상 이미 포함되어 있음을 지적한다. 이 논의에서 데리다는 후설이 과제로 삼았던, 기억을 포함하지 않는 현재의 지각(Vorstellung, 표상)으로서의 représentation(표상-대리)과 기억을 포함한 '재생 반복 일반의 가능성'인 Vergegenwärtigung(준準현재화-재再현전화)으로서의 re-présentation의 차이에 대해 언급한다. 전자는 야마구치가 지적한 '제2시간'에서 출현하는 표상에, 후자는 '제3시간'의 표상에 각각 해당한다.

고대 인도와 티베트 불전의 독해를 통해 20세기 철학적 논의의 요점을 도출해낸 야마구치의 혜안과 논리의 예리함에는 감탄을 금할 수 없다. 동시에, 데리다가 후설의 고찰을 추적하며 그 부족한 점을 지적하고 거기서 큰 전환을 시도한 작업은, 그대로 야마구치의 논의에 대한 비판이 되기도 한다.

'세 가지 시간'론의 문제점은 존재론, 인식론, 언어론이 서로 분리되어 있고 각각이 제1시간에서 제3시간까지의 과정을 거쳐 순서대로 성립하는 것처럼 논해지고 있다는 점이다. 데리다에 따르면, 이 세 가지는 서로 뒤얽힌 관계를 이루며 불가분의 시스템을 구성하고 있다. 이것들은 서로 분리될 수 없고, 더구나 각각이 순차적으로 발생하는 것도 아니다. '세 가지 시간'의 구별은 사건(경험)과 언어(기호) 간의 불가분한 관계에 대한 파악을 등한시하거나, 나아가 의도적으로 배제한 데서 비롯된 것이다.

이 점을 명확히 하기 위해, 앞서 인용한 야마구치(山口)〔2010〕의 '제3시간'에 대한 논의부터 다시 살펴보자. 여기서 "관념적 실체로 추상되고" "몰沒시간적 형태"인 '명색名色'(nāmarūpa)은, 명(nāma)과 색(rūpa)이라는 두 단어로 이루어진 용어라는 점이 보여주듯이, 기호학적으로 보면 nāma(名)로서의 시니피앙(signifiant, 소리 등 기호의 형태적 측면, 기표)과 rūpa(色)로서의 시니피에(signifié, 기호의 의미나 인상 등의 관념적 측면, 기의)의 불가분한 관계로 이루어진 총체로서의 기호 자체이다. 반면, 때때로 발생하는 개별 '사건'은 이 기호 외부에 존재하는 기호의 지시 대상, 즉 레페랑(référent)으로 우선 이해할 수 있다. 그러나 그 '사건'이 어떤 형태로든 사람에게 유의미한 '경험'이 되었을 때, 그것은 시니피앙과 시니피에가 불가분하게 결합된 언어=기호적 현상 속에 내부화되어 있으며, 그것들을 벗어나 외부 세계에 독립적으로 존재하는 실재가 될 수 없다.

외부 세계에 존재한다고 여겨졌던 '사건'은 즉각적으로 언어=기호에 의해 인식 차원으로 전환된다. 이는 순식간에 일어나는 전환으로, 야마구치가 제시한 '세 가지 시간'과 같은 단계도, 추이도, 과정도 존재하지 않는다—또는 설령 존재했다고 하더라도, 그것은 경험 이전의 현상이므로 아무도 알 수 없다—.

외부 사건이 사람의 내적 경험으로 변할 때, 그것은 시니피앙과 시니피에의 관계로 이루어진 언어=기호적 현상으로 전환된다. 사건이 새로운 경험이 될 때 쇄신되는 것은 바로 이 언어=기호적 현상 전체이다. 레페랑으로서의 사건이 아무리 새로운 것일지라도, 그것만으로 현존재의 세계는 털끝만큼도 변하지 않는다. 현실의 경험 세계에서 지시 대상은 항상 즉시 기호적 현상에 포섭되고, 사람 앞에 독립적으로 나타날 수는 없다. 지속적으로 나타날 수 있는 것은 기표와 기의의 상호 관계뿐이다.

이 기표(시니피앙)와 기의(시니피에)의 관계는 서로 얽혀 있다. 시니피앙은 항상 시니피에를 동반하며, 시니피에는 때때로 발생하는 사건이 경험이 될 때마다 갱신되지만, 변하지 않는 시니피앙은 계속 변화해

가는 시니피에에 의해 내부적으로 변용된다.

예를 들어, 어떤 강렬한 일을 경험한 이후 아주 익숙했던 소리의 단어가 전혀 새로운 의미를 가지고 나타날 때가 있다면, 그것은 같은 소리의 단어가 새로운 시니피에를 동반한 새로운 시니피앙으로 변한 것이며, 그 시니피앙은 이후, 이전과는 다른 의미 내용을 지니며 다른 지시 대상을 지향하는 새로운 기표가 된다. 그런데도 형태상으로는 이전과 완전히 동일한 기표이다. 표상-대리(représentation) 기능은 이러한 상호 의존적인 시니피앙-시니피에 관계 속에서 레페랑이 내부화되는 구성에 의해 성립한다.

따라서 인간의 경험 세계에서는 야마구치(山口)〔2010〕의 이해처럼, 언어=기호와 무관하게 표상이 생겨난 뒤 다음 순간 아무 이유 없이 갑자기 언어=기호에 휘말려 다른 차원의 표상으로 변하는 것이 아니다. 애초에 지각이나 인식 자체가 언어=기호적 현상으로서 대리적인 구조로 성립한다.

앞서 이 에크리튀르의 지평에서는 경험적 사건, 의미, 표상, 언어(기호)가 밀접 불가분의 관계를 이루는 하나의 네트워크에 얽혀 있다고 말했는데, 이는 경험적 사건을 포함하는 이 동시적 다층 구조를 가리키는 것이다. 이를 단선적으로 계열화된 관계로 이해하는 것은, 실체 없는 시니피앙-시니피에 관계로 이루어진 기호가 외부 세계의 실체적 실재로서의 레페랑을 지시한다고 보는 태도, 즉 언어의 지표적 기능과 외부 실체 세계를 상정하는 실체론적 사고 또는 직선적 시간 관념에 강하게 얽매여 있기 때문이다.

사람이 경험할 수 없는 선험적 시간인 '제1시간'에서의 존재는 언어도 신체도 존재하지 않지만, 여전히 신체 외부에 있음이 인정되는–그렇지 않으면 '제2시간'에서 생체生體가 그것과 '마주할' 수 없다– 실로 불가사의한 잠재적 레페랑이라 할 수 있다.

다음으로, 언어와 신체를 초월한 이 독립적이고 자존적인 존재가 사람의 현실적 경험이라 할 수 있는 '제3시간'의 '표상'으로 전환되기 위해 설정된 것이 바로 "생체"가 "천부적 감수 기능"을 통해 지각을 구성하는 '제2시간'이다. 이 단계에서는 신체성은 회복되었지만, 여전히 언어=기호는 부재한 '생체'라는 매개자가 등장하여, '제1시간'에서의 선험적 현상을 외부로부터 지시하면서도 아직 언어가 개입하지 않은 지시 대상을 실현한다.

이 단계의 시간에서 출현하는 "외부 세계가 지각을 향해(pratītya) 함께 생기한다(samutpāda)"라고 하는 야마구치의 독특한 연기 이해는 언어=기호가 존재하지 않음에도 불구하고, 외부 세계를 레페랑으로 삼을 수 있는 주체를 생체라는 형태로 확보하는 기능을 가진다. 이 '연기'를 성립시키는 생체는 지시 기능만을 가지며, 시니피에와 시니피앙을 가지지 않는 언어=기호와 다름없다. 실로 '마하부사의摩訶不思議'하다.

제1시간, 제2시간, 제3시간에서 나타나는 현상들은 실제로는 상호 참조 가능한 관계에 있으므로, 동시同時라고는 할 수 없으나 이시異時가 아닌 양상으로 공재共在한다. 이러한 점에서 세 가지 '시간'이라는 연속적인 추이를 예상하게 하는 단어는 적절하지 않으며, 공재성共在性을 나타낼 수 있는 세 가지 '위상位相' 또는 '경위境位'라고 바꿔 말해야 할 것이다.

세 가지 시간이 세 가지 위상이나 경위라고 본다면, 여기서 발생하는 현상의 구조는 야마구치가 철저히 배척하고자 했던 유식의 이론 구조와 구별하기 어려울 정도로 유사하다. 유식唯識의 원어인 'vijñapti-/vijñāna-mātra'는 문자 그대로의 의미에 따르면, 세계는 오직 시니피앙-시니피에뿐이라는 것이며, 이는 곧 텍스트 내부만이 존재한다는 것과 다름없기 때문이다.

(3) '직관과 현전성의 철학'에 의한 기호의 말소

이렇게 보면, 야마구치가 '세 가지 시간'의 구별을 통해 전력을 다해 보증하고자 한 것은, 제2시간의 '외부 세계의 존재에 근거하는 진정한 지각으로서의 표상'과 제3시간에 속하는 '언어를 근거로 하는 상상, 기억, 망상 등 이른바 허위가 혼입된 표상' 간의 질적 '차이를 유지'하는 것이다. 그런데 사실 이는 바로 데리다가 후설을 비판하는 핵심 부분과 다름없다.

데리다의 말을 빌리면, "이 차이를 유지하는 것은 —형이상학의 역사에서, 나아가 후설의 철학에서—현전성現前性을 구출하고, 기호를 환원-말소하거나 일탈시키는 집요한 욕망에 부응하는 것이다." "직관과 현전성의 철학은 고전적인 방식으로 기호를 소거할 수 있다. 이 철학은 기호를 일탈시킴으로써 그것을 소거하며, 재생과 표상-대리를 단순한 현전성(présence simple)에 갑작스럽게 도래하는 변양變樣(modification)으로 만들어 무효화한다." 이것이 바로 비판에 노출되어야 할 "서양의 철학 그 자체이며, 서양의 역사"이다(Derrida〔1967a: 60-61〕, 데리다デリダ〔2005: 115-116〕).

언어=기호 작용을 일방향적인 지표적 기능으로 한정하여 현실의 양상에서 "일탈"시키고, 그 일탈을 보증하기 위한 근거로 야마구치처럼 언어 외부 세계를 선험적 실재로 설정하고－또는 후설처럼 의식 내부의 궁극적인 현재인 "생생한 현재"로 설정하고－ 이를 통해 "현전성을 구출하는" 것은 궁극적으로 언어=기호의 "말소"를 시도하는 것이다.

시니피앙-시니피에 관계인 기호에 대해 외부의 실재로서 존재하는 레페랑을 항상 대입하려는 태도. 이러한 실체론적 사고방식, 즉 언어=기호적 현상에 얽매인 습성이나 "집요한 욕망"을 제거하지 않으면 서양 형이상학사에서의 '폐쇄된 영역'으로부터 해방될 수 없다. 야마구치가 주장하듯이, 만약 '세 가지 시간'이 '불타의 친설'이라고 한다면, 그것은 '의식에 현전하는 것의 실재'를 근본으로 삼는 서양 형이상학 역사의 '폐쇄된 영역' 내부에 갇힌 사유 그 자체가 된다. 그렇다면 붓다의 사상 자체도 탈구축의 대상이 되어야 할 것이다. 그러나 불교사상은 언어=기호적 현상에 매우 세심한 배려를 기울이므로 이런 우려는 필요 없을 것이다.

이와 관련하여 주목할 문제가 있다. 야마구치가 설정한 '세 가지 시간'은, 샨타락시타가 제시한 '선화륜旋火輪' 비유를 바탕으로 구성되었다는 점에서 알 수 있듯이, 오로지 시각적 이미지만을 논의 기초로 삼고 있다는 점이다. 그러나 '자의식', '자기 인식' 해명을 목표로 하는 후설 이후 현상학에서 의식 문제는 항상 언어와의 관계 속에서 논의되어 왔다. 그 흐름 속에서 데리다는 '목소리'에 초점을 맞추었다. 의식의 '목소리'는 후설이 탐구한 '지표 기능이 결여된' 언어의 작용이며, '독백'에서 나타나는 '표현'의 근원적 양태를 밝히는 열쇠를 쥐고 있다.

'목소리'에 대한 주목은 표상의 문제를 '의미'의 문제와 관련하여 고찰할 때 반드시 필요하다. '의미'의 발생을 문제로 삼을 때, 시각적 이미지에만 주목해서는 충분한 고찰이 이루어질 수 없다. 실제로 야마구치는 명사名詞 개념을 논할 때 '표상'을 다루지만, 동사에 대해서는 표상이 성립하지 않는다고 하며 '의미'를 논한다. 이는 표상을 정지된 이미지로만 이해하는 데서 비롯된 문제로, 'représentation' 일반의 문제로 확장할 수 없다.

후설이 사용하는 'bedeuten'(의미하다)에 대해 데리다가 'vouloir-dire'(말하고자 하다)로 번역한 것에는 깊은 함의가 있다. 명사든 동사든 의식 내에서의 의미나 표상-대리의 발생은 언어의 발생과 활동에 기인하며, 정지 이미지의 존재 유무는 본질적인 영향을 미치지 않는다. 프랑스어 représentation이 표상表象, 대리代理, 상연上演이라는 의미를 동시에 지니고 있다는 점은 데리다가 특히 주목하는 부분이다.

데리다는 언어=기호적 현상인 '에크리튀르'에 휘말리지 않는 순수한 실재 세계를 설정하거나, 거기서 언어 세계의 현상이 타락적이고 파생적으로 발생한다는 이해를 모두 표상-대리에 대한 근본적 오해로 간주하며 이를 면밀히 논파한다. 인간은 이 세계에 태어나는 순간 "항상 이미" 존재하고 있는 언어=기호적 현상에 휘말리며, 경험으로서의 의미를 살아가는 한, 그 안에 계속 휘말려 들어간다. 이것이 바로 '현존재現存在'(Dasein, réalité humaine)의 진정한 본질이다.

현존재는 기호적 현상보다 항상 뒤처지며, 따라서 사건으로부터도 지연된다. 이 지연에 내재하는 문제에 대해 야마구치(山口)[2010]는 '제1시간'에서 '제3시간'으로 이행할 때 발생하는 '왜곡'으로 파악했다.

그러나 이 '왜곡' 없이는 '의미'는 나타날 수 없다. 후설의 발자취를 다시 따라가며 이 문제를 해명한 데리다는 언어-기호적 현상인 '에크리튀르'에서 발생하는 문제의 구성을 '차연差延'(différance)이라는 말로 제시한다.

데리다가 만든 용어인 '차연差延'(différance)은 '차이'(différence)라는 말에 '시간적 지연, 거리감'이라는 의미를 더한 것이다. 이 용어는 궁극적으로 '목소리'를 통해 '의식에 현전하는 실재'를 중심에 두었던 플라톤 이래의 서양 형이상학을 근본적으로 재검토하려는 전략을 담고 있다. 어떤 종류이든 사람의 인식은 현상과 동시에 성립할 수 없으며, 항상 현상에 뒤처져 있다. 인식, 의미, 표상의 존재는 이 '지연, 차연'의 발현일 뿐이다.

이를 바탕으로 데리다는 자신이 만든 조어인 différance(差延)에서 고유한 음가를 가지지 않으며 표기로서만 나타나는 문자 a에 특별한 의미를 부여하였다. 이 문자는 목소리로서 의식에 현전할 수 없음에도 불구하고, 즉 일반적인 의미로는 존재하지 않음에도 불구하고, 그 무음의 목소리에서 표상, 지각, 기억, 의미가 통합적으로 생기하는 의미를 갖는다. 이와 관련하여 『그라마톨로지에 대하여』의 번역자인 아다치 카즈히로(足立和浩, 1941~1987)가 「역자 후기」에서 '차연'에 대해 요약한 구절을 마지막으로 덧붙이고자 한다.

> 우선, différance라는 표기법은 différence라고 썼을 때와 발음상 전혀 차이가 없다. 즉, différance라고 하든 différence라고 하든 발음상 구별할 수 없다. 그것은 들리지 않으므로(ne s'entend pas)

지성(entendement, 들리는 것, 듣는 것)을 벗어나 있다. 이 a는 침묵하고 있다. 하나의 묘지처럼 신비롭고 은밀한 존재로, 마치 고대 이집트 역대 왕족들의 무덤인 피라미드처럼 어떤 왕조의 죽음, 즉 로고스 중심주의적 형이상학 지배의 종언을 무언중에 나타낸다. 그러나 이 표기법은 오직 표음문자 체계 내부에서만 기능할 수 있다. 이 표기법이 표음문자 체계 내부에서의 미미한 변경에 지나지 않는 한, 그리고 여전히 폐쇄된 영역 안에서의 시도에 그치는 한, 이는 당연하고 필연적이다. 하지만 이 'a'가 좁은 의미의 표음문자 표기법의 틀을 벗어나 있다는 것 또한 사실이다. 이는 이 'a'가 어떤 음소도 지시하지 않거나, 또는 'e'와 동일한 음소를 나타냄으로써 독자적인 음소를 지시하지 않기 때문이다. 그로 인해 언어의 본질적 요소인 차이의 유희(물론 표음문자 체계라는 폐쇄된 영역 내부에서의 유희)로부터 벗어나 있는 것처럼 보인다. 따라서 이 체계 안에서는 쓰여진 différance와 différence의 구별은, 말하자면 아무것도 아니다. 따라서 그것은 단지 들리지 않을 뿐 아니라 보이지도 않는다. 그것은 청각과 시각을 초월하며, 따라서 감성을 초월한다. 그것은 지성과 감성, '예지적인 것'과 '감각적인 것'의 대립을 초월하며, 이러한 대립이 무효화되는 지점을 무언중에 그리고 어둠 속에서 알리고 있다. 그러므로 차연差延 작용은 그 자체로는 드러날 수 없다. 그것은 감각을 초월하므로 세계적 존재자로서 드러날 수 없고, 지성을 초월하므로 의미의 이데아성으로서 이성에 현전하는 것 또한 불가능하다. (아다치足立〔1972: 365〕)

제5절 에크리튀르론과 대승경전

(1) 시니피앙과 시니피에의 유희로서의 텍스트

제2절 (3)항에서 시작하여 제4절에 이르기까지의 긴 삽입을 거쳐, 이제 대승경전을 본격적으로 논할 차례가 되었다. 먼저 본 장의 서두(25페이지)에서 언급한 내용을 다시 확인해 보자. 즉, 세계 내 존재로서의 인간에게 언어=기호가 깊숙이 스며들어 있다는 점, 이러한 의미에서 현존재現存在란 이미 존재하는 텍스트 속에 자기自己가 얽혀 있는 현상이라는 점, 현존재로서 살아간다는 것은 그 텍스트의 구조와 편집에 지속적으로 관여하는 행위와 다르지 않다는 점, 즉 자기와 세계의 관계는 언어=기호를 통과하는 한 자기와 텍스트의 관계와 겹친다는 것이다.

다음으로, 일본에서의 논의에 한정되기는 했지만 역사학에서의 언어적 전회 문제와 철학에서의 지각 및 표상의 문제를 고찰하였다. 그 요점은 두 가지이다. 첫째, 사건은 경험이 될 때, 언어=기호적 현상 속에 텍스트로 짜여지며, 이때 언어=기호와 사건 그 자체 사이에는 거리가 있다는 점이다. 인간은 사건을 직접 파악할 수 없으며, 사건으로부터의 거리, 차이, 차연 때문에 발생하는 '의미'를 사건 대신 그 대리보충으로 파악한다. 둘째, 여기서 생겨나는 의미는 언어=기호 외부에 자립적으로 존재하는 듯 보이는 레페랑이 시니피앙(기표)-시니피에(기의)라는 한 쌍의 관계 속에 내부화되어 생성된다는 것이다. 달리 말하면, 시니피앙에는 시니피에가 항상 수반되고, 경험적 의미는 이러한 시니피앙-시니피에의 '유희'에 의해 성립한다.

이 두 가지 요점은 불교 세계에서 발생하는 다양한 문제를 해명하는 데 중요한 역할을 한다. 전자는 언어와 언어 외부 세계에서 일어나는 사건에 관련되며, 불교 교리와 이를 기반으로 한 수행의 의의를 해명하기 위한 연구 방법과 연결된다. 후자는 언어 세계 내부의 특유한 문제로, 대승경전이라는 텍스트를 마주하는 연구 방법, 나아가 그 출현의 의의를 해명하는 것과 관련된다.

본 절에서는 이 두 가지 점을 대승경전의 독해 문제와 관련지어 고찰하고자 한다. 먼저, 경전이라는 텍스트와 관련된 후자, 즉 경험 내용의 의미가 시니피앙-시니피에의 상호 의존으로 형성된다는 점부터 살펴보자.

대승경전 연구의 출발점에서 제기된 문제는 연구자가 경전을 읽을 때 의식에 나타나는 표상이나 의미-인상을 어떻게 이해할 것인가에 있었다. 연구자는 이러한 표상이나 의미-인상이 경전 외부에 실제로 존재하는 어떤 것을 근거로 생성되었다고 간주한다. 그러나 실제로 그것은 경전 언설과 이를 읽는 연구자의 의식 사이에서, 외부의 어떤 일이나 사물이 개입하지 않은 상태에서 이루어진다.

텍스트가 하나의 세계라는 점, 텍스트 안에는 언어=기호의 기표와 기의가 존재하지만 지시 대상의 존재는 본질적 의미를 지니지 않는다는 점, 이는 대승경전 연구뿐 아니라 불교 수행 방법의 의의를 밝히기 위한 중요한 요소라고 할 수 있다. 그러나 언어의 지표적 기능과 그에 대응하는 실재를 깊이 믿는 사람들에게는 이러한 현상이 이해하기 어려운 문제일 수도 있다. 텍스트 연구에서 지시 대상으로서 외부 세계에 실재하는 것의 실재성을 부정하거나 기호학적으로 유의미한 영역에서 배제하는 것의 의의를 살펴볼 필요가 있다. 이에 대해 이즈츠 토시히코(井筒俊彦, 1914~1993)의 다음 구절은 이러한 뿌리 깊은 관념을 어느 정도 해소해 줄 것이다. 「'쓰다'—데리다의 에크리튀르론과 관련하여」라는 제목의 논고이다.

> 데리다식의 기호학 철학자가 마르셀 마르소(Marcel Marceau)의 팬터마임을 관람하는 모습을 상상해 보자, 라고 그 〔데니스 도노휴 Denis Donoghue, *Ferocious Alphabets*, 1981〕는 말한다. 어두운 무대. 마르소의 손이 조명을 받으며 어둠 속에서 떠오른다. 유연하고 섬세하게 떨리는 그의 손가락. 미묘한 손가락 떨림 속에서 갑자기 한 마리 나비가 날아오른다. 마르소의 손가락이 나비의 꿈을 꾸는 것이다. '펄럭펄럭 경쾌하게 나는 나비다'라고 장자는 말했을 것이다.
>
> 관객들은 물론 그것이 손가락임을 알고 있다. 그러나 그것이 또한 나비라는 것도 알고 있다. 감각적 경험이라는 측면에서는 분명 나비가 현전하고 있다. 나풀나풀 하늘을 나는 나비를 사람들은 눈으로 보고 있다. 이러한 감각적 경험의 사실을 부정할 수는 없다. 이렇게 사람들은 마르셀의 손가락 움직임 속에서 나비의 현전을 즐긴다. 마치 그곳에 나비라는 것이 있는 것처럼.
>
> 이 경우 마르셀의 손가락은 명백히 유의미하다. 어떤 특수한 떨림 상태에서 손가락은 나비를 의미한다. 상징적으로 나비를 지시하는 기호로서 기능하고 있다. 그런데 나비가 정말 손가락이라는 기호의 '지시 대상'일까? 물론 그렇지 않다는 것을 누구나 알고 있다.

> 진짜 나비는 그곳에 실재하지 않음을 우리는 알고 있다. '지시 대상'이 외부 세계에 객관적으로 실재하는 것을 의미하는 한, 실재하지 않는 나비는 '지시 대상'이 될 수 없다. 지금 여기에 현전하고 있는 나비는 요컨대 나비의 환상에 불과하다.
> 그래서 도노휴는 말한다. 마르셀 마르소의 무대를 관람하는 기호학 철학자들은 마르셀의 손가락에서 날아오르는 나비에 처음부터 아무런 관심도 두지 않는다. 그들은 마르셀 손가락의 움직임과 그들 자신의 마음 사이에서 성립하는 관계에만 관심이 있다. 이 관계 속에서 나타나는 다양한 가능성과 그들은 단지 유희하고 싶을 뿐이라고. 여기서 '다양한 가능성'이라고 불리는 것, 바로 그것이 이들이 문제 삼는 '의미'이다. 그곳에 나비는 없다. (이즈츠井筒[2014: 192-193], 강조점은 원문 그대로)

텍스트 내부를 마주하는 이들에게서 생겨나는 세계가 마르소의 펜터미임을 계속 지켜보는 이들의 세계와 겹친다는 점은 더 말할 필요가 없을 것이다. 그러나 이는 어디까지나 극장 안의 일일 뿐이며, 현실은 이러한 허구와는 다르다는 반론이 가능하지 않을까? 과연 그렇게 단언할 수 있을까? 이즈츠는 이어서 말한다.

> 실재하지 않는 나비, 즉 나비의 환상을, 마치 실재하는 나비인 것처럼 바라보며 즐기는 관객들. 이는 모두 무대 위에서 만들어진 것이다. 하지만 인식의 차원을 한 단계 옮겨 보면, 진짜 나비가 실제로 날아다니는 이른바 객관적 사물의 세계조차 사실은 인식

> 차원을 한 단계 옮긴 곳에서 일어나는 환상일 수 있지 않을까? 동양사상의 전통에서는 대승불교와 노장사상이 그러한 입장을 취한다. 세상에 널리 알려진 '호접지몽'은 결코 단순한 꿈 이야기가 아니다. 오히려 사람들이 흔히 객관적 현실이라 부르고 실제로 그렇다고 믿는 것이, 사실은 끊임없이 떠돌며 멈추지 않는 언어 기호가 꾸는 꿈, '기호의 꿈', 즉 의미 이마주(image)의 주술적 물상화에 불과하며, 객관적으로 실재하는 것으로서의 '지시 대상'은 어디에도 없다는 것이다.
>
> 이렇게 '지시 대상'을 제거한 후에는 단지 기호의 '기표'와 '기의'만이 남는다. 그리고 '지시 대상'의 속박에서 벗어난 '기표'와 '기의'의 유희와 얽힘이, 존재라는 이름의 '텍스트'를 계속 엮어 나간다. 거기에 에크리튀르의 공간이 펼쳐진다. (이즈츠井筒[2014: 193-194], 강조점은 원문 그대로)

(2) '에크리튀르-극劇'으로서의 대승경전

특히 대승불교의 '재가-불탑 기원설'이 등장한 이후, 연구자들은 경전 내용의 독해를 통해 경전 외부에 있었을 것으로 추정되는 사건을 재구성하고, 거기에 경전 언설의 의미를 환원하려고 시도해 왔다. 여기에는 제2절 (2)항에서 확인한 바와 같이, 연구자들이 무의식적으로 따르는 하나의 과정이 존재한다. 즉, 자기의식과 경전 언설 사이에서 형성된 시니피에(기의)-시니피앙(기표) 관계를, 경전의 가상적 '저자'의 의식과 경전 언설 사이에서 일어나는 기의-기표 관계로 뒤바꾸고, 그 위에 이 언어=기호적 현상을 초월한 외부 세계의 실재, 즉 '과거의 사실'이라는 지시 대상을 설정하는 것이다.

데리다가 지적하듯이, 이러한 이해는 시니피앙과 그에 불가분하게 수반되는 시니피에로 이루어진 언어=기호에서 독립된 레페랑을 궁극적 실재로서 '구출'하고, 언어=기호적 현상을 '말소'하려는 서양 형이상학의 '폐쇄된 영역' 내부의 요구 그 자체라고 할 수 있다. 이러한 오류에 빠지지 않으려면 시니피에와 시니피앙의 차연差延 작용, 즉 에크리튀르로서의 경전을 해명하기 위해 질문을 새롭게 설정할 필요가 있다.

텍스트의 외부에 실재하는 외부 세계라는 환영에서 벗어나, 데리다는 기표와 기의의 상호 교환적 전위轉位로 일어나는 일련의 현상을 차이와 차연의 유희라고 표현하며, 이 유희를 창출하는 에크리튀르를 『에크리튀르와 차이』(데리다デリダ[2013]: 제7장 「프로이트와 에크리튀르의 무대」)에서 '극劇' 또는 프랑스어 théâtre가 가진 의미인 '현장', 나아가 '꿈'의 무대에 비유하여 고찰한다. 이는 대승경전의 특성을 기반으로 연구의 준거틀을 정립하는 데 매우 중요하다. 바로 이러한 점에서, 제3절에서는 일본에서의 논의를 중심으로 한 한정적인 고찰이기는 했지만, 언어적 전회를 고려하여 대승경전을 텍스트 외부의 일이나 현상을 지시하는 역사적 증거 사료로 사용할 수 있다는 관념에서 벗어나는 것의 의의를 살펴보았다. 또한 제4절에서 고찰했듯이, 언어와 표상, 시니피앙-시니피에의 상호 의존 현상에 주목하면, 마르소의 팬터마임 무대를 분석하는 기호학적 입장에서 대승경전을 다루는 방법의 유효성이 밝혀진다.

여기서 텍스트의 언설이 가진 성질의 차이에 대해 설명을 덧붙이고

자 한다. 데리다의 의도는 모든 에크리튀르가 꿈이고 무대일 수 있다는 가능성을 제시하는 것이며, 특정 텍스트에만 적용된다는 것을 보여주는 것이 아니다. 그렇다면 아래에서 언급할 내용은 니카야 경전이나, 율장 또는 아비다르마 텍스트에도 적용할 수 있을 것이다.

확실히 그러하다. 이 세계는 모든 것들이 언어=기호적 현상, 즉 에크리튀르 속에 있으며, 모든 불교 문헌 또한 그 예외가 아니다. 하지만 본 장의 서두에서 언급했듯이(26페이지), 이러한 특성이 표출되는 정도는 텍스트에 따라 현저한 경우와 그렇지 않은 경우가 있다. 텍스트에는 상식적이고 널리 공유된 언설 공간을 구축하려는 것과, 특수하고 개별적인 언설의 장場을 만들려는 것이 있다. 전자는 많은 사람에게 인지된 사물을 다루므로 텍스트 외부 현상을 지향하는 인상이 강하고, 후자는 텍스트 내부에 갇히는 느낌이 강하다.

불교 텍스트에서도 마찬가지이다. 수도修道라는 현실적인 목적을 향해 언어의 논리적 기능을 구사하는 아비다르마 텍스트나, 공동체 구성원 전체의 행동 규범으로서 법적 구속력을 발휘하려는 율장 텍스트는 언어의 객관적 사실 전달 기능을 중시한다. 이에 비해, 본 절의 (3)항, (4)항, 본서의 제2장, 제3장, 제6장에서 살펴보겠지만, 대승경전은 텍스트 내부를 독립적인 언설 공간으로 삼으려는 경향이 매우 강하다.

이러한 차이를 바탕으로, 본 항에서는 먼저 에크리튀르를 극劇에 비유하는 점에 초점을 맞춰 고찰하고자 한다. 에크리튀르는 왜 극劇인가? 극은 원작자, 연출가, 극작가, 배우, 무대 감독 등 "여러 층 사이의 다양한 관계로 이루어진 시스템"으로서 단 하나의 작품을 이룬다.

예를 들어, 상연되는 작품이 하나의 저명한 고전에 의거한다고 해도, 그것은 무대에 맞게 각색된 것이며, 원작자와 연출가 중 어느 쪽을 진정한 작자로 볼 것인지 판단하기 어려운 경우가 많다. 무대는 분명 각본에 의해 그 골격이 제공되지만, 그것을 상연하는 것은 배우들이므로 연극의 주체는 오히려 배우들이라고도 할 수 있다. 또한 무대의 완성은 제작자나 연기자뿐 아니라, 관객이라는 무대 외부 존재와의 관계 속에서 이루어진다. 극이 공연될 때, 연출가, 연기자, 관객 등 관련자 모두가 연극 내부에서 각자의 입장에서 극을 구성한다. 따라서 이러한 "무대 내부에서는 고전적 주체로서의 단일성을 찾아볼 수 없다."

데리다가 고찰하는 에크리튀르의 이러한 특성은 대승경전에 현저하게 나타난다. 많은 대승경전은 선행하는 '초기경전'이나 불전 등 어떤 원작을 바탕으로 하고 있지만, 이를 창작적으로 다시 쓰는 데에서 그 독자적인 가치를 나타낸다. 조금 더 자세히 설명하면, 대승경전은 선행하는 역사로서의 불교 여러 전통, '선통불교' 경전의 형식과 해석, 불교 교단 내부의 다양한 의례나 실천의 존재와 해석, 그리고 그 외부에 펼쳐지는 브라만교나 힌두 사회의 제도와 여러 문화에 대한 태도 등 다양한 맥락에서의 인식을 아마도 서사 시스템을 통해 텍스트에 복층적으로 내부화한 것이다.

하나의 경전은 한 명의 개인 저자나 하나의 그룹의 발신자에 의해서만 규정되는 것이 아니다. 발신자의 메시지를 수신자가 수용하고, 그 행위를 통해 수신자는 다시 발신자로 규정된다. 렉튀르(lecture, 읽기)는 텍스트를 구성하는 시니피에-시니피앙 관계를 발동시켜 새로운 의미를 산출하는 에크리튀르이기도 하다. 수신자가 발신자로 전환되고 발신자가 수신자로 전환되는 이러한 구조 속에서 경전은 재생되고 새롭게 만들어진다. 경전의 '저자'도 '수용자'도, 이러한 경전을 둘러싼 운동의 내부에서 분리할 수 없다.

특히 대승경전의 경우, 극에서의 배우에 해당하는 법사가 자신의 신체를 통해 경전을 '연기'하는 독특한 역할을 맡았다는 점은 극과의 공통성을 살펴볼 때 간과할 수 없는 부분이다. 법사는 경전의 독자이자 발신자이기도 하다는 점에서, 바로 렉튀르(lecture)와 에크리튀르를 겸비한 사람이다.

시간이 흐를수록, 이러한 에크리튀르로서의 대승경전의 복잡성은 더욱 증가한다. 사본을 필사하는 자, 필사 사업을 주최하는 자, 그 전체를 의식儀式으로 삼는 자 등 이러한 장대한 의미와 행위의 네트워크를 구성하는 대승경전에서 '고전적 주체로서의 단일성'은 더 이상 찾을 수 없다.

실제로 하나의 경전이 계속해서 확대되거나 전혀 다른 경전이 새롭게 산출되는 것은 비非대승계 경전과 비교했을 때 대승경전의 두드러진 특징이다. 시대가 지나 거의 기계적으로 필사되는 단계에 들어간 사본을 제외하면, 그 다양성은 니카야나 아함에서 볼 수 있는 동일 텍스트 간의 버전 차이로는 도저히 설명할 수 없다. 초기 대승경전의 편찬자들이 스리랑카 대사파의 니카야 전승자들처럼, 서사 경전을 음성 경전의 이차적 대체물로 간주하고 기원 텍스트의 필사와 보존에만 주의를 기울였다면, 이러한 현상은 일어나지 않았을 것이다. 애초에 구두 전승에서는 계속 변용되는 경전의 다양성을 충실히 보존하기 어렵기 때문이다.

대승경전의 연속적 제작 운동은 경전 자체가 지닌 물질적 측면, 즉 사본이라는 존재를 제외하면, 사회적·제도적·교단적 흔적을 고대 인도 역사에 거의 남기지 않은 채 이루어졌다. 이 점은 대승불교의 출현이라는 사건이 텍스트 내부의 운동, 즉 에크리튀르 운동이었음을 강하게 시사한다. 불교 전승 과정에서 서사 행위와 그에 따른 서사 텍스트가 등장하고, 그동안 계승되어 온 다양한 지식이 대승경전 이전 단계의 소재로서 이 새로운 표현의 '무대' 또는 '현장'에 통합된다. 이 운동의 발단에서는 외부 현실의 변화 없이도 텍스트는 증대될 수 있다.

전승 계통의 차이를 남기면서도 이른 단계에 내용이 고정되어 보존된 양상을 보이는 비非대승계 경전과는 달리, 대승경전이 연속적으로 편찬되어 온 양상은 하나의 작품의 모티브가 다른 연출가에 의해 새로운 시나리오로 다시 상연되는 극 무대의 역동성과 매우 흡사하다. 시나리오는 그 작자와는 별개 공간인 무대에서 펼쳐지며, 여러 연기자가 거기서 시나리오의 말을 관객에게 발화하고, 또한 관객이 그 말을 수용하고 응답한다. 그곳에서는 텍스트 내부가 외부에 노출되고, 외부가 텍스트 내부로 접혀 들어간다. 극에서는 무대가 전부이며, 그 바탕인 소재의 출처나 작자, 무대를 이루는 연출가, 연기자, 기획자 등 각자의 현실적 면모는 모두 이 무대에 녹아든다. 대승경전이 스스로를 불교 세계 그 자체로 확신하고 흔들리지 않는 그 바탕에는 개화開花한 에크리튀르의 세계가 있다.

흥미롭게도 불교 문헌 일반에서 대승경전이 극이나 무대와 깊은 관계가 있다는 점은, 이미 오래전에 헨드릭 케른(Hendrik Kern)이 지적했으며(Kern[1884: ix-x]), 이를 바탕으로 실뱅 레비(Sylvain Lévi)가 논한 바 있다(Lévi[1890: 319-322]). 불교 문헌을 포함한 인도 문학 전체를 극과의 관계 속에서 개관한 레비의 명저 『인도의 연극』의 한 구절은 130년 동안 잊혀 왔던 이 주제의 중요성을 다시금 일깨워 준다.

> 불교와 극의 관계는 다른 문헌에서도 확인할 수 있다. 즉, 특정 작품의 구성을 보면 그 저자들이 드라마의 수법에 정통하고 있었음을 입증할 수 있다. 예를 들어, 『법화경』에 대한 연구를 통해 케른은 다음과 같은 결론에 도달했다. "『법화경』은 『랄리타비스타라』와 달리, 순수한 서사시 문체를 지니고 있지 않다. 그것은 드라마를 상연하는 듯한(représentation dramatique, Kern: dramatic performance) 특징, 장황하게 전개되는 신비극(mystère, Kern: mystery play)의 특징을 지니고 있다. 여기서의 대화자는 (단 한 명은 아니지만) 주인공인 샤카무니이다. 그것은 이른바 초자연적인 연출의 마술적 효과에 의해 돋보이는 일련의 대화로 구성되어 있다. 이 총체 중 붓다의 설법이 그의 비할 데 없는 지혜를 증명하듯이, 환상적인 부분은 붓다의 위력과 위광을 느끼게 하도록 배치되어 있다. 프롤로그, 즉 '서분'의 마지막에서는 문수보살(만주슈리)이 관중과 청중-양자는 동일하다-에게, 주인이 이제 신비로운 잠에서 깨어나 무한한 지혜와 위력을 보여주시려 한다고 알려, 장대한 극을 맞이할 마음의 준비를 하도록 한다. 이러한 구성에서

인도 연극의 기술적 구성과의 유사성이 인정된다." (Lévi[1890: 322-323])

후대 중국 천태의 술어를 빌리면, 대승경전은 이른바 '육성취六成就'라는 요소로 이루어진 '서분序分', 본론인 '정종분正宗分', 그리고 말미의 '유통분流通分'으로 구성되어 있다. 이러한 구조 속 언설은 마치 극의 막이 오르기 전의 프롤로그, 극 중의 대사, 막이 내린 후의 에필로그처럼 서로 다른 위상의 언설로 이루어져 있다. 또한 정종분 각 '품品'(parivarta)의 경계는 흔히 '그때'(atha khalu)로 시작되는 막간 이야기로 구분되며, 이 막간들은 각 장면을 연결하는 역할을 한다. 대승경전을 한 번이라도 읽어본 경험이 있다면, 이러한 구조는 어렵지 않게 이해할 수 있을 것이다.

하지만 대승경전이 마련된 무대 위에서 상연된 시나리오라고 단정할 수는 없다. 확실한 것은 경전 자체가 '텍스트라는 무대'가 된다는 점이다. 무대까지도 텍스트 안에 담은 텍스트가 바로 대승경전이다. 상연되는 무대에서는 시니피앙과 시니피에가 함께 무대 안에서 유희하며 완결된다. 마찬가지로 대승경전이라는 텍스트 내부의 시니피앙으로서의 언설과 그 시니피에도 모두 텍스트라는 현장에 존재한다. 이것은 원리적으로 무대라는 외부를 필요로 하지 않는다.

이 점은 제3장에서 살펴볼 『붓다밤사(Buddhavaṃsa)』 『아파다나(Apadāna)』 『차리야피타카(Cariyāpiṭaka)』 등의 불전문학이 아마도 낭송을 목적으로 순수한 의미의 시나리오로 기능하며 불탑이라는 장場에서 공연되었을 경우와는 다르다. 조너선 월터스(Jonathan Walters)의 연구(Walters[1997])에 따르면, 『붓다밤사』를 비롯한 몇몇 불전은 불탑에서 낭송되었고, 그 낭송의 장場에 축제 공간을 출현시켰다고 한다(본서 206페이지). 그러나 운문 형식을 갖춘 문학적 작품들과 달리, 대승경전은 산문체에 고도의 사상이 엮어 있으며, 이러한 경전이 의례의 장에서 대중을 향해 상연되는 드라마의 시나리오로 기능했다고 보기는 어렵다.

(3) 기억, 꿈, 명상, 에크리튀르

대승경전의 특성을 불교의 사상과 실천 전체의 맥락 속에서 제대로 이해하기 위해서는 데리다의 사상 중 한 가지 더 참조해야 할 점이 있다. 바로 에크리튀르와 기억, 그리고 꿈 사이의 밀접한 관계이다. 이 과제들은 하나의 맥락을 이루며, 경전 속에 나타나는 명상 등 수행 실천에 대한 문제와 대승경전의 특징적인 언설을 이해하는 데 중요한 시사점을 제공한다. 본 항에서는 먼저 기억과 꿈을 차례로 고찰하고, 대승경전에 대한 고찰에 에크리튀르의 특성이 어떻게 기여하는지 그 주요 내용을 제시한다. 이어지는 (4)항에서는 대승경전의 세부적인 특성의 의의를 검토하고자 한다.

첫째, 기억의 문제이다. 경장이나 논장은 물론, 인도 밖 여러 지역에서의 불교 전개를 보더라도, 대승불교에 한정되지 않고 불교사상과 교리가 일관되게 의식과 지각, 그리고 기억의 문제에 대한 깊은 통찰을 기반으로 성립되었다는 점은 의심할 여지가 없다. 그러나 불교 연구 또는 불교 자체에서 이 사실만큼 중요한 것은 이러한 과제들이 항상 언어=기호적 현상, 즉 에크리튀르와 밀접하게 관련되어 있다는 점이다. 대승경전이 이 점을 얼마나 자각하고 있는지를 파악하려면, 지금까지 간과해 온 이 문제의 중요성을 다시 인식할 필요가 있다.

예를 들어, '원시불교' 이래 불교의 명상 실천을 뒷받침하는 중심 개념인 '염念'(smṛti/sati)이 의미상 기억을 포함하는 각성적 의식 상태를 가리킨다는 점은 잘 알려져 있다. 그러나 한편으로 '염'이 실천에 있어서 수행자에게 항상 언어=기호적 현상으로 존재해 왔다는 점은 지금까지 거의 문제시된 적이 없다. 유일한 예외는 폴 해리슨(Paul Harrison)일 것이다. 해리슨은 대승경전에서의 명상 문제를 다루면서, 불교에서 명상 실천과 텍스트 양자가 불가분의 관계로 구성되어 있음을 지적하며 다음과 같이 말한다.

> 이 두 가지 기반(명상 실천과 텍스트)은 사실상 분리되어 있지 않다. 여기에서 일어나는 일을 이해하려면 항상 실천과 텍스트 간의 끊임없는 상호 작용을 의식해야 하기 때문이다. … 〔중략〕 … 사념처를 실전하는 불교도에세 경험은 미분화된 것이 아니라 특정한 묶음 또는 범주로 나뉘는데, 정확히는 네 가지−신身, 수受, 심心, 법法−이다. 여기서 '법'은 사념의 대상이거나 우리 경험을 구성하는 실재적이고 환원 불가능한 요소를 가리킨다. 이 네 범주는 무상無常 등으로 규정되고 평가되어야 한다. 특히 마지막 범주인 '법'은 다시 오온 등으로 세분화되며, 이로써 경험을 분석할 수 있는 장대한 기본 요소들의 목록으로 이어진다. 아비다르마는 이러한 분석 행위를 상세하게 체계화한 것이다. 따라서 아비다르마는 명상 실천과 분리된, 순수하게 학문적이고 이차적인 작업이

> 아니라, 실천 그 자체를 구성하거나 최소한 이를 위한 상세한 대본을 제공하는 것으로 보아야 한다. … 〔중략〕 … 현대 서양에서의 명상 이해는 여기서 문제가 되는 명상과 텍스트 간의 연결을 흐릿하게 만들 수 있다. 한때 특히 서양에서는 〔실제로 라틴어 meditatio가 독송을 의미했을 때〕 명상이 본래 텍스트에 기반을 두고 있었으나, 이제는 명상이 무엇인가 개인적이고, 내면적이며, 침묵적이고, 추상적이며, 종종 구조가 없는 것을 의미하게 된 것은 바로 최근의 일이다. 이러한 명상 이해를 불교 문헌에 너무 성급하게 투영해서는 안 되며, 대신 다음의 격률(maxim)을 염두에 두어야 한다. 즉, 명상은 곧 텍스트이다. (Harrison〔2003: 118-119〕)

여기에 제시된 내용 중 아비다르마와 실천의 관계는 이미 게틴(Gethin)〔1992〕이 언급한 바 있으며, 명상과 텍스트 독송이 본래 동일한 단어 'meditatio'로 표현되었다는 것은 그레이엄(Graham)〔1987: 133-135〕이 상세히 논한 바 있다. 위의 내용은 그 간략한 요약에 불과하다. 이 내용이 더욱 깊이 탐구되고 대승경전 연구를 재조명하는 데 활용되었더라면, 현재의 연구 상황은 상당히 달라졌을 것이다.

여기에 제시된 사념처 설명은 에크리튀르에 대한 이해를 통해 더욱 명료해진다. 이 실천은 수행자에게 미리 주어진 신身(kāya), 수受(vedanā), 심心(citta), 법法(dharma)이라는 네 가지 범주, 즉 동일성을 지닌 불변적 기호와 수행자가 경험하는 찰나 찰나의 가변적 순간들―과거, 현재, 미래에 이르는―을 대조한다. 이를 통해 '염처念處'라는 범주와 그것을 비추는 지혜를 의식 속에서 함께 실현하고, 그 반복을 통해 번뇌라는 물상화된 의미의 속박에서 해방되고자 한다.

이 과정에서 사념처가 수행자에게 자신의 경험을 읽어내기 위한 언어=기호로서 미리 주어지는 한편, 수행자의 매 순간 경험은 사념처라는 시니피앙에 대응하는 기의記意로서의 의미를 그때그때 구체화하고 충족시키는 시니피에가 된다. 사념처의 완성은 이 상호 의존적인 시니피에-시니피앙의 관계, 즉 에크리튀르를 명상 과정에서 지속적으로 해독함으로써 실현된다.

오온五蘊이든 사제四諦든 연기緣起든, 혹은 대승불교의 다양한 개념들이든, 나아가 밀교의 무드라나 선의 공안空案이든, 그것들이 실제로 실천에 사용되었다면 수행자에게는 먼저 의미가 불분명한 채로 '기억'되고, 수행 실천을 통해 사후적으로 그 의미를 '해독'해야 하는 언어=기호, 에크리튀르로서 주어진다. 수행의 개념은 언제나 수행자의 수행에 선행하는 미독未讀의 에크리튀르이며, 수행자는 그 해독이 수행 개념의 실현이라고 할 수 있는 '통로'(die Bahnung)를 자신의 경험 속에서 만들어 나간다. 언어=기호적 현상이 현존재에 선행한다는 점, 또는 현존재가 언어=기호적 현상에 대해 지연되어 있다는 이 과제는 불교의 진리가 현실화되는 수도론–나아가 모든 진리가 현실화되는 과정–의 전제이다.

다음으로 두 번째 과제인 '꿈'을 살펴보자. 꿈이 불교 교설과 예로부터 깊은 관련을 맺어왔다는 것은 의심의 여지가 없다. 경전이나 불전 등의 작품뿐 아니라, 『밀린다팡하』(Trencknered ed., 297.27-301.7), 『아비달마대비바사론』(Taisho No.1545, vol.27, 192a28-194c15), 『대지도론』(Taisho No.1509, vol.25, 103b29-104a9) 등 주요 논서에서도 꿈은 중요한 주제로 논의된다.

불교사를 개괄적으로 볼 때, 꿈은 앞서 언급한 기억 및 명상과 깊은 관계가 있음을 알 수 있다. 꿈은 한편으로 실체 없는 환영이나 허망과 동일시되기도 하지만, 다른 한편으로는 통상적인 지각이 미치지 못하는 차원에서 일어나는 현상의 현현으로서 깨어 있을 때의 경험 이상으로 존중되는 양면성을 지닌다. 예를 들어, 영(Young)〔1999〕이 다루는 불전 등의 성인전이나 족첸과 같은 후대 불교 명상 체계, 그리고 일본불교의 사례로 자주 거론되는 가마쿠라 시대 묘에(明惠, 1173~1232)의 「몽기夢記」나 신란(親鸞, 1173~1262)의 「육각당六角堂에서의 몽고夢告」 등을 들 수 있다. 이처럼 꿈이 종교적 진실에 미친 중대한 영향을 인정하지 않고서는 성립할 수 없는 불교 언설이 매우 많다.

불교 일반에서 꿈에 대한 이러한 이해를 바탕으로, 대승경전에서 꿈을 다루는 방식에 주목하고자 한다. 『반주삼매경』 『팔천송반야경』 『십지경』 『무량수경』 『금광명경』 등 대표적인 대승경전은 모두 꿈을 교설의 핵심 부분에 등장시킨다. 세부적인 차이를 제외하면, 이 경전들은 허구와 진실 사이에서 흔들리는 꿈의 양면성을 설하고 있으며, 그 흔들림의 틈새를 통해 모습을 드러내는 실재의 양상을 보여주는 흥미로운 언설을 제시한다. 예를 들어, 『팔천송반야경』 전체 언설을 정리하는 마지막 장 「다르모드가타(Dharmodgata) 보살」에 다음과 같은 구절이 있다.

(다르모드가타 보살) "선남자여, 예를 들어 잠자는 남자가 꿈속에

서 한 명의 여래, 또는 두 명, 세 명, 네 명, 다섯 명, 여섯 명, 일곱 명, 여덟 명, 아홉 명, 열 명, 스무 명, 서른 명, 마흔 명, 쉰 명, 백 명, 천 명, 나아가 그보다 많은 수(의 여래)를 본다고 하자. 그는 잠에서 깨어나면 단 한 명의 여래도 보지 못할 것이다. 선남자여, 너는 이를 어떻게 생각하는가? 그 여래들은 어디에서 오셔서 어디로 가신 것인가?" 사다프라루디타(Sadāprarudita) (보살)은 대답했다. "선남자여, 꿈속에서는 어떤 것의 실재성도 알 수 없습니다. 꿈은 속이는 것이며 허망한 것입니다." 다르모드가타는 이어서 말했다. "선남자여, 바로 그와 같이 세존은 '모든 것은 꿈과 같다'라고 말씀하셨다. 여래께서 가르치신 대로, 모든 것이 꿈과 같다는 것을 있는 그대로 알지 못하는 자는 누구든지, 여래를 이름의 모임이나 물질의 모임으로 집착하고 여래의 오고 감을 망상하게 된다." (Vaidya ed., 253.28-254. 4; 가지야마梶山·단지丹治 역〔1975: 355〕을 일부 개역)

이 구절은 꿈은 허망하니 배척해야 한다는 지극히 상식적인 내용을 말하려는 것이 아니다. 오히려 꿈과 현실의 경계가 사람들이 믿는 것처럼 명확하지 않고, 흔들리며 융합되는 지평이 있으며, 그 존재와 인식의 지평에서야 비로소 여래의 존재, 나아가 모든 존재를 제대로 파악할 수 있다는 점을 설하고 있다. 위 인용문에 이어지는 "모든 것이 꿈과 같다고 여래께서 가르치셨듯이, 모든 것을 꿈과 같다고 있는 그대로 안다"(svapnopamān sarvadharmās tathāgatena nirdeśitān yathābhūtaṃ … prajānāti, Vaidya ed. 254. 7-8, 가지야마梶山·단지丹治 역

〔1975: 356〕)라는 표현에서 알 수 있듯이, 꿈의 양상을 아는 것은 모든 존재의 모습을 여실하게 아는 것과 통한다.

이 구절의 의미를 파악하려면 본 절 (1)항에서 인용한 마르소의 팬터마임 중 '펄럭펄럭 경쾌하게 나는 나비'의 환상의 무대를 떠올리면 된다. 나비가 갑자기 출현하는 인식 공간에서, 나비라는 객관적인 대상은 어디에도 존재하지 않는다. 그런데도 나비는 분명히 의식에 현전하고 있다. 그것은 『반야경』에서의 여래와 마찬가지로 '어디에서 와서 어디로 갔는지' 특정할 수 없다. 다만, 손가락과 나비라는 시니피에와 시니피앙의 밀접 불가분하며 상호 의존적인 관계가 틀림없는 실재감을 불러일으키며 의식 속에 나타나는 것이다. 의식에서 '의미의 출현'이라는 실재로서의 의미는 '꿈'이라는 지평에서 더욱 명료하게 해석할 수 있다.

(4) 프로이트에서 슈미트하우젠으로

불교의 실천적 지식 체계에서 꿈 체험은 명상 체험과 분리하기 어려운 맥락에서 논의된다. 꿈과 명상, 그리고 기억까지 포함한 문제를 고찰할 때, 유식사상 연구의 석학 람버트 슈미트하우젠(Lambert Schmithausen)의 대작 『유가행유식설의 기원 – 응답과 성찰』(Schmithausen〔2014〕)에 담긴 상세한 고찰은 양질의 논의의 장場을 제공함과 동시에 여러 문제를 제기한다. 슈미트하우젠은 30년에 걸친 방대한 자료 해독과 여러 학설에 대한 세밀한 비판적 검토를 통해, 『해심밀경』에 등장하는 '유식(성)唯識(性)'(vijñaptimātra(-tā))이라는 개념의 '기원'이 되는 개념, 즉 '유심唯心'(cittamātra)의 성립을 『반주삼매경』 제3장의 한 구절에서 발견했다. 여기서 논의된 내용의 결론을 본 항의 과제에 따라 재구성하면, 다음 네 가지로 정리할 수 있다.

첫째, 『반주삼매경』의 해당 부분(Harrison〔1978a: 26-38〕〔1990: 31-44〕)에서 아미타불의 출현이 모두 '마음'을 원인으로 한다는 이유로, 명상 중 경험과 꿈속 경험 양쪽이 전혀 구별되지 않는다는 점이다. 둘째, 『반주삼매경』의 저자 자신은 반드시 이러한 관불觀佛의 실제 체험을 가진 사람일 필요는 없으며, 그 체험을 언설로서 이해하고 표출할 수 있는 힘을 가진 자라면 충분하다는 점이다. 셋째, 그럼에도 불구하고 적어도 경전 저자는 언설의 '기원'을 수행자의 명상에서의 관불 체험이라는 사건에서 찾았다고 볼 수 있는 점이다. 넷째, 이러한 언설을 계승하는 유가행파의 특성은 idealist(관념론적)이라기보다는 idealist-looking(관념론적으로 보이는)으로 규정할 수 있다는 점이다(Schmithausen〔2014: 599-607〕).

이 결론에 이르는 과정에서 대론자인 엘리 프랑코(Eli Franco), 로버트 샤프(Robert H. Sharf), 크리스티안 린트너(Christian Lindtner)와의 사이에서 전개되는 논의는 불교학의 방법론을 성찰하는 데 귀중한 텍스트가 된다. 그 요점은 다음 네 가지 입장으로 정리할 수 있다. 첫째, 명상 체험의 존재 의의를 인정하는 것에 부정적인 샤프(Sharf)〔1995〕의 견해이다. 둘째, 유식 개념의 역사적 기원을 언설 외부의 체험에서 찾는 것에 방법론적 의문을 제기하는 프랑코(Franco)〔2009〕의 주장이다. 셋째, 유식의 입장을 관념론이 아닌 '유명론唯名論'(nominalism)으로 제기하는 린트너(Lindtner)〔1997〕의 시각이다. 넷째, 슈미트하우젠 자신이 검토해야 할 새로운 과제로 제기한 '환영론幻影

論'(illusionism)이라는 규정이다.

이러한 견해들은 현존하는 텍스트에서 어떤 근거로 무엇을 읽어낼 수 있는지를 고찰할 때 고려해야 할 요점을 제시한다. 이 논의들은 모두 매우 신중하게 진행되었다는 점에서 훌륭하다고 평가할 수 있으나, 유식이라는 개념의 '기원'을 정리하는 데 여전히 이해하기 어려운 점과 일종의 모호함을 완전히 해소하지는 못했다.

꿈이나 명상처럼 깨어 있을 때와 다른 양태의 경험을 어떻게 평가할 것인가? 경전 언설의 근거가 되는 경험적 사건을 상정할 때, 그 근거는 무엇인가? 혹은 그 경험의 존재를 대체하는 전승이 실재했다고 보는 근거는 어떻게 세울 수 있는가? '관념론적'(idealist)이라는 규정과 다소 다른 '관념론적으로 보이는'(idealist-looking)이라는 규정이 갖는 의미를 어떻게 엄밀하게 평가할 것인가? 이러한 과제들은 언설, 기호, 표상, 기표, 기의, 텍스트 내부와 외부, 저자와 독자, 기원과 흔적, 기억과 꿈이라는 에크리튀르를 정면으로 고찰할 때 해결의 방향이 보이기 시작한다. 이는 동시에 역사적 사실 존재의 근거로서 텍스트 내용을 사용하는 문제, 외부 세계의 존재를 규정하여 인식론과 존재론을 구축하는 문제 등 본 장 제3절과 제4절에서 논한 과제들에 대해서도 명확한 관점을 제공할 것이다. 남은 지면을 통해 이러한 과제들을 고찰하고 본 장의 취지를 정리하고자 한다. 먼저, 이 항에서는 꿈의 문제를 다룬다.

데리다가 『에크리튀르와 차이』의 「프로이트와 에크리튀르의 무대」에서 극劇, 무대라는 주제에 이어 논한 두 번째 주제 '꿈'은 슈미트하우젠이 제기하는 과제에 대한 해명과 직접적으로 관련된다. 이 부분은

30년에 걸쳐 동일한 질문을 품고 에크리튀르의 지평으로 나아가 해결의 길을 열었던 프로이트 사유의 중심축을 독해하는 것이다. 여기서 새롭게 '비非표음적 에크리튀르'라는 중요한 주제가 등장한다. 이는 말을 지시하는 문자로 나타난 통상적인 에크리튀르보다 훨씬 더 근원적인 양상의 에크리튀르이다.

프로이트가 평생을 바쳐 몰두한 질문은 매 순간 새롭게 갱신되는 지각과 변함없이 과거로부터 지속되어 온 기억이 하나의 생체生體 안에서 어떤 구조로 공존하고 있는가 하는 점이었다. 데리다에 따르면, 이 과제 해결을 위해 프로이트가 "그 여정의 몇몇 결정적인 순간에 의존했던 은유적 모델이, 발화된 언어나 구술적 형태, 나아가 표음적 에크리튀르에서 빌려온 것이 아니라, 결코 말에 종속되지 않으며, 말의 외부에 있지도 않고, 말보다 더 이후도 아닌, 어떤 서기법에서 빌려온 것이라고 해도 그것은 결코 우연이 아니다." (Derrida〔1967b: 296〕, 데리다デリダ〔2013: 403〕를 일부 수정)

프로이트의 사고에서 에크리튀르, 그중에서도 특히 '비非표음적 에크리튀르'는 기억과 지각의 문제를 해결하기 위한 필수적인 은유였다. 이는 "흔적 일반의 의미를 밝히고, 나아가 흔적 일반의 의미와 연결되어 에크리튀르의 통상적인 의미를 밝히기"(Derrida〔1967b: 296〕, 데리다デリダ〔2013: 403-404〕) 때문이다.

이러한 프로이트의 사색 과정은 『반주삼매경』 독해를 둘러싸고 유식의 문제를 논하는 연구자들 사이에서 전개된 논의와 상통하는 지점이 있다. 명상이든 꿈이든, 여래를 보는 것에 대한 해명은 '비非표음적 에크리튀르'를 해독하는 것과 다름없다. 『반주삼매경』의 해당 언설 구절을 확인해 보자.

> … 이처럼 그 보살들이 이 삼매를 완전히 닦으면, 어렵지 않게 여래들을 뵐 수 있을 것이다. 〔여래들을〕 뵙고 나서 다시 질문을 하고, 그 질문에 〔여래들께서〕 대답해 주시면 환희할 것이다. 그들은 다음과 같이 생각한다. '이 여래들은 어디선가 오신 것인가, 내가 어딘가로 간 것인가'라고 생각한 후, 그 여래는 어디서 오신 것이 아님을 알게 된다. 자신의 신체가 어디로 간 것도 아님을 깨닫고 이렇게 생각한다. '이 삼계 자체는 오직 마음뿐이다. 왜냐하면, 어떻게 상상하든 그렇게 나타나기 때문이다. 그 마음은 내부에도 없고 외부에도 없으며, 이 둘 중 어느 쪽에도 없다고도 이해되지 않는다. 〔마음은〕 대상화에 의해 존재하는 것이다. 연기緣起에 의해 생겨난 것은 〔궁극적인 의미에서는〕 실재를 갖지 않는다. 실재를 갖지 않는 것은 생겨날 수 없다. 생겨나지 않는 것은 〔진실로는〕 대상으로 이해될 수 없다. (Harrison〔1978a: 36-37〕〔1990: 42-43〕)

『반주삼매경』에 나타나는 시각 이미지로서의 아미타불은 그 이전 경전에는 나타나지 않는다. 따라서 비非대승계 경전에 기록된 니카야나 불전 등의 경전 속 언설, 즉 '표음적 에크리튀르'"에서 빌려온 것이 아니며" "결코 말에 종속되지 않는다." 그러나 한편으로 이 아미타불은 사실상 『반주삼매경』이라는 '경전 언설'에서 출현하므로, 아미타불 출현의 체험은 "말의 외부에 있지도 않고, 말보다 더 이후도 아니다."

'여래를 보는 체험'에 대해 『반주삼매경』이 "그 마음은 내부에도 없고 외부에도 없으며, 그 둘 중 어느 쪽에도 없다고도 이해되지 않는다"(sems de nang na yang med/ phyi rol na yang med/ gnyi ga med par yang mi dmigs te (Harrison〔1978a: 36〕. Cf. *Kāśyapaparivarta*: de dag ni nang na yang med/ phyi rol na yang med/ gnyi ga med pa la yang mi dmigs te… -na te ādhyātmena na bahirdhā nobhayam aṃtareṇopalabhyaṃte. Harrison〔1990: 42, n.24〕)라고 말하는 것은, "말에는 종속되지 않으며, 말의 외부에 있지도 않고, 말보다 더 이후도 아닌, 어떤 서기법"과 상통한다. 『반주삼매경』에서 말하는 '마음'은 프로이트에게 에크리튀르이다.

이렇게 보면, 문헌학 연구의 결론으로서 슈미트하우젠이 도달한 『반주삼매경』의 '유심唯心'(cittamātra)은 프로이트에게는 문제의 출발점이었다. 데리다가 독해하는 다음 프로이트의 구절은 "이 삼계 자체는 마음뿐"이며, 마음은 "어떻게 상상하든 그렇게 나타난다", 그것은 "마음은 내부에도 없고 외부에도 없으며, 이 둘 중 어느 쪽에도 없다고도 이해되지 않는다"라고 설하는 『반주삼매경』의 '마음'과 놀라울 정도로 겹친다.

> '우리의 '의식' 덕분에 우리가 수수께끼 같은(rätselhaft) 방식으로 아는 것'을 설명해야 한다. … 〔중략〕 … '의식은 우리에게 질質이라고 불리는 것을 준다. 그것은 각기 다른 방식으로(anders) 존재하는 매우 다양한 감각이며, 그 다른 방식(Anders)은 외부 세계와의 관계에 따라 차이화差異化된다(unterschieden wird). 이 다른 방식들

> 안에는 여러 계열이나 유사성 등이 존재하지만, 고유한 의미에서의 양量은 존재하지 않는다. 어떻게 이러한 질質들이 생겨나는지, 그리고 어디에서 이러한 질質들이 생겨나는지 의문을 가질 수 있다.
> 그것은 밖도 안도 아니다. 그것은 물리학자가 양量만을 인정하는 외부 세계, '운동하는 질량'만 인정되며 '그 외에는 아무것도 없는' 그런 외부 세계일 수 없다. 또한 심적 현상의 내부, 즉 기억 내부일 수도 없다. 왜냐하면 '재생과 추억'은 '질質을 결여하고(qualitätslos)' 있기 때문이다. (Derrida〔1967b: 304〕, 데리다デリダ〔2013: 414〕)

프로이트의 탐구는 마치 『반주삼매경』이 설하는 '마음'의 경이로움에서 시작되는 것처럼 보인다.

(5) '무의식의 텍스트'와 대승경전

데리다가 표상의 '기원'을 차연差延에서 찾을 때, 그는 기원의 의미를 대체 어떻게 이해하는 것일까? 이를 밝히는 것은 슈미트하우젠이 명료하게 해결하지 못한 유식唯識의 '기원'을 둘러싼 물음에 귀중한 시사점을 제공할 뿐만 아니라, 본 장 전체를 통해 추구해 온 과제들—대승경전 연구는 왜 역사 연구에 의해서는 완성될 수 없는가, 왜 언어=기호 외부의 선험적 존재를 전제하는 철학을 토대로 성립할 수 없는가, 그렇다면 대승경전 연구는 도대체 무엇을 준거틀로 삼아야 하는가 하는 일련의 과제들—에 대한 최종적인 해답이 될 것이다. 우선, 다음 구절을 신중하게 읽어보자.

> 차연差延이 기원적이라고 말하는 것은 동시에 현전하는 기원이라는 신화를 지워버리는 것이다. 그렇기에 '기원적'이라는 것은 말소하면서 이해해야 한다. 그렇지 않으면 차연은 어떤 충실한 기원(une origine pleine)에서 파생될 것이다. 기원적인 것은 곧 비非-기원인 것이다.
> … 〔중략〕 … 다음과 같은 점을 지적하고자 한다. Nachträglichkeit〔事後性〕와 Verspätung〔遲延〕이라는 개념–프로이트의 모든 사상에서 주도 개념이자 다른 모든 개념을 규정하는 개념–은 이미 『초고草稿』에서 나타나며 그 명칭으로 불리고 있다. '지연'의 해소 불가능성, 이것이야말로 프로이트의 발견일 것이다. (Derrida〔1967b: 302-303〕, 데리다デリダ〔2013: 412〕를 일부 수정)

데리다가 말하는 '기원'은 거기에서 파생적으로 이차적 존재자가 생겨나는 원초적 존재와 같은 것이 아니다. 차연 작용에 의해 의미가 출현한다고 할 때, 기존의 모든 의미를 발현시키는 유일무이한 진정한 기원을 상정할 수 없다는 것을 알 수 있다. 이러한 기원의 양상을 이해하기 위해서는 "현전하는 기원이라는 신화를 지워버리는" 것이 필요하며, 기원적이라는 개념의 일반적인 의미를 "말소하면서 이해해야 한다."

일견 이해하기 어려운 이 언명은 대승경전이 스스로의 '기원'에 관여하려 할 때의 태도를 훌륭하게 비추어 낸다. 『법화경』이든 『반야경』이든 『무량수경』이든, 대승경전이 그 언설의 기원에 대해 언급할 때, 아득한 과거로 거슬러 올라가고 현재의 타방세계로 비상하며 요원한 미래로 도약함으로써, 불교를 창시한 석가라는 "현전하는 기원이라는 신화"를 지우려는 데서 시작한다. 이는 니카야나 아함 경전이 그 언설의 기원을 아주 소박하게 석가에게 두는 것과 비교할 때 두드러지는 특징이다.

『반주삼매경』에서도 이러한 점은 뚜렷하게 나타난다. 이 경전의 특징은 경전 이름이 나타내듯이 '현재에 현전하는 불佛'의 출현에 있다. 아미타불의 출현으로 인해, 불교 전통에서 기원으로서 현전하던 석가라는 불佛은 덮어씌워져 거의 지워진다. 대승경전의 중심에 서는 불佛의 창출, "현전하는 기원"이어야 할 석가의 의의를 제한하는 것만큼 근본적인 불교 재고는 없다. 이는 현재의 불佛을 별도로 세우고 이를 소중히 보존하면서 과거불이나 미래불을 등장시키는 불전과는 질적으로 다른 시도이다.

불전을 바탕으로 하면서도 '지금' '여기'에 존재하는 불佛을 대승경전이 끊임없이 만들어 온 배경에는, 불교의 '의미'가 단순히 풍요로운 것을 넘어 항상 새롭게 산출되는 것이라는 대승경전 편찬자들의 이해가 있다. 이러한 의미 산출의 기원이어야 할 것은 유일한 붓다인 석가라는 "충실한 기원"이나 "현전하는 기원"이 아니다. 대신 그 기원을 부정하고 '대리보충代理補充'하는 '차연差延'이라는 작용이다. 경전의 기원을 나타내는 서두 서술에서, 석가 이전으로 거슬러 올라가는 과거불을 계속 세우는 이유가 여기에 있다.

"현전하는 기원의 말소"에 의한 '기원' 이해는 "사후성事後性"과 "지연성遲延性", 그리고 이것들의 "해소 불가능성"과 깊이 연관된다. 대승불교도들의 역사적 현실은 그들이 상정하는 기원으로부터 항상 지연되며, 사후적事後的이면서도 그 지연성 속에서 현재성이 확인되는 양상을 보인다.

그렇다면 결정적인 지연성과 사후성 안에 현재성이 존재한다는 마치 강박증적인 의식을 가진 대승경전 전승자들에게 경전이란 과연 무엇이었을까? 데리다의 다음 구절은 이에 대한 답을 제시한다. 이는 의식하지 못한 채 지나간, 먼 과거의 정신적 외상(트라우마)이 사람의 현재에 강력한 영향을 미친다는 문제를, 무의식이라는 지평에서 텍스트의 양상으로 파악하려는 프로이트를 데리다가 추적하고 해독하는 부분이다.

> … 무의식의 텍스트는 이미 순수한 흔적과 차이로 짜여 있다. 여기서 의미와 힘은 일체화되어 있으며, 항상 이미 전사된 것과 같은 여러 고문서들로 구성된, 어디에도 현전하지 않는 텍스트이며, 기원적인 판화이다. 모든 것은 복제에 의해 시작된다. 다시 말해, 항상 이미, 선혀 현선한 적 없는 의미의 저장고(dépôt)이다. 왜냐하면 이 의미가 가리키는 현재는 항상 지연되어(nachträglich), 사후적으로, 대리보충代理補充으로서 재구성되기 때문이다. 'nachträglich'는 곧 대리보충적이라는 의미이기도 하다. 따라서 이 경우에도 대리보충에 의존하는 것이야말로 기원적이며, 이는 '현재'가 지연을 통해 재구성된다는 사실을 밝혀준다. 대리보충이란 이미 충족된 어떤 것에 또 다른 충족된 것을 부가하는 것처럼 보일 수 있지만, 그것은 또한 보충하는 것이기도 하다. (Derrida〔1967b: 314〕, 데리다デリダ〔2013: 427-428〕를 일부 수정)

대승경전의 내용을 읽고 가장 먼저 깨닫게 되는 점은, 편찬자들에게 있어 불佛의 말이 존재하는 경전이라는 텍스트가 이미 현재화顯在化되어 과거가 된 말의 의미를 담는 용기가 아니라, 이제까지 한 번도 나타난 적 없는 미생未生의 말을 출현시키는 장場으로 의식되고 있었다는 점이다. 이는 비非대승계의 '전통경전'이 이미 존재했던 것을 다시 제시하는 것과 달리, '어디에도 현전하지 않는 텍스트'를 제시하는 것이다.

그렇다고 해서 전혀 새로운 것을 등장시키지는 않는다. 그것은 불교의 '기원'으로서의 의미를 짊어질 수 있는 텍스트로서, 니카야나 아함 이전으로 거슬러 올라가는 '전통경전'에 비견할 만한 "여러 고문서들로 구성되어" 있어야 한다. 이것이 대승경전이 비非대승계 경전과 공통된 교설이나 불전을 소재로 삼는 이유이다.

그러나 동시에, 선행하는 '고문서'가 그 자체로 절대적인 기원은 아니다. 범천권청 에피소드가 전하듯, 전통불교에서의 불설의 기원조차 명상 속에서 붓다가 체험한 열반이라는 언어 이전의 경험적 사건으로 거슬러 올라가며, 언어로 된 전승은 그 기원의 "항상 이미 전사된" 텍스트에 불과하다.

완성된 대승경전 안에도 바로 이러한 특징을 갖춘 언설이 존재한다. 거기서 붓다는 "기억을 유지한 채 올바르게 인식하며 그 삼매에서 일어나"(smrṭimān samprajānas tataḥ samādher vyutsthito. *Saddharma-puṇḍarīka*, Wogihara and Tsuchida eds., 28. 1-2) 말문을 열기 시작한다. 언어 이전의 경험적 사건에 말의 기원이 존재하며, 그로부터 경전이 개현開顯되는 것이다.

그렇다면, 대승경전 언설의 '기원'은 의식의 '기원'인 '무의식'에 비유할 수 있는 성질을 지닌다고 할 수 있다. 과거의 정신적 외상이 때때로 현재를 결정적으로 규정하는 사례에서 알 수 있듯이, 무의식이란 아무것도 존재하지 않는 의식 상태를 말하는 것이 아니다. "무의식의 텍스트는" 아직 형태를 갖춘 의식이 되지 못한 "순수한 흔적, 차이"로 "이미 짜여 있다." 불교의 새로운 의미가 말로서 산출되는 경전의 기원은 명상 경험에서 나타나듯이, 언어 이전의, 의미 이전의 "순수한 흔적, 차이"에 의해 구성된다. 불교에서 새로운 의미는 이 "흔적, 차이"가 사후적事後的으로 발동하면서 생성되는 것이다.

삼매가 이전에는 존재하지 않았던 방대한 말을 만들어내는 모체이자 "의미의 저장고"라는 점은 앤드류 스킬턴(Andrew Skilton)(Skilton〔2002〕)이 『삼매왕경三昧王經』의 상세한 분석을 통해 제시한 내용과도 절묘하게 맞아떨어진다. 만약 스킬턴이 데리다의 에크리튀르론을 고려했더라면, 그의 논지는 더욱 명료해졌을 것이다. '삼매'는 "무의식의 텍스트"에 비견될 수 있다. 거기서는 "의미와 힘이 일체화되어" 있으며, 말이 존재하지 않는 상황처럼 보이지만 사실은 무수한 말이 맹아萌芽 상태로 존재하고 있다.

이러한 에크리튀르성을 깨달았던 대승경전 편찬자들은 현재적顯在的인 언어가 된 경전이 항상 "기원적인 판화"(estampes originaires)이며, "모든 것은 복제에 의해 시작되는" "전사轉寫"(transcription)임을 의식하고 있었다.

여기서 말하는 "전사轉寫"는 잠재성에서 현재성顯在性으로의 전환이나 이행을 의미하는 것이지, 하나의 현재적顯在的 텍스트를 다른 현재적 매체에 옮겨 적는 것을 말하는 것이 아니다. 이는 무의식에서 의식으로, 텍스트와 의식의 계층을 바꾸는 것을 의미하며 '전위轉位'(transposition)를 함의한다. 이러한 대승경전이 "가리키는 현재"는 "항상, 지연되어, 사후적으로" 구성된 것이다. 더욱이 그 '현재'는 "대리보충으로서 재구성"되는 것이므로 "부가하는 것처럼 보이지만"(ce qui semble s'ajouter), 실은 "보충하는 것"(ce qui supplée)이다.

실제로 한 시기에 끊임없이 편찬된 방대한 수의 대승경전은 그것이 계속 새롭게 설해져야 했음을 보여준다. 그 작품군 전체를 보면, 이 경전들은 선행하는 역사를 "보충하는 것"으로서 생성되었다. 거기에는 '기원'에 존재하면서도 아직 드러나지 않았던 불교의 의미를 다시금 '기원'으로 돌아가 현재의 불佛의 말로서 '발굴'하고자 하는 선명한 문제의식을 엿볼 수 있다.

(6) 연구의 준거틀로서의 에크리튀르론

'전통경전'의 편찬 및 전승 과정에서는 일어나지 않았던 일이 왜 대승경전에서는 가능했을까? 그 해답의 열쇠는 '전사轉寫라는 행위'와 '기원에 대한 물음'이라는 두 가지 요소의 출현에 있다. '전사'라는 행위가 가능하려면, 전승 매체가 구전에서 서사로 전환되고, 서사 경전이라는 새로운 전승 매체가 등장해야 한다. 본서 제2장, 제3장에서 자세히 검토하겠지만, 바로 이 서사 경전의 출현이 대승불교 출현의 가장 중요한 계기이다. 동시에 주목할 점은, 이 전사라는 행위에 기원에 대한 물음과 선행하는 역사에 대한 대리보충 의식이 불가분하게 결합되어 있다는 것이다. 대승경전이 비非대승계 '전통경전'에서는 볼 수 없었던 '새로운 정통성 수립'에 대한 강한 의식을 지니고 있는 것은, 에크리튀르 특유의 이러한 '기원'에 대한 이해 방식과 깊은 관련이 있다.

이렇게 구성되는 대승경전 편찬자의 '현재'는, 지금까지 연구자들이 생각했듯이 경전 편찬자들의 외부 환경, 즉 당시 고대 인도 사회를 가리키지 않는다. 그것은 불교의 '기원'에 대한 '대리보충'으로서 '재구성된 현재'이다. 설령 일단 완성된 것처럼 보이더라도, 그것이 '대리보충'이라는 구조를 기반으로 만들어진 이상, 이는 다시 새로운 경전에 의해 대리보충되어야 할 운명을 지닌다. 여기에 불교의 존재가 반드시 '계승'이어야 하는 이유가 있다. 경전 제작 운동은 원리적으로 닫히지 않는다. 이것이 바로 석가라는 "충실한 기원"으로 이루어져 있으며, 하나의 닫힌 체계를 형성하는 '전통경전'과의 극명한 차이이다.

여기까지의 고찰을 통해, 본 절 (2)항에서 살펴본 '유식唯識'이라는 관념의 기원을 『반주삼매경』에서 찾은 슈미트하우젠의 네 가지 결론을 하나의 큰 틀에서 파악할 수 있는 시야가 열린다. 동시에, 그 이전 제3절에서 검토한 '대승경전 연구는 왜 역사 연구에 의해서는 완성될 수 없는가'라는 물음, 제4절에서 고찰한 '대승경전 연구는 왜 언어=기호 외부의 선험적 존재를 전제하는 철학을 토대로 성립할 수 없는가'라는 물음에 대한 답을 얻을 수 있으며, 본 장 전체의 과제인 대승경전 연구 방법으로서 에크리튀르론이라는 준거틀의 유효성이 명확해진다.

슈미트하우젠은 첫째, 깨어 있을 때와는 다른 꿈이나 명상의 인식 양태를 다루었고, 둘째, 경전 언설의 근거로서 직접적인 경험에 기반한 사건의 존재를 상정할 필요가 없다고 주장했으며, 셋째, 그 '전승의 기원'에는 어떤 경험적 사건을 상정해야 한다고 언급했다. 넷째, 이러한 유식 관념의 계보를 계승하는 자들을 '관념론적'이라는 직접적 규정이 아니라, '관념론적으로 보이는'이라는 완곡한 규정으로 변경할 것을 제안했다. 세부적인 차이에 천착한 결과 오히려 모호해진 듯한 이 이해의 문제점은, 두 번째와 세 번째 관계를 어떻게 파악하고 네 번째 결론과 어떻게 연결할 것인가에 있다.

여기에 제시된 네 가지 결론을, 차연差延을 기원으로 이해하고 무의식의 텍스트를 의미와 힘이 일체화된 존재로 파악하는 프로이트와 데리다의 논의에 비추어 보면, 다음과 같이 정리할 수 있다.

첫째, 꿈과 명상은 비非표음적 에크리튀르이며, 이는 경전이라는 표음적 또는 언어적 에크리튀르보다 더 근원적인 에크리튀르이다. 여기서 『반주삼매경』이라는 극히 초기의 대승경전이 왜 아미타불이라는 '영상의 출현'을 경전의 기원으로 삼으려 했는지, 그 이유가 비로소 밝혀진다.

둘째, 경전의 말은 항상 전사轉寫된 것이며 기원적 판화와 같다. 따라서 그 성립 근거가 되는 단 하나의 '충실하고' '현전하는' 사건을 특정할 수 없다. 트라우마를 유발할 정도의 큰일이나 경험이라 할지라도, 그것이 '의미'로 받아들여진 이상, 그 '일이나 경험' 이전부터 의미를 끌어오고 있는 것이다. 트라우마 사건 자체는 궁극적으로 무자성無自性이며 공空이다. 마찬가지로, 『반주삼매경』에 설해지는 언설은 이미 하나의 의미와 해석으로 드러난 현상에 불과하며, 그 서술 자체가 경전의 '기원'은 아니다.

셋째, 이 경전의 말이 출현하는 기원은 차연差延이라는 작용으로 이루어진 기원적인 에크리튀르이며, 이는 흔적을 남긴 무의식과 같은 구조이다. 슈미트하우젠이 그곳에서 '기원'을 찾으려 한 것은 타당했다.

이러한 선행 역사를 계승해 나가는 것이 바로 유가행파의 전승이라고 한다면, 넷째, 이들은 '관념론적인' 자들이라기보다는 기원을 차이화差異化하고 차연화差延化하며 나아가는 '관념론적으로 보이는' 자들이라는 표현이 더 적합할 것이다.

만약 슈미트하우젠이 데리다의 논의를 기반으로 했다면, 그의 논의는 서양의 형이상학의 역사와도 연결되어 더욱 정밀하고 체계적으로 구성될 수 있었을 것이다. 슈미트하우젠은 『반주삼매경』이 '유심唯心'의 '기원'이라고 할 때, 이를 '충실한 기원', '현전하는 기원'으로 이해하려 했다. 그러나 이렇게 규정하면 '대리보충'으로서 대승경전이 지속적으로 작성되었다는 큰 수수께끼가 그대로 남는다. 반대로 '기원'을 '차연'이라는 기원으로 재해석할 때, 명상, 기억, 언어, 비非음성적 에크리튀르, 전승, 시간 등 다양한 과제를 전체적으로 논의할 수 있는 새로운 지평이 열리게 된다.

사후성事後性, 지연성遲延性, 대리보충성, 전사성轉寫性, 복제성, 비非표음적 에크리튀르성. 이러한 상황 속에서 세계와 자기 성립의 '기원'을 인정한 대승경전을 해독하기 위해서는 '충실한 기원'이나 '현전하는 기원'에 근거하는 역사학적 방법, '현전성現前性'을 구출하여 원리로 삼는 철학적 사유 방법, 경전 언설이라는 표음적 에크리튀르만을 고찰 대상으로 삼는 연구 방법 중 어느 것도 충분하지 않다. 프로이트를 분석한 데리다의 지평에 도달하고 에크리튀르론을 연구의 준거틀로 삼을 때, 방대한 경전이 계속 산출되는 현상, 명상이라는 '말 이전의 지평'에서 불佛이 끊임없이 출현하는 과정, 그리고 이를 통해 불교의 기원과 정통성이 지속적으로 쇄신되어 왔다는 점 등, 이러한 대승경전을 둘러싼 일련의 전개 과정을 해명할 수 있는 빛이 비춰지고, 나아가 대승경전이 역사에 부여해 온 풍요로운 의미 또한 더욱 명확해질 것이다.

제2장 대승경전의 창작
—경전 제작이 여는 새로운 불교 세계

제1절 인도 대승불교 연구의 전환

(1) 그레고리 쇼펜의 문제 제기

현재 동서양 연구자들이 공통으로 지지하는 초기 대승불교의 거의 유일한 특징은 '지속적인 경전 제작 활동'이라고 할 수 있다.[1] 본 장에서는 이러한 이해를 조금 더 깊이 검토하여 대승불교 연구에 관한 기본적인 관점을 정립하고자 한다. 구체적으로는 아시아에 현재까지 널리 퍼진 대승불교의 형성과 전개 과정에서 성전聖典, 그중에서도 서사書寫 경전이 얼마나 중심적인 역할을 해왔는지, 지금까지의 주요 논의를 되짚어보며 고찰하고자 한다.[2]

---

1 본서 제4장 「대승경전 계승의 역사」 참조.

2 본 장에서는 경전이라는 용어를 삼장 가운데 하나인 경장經藏과 그 범주에 속하는 개별 텍스트라는 두 가지 의미로 사용한다. 경장 이외의 율, 논, 그리고 삼장 외의 전적을 포함한 불교 전적 전체를 가리킬 경우에는 '불전佛典' 또는 '교전敎典'으

본 장의 결론을 미리 요약하면 다음과 같다. 기원 전후 어느 시기에 서사 경전이 생성되기 시작하면서 참된 불설佛說을 둘러싼 물음에 대한 관심이 가시화되었다. 그리고 그 활동은 점차 경전 외부 세계를 끌어들여 변용시켰고, 결과적으로 새로운 불교 세계를 출현시켰다. 이러한 일련의 사건들이 대승불교 운동의 핵심을 이룬다는 것이다.

이러한 이해를, 학계가 오늘날까지 노력을 기울여 온 '대승불교 교단사 해명'이라는 관점에서 다소 과감하게 다시 서술한다면, 특정 의례와 계율, 수행 형태를 갖춘 대승불교 교단이 먼저 존재하고 이를 반영하는 형태로 대승경전이 만들어진 것이 아니라, 대승경전이라는 텍스트 제작 활동의 결과로 텍스트 외부에 대승교단이 성립되었다는, 기존 학계 이해와는 정반대의 결론에 이른다.

일견 불합리해 보이는 이러한 이해는 대승불교를 둘러싼 두 가지 큰 수수께끼에 대한 해명과 깊이 연관되어 있다. 첫째, 왜 고대 인도 어느 시기에 익명의 저자들에 의한 경전 제작 활동이 지속되었는가? 둘째, 왜 인도에서는 교단으로서의 존재가 거의 확인되지 않던 대승불교가 동아시아나 티베트에서는 압도적인 지배 세력으로 교단을 형성하게 되었는가 하는 점이다.

본론의 고찰에 앞서, 그 전제가 되는 문제를 먼저 검토하고자 한다. 그것은 근대불교학의 성과를 여러 측면에서 다시 써 내려오고 있는

로 표기한다. '불전'이나 '교전'은 전통적 술어 śāsana에 해당한다. 교전이라는 용어는 종교의 차이와 관계없이 '성전聖典', '정전正典' 등 복수의 의미를 포함하며, 세속 사회에서 수용되는 일반 전적과도 명확히 구별된다. 이 용어에 대해서는 츠치야(土屋)[2002: 1-11]를 참조.

그레고리 쇼펜(Gregory Schopen)의 대승불교 이해에 관한 것이다. 쇼펜은 기원 전후부터 5~6세기에 걸친 인도불교의 역사를 고찰 대상으로 삼아, 불교학은 물론 역사학, 고고학, 금석학金石學 등 광범위한 분야의 연구 성과를 조사하여 기존과는 전혀 다른 대승불교상像을 정립했다. 그의 성과 일부는 한 권의 일본어 번역서를 통해 일본 학계에도 소개되었지만, 그 고찰이 대승불교 연구에서 지니는 의의를 일본 학계가 충분히 이해했다고 보기는 어렵다.[3] 일본 학계의 여러 성과의 의의를 적절히 평가하기 위해서라도, 쇼펜의 문제 제기의 취지를 다시금 확인할 필요가 있다.

2004년, 북미 연구자들이 중심이 되어 편집한 『불교백과사전』의 「대승」 항목에서 쇼펜은 다음과 같이 서술하고 있다.

> 대승불교에 관해 확실히 말할 수 있는 것은 매우 적은 듯하다. (위대한 혹은 큰 탈것을 의미하는—괄호 안 내용은 원저자, 이하 특별한 언급이 없는 한 동일) '대승'이라는 용이는 본래, 기원 전후 인도에서 시작되었을 것으로 추정되는 '참된 붓다의 가르침이란 무엇인가'라는, 대등하지는 않았지만 오래 계속된 논의에서 오직 한쪽—아마도 가장 비중이 작았던 쪽(the least significant side)—에서만 사용된 논쟁적 명칭이었음은 분명하다. 하지만 이 명칭이 실제로 텍스트 외부에서 자각적이고 독립적인 종교 운동을 가리키는 말로 언제부터 사용되었는지는 분명하지 않다. 예를 들어,

3 일본어역은 쇼펜(ショペン)[2000]을 참조. 쇼펜의 대승 이해에 대한 전체상은 Schopen[2005a]을 참조할 필요가 있다.

> 인도의 비문碑文에서는 5세기나 6세기까지 이 용어가 나타나지 않는다. 또한 분명한 것은, 이 용어에 내재된 논쟁적 주장이나 가치론적 주장이 거의 또는 전혀 인식되지 않았더라도, 중국, 한국, 티베트, 일본의 불교 집단과 불교도들은 과거뿐 아니라 극히 최근까지도 스스로를 대승불교도로 규정해 왔다는 점이다. 하지만 중국, 한국, 티베트, 일본에 뿌리내린 불교가 대승불교라고 어느 정도 확실하게 말할 수 있다는 사실 외에, 대승불교 자체, 특히 그 초기이자 형성기였을 것으로 보이는 인도에서의 단계에 관해서는 더 이상 무엇을 확실히 말할 수 있을지 분명하지 않다.[4]

그레이터 간다라(Greater Gandhara) 지역에서 인도어로 쓰인 상당량의 대승경전 사본이 발견된 현재, 이러한 이해를 그대로 받아들이기는 어렵다. 기원 전후에 대승불교가 경전의 형태로 인도에 존재하고 있었다는 사실은 이제 명백하다. 하지만 그로부터 얻을 수 있는 정보는 여전히 단편적인 것에 불과하다. 그 의의를 이해하기 위한 맥락을 얻으려면, "중국, 한국, 티베트, 일본에 뿌리내린 불교"를 참조할 수밖에 없다. 대승불교에 관한 사실을 인도에서 확인하는 일은 쇼펜의 지적대로 여전히 어렵다.

그렇다면 지금까지 학계에서 자명한 듯 공유되어 온 대승불교 이해는 과연 무엇인가? 쇼펜은 이어서 말한다.

> 불과 얼마 전까지만 해도, 학자들이 대승에 관해 일련의 확신에

---

4 Schopen[2004b: 492].

> 찬 주장을 펼친 것은 사실이지만, 이제 그러한 주장 대부분이 중대한 반론에 직면했다는 점 또한 분명하다. 아마 이제 누구도 선의로 대승의 일반적 특징을 자신 있게 제시하기는 어려울 것이다. 부분적으로, 대승불교가 결코 단일한 개념이 아니라, 오히려 여러 요소가 느슨하게 결합된 묶음이었다는 점이 점점 더 분명해지고 있기 때문이다. 또한 대승불교는－월트 휘트먼(Walt Whitman)의 표현처럼－ 거대했고, 그 단어(contradiction)가 지닌 두 가지 의미에서의 모순, 혹은 적어도 상반된 요소들을 포함할 수 있었다. 그러나 부분적으로 또한 오랜 확신의 붕괴는 불교 일반, 특히 대승불교에 대한 오래된 '역사적' 통념들이 붕괴된 직접적인 결과이기도 하다.[5]

휘트먼은 미국 시詩문학의 정신을 대표하는 시인으로 여겨진다. 그의 작품은 윤리성, 사회성, 종교성 등 여러 측면에서 매우 참신했으며, 생전에는 그의 인물상과 더불어 찬사와 비난이 엇갈렸다. 오로지 텍스트 그 자체가 큰 영향을 미친 것으로 보이는 대승불교를 이 한 명의 시인과 그 작품의 임팩트에 비유한 쇼펜의 수법은 매우 뛰어나다.

이어서 쇼펜은 「오래된 직선적 모델과 대승 '기원'의 시기」라는 절을 통해 불교사 이해에 관한 근본적인 문제를 제기한다.

> 과거 인도불교의 역사적 발전은 단순하고, 곧으며, 의심스러울 만큼 직선적인 것으로 제시되었다. 그것은 역사적 붓다로부터 시작되어, 그의 가르침은 조직화되고 전승되었으며, 어느 정도는

---

5 Schopen[2004b: 492].

초기불교(early Buddhism)로 발전했다는 것이다. 이 초기불교는 소승小乘('작은' 혹은 심지어 '열등한' 탈것), 테라와다(장로들의 가르침), 또는 단순히 승원僧院 불교(monastic Buddhism)－이를 어떻게 불러야 할지는 여전히 문제로 남아 있다－와 동일시된다. 이 모델에 따르면, 기원 전후에 초기불교는 대승불교로 이어졌고, 대승불교는 중대한 단절, 또는 급진적 변혁으로 여겨졌다. 직선적 모델과 이를 구축하는 데 사용된 레토릭은 대승의 출현이 초기불교 또는 소승불교의 소멸을 의미하며, 사실상 대승이 이를 대체했다는 인상을 강하게 남겼다. 만약 불교 전개가 실제로 직선적이었다면, 물론 다른 가능성은 없었을 것이다. 하지만 안타깝게도, 적어도 이 모델의 입장에서는 그것이 사실이 아니었음을 우리는 이제 알고 있다. 대승의 출현은 직선적 모델이 설명할 수 있는 것보다 훨씬 더 복잡한 사건이었으며, '초기'불교, 또는 소승, 또는 일부 사람들이 현재 －아마도 정확하게－ '전통불교'(mainstream Buddhism)라고 부르는 것들은 기원 이후에도 오랫동안 존속했을 뿐 아니라 오히려 번성하기까지 했다.[6]

---

6 Schopen[2004b: 492]. 'mainstream Buddhism'은 '본류本流 불교' 혹은 '주류主流 불교'로 번역해야 할 용어이며, 'traditional Buddhism'과는 구별할 필요가 있다. 그러나 '주류'도 '본류'도 현재 일본의 연구 맥락에서는 매우 부자연스럽다. 고대 인도불교사를 논할 때, 현재 서구 학계에서 가치적 의미를 갖는 'traditional Buddhism'이라는 용어가 거의 사용되지 않는다는 점, 일본어에서는 '전통적'이라는 말과 '본류'라는 말이 의미상 거의 겹친다는 점을 감안하고, 어감의 자연스러움을 우선하여 잠정적으로 '전통불교'라고 번역하였다.

(2) 역사적 실체로서의 대승

신중한 표현에 의한 쇼펜의 논술에는 대승불교라는 수수께끼를 둘러싼 기존 통설이 안고 있는 근본적인 문제들이 사려 깊게 담겨 있다. 분명 대승의 존재를 전제하지 않고는 불교를 생각할 수 없는 동아시아나 티베트의 불교도들에게, 대승불교 운동을 "가장 비중이 작았던 쪽"이라고 표현한다면, 그것은 매우 뜻밖이며 도저히 받아들이기 어려울 것이다. 하지만 이 논술의 배경에는 인도불교사에 대한 매우 면밀한 조사와 고찰이 존재한다.

쇼펜이 제시한 문제는 우선 세 가지로 요약할 수 있다. 첫째, 지금까지 인도불교의 역사가 직선적 모델에 따라 서술되었고, 그 결과 대승만이 역사적 실체로 남았다는 점이다. 둘째, 그러나 '대승불교'라는 개념이 가리키는 대상은 5~6세기 이전 인도에서는 텍스트 외부에서 확인할 수 없으며, 그런 의미에서 대승을 역사적 실체로 보기 어렵다는 점이다. 셋째, 이러한 여러 사정들과의 관계가 불분명한 채, 티베트나 동아시아에서는 과거부터 현재에 이르기까지 대승불교도가 압도적인 우위를 점하며 존속해 왔다는 점이다.

언뜻 보면 개별적인 주제 같지만, 이 세 가지는 서로 밀접하게 관련된다. 여기서는 세 번째 주제, 즉 아시아 각지에 대승불교도가 존재한다는 문제부터 고찰하고자 한다. 왜냐하면 이것이 오늘날까지의 대승불교 연구를 가장 강하게 규정하는 요소이기 때문이다.

쇼펜의 비판은, 연구자들이 후대에 인도 이외 지역에 유포된 대승불교에 대한 이해를 바탕으로 고대 인도의 대승불교를 상정하는 점을 향하고 있다. 이는 대승불교를 동아시아불교나 티베트불교의 전통에서 바라보는 데 익숙한 연구자들은 깨닫기 어려운 문제이다. 동일한 명칭을 지닌 대상에 대해 현저히 다른 내실을 상정하는 일은 쉽지 않다. 특히 그 명칭이 관찰자의 현재를 강하게 규정하고 있을 경우, 그 어려움은 더욱 커진다.

실제로 동아시아나 티베트에서는 현실적으로 거의 대승불교와 그로부터 전개된 밀교만이 남아 있다. 따라서 이들 지역 내부에서 불교를 이해하고자 할 때, 쇼펜이 제기한 첫 번째 문제, 즉 직선적 모델에 따라 서술된 '소승이 대승으로 대체되었다'는 설명은 매우 설득력 있는 역사 이해의 도식으로 받아들여진다.

확실히 얼마 전부터 일본에서는 대승의 등장으로 인해 '소승'이 사라졌다고까지 단언하는 연구자는 찾아보기 어렵다. 그 주된 이유는 대승불교의 재가-불탑 기원설이 등장하면서, '소승'과 대승이 역사상 동시적으로 공존할 수 있다는 이해가 가능해졌기 때문이다. 그러나 이러한 이해가 등장하면서 직선적 모델은 오히려 한 가지 문제가 더 복잡해지는 양상으로 성립하게 되었다. 즉, 불교 역사는 원시(초기)불교 → 부파불교 → 대승불교의 세 단계로 전개되며, 이 두 번째와 세 번째 단계에서는 부파와 초기 대승이 '다른 공간에서 공존했다'는 이해가 성립된 것이다. 여기서도 대승을 궁극으로 하는 직선적 모델-이는 동시에 '원시불교' 또는 '초기불교', 즉 비非대승계 경전을 불교사의 기원으로 보존하는 모델이기도 하다- 자체는 여전히 건재하다. 대승이 역사적 실체로 존재한다는 세 번째 문제는, 사실 고대 역사를 복원하기 위한 모델 구축의 첫 번째 문제와 연결된다.[7]

연구 소재를 율장, 비문碑文, 건축, 미술, 고고학 유물에서 찾고 그것들을 서로 대조하면서 쇼펜이 그려내는 인도불교는 대승의 경전이나 논서, 즉 대승 성전으로부터 재구성되어 온 불교상像과는 크게 다르다. 쇼펜은 고대 인도, 특히 그 초기에 대승불교는 텍스트 이외에서는 확인할 수 없으며, 이런 상황에서 무리하게라도 그 역사적 실체를 상정해 본다면, 대승불교는 '전통불교'의 중심지에서 멀리 떨어진 주변 지역에서 발생했다고 생각할 수밖에 없다고 말한다. 두 번째 문제점이다.

인도를 아무리 샅샅이 찾아봐도 대승불교의 실체를 파악할 수 없다는 문제는 오늘날까지 연구자들을 괴롭혀 왔으며, 그 기원은 오래전으로 거슬러 올라간다. 지금까지 대승불교의 교단 문제를 논할 때마다 예로 인용되어 왔듯이, 멀리 인도로 건너간 법현, 현장, 의정 등 중국의 역경 삼장들은 이 어려움을 일찍이 경험하였다. 이미 대승경전을 중심으로 한 불교의 체계적 이해가 확립되어 있던 중국에서, 불교도들의 관심은 자연스럽게 대승불교를 향해 있었다. 그럼에도 불구하고, 그들이 인도에서 접한 불교는 겉보기에는 '소승'불교와 구별할 수 없는 것이었다. 양자의 차이점으로 구법승들이 공통적으로 지적한

---

7 사사키의 주장(佐々木[2002])은 제2단계와 제3단계의 구별을 해소하고, 부파와 대승 양자가 '동시에 발생'하고 '동일 공간에서 공주共住가 가능해지는' 시스템을 고안함으로써 기존의 직선적 모델을 넘어서려는 시도이다.

이 설의 연구 방법론적 문제는 'cakarabheda'에서 'karmabheda'로의 전환이 5대 광율廣律 전체에서 어느 한 시기에 일어났다는 매우 큰 가설 위에, 부파와 대승의 공주共住 가능성이 탄생했다는 또 다른 큰 가설이 덧붙여졌다는 데 있다. 하나의 가설이 제시될 경우, 그 근거가 되는 것은 자료에서 직접 확인할 수 있는 사실이거나 학계에서 공유된 지식이어야 한다.

것은, 독송 경전의 차이였다. 즉, 5세기에서 7세기 사이 인도에서도 대승은 일차적으로 '텍스트'로 존재했다.[8]

한편, 당시 중국에서 대승불교는 사원이나 제도라는 형태로, 즉 실체로 존재하고 있었다. 그래서 구법승들은 대승을 제도적 현실로서 구하고, 사원의 형태로 찾고자 하였다. 텍스트 외부에서 대승의 존재를 찾으려는 이 두 번째 과제는 동아시아에서 대승불교가 실체로서 텍스트 외부에 존재했다는 세 번째 과제와 불가분의 관계에 있다.

(3) 쇼펜이 그리는 대승불교상像

쇼펜 논고의 특징은 고찰 기반이 되는 자료를 섭렵하고 과거 연구를 비판적으로 추적하는 끊임없는 열정과, 고찰 과정에서 추측을 최대한 배제하고 추론을 최소화하며 논리를 전개하는 금욕적 태도가 극명한 대조를 이룬다는 점이다. 경經과 논論에 나타나는 대승불교에 대한 기술은 항상 텍스트 외부 자료와 대조하며—다만 아함과 니카야의 경전은 이러한 비판의 대상에서 제외된다는 점에 유의해야 한다— 양자가 일치하는 경우에만 역사적 사실을 복원할 수 있는 대상으로 채택한다. 대승불교에 관한 자신의 논고를 모은 초기 저서인 쇼펜(Schopen)〔2005a〕만 보더라도, 산스크리트어 및 티베트어의 경과 논을 중심으로, '초기'불교에서 전기前期 밀교에 이르는 163점의 문헌을 고찰 대상으로 삼았으며, 이것들을 인도 아대륙 전체에서 스리랑카, 투르판까지 60개 지역에

8 이 역경삼장의 자료를 다루며 대승 기원에 대한 문제를 상세히 검토한 선구적 업적으로 히라카와(平川)[1968: 699-721]를 빼놓을 수 없다. 동서양 학계의 연구를 바탕으로 한 최근 주목할 만한 업적으로는 Deeg[2005]가 있다.

서 출토된 고고학적 기록 및 유물과 대조 검토했다.

한역 자료에 의존하지 않고 인도 대승불교사를 재구성하기 위해 전례 없는 광범위한 조사가 이루어진 것이다. 그렇다면 이러한 성과를 바탕으로 쇼펜은 어떤 대승불교상을 제시하고 있는가?

비문이나 예배상禮拜像 등 고고학 자료를 조사해 보면, 기원 전후부터 5~6세기에 이르기까지 대승불교가 교단으로 자립하고 있지 않았음은 명백하다. 문수보살이나 관음보살 등 대승의 구제적 보살들은 이 시대까지 인도에서 모습을 보이지 않으며, 대승경전 가운데 가장 영향력이 크다고 여겨져 온 현행 『팔천송반야경』은 팔라 왕조에 이르러서야 비로소 그 존재가 인지되기 시작한다. 대승 관련 비문의 출토 지점을 보면, 그 세력은 비非대승계 '전통불교' 교단이 번성했던 지역이 아닌, 벵골을 비롯한 중앙인도 외곽 지역에서 확인된다. 이러한 불교의 거점 지역에서 발견되는 경우, 그곳은 일단 버려지거나 쇠퇴한 후에 대승적으로 개변된 흔적이 있다. 이들 모두 부파 교단을 능가하는 활동적인 힘에 의해 창설된 거점이라고는 도저히 말하기 어려운 양상을 보인다.[9]

지금까지 일본 학계에서는 초기 대승불교의 역사적 실태로서, 각 경전 형성 활동의 핵심인 독자적 의례를 지닌 집단의 존재-예를 들어, 반야경 교단, 법화경 교단, 아미타불 신앙 교단, 나아가 악업 소멸을 위한

9 Schopen[2005b][2005c][2005d]. 여기에 기술된 내용은 쇼펜(ショペン)[2000: 3-30]에서도 일부 논의되고 있다. 『팔천송반야경』에 대해서는 스코이엔 컬렉션(Sander[2002]), 바주르 사본(Strauch[2009])에 의해 이미 기원후 1세기에는 그 존재가 확인되고 있으므로, 쇼펜의 이해는 정정될 필요가 있다.

독자적 의례를 행하는 집단 등—를 상정해 왔다. 하지만 이러한 활동은 텍스트 내부에서는 가상假想할 수 있어도, 텍스트 외부에서는 역사적 실체로 확인할 수 없다. 왜냐하면 불탑, 불상, 보살상 등을 중심으로 하는 의례는 그 초기부터 일관되게 '전통불교'(Mainstream Buddhism)가 주요 영역으로 삼아 온 분야이며, 대승불교의 독자적인 발생 기반으로 특정할 수 없기 때문이다.[10]

쇼펜의 이해에 따르면, 오히려 상황은 그 반대이다. 대승불교는 이러한 의례를 부정하거나 최소한 그 의의를 상대화하며, 경전의 존재와 그 안에 설해진 내용을 선양하는 것을 목적으로 성립했다. 의례를 중심으로 대승불교가 성립된 것이 아니라, 대승은 경전의 존재 의의를 분명히 하기 위해 오히려 의례를 텍스트 내부로 끌어들였다. 『라트나발리(Ratnavali)』를 비롯한 대승 논서나 경전에 자주 나타나는 비판적 언설의 레토릭은, 베츨러(A. Wezler)나 폰 슈티텐크론(H. von Stietencron)이 지적하듯이, 정통 베다 성전이 지배하는 일상 의례를 비판하고 전통적인 의례를 새로운 이념으로 대체하려 했던 신흥 종교 세력의 레토릭과 놀라울 정도로 유사하다.[11]

이러한 대승불교의 특징은 일상 의례 실천으로 '타락한' '전통불교'에 대해 석가가 보살이었던 시대의 본래 이상理想을 내세우는 '엘리트적

10 Schopen[2005e][2005f]은 인도불교사에서 단 한 시기의 유일한 예외로서 아미타불상을 둘러싼 신앙 집단의 존재에 대해 다룬다. 아미타불의 정토는 선택된 보살도를 행하는 자가 태어나는 세계이며, 거기에 재가자를 중심으로 하는 신앙 집단을 상정하는 것은 어렵다고 본다.

11 Schopen[2005d: esp.126].

보수주의'로 이해할 수 있다. 대승불교는, 재가자들이 요청하는 공덕과 회향迴向 사상을 매개로 경제 행위에 계속 관여하는 '전통적' 승원불교와는 달리, 출가자의 엄격한 이념을 내세운다. 이는 재가자와의 세속적 관계 형성을 거부하고, 붓다 자신이 품었던 이념으로 돌아가 스스로 불佛이 되는 길을 보살로서 걷고자 하는 금욕적인 길이다.

쇼펜의 이러한 이해는 이후 등장한 잔 나티에(Jan Nattier)나 다니엘 부셰(Daniel Boucher)를 비롯한 서구 연구자들의 성과와 조화를 이루는 반면, 재가-불탑 기원설을 지지해 온 일본 학계의 대승불교 이해와는 정면으로 대립한다.[12] 재가-불탑 기원설은, 의례에 전념하는 재가자 중심의 대중불교 운동이 승원불교의 전문화된 엄격한 출가주의를 뒤흔들기 시작하여, 결국 재가자 구제를 목적으로 하는 새로운 형태의 불교를 만들어낸 곳에 초기 대승불교가 성립한다고 본다. 이 신新불교 운동은 시간이 흐르면서 다시 출가주의화되고, 불탑 의례에 대해 부정적으로 변하며, 결국 승원불교의 전문화된 세계로 회귀하여 한 시대를 마감한다는 줄거리이다. 그러나 쇼펜에 따르면, 업 이론과 회향 사상에 근거하여 불탑 중심 의례를 통해 대중을 대상으로 한 불교 활동을 한 것은 오히려 '전통불교'였고, 대승불교 운동은 이 '전통불교'의 세속성을 비판하며 엄격한 출가주의를 찬양하는 입장이었다고 한다.

재가-불탑 기원설은 지금까지 비판받았듯이, 자료와 대조했을 때

12 Nattier[2003a], Boucher[2008]. 이러한 쇼펜의 이해는 근년 데이비드 드루스(David Drewes)에게 신랄한 비판을 받았다(Drewes[2018]). 이 점에 대해서는 별도의 논고에서 자세히 논할 예정이다.

가설에 여러 문제가 있을 뿐 아니라, 대승불교의 불교적 정체성을 어떻게 규정할 것인가 하는 중요한 점에서도 한계를 지니고 있다. 불탑신앙을 출가교단과 분리하여 재가교단에 귀속시키고, 거기에서 대승의 기원을 보는 것은 무엇보다 초기 대승불교의 이념과 특질을 재가 중심이었다고 오인하게 만든다. 대승불교에 입각하고 있는 일본 학계에서 재가-불탑 기원설의 영향이 지대한 이유는 그 방법론적 문제뿐 아니라 대승의 특질 이해와 관련된 문제 역시 크기 때문이다.[13]

제2절 대승불교에서의 경전의 의의

(1) 대승경전이 교단을 낳다

그레고리 쇼펜이 제시하는 대승불교상像을 소개하는 데 많은 지면을 할애한 것은, 본 장에서 논하려는 대승불교가 쇼펜의 이해만으로 모두 설명될 수 있기 때문은 아니다. 반대로 본 장은 쇼펜이 제시한 여러 문제를 바탕으로 하면서도 그것과는 정반대의 대승불교상을 향해 나아간다.

여기서 서두에서 서술한 본 장의 결론을 다시 한번 제시하고자 한다. 첫째, 서사 경전이 연속해서 생성되기 시작했고, 거기서 참된

13 쇼펜과 나티에가 문제 삼는 것은 초기 대승불교의 재가적 성격이라는 이해이다. 이 설이 일본에서만 지지를 받게 된 배경에는 재가불교의 교단 운동이 전통 출가불교를 능가하는 제2차 세계대전 이후 사회의 특이한 상황이 존재한다(시모다下田[2004a]). 또한 하카마야(袴谷)[2002]가 대승의 기원을 출가교단에 두고, 그 배경에 '사상과 관습'의 대립을 상정한 점은 본 장의 취지와 겹치는 부분이 있다.

불설佛說을 둘러싼 물음에 대한 탐구가 가시화되었다는 점, 그 생성 활동이 경전 외부 세계를 변화시켰다는 점, 그리고 그 결과 새로운 불교 세계가 탄생했다는 점, 이러한 일련의 사건들이 대승불교의 출현으로 이해된다고 언급했다. 둘째, 이 결론을 대승불교의 교단사적 해명이라는 관점에서 다시 검토하여, 대승교단이 대승경전을 만들어 낸 것이 아니라, 대승경전이 대승교단을 만들어냈다고 바꾸어 말했다.

이 첫 번째 주장은 쇼펜이 제기한 대승불교 연구의 여러 문제점을 해소하며, 그런 점에서 인도에서의 대승의 출현을 설명하는 유력한 가설 후보가 될 수 있다. 하지만 대승경전의 저자 특정에 높은 관심을 가져온 현재 학계에서, 저자를 불문에 부친 채 경전이 외부 세계를 변화시켰다는 주장은 받아들이기 어려울 것이다. 이 첫 번째 주장을 보다 쉽게 설명한 것이 교단사적 입장에서 바꿔 말한 두 번째 주장이지만, 경전이 교단을 만들어냈다는 주장은 많은 연구자들을 더욱 당혹스럽게 할 우려가 있다. 이하 제2절과 제3절에서 이 문제를 풀어가고자 한다.

기존 연구에서는 개별 대승경전마다 저자, 편찬자, 전달자가 각기 의례와 신앙을 지닌 공동체로 존재하며, 이러한 교단의 존재를 배경으로 교단 실태를 반영하는 경전이 만들어졌다는 전제하에, 경전의 저자나 편찬자의 교단을 텍스트 외부에서 확정하려는 시도를 해 왔다. 그러나 이러한 의도를 가지고 실제로 연구자들이 수행한 작업은, 대승경전에 설해진 내용 일부를 경전이 제작된 당시의 역사적·제도적 사실로 선험적先驗的으로 간주하는 것이었으며, 그 판단에 이르는 절차의 타당성은 문제 삼지 않았다.

이 방법에 의해 제시된 다양한 가설은 현재 남아 있는 고대 인도의 역사적 사실과 전혀 부합하지 않는다. 역사적으로 확인되는 양상은 오히려 가설이 제시하는 것과 정반대이다. 쇼펜이 끊임없이 논했듯이, 초기에는 텍스트의 존재만이 확인되며, 그 영향이 시대가 흘러 비문에 나타나고 사원 건축과 불교 미술에 나타나면서 점차 교단적 실체가 가시화되기 시작한다. 이 순서에 따라 있는 그대로 설명하면, 외부 세계가 텍스트에 반영된 것이 아니라, 텍스트가 외부 세계를 변화시켜 나간 것이다.

서사 경전이 외부 세계를 변화시켜 새로운 세계를 창출한다는 양상은, 고찰 범위를 인도 밖 세계, 예를 들어 동아시아로 넓히면 반박하기 어려울 정도로 명백해진다. 중국, 한국, 일본 등 동아시아에는 애초에 대승교단은 물론 불교 교단도 없었고, 불교 출현의 제도적 기반이었던 고대 인도 세계도 없었다. 교단적 요소가 전혀 없는 상황에서 사람들이 접하고 경험한 것, 그 중심 요소는 불佛의 말을 담은 경전이다. 그러나 언어와 문화가 다른 문화 공간인 중국에서, 인도의 말로 표현된 경전은 번역되지 않으면 그 의미가 전달될 수 없다. 문자를 중시하는 중국에서 한어漢語로 번역된 대승경전은 처음부터 서사 경전으로 존재했다. 이 서사 경전의 존재를 중심으로 하여 그 주위에 대승교단이 생성되었다.

이와 같이 중국에서 일어난, 경전이 신봉자를 낳고 교단을 생성한 사건이 인도에서는 일어나지 않았을 것이라고 단정할 수는 없다. 인도 마투라 시 서쪽 교외의 고빈드나가르(Govindnagar)에서 발견된 아미타바(Amitābha)의 명문銘文이 새겨진 대좌의 예가 그 사례에 해당

할 가능성이 있다.[14]

이 문제와 관련하여 두 가지 점에 유의하여야 한다. 첫째, 쇼펜이 지적하는 바와 같이, 중국의 자료에 근거하여 인도의 역사적 사실을 유추하는 데 따르는 위험이다. 종종 연구자들은 중국에서 성립된 불교 상황을, 인도에서 반세기에서 1세기 정도 소급하여 적용할 수 있다고 간주해 왔다. 하지만, 만약 중국에서 대승경전의 영향에 의한 교단의 생성이 인도보다 더 빨리 일어났다면, 이 가정은 빗나간 것이 된다.[15] 역경삼장의 기록과 비문 출토 시대가 보여주듯이, 대승교단의 생성은 인도보다 중국 쪽이 속도도 더 빠르고 규모도 컸을 가능성이 높다. 역경삼장들이 대승교단의 기초인 율장을 구하기 위해 인도로 건너간 사실, 그럼에도 대승의 독자적인 율을 입수하지 못하여 중국에서 보살계菩薩戒 불전이 편찬되었다는 사실이 이러한 사정을 반영하는 것이 아닐까?

둘째, 대승경전이 역사를 변화시켜 교단을 생성한 그 전체 과정을 대승불교 운동으로 이해한다면, 대승불교를 고찰하기 위해서는 인도 외부 세계로까지 시야를 넓혀야 한다는 점이다. 그렇지 않으면 그 연구는 충분하다고 할 수 없다. 쇼펜이 자료의 부재를 근거로 '가장 비중이 작고' '주변적'이라고 본 인도 대승은, 인도와의 직접적인 교류를 통해 동시에 전개된 중국 역사에서는 다른 무엇과도 비교할 수 없을 만큼 '중요'하고 '중심적'인 것이었다. 대승불교의 '기원'에 관한 가설은 이 점도 설명할 수 있는 것이어야 한다. 하나의 역사적 운동의

14 앞의 주10 참조.

15 쇼펜(ショペン)[2000: 5-9].

기원은 그 운동의 결말까지 설명할 수 있어야 한다. 고대 인도의 불교 자료는 극히 부족하다. 그 결여를 스리랑카의 팔리어 자료나 중국의 한어 자료로 보완하면서 인도불교사를 복원하는 것은 그 제약을 인식하고 있다는 가정하에 정당한 방법이다. 반대로 쇼펜의 주장처럼 이를 허용하지 않는다면, 방대한 2차 자료의 존재 이유 자체를 설명할 수 없다. 1차 자료의 부재는 현상의 부재를 증명할 수 있는 필요충분한 근거가 아니다.

그렇다면 대승에서 경전 편찬 운동은 어떻게 일어났는가? '전통불교' 경전은 어떻게 대승경전과 구별되기 시작했는가? 대승경전과 '전통경전'의 본질적 차이는 무엇인가? 이러한 경전 제작 운동은 애초에 종교 일반의 정전正典 제작 운동이라는 주제에 비추어 볼 때 어떻게 이해할 수 있는가? 이러한 점을 밝히기 위해, 다음 항에서는 전통경전의 기본적인 특징을 간략히 정리하고자 한다.

(2) '전통경전'의 특징과 정전正典 개념에 대한 재고

'전통불교', 즉 비非대승불교계 경전의 특징을 이해하기 위해 전승 속 세 가지 요소, 즉 '범천권청梵天勸請 에피소드', '뗏목 비유의 진리(kullūpama-dhamma)', '자국어에 의한(sakāya niruttiyā) 설법의 권장'에 주목하고자 한다.[16]

---

16 범천권청 에피소드에 관한 일본의 연구에 대해서는 시모다(下田)[1999]를 참조. 또한 'sakāya niruttiyā'에 대한 연구는 Ruegg[2000]을 참조. 이 논의의 세부 내용을 고려하면, '자국어'라는 번역이 반드시 정확하다고는 할 수 없지만, 본 문맥에서는 오해를 일으킬 일이 없다고 판단하여 기존의 이해를 따랐다.

불전 형성의 기점은 첫 번째 '범천권청 에피소드'에서 찾을 수 있다. 서로 다른 계통의 불전들이 공통으로 전하는 기록에 따르면, 붓다는 깨달음을 얻은 직후 자신의 의식 속에 현현한 연기 이법의 심오함을 사람들에게 말로 전달할 수 없다고 생각하여 일단 설법을 단념하려 했다. 그러나 그때 브라흐마신의 설득에 의해, 붓다는 마침내 말문을 열기로 결의한다.

이 설화에서 주목할 점은 말로는 전달할 수 없는 것 또는 말 이전의 것이라는 존재가 명확히 의식되고 있다는 점이다. 모든 것을 말로 다 표현할 수 있는 것은 아니다. 불전의 말은 진리를 두루 표출할 수 있는 전능한 것이 아니라, 진리의 일부—여기서는 연기의 이치—를 전달하기 위한 한정적이고 대체적인 수단에 불과하다. 본서 제6장에서 논하겠지만, 선정이나 삼매 실천과 경전 학습, 즉 '말을 떠난 것'과 '말'의 양극을 오가는 것은 시대와 지역의 차이를 넘어 확인할 수 있는 불교의 기본적인 흐름이다.

말에 대한 불교의 이러한 태도는 두 번째 '뗏목 비유의 신리'와 연결된다. 붓다는 자신의 가르침을 전하는 말을 강을 건너가기 위한 뗏목에 비유하며, 강을 건넌 뒤에는 이를 버리도록 권하였다. 말은 소기의 목적을 달성하기 위해서만 존재하는 것이지, 말 자체가 목적은 아니다. 이 점을 잘못 이해하면, 육지에 올라서도 뗏목을 짊어지고 가는 것처럼 무익하고 무거운 짐을 스스로 짊어지는 셈이다(MN. I. 134ff).

붓다의 이러한 가르침에 따르면, 성전의 말은 상황 변화에 따라 적절히 취사선택되어야 하는 성질을 지녔으며, 절대적 의미를 지니고 불변하며 부동不動한 것으로 고정된 것이 아니다. 그것은 특정 상황에 맞춰 나타난 것이며, 문맥에 따라 다른 형태를 띤다.

이는 세 번째 '자국어에 의한 설법의 권장'이라는 주제로 이어진다. 붓다는 가르침을 각 지방어로 설할 것을 권장하였다. 22개의 지정 언어가 있는 다언어 사회 인도에서 각 지방어 사용을 인정한다면, 가르침은 전파와 함께 언어적으로 급속히 다양해지고 확산될 것이다. 종교 교단의 정체성을 유지하는 데 언어의 통일성은 중요한 역할을 하며, 가르침의 확산을 피하려는 경향이 있다.[17] 그러나 여기에 나타난 붓다의 교설은 이러한 경향과는 상반된 태도를 보여준다.[18]

---

17 그레이엄(Graham)[1987]이 저서 전체를 통해 상세히 논한 것처럼, 그것은 소리로 나타나는 성전의 양상에 의해 더욱 명확해진다.

18 다만 'sakāya nirrutiyā'에 대해서는 '붓다 자신의 지방어에 의해'라는 해석도 가능하다는 점이 논의되어 왔다. 그러나 불전의 원어가 다양하다는 역사적 사실을 바탕으로, 대부분의 학자들은 '설법자가 사용하는 지방어'로 이해해야 한다는 입장을 취한다. 본 장도 이에 따르고 있다. Brough[1980] 참조.
말에 대한 불교의 이러한 태도는 인도 문화권 내부에서뿐만 아니라, 인도 밖의 종교와 비교해도 특이하다. 고대 인도의 종교에는 브라흐마나(브라만)와 슈라마나(사문)라는 두 계보가 있는데, 이 중 슈라마나는 말을 배척하고 신체에 의식을 집중하여 고행에 몰두하려는 경향이 강하다. 이는 붓다가 '범천권청'에서 극복한 자세이며, 이 점에서 불교는 다른 슈라마나들과 명확히 다르다. 한편, 브라흐마나는 베다 성전을 전승할 때 말을 철저히 존중하며, 매체가 되는 성전어의 전환도, 내용의 삭제나 치환도 인정하지 않는다. 이 점에서 불교는 브라흐마나와도 다르다. 인도 밖의 일신교로 시점을 옮기면, 교전의 개변改變을 금지하고 정전성正典性을 엄격하게 확보하는 『신약성서』나 『꾸란』에 나타나는 성전관은 베다 성전과 겹치는 면이 있는 반면, 불전과는 전혀 다르다. 말을 전하는 자가 신의 말의 예언자가 되는 종교에서는 '범천권청'도 '뗏목의 비유'도 있을 수 없다.

이 세 가지 중 어느 것을 보더라도, 불교에서 성전의 말은 내용을 전하기 위한 수단으로서, 그것이 사용되는 문맥이나 상황에 따라 즉각적으로 변경되고, 번역되며, 역사적 상황의 차이에 대응하여 다시 표현된다. 이는 결과적으로 성전이 새롭게 편찬될 가능성을 인정하는 것이기도 하다. '은몰隱沒 경전'에 대한 해석을 비롯하여 붓다의 말에 대한 정의나 경전의 진위성에 관한 중요한 고찰(혼조本庄[1989], 후지타藤田[1998])은 모두 이러한 경향에서 비롯된 결과를 수용하며 이룬 노력으로 이해할 수 있다.

이상에서 언급한 불교의 성전성聖典性에 관한 세 가지 특징을, 종교 나아가 역사 일반에서 정전正典(canon)이 어떻게 이해되는지와 대조하여, 지금까지 불교 연구에서 제기된 문제를 재고해 보고자 한다.

일반적으로 정전正典이라고 하면, 4아함이나 4니카야 등 일정한 범주에 속하는 텍스트군의 닫힌 집성, 또는 고정된 텍스트군의 목록을 떠올리는 경우가 많다. 그러나 제럴드 셰퍼드(Gerald T. Sheppard)(Sheppard[1987: 1407b-1411b])에 따르면, 정전이라는 개념은 한편으로 추상적 차원의 규칙, 표준, 이상理想, 규범, 권위가 되는 의식儀式이나 문헌을 의미하는 동시에, 다른 한편으로는 구체적 차원의 모범, 규범이 되는 인물·장소·사물의 정형화, 표준화, 목록화, 시간 순서화 등의 행위와 그 결과를 의미한다. 전자는 숭고한 대상을 향한 의식의 내적 상징(internal sign)을 강조하고, 후자는 사전에 합의된 기준에 따라 특정 정전을 구별하기 위한 엄밀한 경계와 한계, 한도에 중점을 둔다. 종교의 정전은, 셰퍼드가 각각 canon 1(전자), canon 2(후자)로 명명한 이 두 개념 사이의 진폭 속에서 형성된다고 할 수 있다.[19]

이 구별을 전제로 하면, 불교 연구에서 연구자들의 관심은 대부분 후자, 즉 canon 2에 대한 연구에만 집중되어 왔음을 알 수 있다. 아함에서도, 니카야에서도 주된 논의 대상은 그 정전이 닫혀 있었는지 열려 있었는지, 닫혔다면 그것은 언제였으며 어떤 영향 때문이었는지 하는 점이다. 바바(馬場)〔2008〕가 붓다고사에 의해 상좌부 대사파大寺派의 정전이 완성되었다고 말할 때, 이는 canon 2를 정전으로 간주하는 이해에 근거한 것이다. 간다라어 사본을 본격적으로 아함이나 니카야 연구의 대상으로 삼은 최신 연구 앨론(Allon)〔2018〕은 해당 사본이 작성된 시대에 이미 리스트가 닫혀 있었는지, 아니면 아직 열려 있었는지를 과제로 삼고 있으며, 역시 관심은 canon 2에만 집중되어 있다. 하지만 리스트가 닫힌 시점에 정전이 성립한다고 한다면, 그 이전의 역사는 정전과의 관계 속에서 대체 어떻게 이해해야 하는가 하는 중요한 과제가 남는다. 셰퍼드가 지적하듯이, 중요한 점은 불교, 기독교, 이슬람 등 어느 고대 종교를 보더라도 창시자들은—유일하게 마니교를 제외하고— 스스로 정전 편찬에 직접 관여하지 않았으며, 정전은 개조開祖의 사후 제자들에 의해 편찬되기 시작했다는 사실이다. 정전으로 이어지는 텍스트를 만들어내는 원동력은 바로 이 후대 제자들의 제작 의욕이므로, 해명해야 할 대상은 바로 이 '의욕'이라는 동력 그 자체이다. 셰퍼드는 이러한 특성을, 세속 사회에서의 '정전'의 용법을 들어 다음과 같이 설명한다.

19 Sheppard[1987].

> 첫 번째 용법, 즉 규칙, 표준, 이상理想 또는 규범으로서의 용법에서, '정전'이라는 술어는 비非종교적 영역에서 탁월성 또는 권위의 표준이 규율의 적절한 실시를 지배하는 광범위한 영역에서 사용할 수 있을 것이다. 예를 들어, 그것은 사람이 하나의 연구 영역에서 이러한 선택들이 문법적·수학적 원리에 부합하는지, 또는 수사학이나 미술, 음악에서 미적 탁월성의 지표에 부합하는지 결정하는 척도를 반영할 수 있다. 그러한 여러 정전(canons)에 내포되어 있는 것은, 평가되고 기억되는 것의 질質, 가치와 보존, 유효성에 대한 지적 합의에 관한 정치적·사회적인 어떠한 이론이다. 마찬가지로 종교적 도상圖像, 도시의 불교적 조직, 그리고 교회 건축은 암묵적인 정전正典적 전제를 반영한다. (Sheppard〔1987: 1407b〕)

개별 경전들이 출현하고, 그것들이 아함이나 니카야라는 경전 집성이 되기 이전에, 위에서 언급한 바와 같은 지적인 합의가 불교 교단 내부에 존재해야만 한다. 이는 텍스트뿐 아니라, 도상이나 사찰 마을 등의 형태에도 반영된다. 정전이라는 술어가 개별 텍스트를 의미하는 뉘앙스가 강하다면, 이 canon 1은 '정전성正典性'이라고 바꾸어 말할 수 있을 것이다. 이 정전성은 전통불교의 경전과 대승불교의 경전이 출현하기 전부터 존재했으며, 양자를 모두 제약하고 있다. 불교사는 이 개념을 기초로 삼을 때, 쇼펜이 말하는 '직선적 모델'을 넘어 다시 그려질 수 있게 된다.

셰퍼드는 고정되고 공공적公共的으로 승인된 정전이 성립하기까지는 상당한 시간이 필요하며, 그 사이에는 책의 형태나 표준화된 텍스트의 고정된 목록을 갖추지 않은 성전(scripture)이 종교적 영감이나 진리의 화신化身이라는 이해 속에서 지지받으며 존재했다고 본다. 어떤 전통이 결정적으로 근본적이고 신성하다는 인식이 초기에 자리잡으면, 그 종교 내부에서는 머지않아 조직적 질서로부터 강한 요청이 작용하기 시작하고, 결국 canon 2로서의 개별 정전이 만들어지게 된다고 한다. 이러한 이해는 다음 항에서 살펴볼 '불설의 정통성' 판별 근거인 'mahāpadesa' 교설에 제시된 내용과 놀라울 정도로 일치한다.

(3) 대승 출현의 계기가 된 서사 경전의 등장

이상의 이해를 바탕으로 하면, 비非대승과 대승을 막론하고 경전의 출현은 불교 교단에 암묵적으로 존재해 온 탁월성과 가치에 대한 지적 합의가 마침내 공공적으로 승인된 정전이라는 가시적 형태로 표출된 현상으로 볼 수 있다. 이러한 현상의 출현에는 불설佛說은 시대와 맥락에 따라 변할 수 있다는, '전통불교'에서 그 맹아를 확인할 수 있는 불전의 특징이 작용했음이 확실하다. 그러나 여기서 두 가지 점에 주의할 필요가 있다. 첫째, 대승경전은 내용의 다양성과 분량의 방대함에서 아함이나 니카야의 경전과는 비교할 수 없다는 점이다. 둘째, 이 새로운 정전화正典化의 중심을, 쇼펜이 지적하듯이 '참된 불설이란 무엇인가'라는 물음이 차지하고 있다는 점이다.

대승에서 정전성 개념의 경이적 진화를 가능하게 한 주요 계기는 지식 보존과 계승에 관한 새로운 기술의 출현, 즉 구술에서 문자로 경전 전승 매체가 변화한 것 외에는 생각하기 어렵다. '서사書寫'라는 지식 보존 및 표현 방법의 도입이 대승불교 성립의 필요조건이라면,

그 위에 성립하는 불설의 정통성을 둘러싼 물음은 대승경전 성립의 충분조건이라고 볼 수 있다. 본 항에서는 먼저 전자에 대해 살펴보고자 한다.

필자는 이미, 서사 기술의 도입이 불교 역사상 매우 중대한 변화를 초래하였다는 점에 대해서 여러 차례 논한 바 있다.[20] 여기서는 본 장의 주제인 '경전 제작 운동과 대승의 출현'이라는 점에 초점을 맞추어 고찰하고자 한다.

전승 방법이 구전에서 서사로 바뀌면서 경전에 일어난 다양한 변화 가운데, 전승이라는 과제와 관련하여 중요한 점을 하나 들면, 그것은 경전의 존재가 사람에게 의존할 필요가 없어지고 전승자로부터 독립된 존재가 되었다는 것이다.

구두 전승에서는 교설의 내용을 담고 있는 매체가 사람이며, 교설 내용의 신뢰성은 매체인 사람의 신뢰성에 의거한다. 하지만 서사 경전의 경우, 내용을 담고 있는 매체는 바로 서사된 경전 그 자체이며, 경전의 편찬자도, 사본의 필사자도, 분자 독송자도 아니다. 편찬사는 서사 경전의 배후에 숨어 - 정확히는 '붓다라는 특별한 익명성'을 띠고 - 모습을 드러내지 않는다. 필사자는 이미 존재하고 있는 경전의 문자를 베껴 쓰는 수단에 불과하다. 독송자, 즉 다르마바나카(dharmabhāṇaka, 法師) 또한 경전의 문자를 음성화音聲化하는 매개자에 지나지 않는다. 종종 오해되곤 하지만, 법사는 서사 경전의 권위를 보증하는 유일한 근거가 될 수 없다. 오히려 그 반대로, 법사의 종교적 권위는 서사

20 본서 제5장 「성전 너머에」, 제6장 「구두 전승과 서사」, 제7장 「매체의 전개로서의 불교사」 참조.

경전에 부여된 권위에 의해 보증된다.[21]

경전의 존재 형태가 사람에서 사본으로 이행하면서, 불교 교단에서 경전의 정통성을 둘러싼 논쟁은 '사람 대 텍스트'라는 대립 구도로 경쟁하게 되며, 결국 텍스트가 승리한다. 이때 서사된 경전의 존재는 편찬자나 필사자, 독송자라는 사람을 능가하게 된다.[22]

경전의 정통성을 둘러싼 양자의 긴장 관계는 대승뿐만 아니라, 서사를 도입한 아함이나 니카야의 경전에서도 발생하였다. 이는 '사대교설(cattāro mahāpadesā)'—불설의 판정 근거를 붓다, 승가, 불설 보유자, 유력 출가자 등 사람의 말에서 경과 율이라는 텍스트의 말로 이행하는 교설—에 대한 논의와 '사의四依(catvāri pratiśaranāni)'—사람 대신 법에 의존하라, 미요의경未了義經 대신 요의경에 의존하라, 문자 대신 의미에 의존하라, 지식 대신 지혜에 의존하라는 양자택일의 근거를 제시하는 교설—에 대한 논의에서 확인할 수 있다.

---

21 서사 경전의 내용을 목소리로 다시 '사람화化'하는 다르마바나카는 서사 경전을 둘러싸고 존재하는 자들 중 경전의 보증인에 가장 가까운 위치에 있다. 경전 자신도 다르마바나카를 경의 존재 의의와 겹치는 것처럼 다루는 경우도 종종 볼 수 있는데, 이는 이차적인 모습이다. 다르마바나카의 정통성은 경전을 독송하는 중에 나타나는 것에 불과하며, 항상적으로 존재하는 서사 경전의 의의를 능가할 수는 없다. 대승경전 연구에서 다르마바나카의 극단적인 존중은 대승경전이 본래 구전이었다는 상정을 포함하여 본서에서 재고하고 있다. 제3장(250~254페이지), 제6장(359~362페이지) 참조.

22 최초기부터 말을 사본화한 기독교에서는 편찬자의 존재가, 신의 말이 필사에서 시작된 이슬람에서는 필사자 무함마드의 존재가 각각 매우 중요하다. 본 장에서는 자세히 논할 수 없지만, 이러한 점은 오랜 구전 시대를 거쳐 교전이 서사된 불교에서는 사정이 전혀 다르다.

전자는 일찍이 『열반경』과 율을 중심으로 나타나는데, 그 내용으로 볼 때 본래 아함이나 니카야에 포함된 개별 서사 경전의 정통성을 묻는 것이 아니라, 결집 전설의 신뢰성을 둘러싼 논의로 발생하여 마침내 논서에 계승된 것으로 추측된다. 한편, 후자는 사람을 떠난 서사 경전의 존재를 전제로 그 경전의 정통성에 의문을 제기한 것으로, 관련 문헌이 북전北傳에 한정되어 있는 것을 보면 대승경전과 같은 맥락에서 개별 경전의 정통성의 근거를 묻기 시작한 논의로 볼 수 있다(무카이向井〔1987〕〔1988〕, 하카마야袴谷〔1987〕 참조).

이렇게 '전통불교'에서도 경전 전승에 서사 기술이 도입되고 대승과 동일한 문제가 발생했음에도, '전통불교' 경전과 대승경전 사이에는 큰 차이가 생기며, 양자는 전혀 다른 불교처럼 보이는 형태로 전개된다. 대승경전에서는 경전 자체가 계속해서 확대된다. 이에 비해, '전통불교'에서는 어느 시점에 경전 편찬은 종료되며, 이후에는 논이나 주석서가 계속해서 추가되어 간다.

'전통불교' 성선의 특싱은, 그것이 필사된 것이든 구전된 것이든 관계없이, 논 또는 주석서의 해석이 경전보다 더 존중된다는 점에 있다. 거기서 논과 불설의 관계는 논의 주제가 될 수 있어도, 경전에 담긴 불설의 정통성 자체는 문제시되지 않는다. 아함이나 니카야 경전을 전승해 온 집단에서는 경전 편찬은 이미 과거에 끝났으며, 경전을 둘러싼 활동은 한편으로 그것들을 어떻게 아카이브화할 것인가, 다른 한편으로 그것들에 어떻게 주석을 붙이고 논장 장르에 속하는 텍스트를 편찬할 것인가 하는 작업으로 향한다.

(4) 앨런 콜의 이해

근년, 앨런 콜(Alan Cole)은 대승경전이 지닌 고도의 내러티브적 특징이 서사 경전이라는 점에서 비롯되었다고 이해하고, '전통경전'과의 차이를 본격적으로 논했다. 그의 저서 『아버지로서의 텍스트—초기 대승경전에 나타나는 부권적父權的 유혹』(Text as Father: Paternal Seductions in Early Mahāyāna Buddhist Literature)의 서론에서, 콜은 대승경전이 '서사 텍스트'로서 존재했음을 뒷받침하는 그 성격들을 다음 일곱 가지로 정리한다(Cole〔2005: 14-18〕).

첫째, 경전이 경전의 서사나 서사된 경전의 공양에 대해 언급하는, '전통경전'에서는 볼 수 없는 기술이 대승경전에 존재한다는 점이다. 이는 문자 텍스트라는 형태로 존재했음을 뒷받침하는 유력한 내재적 증거로서, 일본 학계에서도 대승경전 형성사를 다루는 연구자들이 오래전부터 주목해 왔다.

물론 이 주장에 대해서는 다음과 같은 비판이 성립할 수 있다. 즉, 이러한 서사 관련 기술은 경전 편찬이 발전된 단계에서 덧붙여진 부차적 현상이며, 원래는 서사가 존재하지 않던 단계가 있었다는 반론이다. 실제로 초기 대승경전에서 '경권經卷 공양'을 권하는 기술은, 예를 들어 『법화경』에서 볼 수 있듯이 줄거리 전개가 일단락된 후 나타나는 경우가 많다.

하지만 이러한 비판도 두 번째 근거 앞에서는 침묵할 수밖에 없다고 콜은 지적한다. 그 두 번째 근거란, 대승경전이 전통경전에는 없는 많은 불佛들의 말로 이루어져 있으며 이는 '전통경전'의 기본적인 취지와 현저히 대립한다는 점이다. 여기서 볼 수 있는 기술은 보수적인 구두 전승의 내용을 서사하면서 약간의 각색을 더한 정도의 변화로는 도저히 설명할 수 없다.

이는 세 번째 근거로 이어진다. 그것은 이러한 새로운 내러티브로의 이행에는 자신의 언설을 대상으로 하는 자기 언급적 내러티브가 상당한 비율로 포함된다는 점이다. '전통경전'의 경우, 경전의 언설 스타일은 특정 타이틀 아래 붓다의 말을 집약하는 체재로 시종하고 있으며, 경전 자신이 경전의 언설을 직접 언급하는 경우는 전혀 없는 것은 아니지만, 거의 없다. 반면, 대승경전의 경우에는 붓다가 설하는 경전의 의의를 그 붓다 자신이 해설하고, 정당화하며, 그 수용과 유포를 장려하는 것이 기본이다. 이러한 형태로 자기 언설을 대상화하려면, 일반적인 언설 행위가 구전의 경우처럼 단순히 수행되고 있을 뿐 아니라, 가시화되고 대상화되어 있을 필요가 있다. 경전이 문자나 텍스트가 되었을 때, 대상으로서의 내러티브가 내러티브 내부 사건의 흐름에서 등장하는 구조를 지닌 메타적 내러티브를 쓸 수 있게 된다.

자기 언급적 내러티브라는 특징은 네 번째 근거와 연동된다. 대승경전에는 '전통경전'에는 존재하지 않는, 자신의 존재를 위태롭게 여기는 강한 위기의식이 보인다. 많은 연구자(Schopen[1997], Nattier[2003a], Boucher[2008])들은 이 기술을 대승교단을 둘러싼 현실의 반영으로 간주했다. 그러나 콜은 이에 대해, 서사 경전이라는 새로운 전승 형태를 수립하는 것을 향한 '전통적' 불교도들의 반발에 대한 사전 방어적 의식의 발로로 파악한다. 대승경전 편찬자는 전통, 경전, 수용자라는 요소가 일체화된 관계 속에서 불교의 정통성을 새롭게 수립해야 한다는 강한 신념을 가지고 있다. 이러한 상황에 대한 각성과 정통성 수립의 방법론적 참신성은, 이전 '전통'과의 긴장 관계가 편찬자 의식 내부에 존재했음을 짐작하게 한다.

콜은 언급하지 않았지만, 이러한 긴장은 경전의 언설로서, 말하자면 경전 저자의 의식 내부에서 확인되는 문제이지, 현실의 역사적 상황으로서 위기 상태가 존재했다고 생각할 필요는 없다. 사실 대승경전이 집요하게 강조하는 불교를 둘러싼 위기적 대립은 인도불교의 역사에서 어떤 흔적도 남기지 않았다. 겨우 참조할 수 있는 것은 승가의 분열을 경계한 아쇼카 왕 비문과 미히라쿨라(Mihirakula) 왕의 파불破佛 사건 정도일 것이다. 하지만 여기서 파악할 수 있는 대립과 대승경전에서 보이는 위기는 내용상 큰 차이가 있다.

다섯 번째 근거는 대승경전이 현실에는 있을 수 없는 일체지자성一切智者性을 지닌 화자話者를 경전의 중심에 둔다는 점이다. 많은 대승경전의 이야기는, 등장인물 그 누구도 차지할 수 없는 지점에서 전개되며, 그 누구도 통할 수 없는 지리와 시간 영역에서 발신된다. 더욱이 내러티브 속에 기록된 행동과 언설이 현실에서 어떻게 관찰되어 하나의 내러티브로 편찬되었는지에 대해서는 어떤 설명도 하지 않는다. 그 결과, 이야기 방식은 이야기라는 단순한 형식에서 해방되어, 세계를 자유롭게 창조하는 문학적 귀재에 의한 산물이라는 강렬한 인상을 준다. 대승경전에서의 시인詩人적 행위의 자유로움은 붓다의 시점마저도 능가한다고 한다.

여섯 번째 근거는, 대승경전이 전통불교의 성직 제도, 교의, 의례, 승원, 나아가 제불諸佛을 둘러싼 체계에 대해, '전통'과는 완전히 다른 내용을 내세워 실질적으로 부정하고 있다는 점이다. 전통을 뒤엎으려는 이러한 시도는 대승경전의 내러티브 특징과 직결된다. 전통을 '뒤엎는' 대승경전의 '혁명'은, 불佛의 신체를 대체하는 서사 경권으로서의 경전이라는 새로운 물질적 매체에서 실현 가능한 내용이며, 이는 구두 전승에서 언설의 정통성이 확보된 기존 전승 계보와 상호 배타적인 관계에 있지 않다.

대승경전이 시도하는 이러한 전통의 단절과 창출은 대승경전에서의 시간 설정의 복잡성이라는 일곱 번째 근거와 깊은 관계가 있다. 이는 본 절의 중요한 주제이므로, 기꺼이 지면을 할애하여 콜의 논술 전체를 인용해 보고자 한다.

> 대승 이전 작품들이 붓다가 어떤 특정한 상황이나 과거 생애에 설했을 법한 이야기를 단순 과거 시제로 설정하는 반면, 대승경전은 시간적으로 훨씬 더 유연한 관점에서 설해지며, 종종 독자가 붓다(들)와 직접 만나는 경험을 할 수 있도록 행위를 구성하는 듯 보인다. 나는 이것을 서사 편찬(literary composition)을 뒷받침하는 하나의 증거로 간주한다. 왜냐하면 그 텍스트들은 이전의 구전□傳 형태의 불교 가르침과는 상당히 동떨어진 시기와 전혀 다른 상황에서 편찬된 것으로 보이며, 그 과정에서 독자가 붓다(들)와의 강렬한 만남을 상상하도록 유도하는 온갖 기법을 동원할 수 있었기 때문이다. 그리고 이러한 강렬한 만남을 약속하는 방식 자체가 초기 비대승적 형태의 교설에서는 부적절하다 못해 충격적으로 여겨졌을 것이다. 즉, 대승 텍스트의 구술적 기원을 지지하는 주장이 흔히 텍스트 형태의 대승경전 배후에 오랜 구술적 역사의

> 연쇄가 있으리라는 기대 위에 성립한다고 할 때, 오히려 〔실제 대승경전에서 나타나는〕 붓다(들)에게 돌아가기 위해 시간을 초월하려는 두드러진 특징은, 이 텍스트들이 〔역사적〕 붓다에 대한 생생한 기억에서 상당히 멀어진 시대, 즉 이미 소외(alienation)가 전제된 듯한 불교사적 시점에서 편찬되었음을 시사한다. 이처럼, 대승의 내러티브의 창의성은, 이러한 흔적들이 전통의 기원까지 이어진다는 확고한 신념 속에서 수용된 구술 전통의 장구한 연쇄를 재활용하는 것이 아니라, 전통의 핵심에 단번에 도달하고자 놀랍도록 창의적이고 집요한 기법들을 추구하는 절박함과 대담함을 시사한다.
>
> 그렇기에, 바로 이러한 '새로운 해결책'이라는 취지는 전통을 텍스트적으로 전면 쇄신하는 것과는 매우 잘 부합하지만, 구술 내러티브가 천천히 퍼져나가는 방식과는 그다지 어울리지 않는다. 다시 말해, 많은 대승경전은 불교도로 존재하는 전혀 새로운 방식을 발견한 것에 기쁨을 느끼는 듯하며, 이러한 방식을 촉진하는 일은 구술 전승의 단순한 진화라기보다는 텍스트와 관련된 새로운 종교적 기법을 발전시키는 일과 훨씬 더 밀접하게 연관되어 있는 듯 보인다. (Cole〔2005: 16-17〕)

(5) '참된 불설'이라는 물음의 등장

콜도 지적하듯이, '전통불교' 경전과 비교할 때 초기 대승경전의 두드러진 특징은, 경전 내부에서 '참된 불설이란 무엇인가'라는 물음을 제기하기 시작하고, 이 과제를 둘러싸고 지속적인 경전 제작 활동을 시작했다는 점이다. 『반야경』이든 『법화경』이든 『대아미타경』이든, 주요 대승경전을 살펴보면 거기에는 항상 '참된 불설'을 둘러싼 강한 문제의식이 존재하며, '전통경전'과 비교할 때 그 의식의 특이성은 더욱 두드러진다.

이러한 '참된 불설에 대한 물음'은 구전 세계에서는 결코 일어날 수 없다. 베다 성전의 진위성에 의문을 제기하는 것이 성전을 기억·보존하는 전승자 브라만의 존재 의의를 부정하는 것과 직결되는 것처럼, 지금 듣고 있는 불설의 신뢰성을 의심하는 것은 지금 설하고 있는 사람의 신뢰성을 의문시하는 것과 다름없다. 이러한 환경에서는 질문 자체가 전통의 파괴나 단절을 초래할 수 있기 때문에, 물음은 지속적으로 성립할 수 없다. 참된 불설에 대한 물음이 성립하려면, 구두 전승에서 사람과 텍스트의 중첩이 해소되고 서사 경전이 사람으로부터 독립하는 시점이어야 한다.

이에 더해, 사람으로부터 분리된 서사 경전이 그 정통성을 확보하고자 한다면, 항상 경전 내부에서 참된 불설을 둘러싼 물음을 끊임없이 제기해야만 한다. 서사 경전의 정통성은 이 물음이 존재하는 한 보증된다. 서사 경전의 정통성을 보증하는 것은 해당 서사 경전 외에는 없다. 앞항에서 언급했듯이, 공적인 자리에 모습을 드러내는 다르마바나카는 서사 경전의 문자를 음성화音聲化하는 독송자일 뿐이며, 경전 편찬자는 항상 붓다라는 특별한 익명성을 띠고 경전 배후에 숨어 결코 모습을 드러내지 않으므로, 이들은 정통성의 보증인이 될 수 없다. 대승경전의 정통성 확보는 ―같은 이름의 경전이든 다른 이름의 경전이든― 일관되게 텍스트에 의해 텍스트 내부에서 이루어진다.

이상의 내용을 바탕으로 하면, 대승불교의 성립에 관한 기존 가설이 지닌 큰 문제점이 드러난다. 그것은 신랄하게 성문聲聞을 비판하는 대승경전이 하나의 교단 내부에서 제작된 것이라면, 분명 교단의 분열이나 전통의 분단을 초래했을 것이라는 강한 추측이다. 대승불교의 기원으로 가상의 재가-불탑 교단을 상정한 중요한 계기가 바로 이러한 가정에 있었다. 이후, 교단 분열의 정의 변경에 관한 사사키(佐々木)〔2002〕의 연구가 대승과 부파의 공주共住 가능성을 제기하면서 재가-불탑 교단의 설정은 불필요해졌다. 그러나 이 가설 역시, 대승경전에 나타나는 성문 비판을 텍스트 외부의 제도적 차원에서 일어난 전통 부정으로 해석하여 성립되었다는 점에서는 다르지 않다.

그러나 대승경전 특유의 '참된 불설에 대한 물음'에 기반을 둔 엄격한 교단 비판은 경전 내부에서 경전 언설이 지닌 진정성을 주장하기 위해 제기된 것이지만, 그것이 외부의 제도적 변혁을 위해 제기되었다는 흔적은 인도 역사 어디에도 없다. 무엇보다도 전통 부파들이 대승경전의 주장에 대해 직접적으로 비판을 가한 사례는 전무하다. 논서에서 확인되는, 대승경전을 시사한다고도 해석할 수 있는 대상에 대한 비판은 사상 해석이나 계율 윤리에 관한 것이지, 제도나 조직의 변혁과 관련된 것은 아니다. 대승경전은 현실에 존재하는 승가의 정통성을 부정하고 교단의 해체나 변혁을 지향하지 않았으며, 더 치밀하게 구상된 경전 언설의 창출에 지속적인 관심을 기울였고, 제도적 이단으로 간주되는 존재가 되지는 않았다.

대등한 입장에 있는 자들이 동일한 차원에서 타자 부정의 논쟁을 벌일 때, 한쪽은 이단이 될 수 있다. 그러나 한쪽이 오직 서사 텍스트로만 나타날 경우, 이러한 대립 관계에 서지 않아도 된다. 이설異說의 출현이 '법륜'을 파괴하고(cakrabheda), 나아가 '공동체 의식儀式'을 파괴하는(karmabheda) 데 이르는 것은 경전이 사람으로만 나타날 수 있는 구두 전승 단계이거나, 서사 경전의 내용을 있는 그대로 형상화하려는 원리주의적 불교 운동이 출현한 경우에 한정될 것이다. 그러나 사사키(佐々木)[2000]가 논했듯이, 전자는 붓다 재세 시가 아니면 일어날 수 없으며, 더욱이 고대 인도에서 불교 교단 개혁 운동이 일어난 흔적도 없으므로 후자의 경우 또한 상정하기 어렵다. 다시 말하지만, 대승경전의 언설을 이설異說로서 직접 반박하는 언설은 해당 대승경전의 내부 외에는 존재하지 않는다.

대승경전이 이설로 의식되기 시작한 것은, 논사들 사이에서 대승비불설론에 대한 반론이 나타나는 4~5세기를 기다려야 했고, 그 사이 대승경전을 둘러싼 교단의 역사적 상황은 텍스트 내부에서의 소란과는 대조적으로 지극히 평온한 상태를 유지했다. 구전과 서사라는 서로 다른 매체에서 이설을 주장하는 이들의 공존 가능성을 고려하면, 대승과 부파 사이의 교단 차원에서의 공주共住 불가능성이라는 히라카와 아키라의 가설적 전제는 더 이상 필요 없게 되고, 이를 바탕으로 한 추가 가설인 재가-불탑 교단 또한 설정할 필요가 없다. 마찬가지로, 사사키 시즈카가 제시한, karmabheda의 등장으로 인한 공존 가능성이라는 또 다른 유형의 가설적 해답 역시 불필요하다. 하나의 현상을 설명하기 위해 필요 이상의 가정을 해서는 안 된다는 오컴의 면도날은 대승경전 연구에도 적용되어야 할 것이다.

(6) 대승경전 출현의 경위

서사 텍스트로 출현한 초기 대승경전은 경전의 존재 의의에 대해 깊이 자각하고 있다. 이러한 의식은 아함이나 니카야 경전에는 존재하지 않는다. 이는 전통경전의 형성 활동이 거의 마무리될 무렵에는 전승이 기계적인 암기를 통해 이루어지고, 사본에 기록되어 거의 그대로 보존되는 단계에 들어갔기 때문일 것이다. 전통경전의 내용에서 참된 불설에 대한 물음이 거의 나타나지 않는 것은, 한편으로 그것이 과거에 기원을 두고 있음을 나타내는 것일 수도 있겠지만, 무엇보다 분명한 점은 전승되는 경전에 대해 전승자가 어떤 자각적 물음도 던지지 않았다는 것이다.

이 점에 대해 초기 대승경전들은 아함이나 니카야 경전을 모범으로 삼는 듯하지만, 실제로는 그것들과의 차이점을 선명하게 덧붙이고 새로운 경전 출현을 위한 무대 설정과 교설의 독자성을 주장하는 데 힘을 쏟았다는 점에 주목해야 한다. 대승경전의 편찬자들에게는 전통경전을 그대로 모방하여 경전을 만드는 일은 전혀 어려운 일이 아니다. 그러나 그들은 이에 전혀 흥미를 보이지 않는다. 편찬자들의 주된 관심은, 이미 제작 활동에서 벗어난 이들과는 달리, 지금 살아있는 경전의 모습을 드러내는 데 있었다.

대승경전에서 끊임없이 제기하는 '참된 불설이란 무엇인가'라는 물음과 그에 대한 새로운 응답은 정통성의 끊임없는 갱신, 즉 지속적인 텍스트 생성 운동으로 이어진다. 설령 같은 사상적 내용을 담고 있더라도, 저자 이름을 명기하여 텍스트를 형성하는 논서와 붓다라는 익명성에 의해 장르가 성립하는 경전은 그 존재 의의가 서로 다르다. 이 두 가지는 내용의 차이에 상관없이 서로 대체 가능한 관계가 아니다. 논이 계속 제작되는 동안, 논에 대항할 수 있는 내용을 갖춘 경전이 논과는 독립적으로 계속 편찬되었다.

대승경전 탄생의 기원, 혹은 이를 교단사적 기원이라 불러도 좋다면, 그 지점에 이르면 고대 인도에서 익명의 저자들이 경전이라는 텍스트 형성 운동을 지속했던 이유가 분명해지고 하나의 전망을 얻게 된다. '전통불교'의 경장經藏 편찬 활동이 거의 종료되고 그 내용이 고정되면서, 불설을 둘러싼 사상적 활동은 분석적 사고력과 체계적 구성력을 지닌 논장 담당자들에게 집중되었고, 관심은 불설의 술어에 대한 세밀한 분석과 상호 관계 정리, 그리고 그 체계화로 옮겨갔다. 이러한 상황에서 경장을 담당하는 이들 중 일부는 붓다의 말이 서사 경전 안에 존재하는 것의 중대한 의의를 통찰하고, 참된 불설에 대한 물음과 경전의 존재를 함께 담당하기 시작했다. 대승경전 출현의 기원은 경전 담당자들, 즉 경사經師들에게 있다.

율장, 경장, 논장이라는 삼장 장르가 건재하여 서로 영향을 주고받으면서도 각 전문가들을 통해 텍스트가 계승될 때, 율과 논이 역사의 진전에 따라 계속 편찬되었듯이 경 역시 계속 편찬되었다. 이 경우, 논과는 달리, 그러나 율과 마찬가지로 '붓다라는 특별한 익명성'으로 장르적 특성이 확보되었다. 율에 포함된 적지 않은 기술이 붓다 입멸 후에 이루어졌으며, 쇼펜을 비롯한 많은 연구자는 거기에 붓다 재세시가 아니라 그 기술이 제작된 당시 시대가 반영되어 있다고 본다. 율의 연구자들이 인정하는 이러한 양상이 경에서도 일어나지 않을 이유는 없다. 또한 경장 전승자들이 경사經師로 존재하면서 새로운 경전 편찬에 관여했다면, 그것이 교단의 분열이나 파괴를 지향했다고 이해되지는 않았을 것이다. 히라카와가 우려했던 문제는 애초에 존재하지 않았을 것이다.

한편, 익명성에 의해 텍스트 정통성을 확보해야 하는 동일한 제약을 가진 율장과 경장의 편찬자들은 각각 다루는 문헌의 성격 차이에 따라 매우 상이한 텍스트 편찬 방식을 채택했다. 이는 쇼펜이 불교 해명의 소재로 삼은 『근본설일체유부율』과 '가장 비중이 작았던 쪽'이 편찬한 대승경전, 예를 들어 『법화경』에 기록된 내용을 비교해 보면 명확히 드러난다. 율장의 경우, 불교의 이상이나 불설의 의의에 대한 해명과는 거의 무관하게, 후대 사회의 승원 일상생활에서 일어난 극히 '사소한' 사항을 수정하기 위해 거의 전후 맥락 없이 붓다를 계속 소환하고, 그 문답을 붓다의 말로 '끝없이' 텍스트에 축적해 나갔다. 한편 『법화경』은 일찍이 천태지의가 이해한 적문迹門과 본문本門의 관계에서 보이듯이, 석가 재세 시의 불교와 입멸 후 불교를 선명하게 대조하는 구조 아래, 장자궁자長者窮子나 화성化城 등의 비유를 사용하며, 불佛의 존재와 그 교설의 관계, 나아가 그 둘을 수용하는 사람과의 관계를 정밀하게 밝히는 편찬 수법을 취했다. 이는 과거부터 현재까지 동아시아 각지에서 반복적으로 불교 운동을 일으킨 텍스트가 되었으며, 그 형성 과정을 둘러싸고 뷔르누프 이래 오늘날까지 동서양 학계에 방대한 연구를 촉발했다.[23]

대승경전에서 보이는 이러한 텍스트 편찬의 의식적 방법은 대승경전

---

23 이토(伊藤)[2007]는 그 전체를 망라적으로 논하고 있다. 대승경전의 구체적인 편찬 태도에 대해서는 본서의 제3장 「대승불교 기원론 재고」를 참조.

의 주인공이 지닌 보살 의식과도 깊이 관련된다. 이미 형성 활동이 종결된 경전의 주석자가 되는 '전통불교'의 논사들은 붓다의 말의 해석자로서 계속 경전 외부에 머무른다. 반면, 대승경전의 편찬자들은 '참된 불설이란 무엇인가'라는 물음을 품고 경 내부로 들어가 새로운 답을 써넣고 경전 밖으로 나온다. 그는 경의 말, 즉 붓다의 말을 통해 불佛과 대화하는 주체 그 자체가 되는 것이다. 이는 스스로가 당대의 보살로서 붓다와 직접 진의를 주고받는 모습을 나타낸다. 여기서, 보살 시대의 석가가 여러 세대를 넘어 연등불의 수기授記의 말을 지속적으로 짊어지고자 했던 것처럼, 자신 또한 그러한 삶을 살아가려는 이의 확신과 사명감을 어렵지 않게 읽어낼 수 있다.

제3절 성전聖典으로서의 대승경전

(1) 경전 편찬의 계승 활동

이상, 본 장에서 제기한 논의를 정리하고, 향후 연구의 방향성에 대해 언급하고자 한다. 삼장 전승 과정에서 어느 시기—근년 발견된 인도어 사본들의 연대, 한역 연대, 팔리어 전승을 고려할 때, 아마도 기원 전후—에 '서사'라는 기술이 도입되었다. 이를 계기로 아함·니카야에 포함된 각 경전의 제작이 멈추고, 전승자 중 일부는 불설의 정통성에 의문을 제기하며 불설과 직접 마주하려는 보살의식을 가지고 경으로서의 불설을 계승하기 시작했다. 이들의 경전 계승 활동은 기존 불전을 정리·분류하는 작업이 아니라, 서사 경전의 지속적인 생성으로 나타난다.

경전을 계승하는 행위가 때로는 경전 내용을 일부 개편하거나 편찬하는 것이었음을, 4니카야에 포함된 경전들의 다양성을 통해서도 확인할 수 있다. 이러한 개편은 편찬 작업에 불가결하며, 이에 관여한 경사經師는 현실의 다양성에 대응하면서 적절히 불설을 펼쳐내려는 의식을 지니고 임했을 것이다. 이는 팔리경전에서 이미 확인되는 특징이며, 카즌스(Cousins)〔1983〕도 지적한 바 있다. 이러한 태도는 범천권청 설화, 뗏목의 비유, 자국어에 의한 설법의 권유 등 붓다의 가르침에 부합하는 것이라 할 수 있다.

애초에 정전正典으로서의 경전 제작에는 구체적인 경전이 되기 이전의 규범이나 이념, 지표라는, 셰퍼드가 말한 canon 1의 존재가 전제되어 있다. 이는 일정 시기를 거쳐 구체적인 정전 편찬 요청으로 이어진다. 대승경전의 창출 활동은, 경장의 전승 속에 이미 존재하던 이러한 편찬 시의 관여 방식, 나아가 종교 일반의 정전에서 확인되는 경향이 서사 도입을 계기로 비약적으로 강화된 결과로 나타난 것이다. 이는 경장의 계승 활동으로서 전통적 행위의 일환이었으며, 출가교단에게 제도적 차원의 마찰이나 충돌을 일으키는 성격의 것은 아니었다.

현재 남아 있는 삼장을 비롯한 텍스트들의 내용과 구성에 근거하여, 고대 인도에서의 경전 편찬 과정을 복원하는 것은 극히 어렵다. 다만 확실히 말할 수 있는 점은, 이른바 부파불교 시대에 아비다르마 또는 논論의 제작, 율의 제작, 대승경전의 제작이 활발하게 지속되었다는 사실이다. 이에 비해 '전통불교'의 경장 제작 활동은 완전히 중단되었다고는 할 수 없으나 아비다르마나 대승경전에 비하면 실질적으로 종료되었다고 볼 수 있다.

부파불교 시대에는 불교의 사상과 교의에 대한 관심은 논서 혹은 아비다르마의 제작 방향과 대승경전의 제작 방향이라는 크게 두 가지 흐름을 형성하고 있었다. 이 두 흐름을 둘러싸고, 상호 영향을 주고받는 경우와 둘 사이에 교류가 없었던 경우의 차이를 확인할 수 있다.

유가행파의 경우, 『유가사지론』 편찬 과정에서 확인되듯이, 「본지분本地分」에서 인용된 아함의 '전통경전'부터 「섭결택분攝決擇分」에서 인용된 『해심밀경解深密經』과 같은 대승경전에 이르기까지를 망라하며, 전통경전에서 대승경전으로 이어지는 창작의 연속성이 문제없이 확보되어 있다. 여기서 알라야식설이 완성되었다는 점에서도 알 수 있듯이, 이러한 이행은 사상적 심화를 동반한다.

한편, 니카야의 각 경전에 일일이 주를 단 5세기의 붓다고사는 경전의 편찬이라는 활동 자체에는 어떠한 의미도 부여하지 않았다. 붓다고사가 경전에서 의미를 추출하는 방법은 대부분 유사 어원 해석과 통속적 일화의 삽입을 기초로 한다. 이는 주도면밀한 언어 전략으로 기성 경전의 의미를 탈구축하려는 대승경전이나, 아비다르마를 바탕으로 치밀한 사상적 논의를 전개하는 대승 논서와 비교하면 생동감이 부족하다는 느낌을 지울 수 없다. 애초에 '미출未出 어휘에 대한 주석'(apubbapadavaṇṇanā)이라는 주석법 자체가, 방대한 니카야의 다양한 경전 전체를 단일한 문맥에서 해석되어야 할 평면적인 것으로 간주한다는 증거이며, 거기에는 대승경전에서 확인되는 역사적 비판의식은 보이지 않는다.

경전 편찬 운동으로 시작된 대승불교는 마침내 외부 세계에 영향을 미쳐 외부 세계를 변화시키기 시작한다. 이는 아상가와 바수반두를 비롯한 논사들의 텍스트와 『유가사지론』 등에 대승경전이 그 존재를 드러내고, 시주 비문에 대승 신봉자들이 이름을 올리며, 관음을 비롯한 예배상禮拜像이 출현하는 기원 5~6세기에 표면화되기 시작한다. 경장을 담당하던 이들 일부에게서 일어난 순수한 텍스트 제작 운동으로서의 대승은 시대를 거치며 외부로 형상화되었으며, 이러한 전개를 대승불교의 교단사적 해명이라는 관점에서 파악한다면, 대승교단이 대승경전을 만들어낸 것이 아니라, 대승경전이 대승교단을 만들어낸 것이 된다.

(2) 교단사적 연구의 한계

그렇다면 대승경전 제작에 관여한 이들은 과연 어디에 있었을까? 율장과 논장이 인도 어느 지역의 불교 승원에서 어떻게 형성되었는지에 대한 정보가 거의 없듯이, 전통경전과 그 연장선상에 있는 대승경전이 어떤 곳에서 어떻게 형성되었는지에 대한 정보도 거의 없다. 그러나 율장의 규칙이 환경의 변화에 따라 바뀌고, 논쟁의 전개에 따라 논장에 새로운 텍스트가 추가될 때, 그러한 텍스트 제작 활동이 승원 밖에서 이루어졌다고 굳이 생각할 필요가 없다면, 전통경전 편찬이나 대승경전 제작도 다르지 않을 것이다.

적어도 대승비불설론에 대해 명시적으로 항변한 인도 아대륙의 논사들, 이를테면 아상가(4세기), 바수반두(4~5세기), 바비베카(6세기) 등은 '전통불교'의 경전도 대승불교의 경전도 완전히 동일하게 참조할 수 있는 장소에 있었음은 틀림없다. 법현(5세기), 현장(7세기), 의정(7~8세기) 등 역경삼장들의 보고에 따르면, 인도 아대륙의 광범위한 지역에 대승경전을 독송하는 승원이 있었으며, 전통경전과 대승경전을 함께 독송하는 승원도 존재했다. 아발로키타브라타(Avalokitavrata, 8세기)의 기록에 따르면, 그의 시대에 대중부의 동산주부東山住部와 서산주부西山住部는 반야경 등의 대승경전을 실제로 독송하고 있었다.[24] 문헌 자료에 의해서도, 현지조사의 기록에 의해서도, 대승불교는 경전의 형태로 승원 한가운데에 존재하고 있다.

대승경전의 제작 현장을 문제 삼을 때, 왜인지 지금까지의 연구자들은 이러한 기록을 모두 배제하고, 항상 승원과는 분리된 별도의 장소를 상정하거나 변방의 승원을 가상해 왔다. 히라카와 아키라나 시즈타니 마사오는 역경삼장의 기록에 남아 있는 내용을 후대의 부차적인 현상으로 간주하고, 원초적 형태로 재가-불탑 교단을 설정했다. 이러한 가정을 무의미한 것으로 배척하고 승원 이외의 근거를 인정하지 않는 그레고리 쇼펜은 인도 아대륙의 변방의 승원에 대승을 위치시키려 한다. 근년 폴 해리슨, 잔 나티에, 다니엘 부셰는 대승경전 제작 장소로서 아란야를 다시 한번 조명한다.[25] 남아 있는 역사 기록과 달리, 대승경전의 기원을 전통 승원에서 분리하려는 집념이 강하다.

이러한 설들의 의의와 문제점은 각각 개별적으로 존재하지만, 그 모두에 공통된 중요한 문제가 있다. 그것은 대승경전에 설해진 내용을 기초로 교단사적 해명이라는 입장을 취하는 연구 방법이다. 대승경전에는 신랄한 성문 비판이나 안일한 승원 생활과 대비되는, 매우 엄격한 아란야 수행을 칭송하는 기술이 눈에 띈다. 그러한 기술들은 사치

---

24 *Shes rab sgron ma'i rgya cher 'grel pa*, Peking No. 5259, Vol. 97, za321a3-4.

25 Harrison[2003], Nattier[2003a], Boucher[2008].

스러운 문화를 기피하고 소박한 자연적 삶을 존중하며, 문화의 중심에서 벗어나 주변부에서 가치의 재구축을 지향하는 것으로 보인다. 대승경전 속 이러한 기술을 개별적으로 들어 외부 세계의 단순한 반영으로 간주한다면, 대승경전은 승가와 다른 교단이나 아란야처에서 작성되었다는 가정도 나올 수 있을 것이다. 그러나 이 경전들은 한편으로 이상이 실현된 불국토佛國土를 광채 넘치는 금은보석 장엄으로 묘사하거나, 지배가 확립되고 질서가 완성된 왕성王城의 이상에 의탁한다는 공통점을 지닌다. 대승경전의 내용은 종종 가치적·이념적·규범적 문맥을 구성하며, 주도면밀하게 준비된 구도 속에 담겨 있다. 이를 고려하지 않은 채 단편적인 기술을 교단사 복원의 재료로 삼는다면, 현실에서는 있을 수 없는 환상의 역사를 만들어낼 위험이 있다.

예를 하나 들면, 아란야 거주와 촌락 거주의 문제는 불교 역사 속에서 여러 변주를 동반하며 항상 등장하는 유형이다. 이는 각 이념에 일대일로 대응하는 사회적 실체를 상정할 수 없고, 언제나 한 쌍을 이루며 기능하는 '가치 대립'의 이념형이다. 각각의 극이 실질적으로 정반대의 내용을 담고 있는 경우도 종종 있다. 고독한 명상 실천을 위해 아란야 거주를 실천하기 시작했지만, 그 경계 영역에 다양한 종교인이 몰려들어 소란이 끊이지 않자, 고요한 공간이 유지되는 승원으로 돌아온 수행자 이야기는 종교인류학에서 잘 알려져 있다. 아시아에서 이른바 '삼림 거주'를 역사상 처음 확인할 수 있는 곳은 스리랑카인데, 분소의 수행자(paṃsukūlika)든 아란야 거주자(āraññika)든 모두 국왕의 극진한 보호 아래 의식주가 보장되는 조건에서 성립된 것이다. 이러한 이념형의 의미를 제대로 이해하지 않은 채 교단사 연구에 끌어들이려는 위험한 시도는 재가-불탑 기원설이 부정되고 있는 지금도 여전히 달라지지 않았다.[26]

애초에 고대 인도의 베다 전통에서, 아란야를 활동 공간으로 표방하는 아란냐카 성전이 선행하는 전통 성전 브라흐마나에 대해 어떤 역할을 했는지 생각해 보면, 전통경전에 대해 대승경전의 의미도 명확해질 것이다. 의례 집행을 생업으로 삼는 전통적 종교 세력에 맞서, 이전에는 없던 의미가 아란야에서 창출되고 발신된다는 것은 인도에서 하나의 전형적인 모습이다. 아란냐카나 우파니샤드가 베다 전통에서 벗어난 외부에서 탄생한 것이 아니라 베다 전통 한가운데서 생겨났다는 근년의 연구 방향은, 브라흐마나로서의 전통경전에 대한 아란냐카로서의 대승경전 출현의 기원을 고찰하는 데 귀중한 시사점을 제공한다.[27]

(3) 성전이 된 불교

대승불교 연구에서 특히 주목해야 할 점은 경전, 더 나아가 성전聖典으로서의 의미이다. 말할 것도 없이, 성전 탄생에는 특정한 사회적 배경이 존재한다. 그러나 그 사회적 배경이 성전을 만들어낸 것은 아니다. 오히려 성전은 자신이 처한 사회적 배경을 변화시키기까지 한다. 즉, 교단이 성전을 만들어낼 뿐 아니라, 성전 또한 교단을 만들어낸다. 이를 일반화하면, 텍스트는 세계로부터 영향을 받을 뿐 아니라 세계에

26 Tambiah[1984: 53-77, esp.54-61]. 아란야의 정의에 대해서는 Sasaki[2004] 참조.

27 Olivelle[1993].

영향을 미쳐 세계를 변화시킨다는 것이다. 이러한 방향성은 불교뿐 아니라 종교 전반, 나아가 텍스트 연구에서도 널리 알려졌음에도 지금까지 등한시되어 왔다. 오직 교단이 성전을 만들어내는 방향성에만 주목했으며, 이는 대승불교 이해뿐 아니라 불교 연구 자체를 왜곡하는 결과를 초래했다. 예를 들어, 가마쿠라 시대 호넨法然(12~13세기)이 선도善導(唐代, 7세기)의 저작 『관경소觀經疏』「산선의散善義」의 한 구절을 접하고 회심하여 마침내 요시미즈(吉水)에 교단을 형성하고, 신란親鸞(12~13세기)을 비롯한 제자들을 육성한 것은 당대唐代 초기의 종교 문헌이 가마쿠라 초기 교단 형성의 핵심이 된 사례로 어렵지 않게 설명할 수 있다. 반면, 시공의 간격을 두고 일어난 이 사건을 교단사적 입장에서 설명하는 것은 거의 불가능에 가깝다.

말이 지닌 힘의 크기는 대승경전의 중심 주제이다. 대승경전이 서사 텍스트로서 언설화되고, 성전(scripture)으로 자립하여 불교사에 "중대한 단절, 또는 급진적 변혁"을 가져왔다. 성전의 자립은 언어, 문화, 정치, 경제 체제 등 이른바 제도적 차이를 초월하여 불교가 전파되는 데 중요한 요소이다.

물론, 서사의 도입이 필연적으로 이러한 운동을 촉발하는 것은 아니다. 불佛과 불佛의 말에 관한 높은 잠재적 관심, 즉 셰퍼드가 말한 canon 1이 존재했기에, 서사 기술의 도입을 통해 그 관심을 가시화할 수 있었다. 이러한 제도적 요소를 초월하는 말의 힘을 지닌 '성전이 된 불교'가 존재했기에 불교는 중국 사회에 깊이 스며들어 전통 사상에까지 영향을 미칠 수 있었을 것이다.[28] 반대로 만일 불교가 고대 인도의 정치·경제·문화 제도 속에 묻혀 있었다면, 당시 적어도 인도와 동등하거나 그보다 더 발전된 제도를 갖춘 중국에 불교가 전파되지 못했을 것이다.

대승불교가 대승경전과 대승논서라는 제도로부터 독립된 성전으로 존재할 때, 성전 외부의 여러 활동은 그 성전과 적절히 대조·검토되어 수정되어야 할 대상으로 변하며, 동시에 성전은 그 활동들의 의의를 반영하는 존재로 성장한다. 대승성전은 제도적 제약을 넘어 불교의 여러 활동을 집약하는 장場이 되고, 성전 내외의 불교의 여러 요소를 잇는 네트워크의 결절점이 된다.

일찍이 역사가 라인하르트 코젤렉(Reinhart Koselleck)은 개념과 말을 구별하고, 말은 개개의 것을 구체적으로 지시하고 정의를 통해 그 내용을 단적으로 결정할 수 있는 반면, 개념은 정치적, 사회적 의미의 복합체를 포함하고, 스스로의 의미를 확장하며 계속해서 창출한다고 설명했다.[29] 이 이해에 따르면, '대승불교'라는 용어는 이 중 개념에 해당한다. 이는 고대 인도의 개별적인 불교 상황을 가리키는 데 그치지 않고, 전파처의 다양한 문화적 요소들을 변화시키며 의미를 산출하는 개념이다. 이러한 특징을 가진 대승불교를 기성 제도적 요소로만 설명하려는 시도는 방법적으로 적합하지 않다. 불교사를 해명하는 핵심 개념으로서 현재도 새롭게 연구자들을 끌어들이고 있는 '대승불교'를 발견적(heuristic) 가설 개념으로 재고한다면 더욱 새로운 연구의

---

28 한편, 전통경전만을 남긴 스리랑카의 경우, 경전은 팔리어 그대로 도입되었다. 정치적, 문화적 제도를 인도식으로 정비한 후에 불교가 도입된 것이다. 출가자들 사이에서 확인되는 카스트 제도는 그 대표적인 잔재이다.

29 Koselleck[1972].

가능성이 열릴 것이다.[30]

30 '연구 가설 개념으로서의 대승'에 대해서는 본서 제4장 「대승경전 계승의 역사」를 참조. 또한 종교 일반에서 교전의 중요한 기능에 대해서는 시모다(下田)[2010b]를 참조.

제 II 부

불교와 성전

제3장 대승불교 기원론 재고
— 과거와 현재 사이의 공동 주관主觀의 장

제1절 불교 연구 방법 재고

(1) 인문학 방법론 검토의 필요성

본 장에서는 초기 대승경전의 의의를 재고하고, 이를 통해 대승불교의 기원을 탐구하고자 한다. 본론에 들어가기에 앞서 불교학의 방법론, 더 나아가 불교학을 포함하는 인문학 전체의 방법론에 관한 문제를 먼저 살펴보고자 한다. 이처럼 거창해 보이는 문제 제기에 대해, 어떤 독자들은 '닭 잡는 데 소 잡는 칼을 쓰는 것 아니냐'고 생각할지도 모른다. 하지만 근대불교학이 약 200년에 걸쳐 쌓아온 대승불교 이해를 하나의 거대한 건축물에 비유한다면, 그것은 처음부터 어떤 뒤틀림을 안은 채 공사가 진행되어 이대로 방치하면 결국 전체가 크게 기울어지거나 자칫 무너질 수도 있는 상황에 놓여 있다. 일단 공사를 중단하고 건물의 결함을 면밀히 조사할 필요가 있다. 이를 위해서는 이 건축물이 '대승불교 이해'라는 특수한 건축물이기 이전에 건물 일반이라는 관점에서 건축에 필요한 기본 요건을 확인한 후 공사를 재개해야 한다. 즉, 대승불교 경전의 연구 방법을 다시 점검하기 위해서는 인문학 방법론을 재고할 필요가 있다.

연구 방법이 반성적 자각을 통해 검토될 때, 이를 통해 얻어지는 성과 역시 적절히 제어된 것이 된다. 불교 연구는 기본적으로 인문학의 다양한 방법론 중 하나에 기반하고 있으며, 아무리 독창적인 연구라 해도 이 방법론의 범위를 벗어나는 경우는 없다. 그러나 지금까지 인문학 방법론이라는 넓은 시야에서 불교 연구를 재고한 논고를 접한 적이 없다.

방법론을 고찰할 때에는 채택하려는 방법이 해당 연구 과제와 관련된 역사 자료의 특성 및 조건에 얼마나 부합하는지 판단하는 것이 중요하다. 아무리 일반적으로 유효하다고 여겨지더라도 역사 자료의 성질에 맞지 않는 방법은 채택할 수 없다. 더불어 역사 자료를 둘러싼 상황 자체도 새로운 자료의 발견이나 해석 방식의 변화에 따라 달라진다. 따라서 한번 채택된 방법도 연구의 진전에 따라 재검토될 필요가 있다. 그러나 특정 분야에서 유력해 보이는 방법을 일단 습득하면, 동일한 방법을 다양한 대상에 적용하려는 경향이 강해진다. 이는 결국 연구의 올바른 발전을 저해하게 된다.

1960년대 말 일본에서 '대승불교 재가-불탑 기원설'이 등장한 이후, 대승경전을 교단사적 관점에서 해명하려는 연구에서 이러한 문제가 드러났다. 대승경전 연구가 그 저자의 사회적 배경, 즉 누가 대승경전을 편찬했는지-예를 들어, 비구인지 사미인지 우바새인지 적주賊住 비구인지-를 밝히지 않고서는 성립될 수 없다는 인식이 학계에 퍼지게 되었다.

여기에는 대승불교에 국한되지 않고, 불교 연구 전체에서 중요한 몇 가지 문제가 포함되어 있으므로 신중하게 정리할 필요가 있다. 그러기 위해서는 불교학을 포함하는 인문학의 방법론이라는 넓은 지평으로 시점을 옮기는 것이, 멀리 돌아가는 듯 보이지만 오히려 지름길이 될 수 있다. 이하, 도입부가 다소 길어지는 점에 대해 양해를 구한다.

(2) 인문학의 세 가지 방법론

일반적으로 문화라는 개념에 포함되는 인간의 활동 전체를 연구 주제로 삼는 현재의 인문학을, 연구자가 연구 대상으로 삼는 텍스트의 언설과 어떤 관계를 갖는가 하는 방법의 차이에 주목하여 분류한다면, 크게 역사학적 방법, 사상적 혹은 언어·문학적 방법, 행동과학적 방법의 세 가지로 나눌 수 있다.

첫 번째, 역사학적 방법은 기록으로 남겨진 언설과 그 언설 외부에 존재하는 사건이나 사실 간의 관계를, 시간적 연속성을 바탕으로 한 틀 안에서 인과적으로 연결하여 재구성하는 방법이다. 무질서하게 흩어진 언설, 사건, 사물의 단편들 가운데서 특정한 외부 사실이나 사물을 추출하고, 이를 특정 텍스트의 특정 언설과 대조하여 '언제, 어디서, 누가, 무엇을, 왜, 어떻게'를 논리적·실증적 절차를 통해 재구성한다. 이를 통해 텍스트와 외부 사실 및 사물을 매개하거나 이 둘의 관계를 규명하는 제3의 사건–이상적으로는 시스템이나 메커니즘–을 밝히는 이 방법은, 과거의 텍스트를 다루는 인문학 분야에서 가장 널리 활용되는 방법이다.

이 연구 방법에서 텍스트의 언설은 텍스트 외부에 존재하는 시스템이나 메커니즘의 산물로 간주된다. 여기서 해명 대상은 결과, 즉 산물로서의 텍스트 언설 자체가 아니라, 그것을 낳은 원인, 즉 생산자로 여겨지는 텍스트 외부의 힘이나 제3의 사건이다. 다시 말해, 이는 '역사 속의 텍스트'를 해명하려는 시도이다.

이와 달리, 두 번째 사상적 혹은 언어·문학적 방법은 절대 연대의 준거틀이나 텍스트 외부 사건을, 텍스트의 언설에 대해 외부적이고 이차적인 것으로 간주한다. 이 방법은 오직 텍스트 내부 언설에 주목하여 그 특성, 그것이 불러일으키는 표상, 그리고 언설이 만들어내는 세계의 양태와 구조를 고찰한다. 텍스트 언설 내부의 세계를 조명하는 이 방법에서는 역사학적 방법의 필수 전제였던 '언제', '어디서'와 같은 시간적·지리적 제약의 중요성이 상대적으로 줄어드는 대신, 시대와 지역을 초월한 관련 텍스트들 간의 공시성共時性이 중요하게 부각된다.

텍스트 내부 세계가 외부 세계의 영향을 받지 않고 형성·보존·계승되어, 시대 상황이나 사회 변화를 넘어 현재 연구자 의식의 대상이 된다는 관점은 일반적인 역사학적 방법에서는 상정하지 않는 전제이다. 그러나 사상 연구나 문학 연구에서 이러한 텍스트와 연구자와의 관계는 중요한 전제로 작용한다. 텍스트 외부 사건을 고찰하는 경우에도, 그 목적은 해당 텍스트의 형성 과정이나 텍스트 언설이 드러내는 세계의 구조를 해명하는 데 있다. 시스템이든 메커니즘이든 텍스트 외부의 힘이 텍스트 내부 언설의 의미 형성에 관여하는 것은 이차적인 현상으로만 간주된다.

물론 이러한 텍스트 형성 활동은 넓은 의미의 역사에 속한다. 하지만 이 역사는 일반적인 역사 연구의 범주에는 포함되지 않는다. 왜냐하면 역사 연구가 다루는 텍스트는 외부의 힘에 의해 형성된 '역사적 산물'인 반면, 여기서 주목하는 텍스트는 전파 과정을 통해 텍스트 주위에 역사를 형성하고 기존 세계를 변화시키는 힘을 지닌 '역사적 생산자'이기 때문이다. 이는 텍스트 외부의 힘으로부터 독립하여 다양한 형태로 구체화되거나 전개되는 텍스트의 역사를 해명하는 일이자, '텍스트 속의 역사'를 밝히려는 시도이다.

앞의 두 방법과 달리, 세 번째 행동과학적 방법은 과거의 텍스트 언설에 의존하기보다는, 텍스트 외부의 인간 행동에 초점을 맞추고 이를 연구자 자신의 언어로 기술한다. 첫 번째와 두 번째 방법에서는 연구 자료인 텍스트 언설이 과거로부터 주어지는 반면, 사회학이나 심리학으로 대표되는 세 번째 방법에서는 연구 자료로서의 언설을, 연구자가 개인이나 집단의 행동에 대한 관찰과 실험을 통해 직접 구축한다. 즉, 고찰 대상이 되는 언설 자체를 구성할 권리와 의무가 연구자에게 있다는 점에서 앞의 두 방법과 본질적으로 다르다.

다양한 정보가 혼재하는 현재 상황에서 목적에 맞는 정보를 추출하고, 이를 연구 대상으로 신뢰할 만한 언설로 구축하려면, 구축 과정의 객관성 확보와 그 결과인 언설의 유효성 측정 방법이 중요한 과제로 대두된다. 이는 연구 대상을 구성하는 작업이 자의적 구성에 빠지는 것을 막기 위해서이다. 따라서 행동과학적 방법에서는 가능한 한 연구자 개인 간의 편차를 줄이고 언설을 균일한 형식으로 표준화하는 것이 필요하다. 이를 위해 명확한 프로토콜에 따라 조사·관찰을 수행하고, 정확하게 반복 가능한 장치로 실험하며, 그 결과를 수량화해 통계학적으로 처리하는 등 자연과학적 접근법을 모델로 삼아 언설을 구축하는 방식이 선호된다.

역사학적 방법, 사상적 혹은 언어·문학적 방법, 행동과학적 방법이라는 인문학의 세 가지 방법은 각각의 특성에 따라 연구 대상의 의의를 서로 다른 방식으로 드러낸다. 연구자는 다루는 역사 자료의 특성이나 조건, 그리고 도달하고자 하는 목적에 따라 어느 한 가지 방법을 채택하거나 여러 방법을 동시에 활용할 수도 있다. 실제 연구 현장에서는 이 방법들이 일정 비율로 융합되어 사용되기도 하므로, 이러한 명확한 구분은 어디까지나 이론적인 것에 불과하다.

현재 진행되는 불교 연구가 이러한 세 가지 방법 및 그 융합된 형태에 속한다는 데에는 이론의 여지가 없다. 첫 번째 역사학적 방법은 19세기 서양에서 '인간 붓다'를 재구성하는 것으로 시작된 근대불교학의 특징을 보여주는 방법으로서 확고한 평가를 받아 왔다. 현재는 연구 대상의 시대나 지역에 관계없이 모든 불교 연구의 근간을 이루는 방법으로 여겨진다.

두 번째 사상적 혹은 언어·문학적 방법은 불교 전승의 역사와 거의 같은 길이의 역사를 가지고 있다. 전통적으로 교의 연구, 근대 이후 사상 연구라고 불리는 불전 연구 방법이 대표적으로 이 방법에 속한다. 이 연구 방법은 불교 연구에서 중요한 의미를 지니며, 특히 대승경전 연구에서는 필수적이다. 이러한 중요성은 본 장 전체의 주제와도 깊이 관련되며, 본 절 (4)항과 제3절 이하에서 자세히 다룰 것이다.

앞의 두 가지 방법에 비해, 세 번째의 행동과학적 방법은 역사가 길지 않다. 이 방법은 전승된 '삼장三藏'이라는 텍스트의 내용을 통한 불교 이해 방식에 의문을 제기하고, 과거 불교의 역사적 재현이라는 관심에서 벗어나 현대 생활 세계에서의 불교 양상을 직접 파악하려 한다. 구체적으로는 1960년대 영국에서 기존 서양의 팔리불교 연구를 비판하며 등장한 사회인류학 또는 종교인류학적 불교 연구 방법을 말하는데, 이는 오늘날 주로 지역 연구의 형태로 계승되고 있다. 근년 주목받고 있는 사회참여불교(Engaged Buddhism)나 불교윤리학(Buddhist Ethics) 분야의 연구도 이 방법에 해당한다고 볼 수 있다.

(3) 인도불교 연구에서의 역사학적 방법의 과제 – '역사 속의 텍스트' 해명의 한계

이러한 세 가지 방법을 따르는 현재의 불교 연구 중, 대승경전 연구와 관련하여 가장 먼저 주목해야 할 것은 인문학에서 주류를 이루게 된 역사학적 방법이다. 이 방법은 특히 제2차 세계대전 후 일본에서 불교 연구의 방향을 거의 설정시킬 정도로 큰 영향력을 미쳤다. 그 배경에는 직접적인 관련성은 없지만 중요한 두 가지 연구가 있었다. 하나는 서양 학계에서 한때 논의가 수그러들었던 '역사적 붓다'의 복원을 나카무라 하지메(中村元)가 다시 시도했다는 점이고, 다른 하나는 서양 학계에서는 찾아볼 수 없었던 대승불교의 역사적 정통성을 해명하려는 시도가 히라카와 아키라(平川彰)에 의해 사회사社會史적 관점에서 대규모로 이루어졌다는 점이다.

제2차 세계대전 이전의 불교 연구와 뚜렷이 구분되는 이러한 연구들이 활발해진 배경에는, 제2차 세계대전 후 일본에서 역사의 신화화를 극복하고 사상 연구 방법을 사회과학화하려 했던 시대적 흐름이 있었다. 이 문제는 이미 논한 바 있으므로(시모다下田〔2010a〕) 여기서는 생략하고, 이러한 역사학적 방법이 고대 인도의 불교 연구, 특히 대승불교 해명에 어느 정도 적용될 수 있는지 살펴보자.

앞항에서 언급했듯이, 역사학적 방법에서는 텍스트 언설과 언설 외부의 사물이나 사실 모두에 주목하면서, 그 둘 모두를 설명하거나 연결할 수 있는 제3의 사건－또는 시스템이나 메커니즘－을 상정해야 한다. 그러려면 이러한 일련의 사건들이 언제 어디서 일어났는지 충분한 확실성을 가지고 특정할 수 있는 역사 자료의 존재가 필수 요건이다. 이를 위해서는 시간과 공간을 명시하는 외부 사실의 존재는 물론, 무엇보다 텍스트 언설 자체가 외부 사물이나 사실의 시간과 장소를 입증할 수 있어야 한다. 구체적으로 텍스트 언설은 외부 사실과 동일한 지역 및 시대에 속해야 하며, 주관적이거나 창작적인 요소를 배제한 순수한 기록이어야 한다. 그런데 실제로 남아 있는 방대한 분량의 대승경전은 이 두 가지 요건을 모두 충족하지 않는다. 첫째, 언설을 담고 있는 문헌은 지역적으로나 시대적으로 매우 광범위하게 퍼져 있으며, 둘째, 그 언설의 내용은 현저하게 이념적이고 창작적인 성격을 띠고 있다.

첫 번째 문제점을 살펴보자. 기원 전후 고대 인도불교 교단의 실정을 복원하기 위해 주로 사용되는 텍스트의 언설들은 빨라도 100년에서 200년의 세월이 흐른 뒤 중국이라는 이국땅에 출현한 한어漢語 문헌이거나 800년이 지나 번역된 티베트어 문헌이며, 많은 경우 1,500년 이상 경과하여 네팔과 티베트에서 필사된 산스크리트어 문헌이다.

이용 가능한 자료가 안고 있는 이 정도의 지역적·시간적·언어적 차이는 통상의 역사학이 상정하는 차이의 범위를 훨씬 넘어선다. 이 텍스트들의 언설을 모아 고대 인도의 텍스트 외부 세계의 '언제'와 '어디'를 특정하려 해도, 그것은 불가능하다.

두 번째 점에 관해 살펴보자. 대승불교의 언설 자료인 경전은 '경장經藏'이라는 범주로 특징지어지는 이념과 가치의 표출을 목적으로 한다. 거기서 어떤 역사가 밝혀진다 해도, 그것은 이념이나 가치의 형성 및 변용 과정으로서의 역사이지, 그 외부에 있는 객관적 사건으로서의 역사는 아니다. 게다가 그 이념과 가치는 불교도에게 지역과 시대의 제약을 넘어 성립하며 초지역적으로 현재화現在化되어야 하는 성질을 지닌다. 이 중요한 특징에 대해서는 뒤에서 다시 다루겠지만, 이러한 텍스트의 언설을 이용하여 고대 인도의 '언제'와 '어디'를 특정하는 것은 방법적으로 무리가 있다.

물론 이러한 문헌의 언설도 때로는 내부 서술에 틈이 생겨, 그 서술이 이루어진 당시 외부 세계의 정황이 드러나는 경우도 있다. 뒤에서 다시 논하겠지만(본장 제2절 (4)항, (5)항), 연구자는 이러한 단서들을 파악하여 일부 역사를 복원하는 데 성공하기도 하며, 이는 인도불교 연구의 귀중한 성과로 평가된다. 그러나 그것이 현재 남아 있는 삼장三藏이라는 텍스트에서 어느 정도의 규모와 신뢰성을 가지고 이루어질 수 있는지에 대해서는 낙관할 수 없다. 텍스트 속 언설이 외부 세계의 사실과 일치하는 점을 면밀히 조사하여 밝혀내지 못한다면, 자칫 환상의 역사를 구축할 위험이 있다.

(4) 사상적 혹은 언어·문학적 연구 방법으로서의 불교학 – '텍스트 속의 역사'에 대한 해명

현재 불교학에서 진행되고 있는 연구를 살펴보자. 예를 들어 『법화경』 연구에서는 기원후 3세기 축법호竺法護나 5세기 구마라집鳩摩羅什이 번역한 한역 텍스트뿐만 아니라, 길기트에서 출토된 6~8세기 산스크리트어 사본, 카슈가르에서 출토된 9~10세기 산스크리트어 사본, 12세기 네팔에 전승된 산스크리트어 사본, 나아가 9세기 전후에 역출된 티베트어역 텍스트를 참조하며, 19~20세기에 필사된 동남아시아의 팔리어 텍스트까지 고려한다. 인도불교 연구자라면 누구나 이러한 절차의 필요성과 방법의 타당성을 인정할 것이다. 이렇게 지역적, 시대적, 언어적으로 광범위한 자료를 활용하고, 나아가 관련 경전과 번역까지 고찰 대상으로 삼는 연구는 인도불교학의 기초를 다지는 매우 중요한 작업이다. 예를 들어, 와타나베 쇼코(渡辺照宏, 1907~1971)나 도다 히로후미(戸田宏文, 1936~2003)가 길기트나 중앙아시아 사본에 등장하는 단어를 한 글자, 한 음씩 검토하며 독해 가능한 산스크리트어 텍스트를 구축한 작업이 그러하며, 가라시마 세이시(辛嶋静志, 1957~2019)가 여러 언어 번역을 대조하여 정밀하고 상세한 어휘집(lexicon)을 편찬한 작업 또한 이에 해당한다.

이와 같이 텍스트를 교정하고 어휘집을 작성하는 일은, 개별 음과 문자가 겪었을 시간적 추이나 지역적 변이를 면밀히 고찰하는 작업이다. 여기에는 자형字形의 시대적 특성과 역사적 변화, 음音의 통시적·지역적 변화, 사본 필사 전승 과정에서의 착오·재정정再訂正·과잉 복원 등 통시적 과정, 그리고 시공간 및 언어 환경 변화에 따른 어휘 확산과 의미 변용 등이 포함된다. 이는 모두 텍스트의 역사와 관련되므로, 연구자들은 이 작업을 당연히 역사학적 연구로 인식할 것이다.

그러나 여기에서 이루어지는 해명은 대부분 텍스트의 언어와 그 내용에 대한 이해에 관한 것이며, 시공간을 특정할 수 있는 텍스트 외부 사건으로서의 역사, 즉 역사학적 방법으로 복원되는 역사와는 다르다. 앞서 언급했듯이, 역사학에서는 텍스트 언설을 외부의 힘에 의해 생성된 결과, 즉 부차적인 것으로 간주하며, 주된 해명 대상은 그 언설을 낳은 원인인 외부의 힘이다. 하지만 불교학의 텍스트 교정에서는 텍스트의 언어와 언설 자체가 일차적인 해명 대상이며, 그 성과는 텍스트 내용을 해독하는 데 활용된다. 그것은 '역사 속의 텍스트'가 아니라 '텍스트 속의 역사'에 대한 해명이다.

텍스트를 교정하기 위한 방법은 텍스트를 해석하기 위한 방법과 직결된다. 즉 『법화경』의 언설을 이해하기 위해 연구자는 동일한 제목의 이역異譯 텍스트는 물론 관련 텍스트까지 동시에 다루면서, 거기에 등장하는 개념, 어휘, 어구, 모티프 등을 시대·지역·문화·언어의 차이를 넘어 비교·대조하며 의미를 규명해 나간다. 이 방법을 통해 해명되는 것은 사상이든 줄거리(플롯)이든, 공시적共時的으로 다뤄진 텍스트 전체가 시사하는 내용 그 자체이다. 설령 그 텍스트들을 성립 과정의 순서에 따라 연대순으로 배열하더라도, 그 목적은 텍스트 언설의 형성 과정을 해명하는 데 있다.

이렇게 보면, 불교 연구자들이 막연히 '역사학적 연구'로 이해하고 있는 것은 실제로는 사상적 혹은 언어·문학적 방법에 해당한다. 이는 지역적·시간적 제약은 물론 문화적·언어적 제약까지 넘어 관련 텍스트를 공시적共時的으로 다루며, 텍스트 내부 언설을 텍스트 자체에 근거하여 해독하는 방식이기 때문이다. 대승경전 연구는 대부분 텍스트의 의의가 외부 세계의 무언가에 의존하지 않고, 시대·지역·사회·문화의 영향을 초월하여 경전 자체가 역사 속에서 헤어나 존속한다는 이해를 전제로 성립한다.

문헌학(philology)이라고 표현되는 이 방법은, 그 어원이 언어/이성(logos)을 추구하는(philos) 행위를 뜻하듯, 방법론적 태도로서 깊이가 매우 풍부하다. 이는 텍스트 언설을 외부 세계와 연관시켜 실증적 도구로 이용하는 역사학적 방법과는 달리, 언어가 지닌 자립성과 창조성을 존중한다.

여기서 중요한 점은, 불교학의 이러한 방법론이 연구자에 의해 의도적으로 고안된 것이 아니라, 선행 인문학의 경험을 바탕으로 실제 역사 자료의 조건에 맞춰 자연스럽게 발전해 왔다는 것이다. 인도불교학은 두 가지 큰 과제에 직면한다. 하나는 역사를 파악하기 매우 어려운 고대 인도라는 대상이며, 다른 하나는 인도라는 지역과 고대라는 시대를 아득히 뛰어넘어 존재하는 불교경전이다. 따라서 인도불교학은 지역과 시대의 특정을 필수로 하는 역사적 실증성 개념에만 의존하여 연구 방법을 구축할 수는 없다. 그 대신 텍스트 내부 세계를 면밀히 조사하고 고찰하는 작업을 더욱 비판적으로 정교한 방법론으로 발전시켜 나가야 한다.

제2절 역사학적 방법에 의한 고대 인도불교의 양상－불탑 연구 재고

(1) 불탑 연구와 고대 인도불교사

대승경전 연구의 전제로서, 여기에 덧붙여 언급해야 할 중요한 과제가 있다. 바로 불탑 연구의 현황을 확인하고 평가하는 일이다. 역사학적 방법에 따른 연구가 텍스트 언설과 텍스트 외부 사물의 동일성 확인을 전제로 한다는 점은 앞 절에서 이미 언급했다. 이 중 텍스트 외부 사물에 대한 연구는 비문, 건축, 화폐, 조형물 등의 유물을 대상으로 하는 고고학, 고문서학古文書學, 미술사학, 금석학金石學 등이 주로 다루어 왔다. 그 가운데 인도 아대륙에서 불교의 존재를 해명한 성과 중 압도적 다수는 불탑을 주제로 한 연구에서 나왔다. 고대의 다양한 유물 중 불탑은 불교 특유의 유물로 인식되었으며, 인도 문화에 녹아든 여러 사물 가운데 불교를 추출하는 데 이상적인 소재로 여겨졌다. 특히 지난 20여 년 동안 연구는 눈부신 발전을 이루었다. 앞서 대승불교 연구에 역사학적 방법을 적용할 수 있는 가능성에 대해 원식적 입장에서 부정적으로 서술하였다. 그러나 역사학적 방법에 따른 대표적 연구인 불탑 연구에 대해 제대로 평가하지 않고서는 이 점에 대한 확실한 판단을 내릴 수 없다. 대승경전 연구를 시작하기에 앞서, 지면을 할애하여 이 문제를 고찰하고자 한다.

근년의 불탑 연구 성과 중 특히 주목할 만한 점은, 고대 인도에서 불탑이 출가자, 재가자, 이교도異教徒, 여러 사회 계층을 아우르는 다양한 종교·산업·문화 활동을 뒷받침하는 제도로서 중요한 역할을 수행했다는 사실이 밝혀졌다는 것이다. 현재 대승불교의 재가-불탑 기원설 자체는 분명 그대로는 지지받지 못한다. 하지만 스리랑카 대사파大寺派의 율장이나 경장, 즉 팔리어 불교 문헌을 근거로 상정해 온 '정통 승원불교'와는 전혀 다른 양상의 불교가, 불탑 및 승원과 일체화되어 부파를 초월하여 존재했다는 주장이 고고학이나 미술사학 분야에서 널리 받아들여지고 있다. 이는 초기 대승경전의 특징을, 이러한 불탑 중심 불교의 모습과는 대조적인 형태로 이해하는 데 중요한 주제가 된다.

불탑을 둘러싼 연구사를 개관하고 그 문제점을 정리하기 위해 Hawkes and Shimada〔2009〕를 참고하면서 최초기부터 연구의 확립기, 즉 19세기 말까지를 되돌아보는 것부터 시작하고자 한다.

불탑 발굴의 역사는 1798년 콜린 매켄지(Colin Mackenzie)가 아마라바티(Amaravati) 불탑을 발견한 것을 그 시작으로 한다. 이는 윌리엄 존스(William Jones)의 산스크리트어 해명으로부터 약 20년이 지난 시기로, 텍스트 연구에서 인도학의 여명기와 거의 겹친다. 초기 발굴은 종종 애호가들의 손으로 이루어져, 적절한 방법에 따른 조사나 정확한 정보 제공이 미흡했을 뿐만 아니라, 때로는 도굴에 가까운 형태로 유적의 원형을 복원 불가능할 정도로 파괴하는 등 많은 문제를 안고 있었다(Shimada〔2006〕).

조사와 연구의 양상이 크게 달라진 것은 19세기 중엽이다. 그중에서도 1834년부터 1837년에 걸쳐 제임스 프린셉(James Princep)이 브라흐미 문자와 카로슈티 문자 해독에 성공한 것은 이후 연구에 결정적인 영향을 미쳤다. 이로 인해 연구 흐름은 크게 바뀌었고, 비문碑文과 고古화폐 문자의 해독이 급격히 진행되기 시작했다. 화폐나 비문의 출토 지점이 '어디'를 입증하고, 새겨진 지배자의 이름이 '언제'를 나타냄으로써 사물의 파편은 역사를 특정하는 중요한 단서가 되었다. 프린셉이 요절한 후, 비문과 고문서 연구는 존 플릿(John Fleet), 에우겐 훌츠슈(Eugen Hultzsch), 하인리히 뤼더스(Heinrich Lüders), 게오르크 뷜러(Georg Bühler)에게 계승되었으며, 마침내 1877년 *Corpus Inscriptionum Indicarum*, 1888년 *Epigraphia Indica* 발간을 통해 인도 역사학의 기초를 뒷받침하는 분야로 자립했다.

19세기 중반은 외젠 뷔르누프(Eugène Burnouf)의 등장으로 텍스트 연구 중심의 근대불교학이 형성되고, 힌두교와 대등하거나 때로는 이를 능가하는 종교로서 불교를 이해하는 시각이 서양에 확산되던 시기와 겹친다. 불탑 연구의 주역인 알렉산더 커닝엄(Alexander Cunningham)이 등장하고 활약한 데에는 이러한 시대적 배경이 있었다. 뷔르누프가 텍스트 연구에서 근대불교학의 아버지라면, 불탑 연구에서 그 지위를 차지하는 인물은 커닝엄이라는 점에 이의를 제기할 사람은 없을 것이다. 그는 1836년 프랑스어로 번역된 법현法顯의 『불국기佛國記』, 1853년 프랑스어로 번역된 현장玄奘의 『대당서역기大唐西域記』, 1850년대에 접할 수 있게 된 『도사島史』와 『대사大史』에 근거하여 불탑의 지리적 위치와 시대를 특정했다. 그 방대한 성과 중에서도 1873년부터 1876년까지 이루어진 바르후트 불탑 조사 보고는 고대 인도사와 불교사 성립에 고고학적 성과가 얼마나 중요한지를 정밀하게 입증했으며(Cunningham〔1879a〕〔1879b〕), 1854년 산치(Sanchi) 불탑의 발굴 보고(Cunningham〔1854〕)와 더불어 불탑 연구를 고대사 연구의 중심으로 끌어올린 기념비적인 업적이었다.

커닝엄의 공적 중 덧붙여 언급해야 할 점은, 1861년 인도 고고학 조사국(Archaeological Survey of India) 창설과 함께 그 연보 *Annual Report of the Archaeological Survey of India*에 성과를 공표함으로써, 애호가 수준의 활동과는 차원이 다른 제도적 학문 영역으로서 불탑 연구를 확립했다는 것이다. 서양에서 오랜 전통을 지닌 텍스트 연구 분야의 불교 연구 성과가 처음부터 학계에서 발표된 반면, 인도의 유적 발굴 조사는 아직 그 방법과 형태를 학문으로 정립하지 못하고 있었다. 연구의 질적 향상은 물론 그 성과를 아카데미즘의 제도적 언설로 만드는 것은 학문이 성립되기 위한 중요한 과제이다. 커닝엄은 왕성한 발표를 통해 금석학金石學보다 앞서 이를 인도 고고학 영역에서 실현했다.

1870년대에 들어서면서 주목할 만한 새로운 연구 동향이 등장했다. 제임스 퍼거슨(James Fergusson)은 양식사樣式史 관점에서 불탑 연구를 발표했다(Fergusson[1873]). 그는 아마라바티 불탑의 조각상을 칸헤리(Kānherī)와 나시크(Nāsik)의 것과 비교하여 양식의 상호 관계와 성립 역사를 고찰하였다. 이 연구는 인도 미술, 인도불교 미술 연구의 서막을 열었으며, 이후 이 분야에는 알베르토 그륀베델(Albert Grünwedel), 빈센트 스미스(Vincent Smith), 알프레드 푸셰(Alfred A. Foucher), 존 마샬(John Marshall) 등 저명한 연구자들이 이어졌다. 나아가 이 흐름은 미술사, 건축사, 정신사精神史를 종합적으로 고려한 20세기 초 아난다 쿠마라스와미(Ananda Coomaraswamy), 루드비히 바흐호퍼(Ludwig Bachhofer)의 업적으로 발전하여, 오늘날 우리가 이해하는 미술사로서의 불탑 연구 영역을 확립하기에 이른다. 불탑 연구는 이렇게 하여

19세기 백 년 동안 학문적 기초를 수립하였다.

한 가지 주의해야 할 점이 있다. 바로 불탑 연구와 근대불교학의 주류인 텍스트 연구의 관계이다. 19세기 후반 이후, 텍스트 연구자들은 불탑 연구의 성과를 적극적으로 이용하기 시작했다. 그 목적은 헤르만 올덴베르크(Hermann Oldenberg)나 리스 데이비즈(Rhys Davids) 등으로 대표되듯이, 텍스트의 개별 장면을 불탑의 개별 조각상과 비교하여 특정하고, '역사적 붓다'의 '순수한' 불교를 텍스트 속에서 확인하는 데 있었다. 불탑은 텍스트 연구의 보조 자료였고, 텍스트와 불탑이 시사하는 내용이 일치하지 않을 경우, 불탑이 제시하는 사실은 '민간 신앙'으로 치부되어 배척되곤 했다. 이러한 텍스트 연구자들의 태도는 오랫동안 학계에 존속하였고, 결과적으로 불탑 연구와 텍스트 연구 양자를 모두 왜곡시켜 역사학적 방법에 의한 불교 연구의 올바른 진전을 가로막았다. 다음 항에서 살펴보겠지만, 이 문제는 20세기 중반에 이르러 표면화되었고, 이에 대한 적절한 대응은 20세기 말 그레고리 쇼펜(Gregory Schopen)이 등장한 이후에야 이루어졌다.

(2) 불탑 연구의 여러 과제

20세기 불탑 연구는 한편으로 지난 세기 연구를 심화시키는 동시에, 다른 한편으로는 불탑 그 자체가 어떤 사물이며 어떤 방법으로 해명해야 하는가 하는 근본적인 질문을 던지기 시작했다. 이 과정에서 연구는 두 가지 과제에 직면했다. 하나는 앞서 언급했듯이 텍스트 연구와의 괴리에 어떻게 대처할 것인가 하는 문제이며, 다른 하나는 연구가 심화되면서 드러난 불탑 연구 방법 자체의 내재적 문제이다. 먼저 전자에 대해 살펴보자.

텍스트 연구에서 텍스트의 연대와 지리적 배경을 결정하고, 그 역사적 신뢰성을 확보하기 위해 주로 조각상을 통해 불탑이 활용된 것은 20세기에도 여전했다. 다만 이 시기에는 붓다를 이해하는 데 역사와 더불어 '전설'이라는 중요한 요소를 고려하기 시작하면서 외부 사물을 다루는 데 다소 신중해졌다는 점(Cf. Thomas〔1927〕), 그리고 불탑을 의례와의 관계 속에서 주목하기 시작했다는 점(Dutt〔1941〕)에서 진전이 있었다. 이러한 가운데 두 가지 점이 학계에서 주목받는 문제로 떠올랐다. 하나는 팔리어 율장에 불탑 관련 규정이 없다는 점(Bareau〔1962: 229〕)이며, 다른 하나는 팔리어 『열반경』의 한 구절(*Mahāparinibbānasuttanta* Chap. 5. 2, DN ii, 137-138)에 '출가자의 불탑 의례 관여를 금지한다'고 해석될 수 있는 문장이 있다는 점이다. 그 결과, 불탑 관리는 출가자가 아닌 재가자만이 담당했다는 이해가 생겨났다(Dutt〔1945: 250-251〕, Dutt〔1962: 183〕).

불탑을 중심으로 한 재가자 불교 운동을 상정하고 거기서 대승불교의 기원을 찾은 히라카와 아키라의 '재가-불탑 기원설'은 이러한 해외 학계의 이해를 예기치 않게 극단적인 형태로 밀고 나간 것이었다. 즉, 그의 구상은 불탑에서 나타나는 다양한 현상과, '전통불교'-본장에서는 현재 서구 학계에서 거의 통용되는 'Mainstream Buddhism'의 번역어로 사용-의 텍스트를 통해 상정되는 '순수한 불교'를 엄격히 구분하는 것이었다. 또한 승원과 불탑을 상호 배타적인 존재로 간주하고, 나아가 부파와 대승을 구별하여 재가불교만의 독자적인 전승 계보를 설정하려는 시도였다. 일본 학계 연구사에서 1960년대 말 돌연 등장한 듯 보이는 이 설은, 백 수십 년에 걸친 불탑 연구의 역사, 특히 19세기 말부터 시작된 불탑 연구와 텍스트 연구 간의 괴리 상황을 고려할 때, 필연적으로 등장할 수밖에 없었던 가설로 볼 수도 있다.

이러한 연구 동향의 기저에는 과거 불교사를 복원할 때 텍스트 외부 자료보다 텍스트에 압도적인 가치를 부여하는 경향, 특히 팔리불전에 절대적인 권위를 부여하는 인식이 깔려 있다. 왜냐하면 이미 1960년에 앙드레 바로(André Bareau)가 상세히 논술한 바와 같이, 설일체유부든 법장부든 대중부든, 인도 아대륙에 근거를 둔 부파의 율장에는 불탑 의례에 관한 규정이 상세히 기록되어 있기 때문이다. 이는 인도 아대륙에서 발견되는 불탑의 실제 모습과 정확히 일치하며, 텍스트와 유적 모두에서 승원과 불탑이 밀접한 관계를 맺고 동일한 불교 공간을 구성하고 있음이 밝혀졌다. 그럼에도 불구하고, 팔리어 『열반경』의 단 한 구절에 대한 특정 해석 가능성과 『팔리율』－쇼펜의 용어를 빌리면, '대사파大寺派율'－에 불탑 규정이 없다는 사실 때문에, 광대한 인도 아대륙에 펴져 있는 불탑의 의의는 학자들이 상정한 '정통'불교 세계의 이미지에서 백 년 동안이나 배제되어 왔다.

텍스트 연구와 불탑 연구가 상충하는 문제가 정면으로 제기된 것은, 1970년대 말부터 1990년대에 걸쳐 열정적으로 불교사를 재검토한 쇼펜이 등장한 이후였다. 쇼펜의 업적과 그 의의는 이미 여러 차례 언급했으므로 여기서 반복하지 않고, 불탑 연구사에 큰 전환을 가져온 두 가지 점만 간추려 보고자 한다. 첫째, 팔리어 『열반경』의 해당 부분은 불탑 의례 금지가 아니라 장송葬送 의례에 관한 망설임을 표명한 것이며, 최종적으로는 그 의례가 인정되었음을 밝혔다는 점이다. 둘째, 『팔리율』에 불탑 관련 기술이 없는 것은 스리랑카에 전승된 특정 부파의 고유한 특징 때문임을 밝혔다는 점이다.

한편, 이러한 텍스트 연구와는 구별되는, 불탑 자체를 직접 연구하는 방법이 심화된 것 또한 20세기의 특징이다. 이제 후자의 과제를 살펴보자. 이는 1920년대부터 1930년대에 등장하여 고고학, 인류학, 텍스트 연구 등의 성과를 폭넓게 수용하면서 다양한 종교적 요소와의 관계 속에서 불탑의 의의를 탐구한 상징주의(symbolism)적 관점의 연구가 대표적이다. 그 대표적인 업적은 폴 뮈스(Paul Mus)의 보로부두르(Borobudur) 불탑 연구(Mus〔1932〕〔1933〕)이다. 뮈스는 불탑을 붓다의 기념비적인 묘지로만 이해하지 않고, 불탑의 건축 구조와 우주의 중심인 수미산須彌山, 우주의 축(axis mundi), 인드라 궁전 등 불교 이전 시대의 다양한 종교적 상징과의 관계를 주요 고찰 과제로 삼았다. 뮈스에게서 시작된 이러한 접근법은 존 어윈(John Irwin), 애드리언 스노드그라스(Adrian Snodgrass) 등의 연구자들이 계승하여 현재까지 이어지고 있으며, 텍스트 연구자들이 불탑을 다루는 방식과는 대조적으로 풍부한 방법론과 학문적 의의를 제공하고 있다. 이 방법의 고찰 대상인 불탑의 범위는 인도·남아시아를 넘어 동아시아, 동남아시아, 일본에까지 이른다(Hawkes and Shimada〔2009: xxv〕). 이러한 범위는 불교 전파의 영역 그 자체이며, 불탑이 거의 불교를 대변하는 존재임을 뒷받침한다. 일본에서의 불탑 연구의 대표적인 성과인 스기모토(杉本)〔1984〕도 이러한 흐름에 속한다고 볼 수 있다.

다만, 이러한 상징주의적 입장에서의 연구에는 엄격한 비판도 존재한다. 이는 이러한 관점에서 파악된 불탑이 지나치게 이념화되었으며,

현실의 어느 시대, 어느 지역에도 실제로 존재한 적이 없다는 비판이다 (Fussman〔1986: 41-44〕, Brown〔1986: 219-220〕). 역사 속에 전개된 불탑을 그 고유한 모습으로 파악하려 할 때 발생하는 이 딜레마는, 역사 속에서 불교를 독자적인 현상으로 파악하려 할 때 나타나는 딜레마와 본질적으로 같다. 지역과 역사에 한정된 불교의 개별적 모습을 해명할 것인가, 아니면 그 한계를 넘어 전파된 불교의 보편적 모습을 해명할 것인가 하는 문제는, 원리적으로 어느 한쪽만이 옳다고 단정하기 어렵다. 보편적 모습이 밝혀지지 않으면 개별적 모습은 보이지 않으며, 개별적 모습이 밝혀지지 않으면 보편적 모습은 보이지 않는다.

이 비판은 인문학이 가진 역사학적 방법과 사상적 혹은 언어·문학적 방법 사이의 딜레마와 맞닿아 있다. 상징주의적 관점의 불탑 연구는 이 중 후자의 입장에 해당하며, 불탑을 외부 세계로부터 독립된 텍스트로 간주한다. 즉, 외부의 제도적 요인에 좌우되지 않고 그 본질이 전파된 존재, 제1절에서 사용한 표현을 빌리자면 '역사적 생산자'로 파악하려는 시도이다. 반면, 역사학적 방법으로 해명하는 대상은 개별 불탑 자체가 아니라, 그것을 성립시킨 외부의 힘과 시스템으로부터 제약을 받는 '역사적 산물'로서의 불탑이다.

이러한 흐름을 바탕으로, 지난 20여 년 동안 역사학적 방법이 다시금 불탑 연구의 중심 무대로 화려하게 등장했다. 이는 앞으로의 불교 연구에 중요한 영향을 미칠 변화를 가져오고 있다. 다음으로 이에 대해 살펴보자.

(3) 불탑이라는 장場-연구와 풍경의 변화

역사학적 방법이 이상적으로 기능할 경우, 먼저 연구 대상의 '언제'와 '어디서'가 특정되고, 이어서 '누가', '왜', '어떻게'라는 요소가 구성되며, 마지막으로 대상을 둘러싼 시스템과 메커니즘의 존재와 기능이 밝혀진다. 근년의 불탑 연구는 바로 이러한 방향으로 착실히 진행되고 있다. 특히 주목할 점은 불탑 발굴 방향의 변화이다.

불탑과 승원 유적 연구는 지난 200여 년 동안 그 유물 자체에 대한 해명을 목적으로 불탑과 승원에 대한 수직적 발굴 조사를 진행해 왔다. 그러나 근년 연구자들은 불탑과 승원을 더 넓은 고고학적·지리적 지평에 두고 파악해야 할 필요성을 깊이 인식하면서, 수평적 발굴, 즉 주변 지역에 대한 광범위한 발굴에 착수했다(Chakrabarti〔1995〕, Shaw〔2009〕). 이는 불탑 연구 방법론의 커다란 전환이었다. 이로써 각 지역의 불탑과 승원이 다양한 요소로 구성된 지리적 현실의 확장 속에서 파악되기 시작했다. 그 결과 승원의 불탑 관리, 불교와 토착 종교의 공존, 도시화와 불교 사원의 역할 등이 밝혀졌고(Hawkes〔2009: 147〕), 불탑을 둘러싼 역사는 더욱 역동적이고 입체적인 것으로 드러났다.

이러한 연구들이 공통적으로 보여주는 점은 다음과 같다. 즉, 불탑과 승원은 기원전 6~7세기 이후 북인도에서 진행된 도시화를 배경으로, 기원전 3세기 이후 포스트 아쇼카 시대에 일체가 되어 기능하며 광범위한 지역의 다양한 교류 활동을 가능하게 하는 거점 역할을 수행했다는 것이다. 여기서 드러난 모습은, 기존의 인식처럼 승원과 단절되고 『팔리율』에 의해 정통불교 범위 밖에 놓이며 고립된 유물로 고정된 불탑이 아니다. 승원과 텍스트를 모두 포섭하면서 광역의 산업 문화 활동의 중심에 서 있는 마치 살아있는 붓다와 같은 역할을 하는 역동적인 불탑이다. 연구 대상인 지역과 연구 방법의 특징을 고려할 때, 이러한 연구의 대표적인 사례로는 제이슨 호크스(Jason Hawkes), 줄리아 쇼(Julia Shaw), 시마다 아키라(島田明)의 연구를 들 수 있다.

이 중 호크스는 바르후트 불탑 연구에서 중요한 성과를 거두었다. 커닝엄 발굴 이후 주로 조각상만 주목받았던 이 불탑에 대해, 그는 주변 10km에 걸친 상세한 발굴 조사 결과를 주위 150km가 넘는 광범위한 고고학적 상황과 대조했다. 이를 지정학적 관점에서 통시적으로 분석하여, 기원전 3세기부터 기원전 1~2세기에 걸친 바르후트 불탑의 정치·경제적, 사회·종교적 장소(topos)로서의 의의를 해명했다.

그 결과 다양한 사실들이 드러났다. 바르후트는 본래 지역 민속 종교의 성지였다는 점, 불탑은 기존 종교들을 불교라는 새로운 체계로 재편하는 중심 거점으로 기능했다는 점, 이 지역은 마우리아 왕조 시대에 도시화된 북부와 남부 지역을 연결하는 교통 교역의 요충지였다는 점, 교통과 교역의 발전은 농업 수요 증대를 가져와, 시간이 흐르면서 불탑 주변에 농경 촌락을 형성시켰다는 점 등이 밝혀졌다. 이로써 텍스트에서 추출된 개별 장면을 새기는 유물로서의 불탑, 또는 텍스트의 보조 자료로서의 불탑이 아니라, 광대한 지역의 산업과 문화 네트워크를 가동시키는 중심 기지로서의 불탑이 모습을 드러냈다.

한편, 기원전 3세기 아쇼카 왕 시대부터 12세기에 이르기까지 약

1,300~1,400년에 걸쳐 증축과 개축을 거듭한 산치와 그 주변 불탑군을 조사한 쇼의 프로젝트는 불탑과 승원의 관계에 대해 새로운 지견을 제시했다(Shaw〔2007〕〔2009〕). 산치의 불탑과 승원은 언덕 위에 있다는 점이 특징이다. 분명 산업 관점에서 보면, 이러한 땅은 토양이 척박하고 치수治水와 관개灌漑가 어려워 농경이 불가능한 불모지이며, 보시 등으로 유지되는 승원 외에는 거주 가능한 공간이 되기 어렵다. 그러나 언덕 위에 세워진 불탑과 그보다 약간 아래에 자리한 승원의 위치 관계, 나아가 승원에서 바라보는 불탑의 경관을 고려하면, 불탑이 실제적 필요성과 교의적 이유를 모두 충족시키는 위치에 있음이 명확히 드러난다. 즉, 현실적인 이유에서 불탑을 언덕 위에 세우고 그 부근에 승원을 배치한 것은, 성스러운 불사리佛舍利와 값비싼 물건들로 이루어진 불탑을 보호하고 침입을 막으며 승원에서 항상 감시하는 데 효과적인 방법이다. 한편, 교의적인 이유로는 승원에서 불탑을 올려다보는 행위 자체가 자연스럽게 불탑에 대한 공경恭敬으로 이어진다. 불전에 자주 등장하는 "불탑을 보는 자는 붓다를 본다"라는 이해가 여기에 살아있다. 원래 불교 승원이나 불탑 유적은 불교 이전 토착 종교의 성지와 겹치며(Kosambi〔1962〕), 언덕 위는 토지신들이 나타나는 매개체 역할을 하는 장소로도 볼 수 있다(Misra〔1981: 50〕). 불탑이 이 위치를 차지했다는 것은, 불교가 어느 시기에 다양한 지역적 종교 전통들을 통합했음을 의미한다.

이러한 풍경이 갖는 의의는 불탑 주위의 지리로 시야를 넓히면 한층 더 분명해진다. 언덕 위에 우뚝 선 중심 불탑은 수 킬로미터나 떨어진 촌락에서도 바라볼 수 있는 경관을 구성하며, 지역 전체가

'붓다를 우러러보는' 지형을 이루고 있다. 한편, 승원 중앙 방에서 멀리 바라보면 증축된 불탑들이 중심 탑 뒤로 넓게 펼쳐진 모습이 한눈에 들어온다. 이는 비구들에게 마치 제불諸佛의 정토를 한눈에 보는 듯한 위상(topology)을 경험하게 하는 것이다.

마지막으로 시마다의 연구에 주목해 보자. 그는 승원-불탑이 도시에서 차지하는 지리적 위치와 그 의의를 밝히기 위해, 기원전 3세기부터 기원후 3세기에 이르는 아마라바티의 승원-불탑을 그것이 속한 성곽도시 다니야카타카(Dhānyakaṭaka)와의 관련 속에서 조사했다. 그 결과 승원-불탑은 성벽 밖에 있지만, 성문 부근에 있다는 점을 밝혀냈다. 도시의 안과 밖을 매개하는 이 위치는 산나티(Sannati)의 예를 제외하고는 인도 전역 도시의 승원-불탑에서 공통적으로 나타난다.

고대 인도의 정치·외교·군사학서인 카우틸리야(Kauṭilya)의 『실리론實利論』(Arthaśāstra)에 따르면, 성벽 안은 바르나 질서와 베다 의례가 지배하는 반면, 성벽 밖은 도시 권력의 지배하에 있으면서도 브라흐마니즘 질서 바깥의 공간이 되며, 종교·사회·문화적 측면에서 누드러진 특징을 보인다. 이 성벽 밖 영역에는 승원-불탑 외에도 베다 전통에서 벗어난 사당祠堂(caitya), 성지(puṇyasthāna), 수호신의 숲(vana) 등이 자리하며, 바르나에 속하지 않는 외국 교역상, 기술자, 불가촉천민, 행상 캐러밴 등이 거주했다. 고고학적으로 주목할 점은 이곳이 매장지와 겹친다는 사실이다.

정통 브라만의 입장에서 보면 부정不淨한 혼돈에 불과한 이 땅의 중심을 불교 승원-불탑이 차지하고 있다는 사실, 특히 매장지와 밀접한 지리적 관계를 유지한다는 사실은 인도 각지에서 동일하게 확인할 수 있다. 아마라바티 불탑에서 북서쪽으로 약 100미터 떨어진 곳에는 여러 층으로 이루어진 매장 유적이 있고, 나가르주나콘다 불탑 부근에는 초대 및 제3대 이크슈바쿠(Ikṣvāku) 왕의 매장 석주石柱가 있으며, 동시에 그 주변에서 망자와 관련된 수많은 소탑이 발견되었다(Sircar and Krishnan〔1963〕). 나가르주나콘다에서 불교 승원은 매장지가 있는 도시 동쪽에 자리한 반면, 브라만 사원은 정반대인 서쪽의 크리슈나 강변에 있다. 이러한 고고학적 상황으로 미루어 볼 때, 브라만이 기피하는 장송葬送 의례에 불교가 관여했음은 거의 의심할 여지가 없다.

촌락(grāma)과 대조되는 아란야(araṇya)에 해당하는 이 성벽 밖 땅은 정통 문화 관점에서 보면 변방이지만, 산업 활동 관점에서는 변방이 아니다. 왜냐하면 승원-불탑은 동시에 시장과 매우 근접한 위치에 있으며, 교역의 중심지에 해당하기 때문이다. 바르나에서 유래하는 정淨과 부정不淨의 관념을 철저히 확장하여 모든 사물에 적용한 브라흐마니즘 입장에서 보면, 교역, 즉 정체불명의 사람들과의 대규모 물품 교환은 소유물의 접촉을 통해 부정不淨을 사회 전체에 퍼뜨리는, 의례적으로 매우 위험한 행위였다. 이를 정당화할 수 있는 종교자가 있다면, 그것은 정·부정의 관념을 초월하고 스스로 바르나를 뛰어넘은 출가자 외에는 없다.

이렇게 보면, 승원-불탑이 매장지와 시장이라는, 얼핏 전혀 무관해 보이는 두 장소에 함께 건립된 것은 그 주변성周邊性이라기보다는 정淨과 부정不淨, 생生과 사死, 안과 밖이라는 이분법적 영역을 넘어서는 초월성을 나타낸다고 이해할 수 있다. 이러한 장소(topos)의 출현은 서로 다른 사회 집단이 영역을 넘어 교류하게 하고, 각 전통에 갇혀 있던 기능과 지식의 교환을 활성화하여 새로운 지知를 창출하는 장場이 되었다.

이상의 호크스, 쇼, 시마다의 연구 성과는 불탑과 승원의 관계, 나아가 인도 사회와 불교의 관계에 대해 이제까지 연구자들이 가져왔던 관념을 상당히 크게 변화시켰다. 특히 기원전 3세기 이후 수 세기에 걸친 인도불교의 이러한 현실을 고려하면, 불탑 관련 기술이 전혀 없는 스리랑카 대사파大寺派 전승의 율이 고대 인도불교의 역사적 실태를 복원하는 자료로서 얼마나 불충분한지 명확해진다. 언어 연구 자료로서의 가치와 역사 연구 자료로서의 가치를 혼동해서는 안 된다.

이상의 연구 성과가 불교 연구에서의 역사학적 방법에 대해 제기하는 문제 두 가지를 덧붙인다. 첫째, 이러한 연구 성과 대부분은 문헌 텍스트에 의존하지 않고 고고학적 조사를 통해 얻었다는 점이 중요하다. 성립 시기가 불분명한 불전 내용과 불탑 조각상을 직접 비교하는, 즉 출처와 성격이 다른 자료 간의 상호 의존 관계를 끊고 고고학적 자료를 통해 역사를 재구성한 것은 역사 연구 진전에 큰 의미를 지닌다. 둘째, 이 연구들은 모두 역사를 해명하기 위해 지리적 맥락의 해명에 주력했다는 점이다. 역사적 사실의 해명 가능성은 지리적 상황에 대한 해명과 밀접한 관련이 있다. 사건은 시공간에서 동시에 위치가 규명될 때 비로소 특정할 수 있다. '언제'와 '어디'는 사건을 구성하는 불가결한 차원이며, 둘을 동시에 확보하지 못하면 역사를 복원할 수 없다. 이 두 가지 점을 고려하면, 성립 시기나 장소를 특정하기 어려운 율장이나 경장 텍스트의 내용만으로 '역사'를 재구성하려는 시도가 연구 방법으로서 얼마나 부적절한지 분명해진다.

그렇다면 고대 인도불교의 텍스트 연구는 고대 인도의 역사를 재구축하는 데 기여할 수 없는 것일까? 앞서 언급했듯이, 텍스트 언설이 그것이 서술된 당시 현실을 반영할 가능성은 있다. 텍스트 외부 사실이 어떤 방식으로 굴절되어 텍스트 내 서술로 투영되었는지 밝혀낸다면, 텍스트를 활용하여 신뢰할 만한 역사를 구성할 수도 있다. 지금까지의 연구 중 이 사례에 부합하는 연구가 있다면, 그것은 조너선 월터스(Jonathan Walters)의 성과일 것이다. 그 결론의 타당성에 대한 판단은 잠시 보류하더라도, 그 방법론의 확실성은 다른 연구에서 찾아보기 어려우며, 무엇보다 그 소재가 대승경전 고찰에도 중요한 의미를 지닌다. 이하, (4)항과 (5)항으로 나누어 조금 더 상세히 다루고자 한다.

(4) 불탑과 텍스트

1997년, 월터스는 「불탑, 이야기, 제국－초기 포스트 아쇼카 시기 인도 불전佛傳의 구성－」(Walters〔1997〕)이라는 중요한 논고를 발표하였다. 그는 이 논문에서 『아파다나』(Apadāna), 『붓다밤사』(Buddhavaṃsa), 『차리야피타카』(Cariyāpiṭaka)라는 불전 3부작－월터스의 표현에 따르면, 각 불전의 머리글자를 딴 ABC－과 바르후트, 산치, 아마라바티의 불탑 및 관련 비문碑文 기록을 대조하며, 텍스트, 불탑, 비문이 전체적으로 그려내는 고대 인도의 사회·정치·종교 공간과 그 안에서 불전이 수행한 역할을 해명하였다.

프랭크 레이놀즈(Frank Reynolds)가 1976년에 발표한 「붓다의 수많은 생애－성자전聖者傳과 테라와다 전통 연구－」(Reynolds〔1976〕)를 발전적으로 계승한 이 논문은, 붓다의 전기傳記를 '역사적 붓다의 생애'의 정확하거나 부정확한 반영으로 읽기보다는, 불교 내부의 여러 전통을 창조하고 변용시키는 기반(locus)으로 파악한다. 이는 본 장 제1절에서 언급한 '역사적 생산자'로서의 텍스트 이해와 맥을 같이 한다.

월터스의 이 논문은 시론적인 단계에 있어, 더욱 상세한 논증이 필요해 보인다. 특히 『아파다나』의 시대 설정 문제는, 그가 고찰에서 제외한, 불탑을 칭송하는 북전北傳 자료-예를 들어 *Lokānuvartanāsūtra* 나 *Avalokanasūtra*-와의 비교를 통해 그 의의가 더욱 분명해질 것이다. 이러한 검토 과제는 남아 있지만, 이 논고의 취지는 제1절에서 언급한 역사학적 연구를 불교 연구에서 구체화한 사례로서 중요하다. 그 논의 중에서 본 항에서는 텍스트 연구가 역사 연구에 기여할 수 있는 방법론에 대해 살펴보고자 한다.

월터스는 이 3부작을 다루면서, 애초에 텍스트가 역사 복원의 근거로 얼마나 적절히 사용될 수 있는지에 대해, 불교 연구에서의 방법론적 자각을 명확히 제시한다.

> 이 〔3부작〕 텍스트들 그 자체만으로는 우리가 재구성하고자 하는 역사적 정황을 밝힐 수 없다. 그것들은 상상할 수 없을 만큼 오래된 시대를 노래한 시詩이지, 과학적 의미에서의 역사 기록이 아니다. 내가 이 자명한 사실을 굳이 언급하는 것은, 그것이 불교학 내에서 항상 충분히 인식되지 못하고 있기 때문이다. 불교학에서는 문학적 유물을 통해 곧장 역사를 구성하려는 경향이 있으며, 마치 성전의

> 저자들이 자신이 살던 시대와 장소를 객관적으로 묘사하려 했던 것처럼 여기곤 한다. 이러한 경향은 지난 10여 년간 그레고리 쇼펜이 다양한 방식으로 매우 통렬하게 비판해 왔다. 그는 매우 최근의 것으로 알려진 현존 텍스트 사본들보다 수 세기 앞선 시기로 특정할 수 있는 비문 증거에 근거하여, 불교학적 구성물–비구와 재가자 사이에 보이는 다양한 구별이나 대승불교의 기원–의 근간에 대해 근본적인 의문을 제기해 왔다. (Walters〔1997: 236〕)

중요한 비판이다. 많은 불교 연구자들은 텍스트의 내용만을 근거로 역사를 재구성하려고 한다. 이러한 경향은 경전의 내용을 바탕으로 대승불교의 '교단사적' 해명을 시도하는 연구자들에게서 특히 현저하다. 그러나 경전이라는 텍스트의 내용만을 근거로 그 작품이 구성된 시대의 사회 상황이나 작품의 저자를 역사적으로 복원하는 것은 불가능하다. 제1절에서 논했듯이, 역사는 문헌 자료와 문헌 외 자료의 일치를 전제로 구성해야 한다. 그럼에도 불구하고, 그러한 일치는 극히 드물며, 설령 일치하더라도 그것이 텍스트 저자의 실제 모습에까지 이르는 경우는 거의 생각하기 어렵다. 월터스는 이 점에 대해 자각하고 있으며, 역사 복원 작업에서는 비문과 텍스트가 동시에 필요하다는 점을 지적한다. 애초에 비문 해독에는 텍스트의 해독이 대전제임을 언급한 후, 텍스트가 비문에 대해 갖는 역할을 다음과 같이 지적한다.

> 쇼펜의 비판은 비문이 텍스트에 새로운 문제를 제기하고, 그리고

이 점을 덧붙이는 것이 중요한데, 또한 텍스트 역시 비문에 새로운 질문을 던지도록 유도될 때 비로소 결실을 보기 시작한다. … 〔중략〕 … 특정 텍스트를, 그 자체의 내재적 정보뿐 아니라 외부에 있는 (비문이나 고고학적) 증거에 입각하여 복원 가능한 특정 시대의 산물로 간주할 수 있을 때, 텍스트 연구와 비문 연구는 모두 활력을 되찾는다. 쇼펜의 연구가 분명히 보여주듯, 텍스트 연구를 금석학적 맥락 속에 위치시킬 수 있을 때, 불교학의 완전히 새로운 지평이 열린다. (Walters〔1997: 236-237〕)

동시에 그는 중요한 시대착오(anachronism)를 지적한다. 즉, 커닝엄, 쿠마라스와미, 푸셰, 마샬, 뮈스 등 각 시대를 대표하는 연구자들이, 일반적으로 기원후 1~5세기에 성립된 것으로 보이는 후대 문헌들 -『디비야바다나』(Divyāvadāna), 『랄리타비스타라』(Lalitavistara), 『마하바스투』(Mahāvastu), 『자타카말라』(Jātakamālā), 『담마파다 앗타카타』(Dhammapada-aṭṭhakathā) 등-을 사용하여 기원전 3~2세기 불탑 부조를 설명했다는 점이다.

이러한 시대착오가 연구 방법으로 받아들여진 배경에는, 텍스트가 과거 구전 시대 내용을 그대로 복원한 것이라는 이해, 또는 후대에 성립했더라도 이야기를 상세히 서술하는 텍스트일수록 역사적 신뢰성이 높다는 암묵적 전제가 있다. 이 모두 근거 없는 가정이다. 먼저 조각상과 이러한 텍스트 이야기가 일치하는 것 자체가 대부분 주관적 추론의 한계를 넘지 못한다. 한 걸음 양보하여 조각상과 후대 이야기 사이의 영향 관계를 인정한다고 해도, 그것은 이전 시대의 조각상이 이후 이야기 제작에 영향을 끼친 것이지 그 반대는 아니다. 이러한 월터스의 비판은 불탑 부조와 텍스트의 관계를 다루는 연구뿐 아니라, 대승불교의 교단 실태를 언급하는 대부분의 연구에도 적용될 수 있다.

이와 같은 연구 비판을 바탕으로 그는 바르후트, 산치, 아마라바티 불탑의 건축 과정과 그 의의를 분석하여, 불전 3부작의 제작 과정 및 내용과 상세히 비교하였다. 그 결과 양자 간에 밀접한 내용적 중첩이 확인되었고, 무엇보다 그 성립 시기가 일치한다는 점을 지적하였다. 구체적으로 그는 다음과 같은 근거들을 제시하였다. 첫째, Warder〔1967: 303〕, Bechert〔1976: 48〕, Abeynayake〔1984: 164-182〕 등은 어휘, 문법 및 운율 구조, 사상 및 신화적 특징을 근거로 불전 3부작을 포스트 아쇼카 시기의 작품으로 보았다. 둘째, 이 3부작은 『차리야피타카』 → 『붓다밤사』 → 『아파다나』의 순서로 계승되며 제작되었다. 셋째, 이 텍스트들에 등장하는 불탑 공양에 대한 구체적 기술은 거대 불탑의 구축 과정과 일치한다. 이러한 사실들을 전제로, 그는 불전 3부작이 불탑 구축 과정과 겹치며, 텍스트와 불탑은 불전 편찬이라는 동일한 활동의 두 측면으로서 상호보완적으로 기능했다고 결론지었다.

(5) 불탑과 불전

이상의 방법론적 성찰을 바탕으로 한 월터스의 고찰은 시사하는 바가 많다. 조금 더 그의 설을 따라가 보자.

애초에 불전은 붓다 한 명의 생애에 대한 이야기가 아니라, 붓다와 함께 살아가는 사람들의 공동체에 대한 이야기라고 할 수 있다. 보살을

섬기던 이들은 보살과 동일한 세계에 다시 태어나, 열반으로의 길을 함께 걸어간다. 보살이 불佛이 되어 열반에 들어갈 때, 그를 둘러싼 모든 이들도 동시에 목적을 달성한다. 완성된 불전에서는 불佛과 불佛을 만나는 이들은 동일한 세계를 함께 살아가는 불가분의 전체를 이루고 있다.

불전 3부작 중 마지막 작품인 『아파다나』에서는 보살로서의 붓다뿐 아니라 독각獨覺과 성문聲聞의 일대기가 펼쳐지며, 이른바 삼승三乘에 해당하는 인물들이 모두 등장한다. 나아가 『차리야피타카』에서는 다양한 출신 계층 직업 입장의 장로와 장로니들의 과거에서 현세에 이르는 생애를 주제로 삼아, 붓다를 중심으로 한 장대한 세계의 이야기를 구성한다. 붓다는 아득한 과거에 이 사람들에게 둘러싸여 서원을 세웠고, 그것이 보리수 아래에서의 비원悲願 성취로 이어졌다. 이는 제자들의 전기, 예컨대 『테라가타』(Theragāthā)와 『테리가타』(Therīgāthā) 등과는 전혀 다르다. 기존 전기들은 출가 후부터 깨달음에 이르는 현생에 국한되었고, 그 내용도 '출가 → 수행 → 깨달음'이라는, 일반 신자들과는 거의 무관한 단편적인 사건들이었기 때문이다.

불탑은 이러한 텍스트로서의 불전이 형상화되어 건조물이 된 것이나 다름없다. 거기에 조각상으로 표현된 내용은, 머나먼 과거부터 현생에 이르기까지 수많은 생애를 거친 보살로서의 붓다, 그리고 그 보살과 함께했던 독각, 성문, 중생들의 장대한 우주 이야기이다.

여기에서 불탑 시주자에 대해 주목해 보자. 지금까지 연구자들은 불탑 시주자의 주체를 특정하기 위해 다양하게 비문을 해독하여, 라모트(Lamotte)나 바로(Bareau)는 부파를, 쇼펜은 출가·재가의 구분을, 차크라바르티(Cakravarti)는 사회적 지위의 차이를 이끌어 냈다. 그러나 여기서 공통된 중요한 특징은 비문을 시주한 주체가 대부분 가족, 친족, 직업 집단, 마을, 공동체이며, 개인의 이름은 그들을 대표하는 역할을 한다는 것이다. 즉, 불탑 구축의 주체는 복합적 기관(complex agency)이며, 그 활동은 다양하고 복잡하게 얽힌 여러 공동체가 지지했다는 것이다.

불탑이라는 축제의 공간에 참여하는 사람들은 그 참여를 통해 스스로 불전의 일부로 동화되고, 함께 불전을 살아가는 존재가 되는 것이다. 사실 여기서 다루는 거대한 불탑은 전체가 단번에 구축된 것이 아니라, 여러 부분이 시간을 두고 증축된 결과물이다. 그 시주 하나하나에 시대, 지역, 직업, 계층을 달리하는 다양한 사람들이 관여하여 공동으로 불탑이라는 불전을 창작한다. 그 행위는 과거에 끝난 것이 아니라 현재도 이루어지며, 나아가 미래를 향해 계속 진행되는 것이다. 불탑이 살아있는 붓다라고 하는 이유가 바로 여기에 있다.

이와 같이 순차적으로 보시가 증대했다는 사실은 텍스트와 비문의 관계를 밝히는 데 매우 중요한 흔적이다. 3부작 중 성립이 가장 늦은 『아파다나』에는 팔리어 『열반경』에는 없고 비문에서만 확인할 수 있는 보시품들—등명燈明, 난간欄干, 등받이가 있는 사자좌, 장식 우산, 법륜—이 등장한다. 이는 불탑 유적과 대조해 보면, 정전正典 형성기에서 포스트 정전 형성기에 걸쳐 일어난 변화임을 알 수 있다. 왜냐하면 마우리야 왕조 시대 비문에서는 기둥(柱), 빗장(閂), 난간欄干, 왕관, 법륜, 등명 등 시대 흐름에 따라 보시품이 변화하여 통시적인 비교 대조가 가능하기 때문이다. 『차리야피타카』에서 설하는 붓다관이 현생에 한정된다는 사실은 바르후트 대탑 조각상 내용과 일치하며, 『붓다밤사』에서 설하는 내용은 난간欄干의 시대, 그리고 『아파다나』는 아마라바티 불탑 시대와 일치한다. 또한 『아파다나』에 등장하는 물품들은 아마라바티의 비문과는 일치하지만, 후기 이크슈바쿠 왕조의 비문과는 일치하지 않는다. 이를 종합하면, 『아파다나』의 성립 장소는 안드라 지방, 시기는 포스트 마우리아 시대 또는 프리(pre) 이크슈바쿠 시대로 추정할 수 있다.

그런데 마치 자연발생적으로 이루어지는 듯 보이는 공동체의 이러한 행위를 과연 누가 통합할 수 있었을까? 이 점에 대해 불탑 자신은 아무것도 말하지 않는다. 그 내실을 밝혀주는 것은 바로 텍스트이다. 『아파다나』의 내용은 불탑 제작 과정을 시사한다. 즉, 한 개인이 축제를 조직하고 그곳에 다양한 사람들이 모여 시주함으로써 마침내 거대한 축제가 완성된다. 이를 역사적 현실에 비추어 보면, 축제를 조직한 이 개인이 마우리아 왕조의 아쇼카 왕이고, 이어서 사타바하나 왕조 또는 슝가 왕조의 왕들이며, 모두 전륜성왕으로 여겨졌던 인물들이라는 점은 거의 의심할 여지가 없다. 최초기 비문에는 아쇼카, 사타바하나, 슝가 왕의 이름만 나타나며, 다양한 시주자들이 등장하는 것은 후대의 일이다.

이러한 경향을 반영하는 불전은 대중에게 전해진 아득한 과거의 전승이 아니라, 포스트 아쇼카 시대의 제국 통일이라는 사건과 관련된 정치·사회적 현실을 반영한, 당시의 동시대적 전기였다.

불탑이 곧 불전이며, 다양한 사람들의 행위가 만들어낸 복합체라는 점은 강조할 필요가 있다. 그것은 동시대적 다양성의 복합체일 뿐만 아니라, 다른 시대까지 포함하는 복합체이다. 즉, 역대 왕들은 자신의 치세 정통성을 표현할 때, 완전히 새로운 불탑을 세우기보다는 이미 세워져 있던 불탑에 새로운 요소를 추가했다. 주목할 점은 새롭게 덧붙여진 부조浮彫의 소재로 채택된 것이 당시 왕의 초상이 아니라, 아쇼카 왕을 비롯한 과거 왕들의 모습이라는 점이다. 그 이미지는 공동체의 집합적 기억이 표출된 것이고, 그 기억의 힘을 빌려 당시 왕의 축제가 새겨진 것이다. 미술사학자들 사이에서 일찍이 인식되던 이러한 양상은 과거를 현재에 중첩시켜 현재의 정통성을 확립하려는 중요한 방법이다. 이는 뒤에서(제5절 (4)항) 다시 논하겠지만, 초기 대승경전의 제작 수법과도 겹친다.

마지막으로, 월터스는 이 불전 3부작이 불탑이라는 축제의 공간에서 실제로 독송되었을 가능성이 높다고 말한다. 작품 형식은 모두 운문이며, 불탑과 불전에 참여하는 이들을 전면적으로 찬미하는 내용으로, 불탑이라는 장場을 무대로 낭송될 때 그 의의가 충분히 발휘되는 것이다. 이는 왕족부터 서민에 이르기까지 인도의 모든 사람을 아우르는, 인도 세계에 새롭게 탄생한 서사시였음에 틀림없다.

월터스는 불탑과 텍스트가 단순히 어느 한쪽이 다른 쪽을 모방한 것이 아니라, 각각 하나의 사유가 지닌 고고학적 측면과 인식론적 측면, 즉 형상화된 행위와 그 내면이라는 관계에 있다고 지적한다. 애초에 텍스트로서의 불전 3부작이 없다면 불탑 구축 과정의 내실을 이해할 수 없으며, 불탑에 남겨진 사실들이 없다면 3부작의 구체적 의의를 파악할 수 없다. 불탑에서의 축제와 공양 활동을 전제하지 않고는 불탑 공양을 주제로 하는 텍스트를 제작할 이유가 없으며,

텍스트에 명확하게 제시된 이념이 없다면 장대한 건조물로서의 불탑이 구축될 일도 없다. 이러한 의미에서 양자는 상보적으로 기능한다.

이 지적은 불교 세계와 교전教典의 관계에서 한 걸음 더 깊이 고찰해 볼 가치가 있다. 일반 종교학의 성전 연구에서 윌프레드 캔트웰 스미스(Wilfred Cantwell Smith)가 그의 만년 저작에서 제시했듯이, 드러난 구체적 형태로서의 성전聖典과 이른바 잠재적 형태의 성전을 구별할 필요가 있다(Smith[1993]). 또는 제2장에서 언급한 바와 같이, 제럴드 셰퍼드(Gerald T. Sheppard)가 말하는 canon 1과 canon 2의 구별이 있다. 이는 불전 연구에서도 고려해야 할 사항이며, 이 점에 대해 필자는 다음과 같이 지적한 바 있다.

> 구체적인 불전이 출현하려면, 세대를 넘어 붓다의 가르침을 기억하고 보존하는 가치와 유효성에 대한 종교적·정치적·사회적인 지적知的 또는 정서적 합의가 공동체에 미리 형성되어 있어야 한다. 주지하다시피, 붓다 자신은 불전 편찬에 전혀 관여하지 않았다. 그럼에도 불구하고, 불전이 작성되고 전승된 것은, 붓다의 가르침을 접하고 그것을 불교 세계의 중심에 두고자 하는 해석 행위의 실천 의지가 불전 출현 이전에 공동체 내부에 형성되어 있었음을 보여준다.
>
> 공동체에서의 해석 행위로 존재하는 이른바 잠재적 형태의 불전은 같은 종류의 것을 계속 발견하여 일련의 불전으로 포괄해 나가는 힘을 지닌다. 그것은 언어 텍스트의 범위를 넘어 성상聖像, 성유물聖遺物, 조형물, 건축물 등 인공물에 대해서도 동일한 지적 정서적

> 합의를 형성하고 그것들을 제작하는 데 일정한 제약과 방향성을 부여한다. 그것은 언어 차원에서 기능하면서도 비非언어적 차원의 활동들까지 동화시키며, 가치와 질서의 규범으로 작용하는 불전과 같은 성질과 기능을 그 사물들에도 부여한다. (시모다下田[2011b: 198])

월터스가 지적한 것은 바로 이러한 성전의 양상으로서의 불전과 불탑의 관계이다.

이상의 제2절 고찰을 통해 밝혀진 점은, 불탑이 불전과 불가분의 관계를 맺으며 살아있는 붓다로서 인도불교사에서 중요한 역할을 수행해 왔다는 사실이다. 고대 인도 역사상 매우 이른 시기에 슈라마나들을 정연한 질서 아래 결집시키고, 마가다 국왕을 비롯한 다양한 유력자들을 귀의歸依하게 했다고 전해지는 붓다의 위력은 당시 사람들의 눈에 경탄할 만한 사건으로 비쳤다. 물론 이러한 인상이 사실인지 아닌지 확인할 방법은 없다. 하지만 이를 사실로 해석하고 받아들인 사람들이 없었다면, 붓다 입멸 직후 사리 분배를 둘러싸고 여러 왕 사이에 쟁탈전이 시작되었다는 전승이 형성되었거나, 이후 인도 아대륙에서 제국 통일이 이루어졌을 때 사리를 정통성의 상징으로 내세우는 일은 없었을 것이다. 고고학적 유적과 불전에 기록된 붓다의 위력은 상상을 초월할 정도로 강력하며, 이는 일부 경전이나 율 텍스트에 근거하여 근대불교학이 구축해 온 역사적 붓다의 이미지로는 도저히 따라잡을 수 없다.

이러한 압도적인 힘으로 인도 고대에 펼쳐진 현실의 불교에 대해,

텍스트 세계를 담당한 이들은 과연 어떻게 다시 파악했을까? 그 한 가지 형태는 분명 이미 살펴본 불전 3부작에 나타나 있고, 이는 불탑신앙을 전면적으로 찬미하는 것이었다. 그러나 이와는 크게 다른 대처를 한 자들도 있었다. 바로 초기 대승경전의 담당자들이다. 이 주제를 고찰하기 위해서는 전통불교 경전과 초기 대승경전을 둘러싼 전승 형태의 문제를 가능한 한 명확히 해둘 필요가 있다. 이는 두 계통의 경전이 역사적으로 어떠한 기원적 차이가 있는지를 파악하는 데 불가결하다. 우선, 근년의 주목할 만한 연구를 소개하는 것부터 시작하자.

제3절 초기 대승경전 해명의 배경

(1) 길기트에서의 경장의 재발견

단 하나의 고고학적 사실 발견이 고대 역사를 둘러싼 길고 장대한 논의에 종지부를 찍고, 기존 여러 논의의 의의를 단번에 무력화시키거나 학계에 새로운 이해를 가져오는 경우가 있다. 역사 연구자라면 누구나 알고 있고, 기대하며, 때로는 두려워하는 이러한 일이, 바로 인도 대승불교의 존재 양태를 둘러싸고 일어났다.

「길기트 사본군은 어떤 건조물에서 발견되었는가」-지금으로부터 15년 전, 제라르 퓌스만(Gérard Fussman)이 발표한 50쪽 분량의 논문은 기존 대승불교 연구의 역사를 다시 쓰게 할 만큼 충격적인 힘을 지녔다(Fussman〔2004〕). 지금까지 오렐 스타인(Aurel Stein)과 실뱅 레비(Sylvain Lévi)의 보고로 그 존재가 알려졌고, 뉴델리, 로마, 도쿄, 도쿠시마(德島) 등 여러 연구 거점의 출판물을 통해 전문 연구자들이 친숙하게 다루어 온 길기트 출토 사본군이 있다. 이 사본군에는 『법화경』『반야경』『근본설일체유부율』「아바다나」 등이 포함되는데, 퀴스만은 이 논문에서 이 사본군 전체가 길기트 근교 나우푸르(Naupur)라는 곳의 한 경장經藏에서 출토되었다는 사실을 재확인했다.

이 경장을 둘러싼 발견의 역사를 종합한 결과, 대승경전인 『법화경』과 『반야경』이 6세기 말에서 8세기 초 팔로라 샤히(Palola Ṣāhi) 왕조 시대에, 『근본설일체유부율』을 교단 규범으로 삼던 이들—기존 학계의 일반적 판단에 따르면 근본설일체유부에 속한 승원—에 의해 전승되었음이 밝혀졌다. 오랜 세월 학계의 수수께끼였던 대승경전의 부파 귀속 문제에 대해, 그 전승 형태를 고고학적 연구를 통해 밝혀낸 것이다. 역경승의 기록으로만 알려졌던, 대승과 소승을 겸학하던 사원의 존재가 고고학적 사실로 실증되었다.

그 결과, 대승경전을 전승한 교단 주체에 대한 기존의 여러 가설은 설득력을 잃게 되었다. 즉, 대승비불설론처럼 전통불교 부파를 벗어난 별도의 그룹을 상정하거나, 쇼펜이 제기했듯이(Schopen〔2005b: 12-13〕) 벵골, 네팔, 구자라트 등 변방 지역에 한정하거나, 또는 오랫동안 학계 정설이었던 것처럼 전적으로 대중부에만 귀속시키는 견해는 더 이상 유지하기 어렵게 되었다. 대승경전은 북인도의 최대 부파인 근본설일체유부에 속한 경장에서 존재하며 계승되었다.

퀴스만의 논문은 한 유적지에 대한 장기간의 간헐적인 발굴 조사 실태를 통시적으로 추적하는 작업이 얼마나 중요한지를 일깨워준다. 이는 여러 사람이 오랜 시간에 걸쳐 조사한 기록들을 면밀히 추적하고, 80년 이상 세계 각지에 흩어져 있던 정보를 분석적으로 수집하는 고고학적 노력을 통해서 비로소 가능해진 작업이다.

특히 사본에 관한 고고학적 정보의 경우, 발굴 지점에서 유통에 이르기까지 여러 지점에서 복수의 브로커들이 개입하여 정보를 은닉하기 때문에 정확한 발굴 장소에 대한 정보를 입수할 가능성은 극히 낮아진다. 스코이엔 컬렉션이나 바주르 사본 등의 귀중한 발견에서도 그 사본들이 어느 승원, 어느 불탑에서 나온 것인지, 지리상의 지점으로 파악하는 것은 쉽지 않다. 따라서 설령 아함경전과 대승경전이 동일한 수집 컬렉션에 포함되어 있음이 밝혀지더라도, 그 원초적인 보존 형태는 수수께끼로 남아, 고고학적 증거만으로 대승불교의 존재 양태를 단정하기는 어려웠다. 하지만 퀴스만의 논문은 이 수수께끼를 풀어주었다. 그 배경에는 인도 문화권 최북단에서 단 하나의 건물이 파괴되지 않은 채 1,300년 이상 존속했고, 그곳에서 나온 사본이 세계 각지에 보존되었으며, 그 과정에 대한 기록까지 남아 있었다는 여러 우연이 작용했다. 이는 고대 인도불교의 역사학적 연구가 얼마나 많은 어려움 속에서 진행되는지, 제1절에서 언급한 내용을 구체적으로 보여주는 귀중한 연구 사례이다.

이 연구는 쇼펜(Schopen)〔2009〕이 문제를 다소 축소하는 형태로 비판적으로 계승했고, 그 후 폰 히뉘버(von Hinüber)〔2012〕는 이 두 연구를 바탕으로 『법화경』의 연구 보고로서 그 발견의 의의를 소개했다. 퀴스만의 논문 자체가 폰 히뉘버의 선행 연구와 견해에 많은 영향을 받았고, 두 연구를 종합하면 이 경장 사본에 대해 신뢰할 만한 정보를 얻을 수 있다. 수장되어 있던 문헌은 57개 표제를 가진 50본의 사본군으로, 17개의 아바다나를 포함하며, *Vinayavastu, Vina-*

yavibhaṅga, Karmavācanā, Ekottarikāgama, Dharmaskandha, Vajracchedikā, Samādhirājasūtra, Saddharmapuṇḍarīkasūtra, Aṣṭādaśāsāhasrikā-prajñāpāramitā, Pañcaviṃśatisāhasrikā-prajñāpāramitā 등을 포함하고 있다. 아바다나의 경우, 개별 문헌으로 존재했는지 아니면 거대한 단일 사본에 포함되었는지는 불분명하다고 한다.

아마도 2층 건물이었던 이 '불교도서관'은 관리자인 승려(들)의 거주지이기도 했다. 폰 히뉘버는 그 승려(들)가 지역 의례를 집행하거나 조언을 했으며, 동시에 지역민을 위한 의료 활동에도 관여했을 가능성을 추측한다. 이곳에서 출토된 『법화경』의 발문跋文에 따르면, 『법화경』 독송을 중심으로 한 의례가 존재했고, 여기에는 많은 이란계 재가신자들이 관여했다. 시주자들의 이름이 부르샤스키 방언으로 변형된 것을 보면, 의례가 지역화되어 정착했음을 알 수 있다. 『법화경』의 신봉자들은 길기트 지역의 주민뿐만 아니라 중앙아시아에서 이주한 이란계 사람들일 가능성이 높다. 이주민과 지역 주민 간 교류에 승원이 중심적인 역할을 했다는 점은 고대 인도의 승원-불탑을 둘러싼 상황과 공통된다.

이러한 의례에 법사法師(dharmabhāṇaka)라는 칭호를 가진 출가자가 관여했음은 틀림없다. 그들은 사본 서사書寫에 직접 관여했거나, 경전 봉헌奉獻 의례에만 관여했을 가능성이 있다. 인더스강 상류에 남아 있는 비문 내용과 일치하는 점으로 보아, 이들은 지방을 유행遊行하던 출가자였으며, 그 모습은 시모다(下田)〔1997〕가 지적한 「원시 대승열반경」의 법사와 일치한다고 폰 히뉘버는 말한다. 그리고 이 법사는 "다양한 민족적 배경을 가진 재가신자의 이익과 공덕을 위해 당시 존재하던 『법화경』 사본 중 하나를 서사하게 하였다. 이는 『법화경』이 길기트 범위를 넘어 여러 민족에게 널리 신봉되었음을 보여준다"라고 결론지었다.

이제 대승경전을 둘러싼 의례와 법사의 관계를 밝힌 이 연구들을 어떻게 평가할 것인가, 이는 초기 대승경전을 이해하는 데 중요한 과제이다. 여기서 주목해야 할 점은, 대승경전을 둘러싼 이러한 사건들이 6세기 말에서 8세기 초에 이르는 파롤라 샤히 왕조 치하 길기트 불교문화 속에서 일어났다는 사실이다. 이제 이 사례가 지역과 시대를 어느 정도 초월하는 보편적인 상황을 보여준다고 이해할 수 있는지 검토해야 한다.

먼저, 지역적 확산의 관점에서 보면, 답은 간단하다. 예를 들어, 『반야경』이 벵골 지방 비문에 나타나고 스리랑카에서 그 실물이 발견된 사실은 대승경전 유포가 남아시아 전역의 현상이었음을 보여준다. 이 경장에서 확인된, 대승경전을 신봉하는 현상은 길기트 지방 문화에만 한정된 것이 아니라 남아시아의 보편적인 사례로 이해할 수 있다.

반면, 시대적 간극을 넘어선 보편성의 문제는 답하기가 쉽지 않다. 즉, 이 길기트에서의 의례가 기원 전후 초기 대승경전 출현 시대부터 500년 이상 변함없이 계승되었음을 보여주는 것인지, 아니면 전파 과정에서 의례화된 것인지 하는 물음에는 사례가 유일하여 단정하기 어렵다. 현시점에서는 그 기원으로부터 상당히 시간이 흐른 뒤에 나타난 의례로서, 제한적으로 이해하는 것이 타당할 것이다. 이 점에 대한 판단은 제4절 이하에서 다룰 본 장의 주제 자체와 관련되므로, 거기서 다시 논하기로 한다.

(2) '전통경전'의 전승 형태와 승원의 소유자

앞항에서 고찰한 길기트/나우푸르(Naupur)의 경전 전승 사례는, 경전은 출가자가 관리하더라도 그 전승은 재가자 집단의 힘으로 실현되었음을 보여준다. 사실 이러한 전승 형태는 후대 길기트에서만 나타나는 것이 아니라, 전통불교의 아함, 니카야, 아비다르마에서도 공통적으로 나타난다.

근대불교학에서는 언제부터인가, 전통불교 경전의 저자는 붓다이므로 의문을 제기할 필요가 없지만, 대승경전만큼은 붓다가 저자일 수 없으므로 그 경전을 '날조'한 저자가 누구인지 물어야 한다는 과제가 제기되기 시작했다. 하지만 현재 입수 가능한 자료에 근거하는 한, 곰브리치(Gombrich)〔1988: 33〕가 지적했듯이, 전통불교 경전조차도 그 저자를 묻기는 어렵다. 가장 오래된 경전으로 여겨지는 「앗타카박가(Aṭṭhakavagga)」조차도 그 가르침이 붓다에게서 기원했다고 단정할 수 없다. 현존하는 역사 자료의 상황에 근거하여, 먼저 질문을 적절하게 다시 설정할 필요가 있다. 이는 경전의 저자를 묻는 것이 아니라, 경전의 전승 형태를 물어야 한다는 것이다.

다시 설정한 이 질문에 대한 전통불교의 해답을 찾는다면, 이미 폰 히뉘버(von Hinüber)〔1989〕가 주목한, 팔리 율장의 「입우안거건도入雨安居犍度」의 구절을 명쾌한 예로 들 수 있다. 경전을 암송하는 것은 재가자인 우파시카(여성 재가신자)이다(*Vinayapiṭaka* i. 140-142). 그녀는 승원과 경장을 건립한 후, 자신이 암송하는 경전이 없어지기 전에 승가에 전승하기 위해 출가 비구를 초청한다. 이러한 경우에 비구는 일주일에 한해서 안거를 중단해도 좋다고 붓다는 지시한다.

이에 대응하는 한역 『근본설일체유부율』의 해당 부분에는 우파사카(남성 재가신자)가 sūtra, mātṛkā 및 관련 주석서의 서사를 마친 후, 출가자를 기념행사에 초대하는 내용(Taisho No. 1445, vol. 23, 1042c28-1043a3)이 나온다. 이는 앞서 살펴본 길기트 경장에서 확인된 서사 경전의 계승 형태, 즉 재가자가 서사 행위의 조직화에 중요한 역할을 한 것과 부합한다. 한편, 산스크리트 사본과 티베트어역은 서사에 대해서는 언급하지 않고, 경전을 설하고(uddiṣṭa) 보급하는(pravṛtta) 이가 우파사카임을 밝히고 있다(Shono〔2010: 47〕). 『십송율』의 해당 부분에서는 경전명을 구체적으로 '대경大經(mahāsūtra)'으로 열거하고 있으나, 그 독송 또는 서사를 하는 주체가 우파사카나 우파시카라는 기술은 없다(Taisho No. 1435, vol. 23, 174b17-c3). 그러나 이 규정의 취지는 재가자와 경전을 공유하기 위해 안거를 중단하는 것이므로, 재가자가 경전에 매우 높은 관심을 보였음은 분명하다. 또한 이 mahāsūtra라는 이름은 대승의 『열반경』이 스스로를 칭하는 이름이며(Habata〔2007〕), 양자 사이에 어떤 관계가 있을 가능성이 있다.

이와 같은 율장의 기술이 대승경전 보존에 관한 기록과 합치한다는 점은 더욱 주목할 만하다. 법현이 인도에서 대승 『열반경』의 사본을 어떻게 입수했는지에 대해, 『출삼장기집』에는 마가다국 수도 파탈리푸트라(Pāṭaliputra)에 있는 아쇼카 왕이 건립한 불탑인 천왕정사天王精舍에서 카라세나라는 우파사카에게서 원본을 입수했다고 기록하고 있다(Taisho No. 2145, vol. 55, 60b2-7). 또한 현존하지는 않지만 지맹智猛이 번역했다고 전해지는 20권본 『열반경』에 대해서도 거의 동일하게 기록되어 있다. "파탈리푸트라에 많은 일족을 거느리고 대승을 숭상하며 모든 전적에 통달한 브라만이 있었다. 그의 집에는 가로세로 8척, 높이 3척의 은제 불탑이 있고, 사방 감실龕室의 은상銀像은 높이가 3척 이상이며, 많은 대승경전을 소장하고 다양하게 공양하고 있다. 이 브라만에게 '귀국貴國에는 대승이 있습니까?'라고 물었는데 '대승만이 있습니다'라고 답하자, 그는 경탄하며 『열반경』을 주었다"라고 한다(Taisho vol. 55, 60b13-22). 이러한 기록은 대승불교에만 특유한 것으로 여겨져 왔지만, 앞에서 본 율장 기록과 길기트 경장 사례를 함께 고려하면, 전통불교 경전이든 대승불교 경전이든 관계없이 불교 일반의 사례로 이해하는 것이 자연스럽다.

이와 관련된 과제가 있다. '애초에 승원의 소유자는 누구인가, 출가자였는가, 재가자였는가'라는 질문이다. 그 해답에 따라 경전이 어디에 속하는지에 대한 이해가 달라진다. 쇼펜(Schopen)〔2004a: 219-259〕은 비문에 등장하는 'vihārasvāsmin'이라는 말에 주목하고, 승원이나 승원에서 사용되는 사물의 소유권 귀속 문제를 『팔리율』과 『근본설일체유부율』의 여러 사례를 대상으로 상세히 검토하였다. 그 결과, 승원의 실질적 소유권은 시주한 재가자에게 귀속되며, 출가자들이 소유했던 것은 이른바 그 이용권이라는 결론에 이르렀다.

율장을 대상으로 특정 주제를 검토할 때는, 여러 장章에 흩어져 있는 단편적인 기술들을 방대한 전체에서 찾아내어 검토하는 방법을 택할 수밖에 없다. 승원의 소유권이라는 주제도 마찬가지이다. 무엇보다 '소유권'이라는, 근현대에 와서야 완성된 개념을 통해 고대 인도불교 세계에서 이루어졌던 사물 교환을 일괄적으로 해석하려는 위험성을 고려해야 한다. 쇼펜은 이러한 상황을 충분히 자각하고 있다. 이를 바탕으로 『팔리율』에 산재하는, 우파사카에 대한 "그대의 승원(tuyhaṃ vihāre)", "그의 승원(tassa vihāre)"이라는 표현과 "어떤 우파사카 승원의 사물(aññatarassa upāsakassa vihāraparibhogam)"이라는 표현에 주목하여, 『팔리율』에서 승원 소유권은 우파사카에게 귀속되었다고 본다.

이어서 쇼펜은 『근본설일체유부율根本說一切有部律』을 검토한다. 그는 다음과 같은 점들을 근거로 'vihārasvāsmin'이라는 명사가 '소유자'를 지칭하기에 적합하다고 보았다. 첫째, 시주자가 승원 방 사용과 유지 방법에 대해 상세히 지시하고 승려는 그 지시에 따라 행동 규범을 변경했다. 둘째, 승원에서 행해야 할 일상적인 의식에 시주자의 의향을 지속적으로 반영해야 했다. 셋째, 시주뿐 아니라 유지에도 지속적인 지원이 필요했으므로 시주자는 승원 운영에 계속 관여했다. 영구永久 공양 실시를 조건으로 재가자의 시주가 이루어졌고, 승원에서는 이를 계속 실행했으므로 재가자는 의식에까지 관여했던 것이다. 출가자의 책임은 시주를 받아 건립한 시설과 물건을 계속해서 적절하게 사용하는 데 있었다. 출가자가 보시를 받고 그 보시물을 계속 사용하는 것이 시주한 재가자의 복덕을 증장시킨다는 이해가 양측 간에 성립했기 때문이다.

승원의 실질적인 소유자가 시주자라면, 그곳에 설치된 경장이나 경전-경우에 따라서는 율장까지-도 출가자만의 소유라고 할 수 없다. 이 결론은 앞서 살펴본 율의 기술에서 나타난 재가자에 의한 경전의 암송이나 서사에 의한 전승에 대한 문제와도 일치한다.

이러한 사실들을 전제로 하면, 승원에서 생산된 지적 재산은 재가자가 어떤 형태로든 그 혜택을 누릴 수 있도록 해야 한다고 이해해야 할 것이다. 재가자 윤리에 친숙한 아바다나가 다량으로 율에 포함된 경위도 이해할 수 있으며, 아함이나 니카야로 대표되는 전통불교 경전에서 재가적 성격(Cf. Manné〔1990〕, 후쿠다福田〔2011〕)이 나타나는 이유도 이해하기 쉽다.

전통불교 경전의 서사를 둘러싼 재가와 출가의 상호 관계는 비교적 최근까지 변하지 않았다. 근년, 탐마가이 연구소는 스리랑카, 태국, 미얀마, 캄보디아, 라오스, 란나(Lanna)에서 수집한 방대한 사본 가운데 49점을 선별하여, 전례 없는 엄밀한 교정을 목표로 『디가니카야』 「계온품」의 파일럿판을 완성했다. 이 사본들의 몇몇 발문跋文을 검토해 보면, 경전 서사를 출가 승려가 한 경우도 있고, 우파사카로 여겨지는 재가자가 한 경우도 있다. 앞서 살펴본 율에서의 경전 보존을 둘러싼 규정, 그리고 길기트에서의 대승경전 서사 사례와 일치함을 알 수 있다.

(3) 불전=불탑에서 나타나는 대승불교의 여러 이념

이상에서 보듯, 경전 전승 형태에 관해서는 전통불교와 대승불교 간에 뚜렷한 차이를 발견하기 어렵다. 이 고찰 결과를 바탕으로, 초기 대승경전의 출현 배경에 대해 제2절의 고찰 결과를 되짚어 보자. 제2절에서 불탑과 불전을 고찰한 결과, 과거불에서 미래불까지 포괄하는 발전된 붓다관, 대중 구제를 목표로 하는 자비, 나아가야 할 길로서 제시된 보살·독각·성문의 구별, 보살 서원에 의한 중생구제 이념 등, 기존에 대승불교의 특징적 요소로 여겨지던 것들이 이미 모두 나타나 있음을 확인했다. 이에 더하여 붓다의 가르침이 반드시 소멸한다는 점, 그리고 그 가운데 『붓다밤사』의 길이 확립되어 중생을 인도한다고 설하는 점을 고려하면, 여기에는 이미 법멸法滅사상까지 갖추어져 있어 대승경전 성립에 필요한 요소가 완비되었음을 알 수 있다.

특히 불전이, 보살과 함께 다시 태어나 살아가는 사람들이 이루는 공동체 전체의 이야기이며 중생이 석가보살과 함께 열반으로 나아가는 존재라는 점은, 시즈타니(靜谷)〔1974〕가 말한 '누구든지 보살'이라는 개념과 상통한다. 대승경전이 그 내용상 보살승과 같은 의미로 보아도 무방하다는 점은 대승불교 연구자라면 예외 없이 인정하는 바인데, 이는 이미 불탑=불전이라는 맥락에서 나타나고 있다.

실제로 여기서 열거한 찬불승讚佛乘, 삼승三乘, 서원, 자비, 붓다관, 불탑, 법멸사상 등의 개념은 지금까지 대승불교 연구에서 주요 주제로 논의되어 왔다. 대승경전이 출현한 시기가 기원 전후라고 한다면, 이는 앞 절에서 논한, 세계 이야기로서의 불전과 불탑이 인도 전역에서 융성했던 시기와 겹치므로, 연구자들의 이러한 견해는 정확하다. 그렇다면 초기 대승경전은 이러한 인도불교사 속에 자연스럽게 위치할 수 있었을 것이다. 그럼에도 불구하고 연구자들은 그렇게 하지 않은 채, 한 가지 과제에 대해 계속 고민해 왔다. 여기에서 드러나는 불교의 모습이 근대불교학에서 공유하던 '역사적 붓다'나 '원시불교'의 이미지와 전혀 부합하지 않기 때문이다. 연구자들은 그 이미지를 바꾸어 고고학적 사실에 이해를 맞추려 하지 않고, 불전이나 불탑에 나타나는 특징, 그리고 그 요소를 지닌 대승불교를 '정통적'이며 '순수한' 승원불교에서 철저히 배제해 왔다.

연구자들은 지금까지 '역사적 붓다'나 '원시불교'를 구상할 때, 니카야의 일부 경전에 근거하거나 율의 일부 기술에 근거하여 진행해 왔다. 전자로부터는 이성적인 철학 사상을 설하고 인류를 보편적인 인간애로 이끄는 붓다의 불교를 상정하고, 후자로부터는 소유나 세속의 삶과 무관하게 청빈을 철저히 지키며 자력으로 수행에 힘쓰는 수행자의 불교를 도출했다. 그러나 필립 알몬드(Philip C. Almond)가 『영국의 불교 발견』(Almond〔1988〕)을 출간한 이후, 적지 않은 식자들이 지적했듯이, 그 이미지는 한정된 문헌에 근거하여 근대 특유의 가치관이나 이념을 덧붙여 만들어진 것이다. 이는 모두 현대 사회가 요구하는 종교의 이상상을 투영한 것이지만, 연구자들은 그 이미지가 형성되는 과정의 문제점을 인식하지 못하고 있다. 전자의 문제, 즉 이성적 철학자 또는 인류 보편의 도덕가로서의 붓다라는 문제에 대해서는 이미 여러 차례 논의했으므로(시모다下田〔2005a〕〔2005b〕〔2005c〕) 생략하고, 여기서는 율의 기술에 근거하여 '원시불교'를 복원하는 문제점을 다루고자 한다.

제도적 측면에서의 불교 연구는 헤르만 올덴베르크(Hermann Oldenberg)가 『팔리율』 텍스트를 출판하고 불교 교단을 고찰하면서 시작되었다. 그는 「파티목카(Pātimokkha)」를 '원시불전'의 핵심으로 보고, 거기에 세속을 떠난 출가자들의 청빈한 모임을 상정하며 그것을 본래의 불교로 간주했다. 올덴베르크, 그리고 그에 공감하는 리스 데이비즈(T.W. Rhys Davids)가 부여한 이러한 제도적 불교의 이미지는 이후 학계에서의 불교 이해에 큰 영향을 미치며 오늘날까지 뿌리 깊게 살아남아 있다.

일본 학계에서 공유되는 '원시불교' 이해도 이러한 영향 아래 있다.

주지하다시피, 히라카와의 초기 대승불교 연구는 율장 연구를 바탕으로 성립했다. 그리고 그의 율장 이해는 명저 『원시불교 연구－교단 조직의 원형』(히라카와平川〔1964〕)에서 보듯이, 「파티목카」를 기반으로 하는 「경분별經分別」에 근거하며, 그 전제에는 올덴베르크와 리스 데이비즈의 계율 이해가 깔려 있다. 이로 인해 불교 교단 실태에 대한 이해는 현저히 이념적으로 치우쳐, 불탑이나 불전으로부터 이해되는 불교와는 양립할 수 없게 되었다. 불탑신앙을 논할 때, '재가 불탑 교단'이라는 별도의 제도를 상정할 수밖에 없는 가장 큰 이유가 여기에 있었다.

그렇다 하더라도 율장 연구자가 승원불교에 대한 고찰에서 스스로 율장의 불탑 기술을 배척해 버린 것은 유감스러운 일이다. 히라카와는 율장의 불탑 기술에 대해서도 바로(Bareau)의 연구에 의존하지 않고 독자적으로 발견했으며, 때로는 바로보다도 더 상세히 그 기술을 분석했다. 그럼에도 불구하고 『팔리율』에 불탑 기술이 없다는 사실과 『열반경』에서 사리공양을 부정한다는 해석에 근거하여, 율의 불탑 기술을 가상의 재가-불탑 교단의 영향으로 이해했다. 불탑신앙의 존재를 거듭 지적하면서도 『팔리율』을 최고로 여기는 태도를 바꾸지 않았다. 이로 인해 학계에는 이전보다 『팔리율』에 더욱 편중하는 경향이 정착했다.

이러한 경향은 서구에서도 마찬가지이다. 앞서 언급한 월터스의 논문에서는 이 편견을 바로잡기 위해 많은 지면을 할애하였다. 그에 따르면, 불전 3부작은 '역사적 붓다'의 존재를 모호하게 만든다는 이유로 출판 당시부터 평판이 매우 나빴고, 오랫동안 연구에서 배제되었다. 텍스트는 교정이 부실하고, 절판된 채 오랫동안 입수할 수 없는 상태였다. 텍스트 연구자들로부터 배척되었기 때문에, 고고학자나 미술사학자도 그 내용을 알 수조차 없었다. 이렇게 하여 텍스트 연구와 고고학적 연구는 적절한 접점을 찾지 못한 채 지금에 이르렀다.

여기서 불교 연구자는 『팔리율』의 자료로서의 의의를 다시 평가할 필요가 있다. 팔리어 자료를 어떻게 평가하고 어떻게 다루어야 하는지에 대해, 스티븐 콜린스(Steven Collins)는 20여 년 전 치밀하게 고찰한 바 있다(Collins〔1998: 52-55〕). 전승자들에게 팔리어로 기록된 텍스트는 베다 성전과 마찬가지로 역사와 지역을 초월한 보편적 존재로 간주되며, 공간적으로는 불교가 전파된 지역 전역에, 시간적으로는 '샤카무니 붓다' 시대부터 미래불 시대까지를 포괄한다. 이러한 공용어(lingua franca)로서의 성격을 지닌 언어로 구성된 텍스트에 붓다가 살았던 고대 인도 마가다 지방의 역사가 투영되었다고 보기는 어렵다. 팔리어 성전에서 '초기불교'를 찾으려는 시각에 대해 콜린스는, 베네딕트 앤더슨(Benedict Anderson)의 『상상의 공동체』(Imagined Communities)에 나오는 지적을 인용하며, "성스러운 언어는 그것을 통해 과거의 위대한 세계적 공동체가 상상되는 매체"로 이해해야 한다고 비판한다. 현재의 팔리어 자료는 테라와다의 전통을 형성한 강력한 힘에 의해 구성·보호·계승되어 온 것이다. 그 내용을 그대로 고대 인도의 역사로 간주한다면, 붓다와 그 시대를 이상화하고 타락한 현대를 대비적으로 재구성하려는 테라와다 전통의 의도에 완전히 빠지게 될 것이다.

인도 아대륙에서 펼쳐진 불교의 역사적 실태를 파악하고자 할 때,

위에서 언급한 『팔리율』의 특징은 그대로 단점이 되기도 한다. 다른 율에는 있는 불탑 관련 기술이 없다는 점이, 『팔리율』을 사용했던 교단에 불탑이 존재하지 않았음을 증명하는 것이냐고 묻는다면, 고고학적 사실과 확인 가능한 범위 내 불교의 현실적 모습에 근거할 때, 대답은 명확히 '아니다'이다.

제4절 서사 행위의 등장과 대승경전의 출현

(1) 서사 경전과 이설異說의 공존

이상 제2절과 제3절의 고찰을 통해 밝혀진 것은, 초기 대승경전이라는 텍스트가 출현하기 위한 전제가 된 텍스트 외부의 사회적·제도적 역사 상황이다. 그 해명 방법은 제1절에서 논한 인문학의 방법론으로 말하자면 역사학적 방법에 해당한다. 제2절에서는 불탑을 둘러싼 고고학적 조사 결과를 제시했는데, 이는 초기 대승경전이라는 텍스트가 출현한 시대의 텍스트 외부 상황이며, 대승경전의 내용을 검토한 것은 아니다. 제3절에서 『법화경』을 둘러싼 의례의 존재 상황을 언급할 때도 그 발문跋文에 근거했을 뿐, 『법화경』 자체의 독해와는 아무런 관계가 없었다. 발문은 외부에서 텍스트 본체에 사후적으로 덧붙이는 메타데이터로, 텍스트 내부의 언어와는 차원이 다르다. 발문에서 드러나는 역사는, 텍스트 내용과 직접 관련 없는, 사물로서 그리고 역사적 산물로서의 『법화경』을 둘러싼 역사이다.

초기 대승경전을 텍스트 외부와의 관계 속에서 해명하고 역사적으로 파악하려 할 때, 현재까지의 연구 및 역사 자료 상황에서는 제3절까지 제시한 내용이 우선 하나의 도달점이라고 할 수 있다. 지금까지 대승불교의 교단적 또는 제도적 기원에 대해 여러 가설이 제기되었지만, 그 어느 것도 제3절까지의 고찰 수준을 넘어서지 못한다.

대승의 기원을 탐구하는 대부분의 연구는 경전에 설해진 내용을 그대로 제도적 역사로 간주하려는 경향이 있다. 예를 들어, 히라카와(平川)〔1968〕는 대승불교 전체가 재가 불탑 교단에 기원을 둔다고 주장했고(재가-불탑 기원설), 부셰(Boucher)〔2008〕는 『호국장자소문경護國長者所問經』이 아란야 거주 비구에게서 비롯되었다고 보았다(아란야 비구 기원설). 또한 가라시마(辛嶋)〔2005〕는 『법화경』이 촌락 거주 비구들을 배경으로 한다고 했으며(촌락 비구 기원설), 하카마야(袴谷)〔2002〕는 악업소멸 의례 집행 집단을 상정했다. 이러한 연구들은 역사학적 방법과 사상적 혹은 언어·문학적 방법을 혼동하는 방법적 결함을 안고 있다.

쇼펜(Schopen)〔2004a〕이 제기한, 인도에서의 원전 자료 부재와 『근본설일체유부율』 내용과의 대비를 통해 대승의 역사적 존재를 축소하려는 주장은, 기원후 1세기 대승경전의 존재를 보여주는 바주르 사본을 포함한 간다라어 사본의 존재에 의해 반박된다. 길기트에서 출토된 『근본설일체유부율』과 대승경전이 동일한 경장經藏에 보존되어 있었다는 사실 역시 이러한 맥락에서 재평가되어야 할 것이다. 한편, 오랫동안 학계에서 지지받아 온 대중부 기원설에 대해, 아발로키타브라타(Avalokitavrata)의 증언은 대중부에 대승경전이 존재했음을 보여주지만, 그것이 대중부에만 한정되었음을 의미하지는 않는다. 오히려 길기트/나우푸르(Naupur) 경장의 존재로 인해 더욱 설득력을 잃었다.

사사키(佐々木)〔2002〕가 제시한, 율의 파승破僧 정의 변경에 따른 이설異說 발생으로 대승이 생겨났다는 가정은, 무엇보다 가설 위에 또 다른 가설을 쌓는 방법론적 문제를 안고 있다는 점은 이미 지적한 바와 같다(제2장 129페이지 주 7). 이와 더불어 네 가지 문제를 남기고 있다. 첫째, 이 파승 정의 변경에 대한 주장이 기원후 5세기 한역 자료 『마하승기율摩訶僧祇律』의 단 한 곳 기술을 기원전 3세기 중반 인도 비문에 나타난 사건과 동일시하여 이루어졌다는 점이다. 700년이라는 시간 간격이 있는 다른 언어의 문헌 자료와 비문 내용이 정확히 일치한다고 주장하려면, 이 한어 문헌이 인도 역사를 절대 연대별로 거의 현미경 수준의 정확도로 복원할 수 있는 사료임을 먼저 입증해야 한다. 둘째, 이 사건과 대승불교의 출현 사이에는 200년이라는 간격이 있는데, 그 공백을 메울 설명이 필요하다. 셋째, 출현한 이설異說이 어떻게 다음 세대로 전승되는지 그 과정을 밝혀야 한다. 넷째, 그 이설의 내용이 어떤 이유로 현존하는 대승경전 특유의 다양성과 특징으로 나타났는지 설명할 필요가 있다. 이 세 번째와 네 번째 문제는 본 장의 주제이며, 이하 차례로 논하고자 한다.

이상에서 사회적·제도적 관점에서 대승불교 기원을 해명하려는 어떤 학설을 보더라도, 제3절까지 검토한 내용을 만족시킬 만한 것은 없어 보인다. 연구자는 이제 어디로 향해야 하는가.

다시 한번 초기 대승불교를 둘러싼 문제 상황으로 돌아가, 그곳에서부터 다시 출발할 필요가 있다. 대승불교를 둘러싼 가장 큰 수수께끼는 대승불교가 흥기한 기원 전후부터 수세기에 걸쳐 사회적·제도적으로 아무런 흔적을 남기지 않고 오로지 텍스트만으로 존재해 왔다는 점에 있다. 불탑이나 불상을 둘러싼 의례가 여러 부파에 보편적이며 대승 특유의 현상이 아니라는 점, 그리고 현존하는 가장 오래된 사본에 대승의 경전이 포함되어 있다는 점으로 인해, '서사된 텍스트로 존재하는 대승불교'라는 특징은 더욱 확고해졌다. 그렇다면 대승불교를 해명하기 위해서는 서사 텍스트 내부에 대한 해명으로 들어갈 수밖에 없다.

여기서 단순히 텍스트라고 하지 않고, '서사' 텍스트라고 한정하는 것은 중요하다. 왜냐하면 이미 제1장과 제2장에서 논했듯이, 구두 전승과는 형태가 다른 서사 텍스트의 출현이야말로 대승불교 흥기의 가장 큰 계기라고 생각되기 때문이다. 본서 제2장에서 다음과 같이 말한 바 있다.

> … 삼장 전승 과정에서 어느 시기 – 근년 발견된 인도어 사본들의 연대, 한역 연대, 팔리어 전승을 고려할 때, 아마도 기원 전후 – 에 '서사'라는 기술이 도입되었다. 이를 계기로 아함·니카야에 포함된 각 경전의 제작이 멈추고, 전승자 중 일부는 불설의 정통성에 의문을 제기하며 불설과 직접 마주하려는 보살의식을 가지고 경으로서의 불설을 계승하기 시작했다. 이들의 경전 계승 활동은 기존 불전을 정리·분류하는 작업이 아니라, 서사 경전의 지속적인 생성으로 나타난다. (본서 159페이지)

본 장의 결론도 여기에 있다. 서사 행위와 서사된 텍스트라는 특성에 주목하면, 대승경전의 특성과 그 존재 형태를 둘러싼 상황은 지금까지

보다 훨씬 더 명료해질 것이다. 경전 속에 나타나는 서사 또는 경권숭배 관련 기술에 주목한 연구는 지금까지도 많이 있었다. 그러나 그것들은 모두 경전에서 설하는 서사나 경권이라는 말을 경전의 발전 단계나 신앙 형태를 논하기 위한 형식적 기호로 사용했을 뿐, 문자화가 경전 내용 형성에 깊이 관여한다는 중요한 문제는 고찰 범위에서 제외했다. 이에 대해 여기서 주목하는 것은, 서사 텍스트의 출현으로 텍스트 외부 제도에서 고도로 독립한 텍스트 내부의 언설 공간이 생겨나고, 그 안에서 불설의 정통성과 진정성을 둘러싼 새로운 의식이 길러질 수 있다는 점이다.

구두 전승에서 서사 텍스트로의 매체 전환이 과연 대승경전 출현이라는 큰 사건을 일으킨 계기가 될 수 있는지 쉽게 이해하기 어려울 수도 있다. 그러나 지식 전승 과정에서 구전口傳에서 서사로의 이행이 문명사에 한 획을 그은 혁명적 사건이었다는 점은 사상사 연구에서 현재 널리 인정되고 있다. 본서 제6장에서 논하듯이, 옹(Ong)〔1982〕과 그레이엄(Graham)〔1987〕을 참조하면 이 주제의 중요성은 더욱 분명해진다.

한편, 불교학 분야에서는 팔리경전이 지닌 구전적 특징에 주목한 연구가 1983년 랜스 카즌스(Lance Cousins)의 논문 이후, 오스카 폰 히뉘버(Oskar von Hinüber), 마크 앨론(Mark Allon), 스티븐 콜린스(Steven Collins), 루퍼트 게틴(Rupert Gethin) 등에 의해 이루어졌다. 그러나 이와는 대조적으로 서사 경전 출현이 갖는 적극적 의의에 대해 논한 것은 곰브리치(Gombrich)〔1988〕, 콜(Cole)〔2005〕을 제외하고는 거의 존재하지 않는다.

대승불교의 흥기에 서사 경전의 출현이 계기가 되었다는 견해를 최초로 제시한 것은 리처드 곰브리치이다. 그의 논고는 간략하며, 무엇보다 대승경전 내용을 다루지 않았다는 한계가 있지만, 최초로 이 주제에 주목하게 한 논문으로서 중요한 의미가 있다. 곰브리치는 카즌스의 연구를 바탕으로 팔리경전이나 율전이 문자의 존재를 전제로 하면서도 그것에 의존하지 않고 구두 전승을 주로 사용하였다는 점을 입증하는 데 많은 지면을 할애하였다. 팔리·니카야와 같은 교설을 조직적으로 남기려면, 불교에 선행하는 베다 전승 시스템을 모범으로 삼으면서 암송 체계를 제도적으로 구축하는 것이 불가결하다. 이 경우 전승되는 교설은 승가 공동체의 승인이 필요하므로, 이 상황에서는 이설이 발생할 수 없고, 설령 발생하더라도 전승 과정에서 도태되기 마련이다. 여기에 팔리 교전이 갖는 기본적인 보수성이 있다. 그러나 서사가 출현하면서 이러한 제도적 제약은 깨지고, 이설이 전승에 섞여들어 남기 시작한다.

> 이러한 〔공동체에서 전승되는 구전 특유의〕 상황에서는 현재의 가르침을 비판하거나 명백히 새로운 무언가를 소개하는 어떤 텍스트도 살아남을 기회가 없다. 수백, 아니 수천 명의 비구, 비구니, 재가신자들이 새로운 가르침을 마음에 새기는 비전이나 다른 영감을 받았을 가능성이 있으며, 그들이 이러한 가르침을 담은 텍스트를 작성했을지도 모르지만, 우리는 그것을 결코 알 수 없다. 왜냐하면 서사가 없으면 그 텍스트들은 보존될 수 없기 때문이다.
> (Gombrich〔1988: 38〕)

이 구절은 사사키(佐々木)〔2002〕의 주장과 대조해 볼 필요가 있다. 사사키의 지적처럼, 만약 파승 정의의 변경이 승가 내부에서의 이설 발생과 공존의 계기가 되었고, 이에 더해 아쇼카 왕이 승가에 개입했다고 가정해 보자. 그다음 고려해야 할 점은, 거기서 발생한 이설이 어떻게 살아남아 다음 세대로 계승될 수 있었는지이다. 어떤 지식이든 이미 구축된 지식 보존·전승 시스템에 의존하여 계승될 수밖에 없다. 설령 외부 사건으로 교단 내에서 이설이 발생하더라도, 지식 전승 시스템이 변하지 않는 한 그 새로운 설이 보존되거나 계승될 수 없다. 그러나 불佛의 입멸 후부터 아쇼카 왕이 출현하기까지, 적어도 백 년 이상 승가가 구축해 온 구두 전승 시스템은 쉽게 바꿀 수 없다. 따라서 설령 새로운 설이 생겨나더라도 살아남기 어렵다. 전통경전이나 율전이 어떤 부파를 막론하고 거의 공통된 내용을 가지고 오늘날까지 보존되었다는 사실은 이 전승 시스템에 변화가 없었음을 보여준다. 그러나 서사가 도입되자, 그것은 지식 계승의 전혀 다른 기술로 기능하기 시작한다. 거기서는 이미 구전으로 고정된 설과 그것을 벗어난 새로운 설이 동등한 권리를 가지고 살아남아 다음 세대로 계승될 기회를 얻는다. 물론,

> 서사된 작품도 소멸할 수 있으며, 제도적 기관의 보호가 없다면 그럴 가능성이 크다는 반론이 있을 수 있다. 나도 이에 동의한다. 하지만 그것이 내 가설에 대한 반박이 되지는 않는다. 확실히 대승불교 작품들의 대다수는 … 〔중략〕 … 인도어 원전으로서는 소실되었다. 하지만 많은 작품들이 중국어나 티베트어로 번역될

> 만큼 오래 살아남았고, 이것이 바로 내 가설에 필요한 전부이다. 한 승원의 도서관에 있는 단 하나의 사본은, 비록 아무도 그것을 연구하지 않았더라도, 호기심 많은 방문자나 방문 학자가 꺼내 읽거나, 심지어 번역할 수도 있다. (Gombrich[1988: 41])

서사 경전 출현 이후, 다양한 이설들이 한꺼번에 드러나고, 그것들이 남아서 다음 세대로 계승되기 시작한다. 곰브리치는 자신의 가설의 특징을 다음과 같이 말한다.

> … 현재 대승불교의 기원에 관한 다른 여러 이론들이 존재하지만, 내가 이해하는 바로는 내 가설은 그것들 중 어떤 것을 반박하거나 입증하는 것이 아니다. 왜냐하면 내 가설은 다른 차원에서 문제에 접근하고 있기 때문이다. 달리 말하자면, 다른 이론들은 주로 대승불교가 무엇이 다른지를 말하지만, 그 다른 형태의 종교가 (겉으로는) 왜 그때 발생했어야만 했는지에 대해서는 말하지 않는다. 반복하자면, 내 가설은 다른 형태의 불교는 더 일찍 발생했을 수도 있으나, 우리는 그것을 결코 알 수 없다는 것이다. 왜냐하면 그것들은 덧없이 사라질 운명이었기 때문이다. (Gombrich[1988: 42])

사사키가 가정하듯이, 설령 왕권 개입이라는 외부 압력으로 일시적으로 승가에 다양한 이설이 섞여들어 공존했더라도, 구두 전승인 한 그것은 "덧없이 사라질 운명"이었다. 서사라는 새로운 매체와 방법이 등장하지 않았다면, 그 이설들이 방대한 대승경전이 되어 현재까지 전승될 수 없었을 것이다.

(2) 서사 경전 간의 양상의 차이

서사 텍스트의 특성을 짙게 반영한 초기 대승경전을 연구할 때, 역사학적 방법을 적용해야 하는가, 아니면 사상적 혹은 언어·문학적 방법을 적용해야 하는가 하는 질문이 제기된다. 제1절에서 살펴보았듯이, 텍스트 외부와의 관계를 밝히는 것이라면 역사학적 방법을, 텍스트 내부를 탐구하는 것이라면 사상적 혹은 언어·문학적 방법을 사용해야 할 것이다. 그런데 곰브리치는 이 중요한 방법적 차이를 인식하지 못하고 있다. 문제는 두 가지이다. 하나는 대승경전의 편찬을 지극히 개인적인 것으로 간주하고, 그것이 서사 텍스트의 특성에 근거한다고 본 점, 다른 하나는 대승경전의 내용적 특징을 전혀 문제 삼지 않았다는 점이다.

전자에 대해, 서사된 텍스트라면 자유롭게 개인의 발상이 포함될 수 있다고 가정하기는 쉽다. 텍스트에 사적인 개성이 반영되느냐, 공적인 공동체의 의사가 반영되느냐는 매체의 성질에 의존하는 문제가 아니다. 앞서 시모다(下田)〔2011b: 198〕를 인용하여 "구체적인 불전이 출현하려면, 세대를 넘어 붓다의 가르침을 기억하고 보존하는 가치와 유효성에 대한 종교적·정치적·사회적인 지적知的 또는 정서적 합의가 공동체에 미리 형성되어 있어야 한다"라고 언급했다. 초기 대승경전 전체를 보면, 거기서 확인할 수 있는 다양한 공통점은 이러한 암묵적 합의가 이미 편찬자들 사이에 형성되었음을 보여준다. 그들은 서로 다른 경전을 참조할 수 있는 상황에 있어야 하며, 경전 편찬자들 사이에는 개인의 영감의 발현과는 다른, 어떤 형태의 지식 네트워크가 존재하고 있었다. 그 네트워크에서의 합의는 불전 속에서 불설임을 결정하는 법성法性(dharmatā)으로 표현된다. 이는 후대의 논자들에게까지 이어졌다.

후자에 대해, 곰브리치는 대승경전 고찰에서 서사 경전이라는 텍스트 매체 형태만을 문제 삼았고, 매체에 담긴 내용에 대해서는 모두 '이설異說'로 개괄할 뿐 다른 어떤 고찰도 하지 않았다. 이러한 점에서 곰브리치의 연구 방법은 『법화경』을 발문跋文을 통해 분석하는 것과 마찬가지로, 대승경전을 사물로 다루는 역사학적 방법에 머물러 있다. 거기에서 도출되는 결론은 이설 출현의 시스템이며, 대승경전은 그 시스템의 산물로서 사물에 불과하다는 것이다. '전통불교'의 경전에 대해서는 그 내용을 분석하는 데 비해, 전반적으로 균형을 잃은 태도이다.

여기서 고찰을 멈춘다면, 대승불교 흥기에 대한 문제는 내실 있는 명확한 해명을 이룰 수 없다. 초기 대승불교가 서사 경전의 출현이라는 형태로 나타났다면, 대승불교의 내용은 서사 경전의 내용 그 자체와 밀접한 관계를 맺고 있을 것이다. 연구는 이 텍스트 내용을 고찰할 필요가 있으며, 그 고찰에는 사상적 혹은 언어·문학적 방법을 사용해야 할 것이다.

본 장 제1절에서 고찰한 바와 같이, 사상적 혹은 언어·문학적 방법은 텍스트 내부 언설에 주목하여 그 특성, 그것이 불러일으키는 표상, 그것들이 엮어내어 창출하는 세계의 양태와 구조를 고찰한다. 이 방법은 텍스트 내부 세계가 외부 환경의 영향으로부터 독립하여 형성·보존·계승되고, 시대 상황이나 사회 변화의 영향에서 벗어나 현재 의식의 대상이 되는 양상을 해명한다. 이 방법을 가능하게 하는 텍스트는, 외부 세계에서 언설이 떠도는 구두 전승에서의 '소리나 음성으로서의 텍스트'가 아니며, 그 보조 자료로 서사된 텍스트도 아니다. 그것은 텍스트 공간이 의식의 공간임을 자각한 단계의 서사 텍스트이다. 초기 대승경전은 이러한 특성을 갖추고 있다.

초기 대승경전의 이러한 특성은 전통불교의 경전이나 율장의 텍스트와 비교하면 더욱 명확해진다. 카즌스 등의 연구자들이 지적한 바와 같이, 팔리문헌은 구전의 양상을 갖추고 있으며, 서사는 어디까지나 보조적인 의미밖에 갖지 않는다(본서 제6장). 전통불교 경전의 내용 구성은, 교설의 여러 요소를 보존하기 위한 암송 목적에 맞춘 개요서로서의 역할을 하거나, 『염처경念處經』으로 대표되듯이 실천 수행을 위한 매뉴얼로서의 역할을 하는 등, 대체로 이 둘 중 하나로 분류된다. 니카야 가운데 이야기 형식을 지닌 경전의 완성형으로 간주되는 『열반경』조차도, 붓다 최후의 여행이라는 플롯은 여러 교의와 에피소드를 적절히 배열하기 위한 틀 이상의 의미를 지니지 않는다. 이는 『법화경』『반야경』『화엄경』 등에서 볼 수 있는 언설 구조의 정밀함과는 전혀 비교할 수 없다.

초기 대승경전과 팔리경전의 차이는 경전과 주석서의 관계에서도 확인할 수 있다. 팔리경전에서는 경전과 주석서인 「앗타카타」가 구조적으로 명확히 구분되어 있다. 이는 구전으로서의 경전 전승이 일단 마무리된 후 전체가 서사되었거나, 또는 서사에 의해 전승이 종료된 후 다음 세대의 주석이 누적된 것으로 추정된다(본서 제5장 327페이지). 이에 비해, 초기 대승경전의 경우에는 주석서적 기술이 경전에 덧붙여져 경전 자체가 증광되었다. 경전 전승 작업은 경전 해석 행위와 일체화되었고, 그 양자가 동일한 경전 안에 포함될 때까지 경전의 역할이 확장된 것이다.

(3) 불탑=불전의 부정과 경전으로의 승화

초기 대승에서 서사 경전에 대한 의식이 현격히 깊어졌음을 잘 보여주는 대표적인 사례는, 경전이 불탑=불전佛傳을 부정하거나 넘어선다는 점이다. 이미 제3절 (3)항에서 확인했듯이, 대승불교 경전 출현 이전에 불탑과 불전을 동일시하는 이해가 이미 확립되어 있었다. 보살, 자비, 다불多佛, 삼승, 법멸法滅, 바라밀 등, 대승에 특유한 것으로 보였던 요소들이 불탑과 불전 양쪽 모두에 나타난다. 불전과 『법화경』의 관계에 대해 히라오카(平岡)〔2012〕가 제시한 내용도 이 점과 일치한다. 그러나 히라카와 아키라와 그레고리 쇼펜을 비롯한 많은 학자가 한목소리로 지적하듯이, 초기 대승경전 중에는 불탑=불전의 의의를 부정하고 경권經卷신앙으로 승화시키려는 의도를 지닌 경전이 매우 많다. 『팔천송반야경』에서 한 가지 예를 들어보자. 샤크라가 붓다에게 다음과 같은 질문을 한다.

> 세존이시여, 어떤 선남자나 선여인이 이 지혜의 완성을 기록하여 경권으로 만들어 안치합니다. 또한 거기에 성스러운 꽃, 훈향薰香, 향료, 화환, 도향塗香, 분향粉香, 천, 우산, 번幡, 방울, 깃발을

> 갖추고, 주위에 등명灯明과 화환을 갖추어 다양한 방법으로 공경하고, 존중하고, 봉사하고, 공양하고, 찬탄하며, 기원합니다. 한편, 다른 어떤 선남자나 선여인은 마땅히 공양 받으실 만한, 완전히 깨달으신 여래께서 반열반하셨을 때, 그 사리를 불탑 안에 안치하여 자신의 것으로 보존합니다. 또한 거기에 성스러운 꽃, 훈향, 향료, 화환, 도향, 분향, 천, 우산, 번, 방울, 깃발을 갖추고, 주위에 등명과 화환을 갖추어 다양한 방법으로 공경하고, 존중하고, 봉사하고, 공양하고, 찬탄하며, 기원합니다. 이 두 종류의 선남자, 선여인 중 누가 더 많은 복덕을 얻겠습니까. (Vaidya ed., 28-29; cf. 가지야마梶山 역〔1974: 83-84〕)

이 질문에 대해 붓다는 샤크라와 문답을 하면서 여래의 본성에 대해 그 내실을 누누이 해명한다. 여래는 궁극적 지혜(prajñāpāramitā)를 배워 일체지자성一切智者性(sarvajñatā)을 성취했으며, 일체지자성은 궁극적 지혜의 산물이다. 여래의 32상을 갖춘 신체는 궁극적 지혜를 나타내는 뛰어난 방편(upāyakauśalya)으로서 일체지자성의 그릇이며, 거기서 삼보 전체가 현현하는 인因이 된다. 따라서,

> 그것은 중생들에게 있어 탑묘(caitya)와 같다. 공경하고, 존중하고, 봉사하고, 공양하고, 찬탄하고, 기원해야 할 대상인 것이다. 이러한 이유로 내가 반열반에 들면 이 유골 조각들이 공양을 받게 될 것이다. 〔이상의〕 이유로, 선남자나 선여인이 이 궁극적 지혜를 기록하여 경권으로 만들어 안치한다고 하자. 그리고 거기에 성스러

운 꽃, 훈향, 향료, 화환, 도향, 분향, 천, 우산, 번, 방울, 깃발을 갖추고, 주위에 등명과 화환을 갖추어 다양한 방법으로 공경하고, 존중하고, 봉사하고, 공양하고, 찬탄하고, 기원한다고 하자. 카우시카여, 이 두 종류의 선남자와 선여인 중, 후자가 더 많은 복덕을 얻게 될 것이다. 왜냐하면 그 선남자, 선여인은 여래의 일체지자성을 공양한 것이기 때문이다. (Vaidya ed., 29; cf. 가지야마梶山 역〔1974: 85-86〕)

불탑 공양은 여래의 일체지자성에 대한 공양으로 새로운 의미를 부여받았다. 그 일체지자성은 궁극적 지혜라는 새로운 이념-교의에서 생겨났으며, 그 이념-교의는 다름 아닌 이 경권에 담겨 있다. 그러므로 이 경권이야말로 탑묘나 불탑의 인因이자, 공양해야 할 본체이다.

이 구절에 나타난 '경권에서 이념-교의로, 이념-교의에서 불탑으로' 이어지는 일련의 논리 구조는 다른 대승경전에서도 공통적으로 나타난다. 이 세 가지 요소 중에서 중간 항목인 이념-교의는 『반야경』의 경우에는 '궁극적 지혜'로, 『법화경』의 경우에는 '여래의 선교방편'으로 나타나는 등, 각 경전의 독자성이 드러난다. 어느 경우든 불탑신앙의 근거는 경전의 존재와 그 안에 담긴 새로운 이념에 있으며, 의례 행위로서의 불탑신앙 자체는 경전과 그 이념에 의해 압도당한다.

물론 불탑신앙을 명시적으로 부정하지 않는 대승경전도 있고, 애초에 불탑을 언급하지 않는 대승경전도 있다. 그것들은 불탑신앙의 부정적 능가를 의식할 필요가 없고, 이념-교의만으로 성립된 경전이라고 볼 수 있다.

월터스가 밝힌 불탑=불전과의 관계를 이러한 경권신앙의 탄생이라는 주제로 다시 본다면, 서사 경전으로서의 초기 대승경전은 눈앞에 펼쳐지는 불탑에서의 축제적 종교 활동에 휩쓸리기를 거부하고, 외부의 모든 행위를 텍스트 내부 세계의 언설로 내재화하려 한다. 불전의 전개가 불탑이라는 외부 공간을 성역화하는 것이라면, 초기 대승불교 경전은 외부 세계를 차단하고, 경전의 내부를 성역화한다. 여기에 '경전이 곧 불佛'이라는 세계가 탄생하며, 경전은 불탑을 대체하고, 경권을 담당하는 보살 의식이 탄생한다.

고대 인도에서 율장, 논장, 전통불교 경장의 어떤 텍스트에서도 명시적으로 일어나지 않았던 이 변화는, 불교에서 성전聖典(scripture)이 출현한 것으로 간주할 수 있다. 월터스가 말한 것처럼, 불탑=불전이 고대 인도, 초기 포스트 아쇼카 시대에 제국 권위를 대변하는 거대한 이야기로 존재했다면, 그 외부적 사실을 동일한 차원에서 부정하는 운동이 일어날 리는 없다. 사실 그러한 흔적은 역사에 남아 있지 않다. 이는 서사 경전이라는 전혀 다른 세계가 동시 병행적으로 존재할 수 있었기에 가능했던, 전통불교 세계의 변혁이었다.

경권신앙의 기원을, 물상화된 대상을 숭배하는 주술 행위에서 비롯되었다고 이해하는 것은 원인과 결과를 혼동한 것이다. 압도적인 힘을 지닌 불탑을 대신하여, 다양한 대상 가운데 왜 경전이 선택되었는지 밝혀야 한다. 초기 대승경전의 경권신앙의 기원은, 불佛과 그 진리가 텍스트 내부에서 다시 탄생했다고 보는 인식에 있으며, 주술적 경권신앙은 그 확신에서 파생된 결과 중 하나이다. 새로운 이념-교의를 전개하는 내러티브의 생성과 그것을 담아내는 경권의 출현, 그리고 쓰는 행위와 그 결과를 동일한 물체로 결실 맺게 하는 현상의 의의는 단순히 '서사'라는 말만으로는 다 설명할 수 없다. 제1장에서 검토한 바와 같이, 자크 데리다가 사용한 전략적 술어로서의 '에크리튀르(écriture)'에 대한 이해가 필요하다.

물론 초기 대승경전에 '경권'이라는 말이나 해당 경전을 지칭하는 말이 나타나지 않는 경우가 적지 않고, 무엇보다 구전의 요소를 엿볼 수 있는 기술도 많이 존재한다. 이러한 양상을 고려한다면, 서사 행위와 그 결과로서의 경전의 출현은 구두 전승을 거친 대승불교 역사의 두 번째 단계에 위치하는 것처럼 보일지도 모른다. 그러나 뒤에서(제5절 (6)항) 부연하겠지만, 초기 대승경전에서 구전을 시사하는 기술은 편찬자들에 의한 불교사 해석일 뿐이다. 이전에 『법화경』을 사례로 논했듯이(시모다下田〔2011d〕), 경전 편찬자들은 불교 역사의 복층적 구조에 대해 놀라울 정도로 정통했다. 그들은 붓다의 입멸 이후 구두 전승을 통해 계승된 가르침이 이 서사 경전 안으로 흘러들었다는 이해를 경전 안에 수립하였다.

이에 더하여 유의해야 할 점은, 문자로서의 말은 문자에만 머무르지 않고 항상 음성으로서의 말로 전환된다는 점이다. 쓰인 것은 언제나 소리 내어 읽히게 되며, 그 반대도 성립하므로, 현실에 존재하는 서사 경전의 기원을 어느 한쪽으로만 단정할 수는 없다. 이 문제는 제6장 (5)항과 (6)항에서 논하기로 한다.

대승경전에서 서사 행위 관련 기술의 유무는, 지금까지 대승불교 발전 단계를 구별하기 위한 중요한 지표(Merkmal)로서 연구자들이 채택해 왔다. 이를 집대성한 것이 시즈타니(靜谷)〔1974〕의 '원시 대승불교' 개념 설정과 이를 구체적인 경전에 적용한 연구이다. 시즈타니는 대승경전의 교의와 의례에 관한 여러 요소를 번역 연대의 시간 순서에 맞춰 상세히 분석·정리하여, 대승경전의 여러 개념의 형성사를 고찰하기 위한 귀중한 기초를 마련했다. 하지만 서사를 모르고 불탑신앙, 보살, 다불多佛, 서원, 바라밀 등을 인정하는 불교를 원시 대승불교로 본다면, 불전 3부작으로 대표되는 불탑=불전의 불교가 그대로 원시 대승이 될 뿐이다. 그것은 분명 초기 대승불교에 역사적으로 선행하는 불교이지만, 거기에 대승이라는 이름을 붙이면 불탑=불전과 초기 대승경전 간의 차이는 사라져버린다. '원시 대승'이라는 가설을 세운다면, 그것은 대승불교의 특성을 선명하게 하는 파라미터가 될 필요가 있다. 그것은 경전 내부 세계의 자립성에 대한 의식, 즉 에크리튀르성性에 대한 자각의 유무이다.

제5절 경전에서의 정통성의 수립

(1) 앨런 콜의 연구가 시사하는 것

서사 경전의 출현으로 일어난 여러 변화 가운데 대승불교 흥기의 핵심 요소는, 제2장에서 살펴보았듯이, 경전 내부에서 참된 불설佛說에 대해 묻고 새로운 불설의 정통성을 수립하기 시작했다는 점이다. 바로 앞(제4절 (3)항)에서 살펴본 '불탑신앙의 부정' 역시 이 '정통성 갱신'이라는 주제에 포함된다. 그 설시 양상은 경전에 따라 차이를 보인다. 『반야경』『유마경』처럼 기존 전통을 명확히 부정하는 경우, 『법화경』처럼 전통 교체에 대한 논리를 세우는 경우, 『대아미타경』처럼 명시하지 않는 경우 등이다. 하지만 이들 모두가 참된 불설의 확립을 지향한다는 점에서는 차이가 없다.

다시 확인하자면, 불설 전승의 정통성에 대한 물음은 텍스트와 이를 전하는 사람이 겹치는 구전 전승의 경우에는 발생할 수 없다. 경의 내용을 비불설로 부정하는 것은, 가르침을 기억하여 지금 말하고 있는 스승의 존재를 부정하는 것과 직결되며, 이는 그 자리에서 전승의 중단을 초래할 수 있다. 붓다의 가르침을 전승하는 공동체의 존재를 인정하며 출가한 이들이 스스로의 기반을 무너뜨리는 행동을 한다는 것은 상상하기 어렵다. 그럼에도 불구하고, 초기 대승경전은 이러한 위험천만한 의식을 핵심으로 삼아 성립되었다. 이것이 가능하려면, 사람으로 나타나는 전승을 상대화하는 행위가 지속해서 성립할 수 있는 장場이 존재해야 한다. 그것이 바로, 사람에서 독립된 서사 경전이라는 불설의 존재 형태이다.

텍스트 안에서 불탑 의례 행위의 의의를 상대화하고 전승의 정통성을 묻는, 에크리튀르(écriture)로서의 불교를 연구하려면 제1절에서 제시한 인문학 연구 방법 중 사상적 혹은 언어·문학적 방법이 적합하다. 그러나 근대불교학에서는 이 방법을 거의 고려하지 않았다. 근년의 드문 예외로는 콜(Cole)〔2005〕이 있다. 『법화경』·『유마경』·『금강반야경』·『여래장경』이라는 대승경전을 사례로 삼아, 300쪽이 넘는 논의를 전개한 이 연구의 핵심을 요약하면, 서사 경전에서의 새로운 정통성 확립에 관한 상세한 분석이라고 할 수 있다. 이 문제를 해명하기 위해 콜은 대승경전을 문학 작품으로 분석하는 방법을 선언한다. 『아버지로서의 텍스트』(Text as Father)라는 제목의 이 연구는 참신하고 풍부한 내용으로 가득 차 있으며, 서론에는 그 내용이 응축되어 제시되고 있다.

> … 이 서두에서 분명히 말해두고자 하는 점은, 초기 대승불교 경전을 면밀히 검토해 보면, 적어도 이 텍스트들의 일부에서는 권위와 정통성을 조직화하는 데 텍스트적으로 생성된 부권적父權的 형상(paternal figures)이 얼마나 중요한 역할을 했는지 거의 의심의 여지가 없다는 것이다. 나의 독해를 구성하는 데 결정적인 것은, 이 대승경전들을, 읽는 경험을 통해 실현되는 권위의 이미지를 창출하려는 명확한 의도를 지닌 능숙한 저자들에 의해 의식적으로 만들어진 것으로 이해한다는 점이다. 즉, 나는 이 텍스트들을 채우고 있는 붓다와 다른 권위자들의 목소리를, 이전 구술적 표현들의 반영으로도, 진실과 실재에 관한 순수한 진술들의 반영으로도 읽지 않는다. 오히려 나는 그것들을, 독자가 텍스트와 마주하는 문학적 공간 안에서 존재하고 작동하도록 설계되었기 때문에 특정한 형태를 갖추게 된, 세심하게 구성된 문학적 산물로 본다. 따라서 '아버지로서의 텍스트'(Text as Father)라는 제목은, 텍스트들이 창출하고 제시한 '진리의 아버지들'이라는 이미지가 무엇보다 자신들을 담고 있는 텍스트 매체의 정통성을 말하며, 또한 이러한 자기 확인의 순환 구조 속에서 독자를 불교 전통 및 기존의 진리와 권위 표현들과의 복잡한 관계 재편성으로 이끄는 변증법을 나타내기 위해 선택되었다. (Cole[2005: 1])

여기서 제기된 문제는 불교 연구자들에게는 다소 낯설 것이다. '부권적父權的 형상'에 대한 문제는 뒤에서 다시 다루기로 하고, 그 외 주제에 대해 간략히 취지를 정리해 보고자 한다. 초기 대승경전을 해명하기 위해 필요한 것은, 불교 전통에 관한 권위와 정통성을 재편하려는 시도가 각 교설의 기저에 공통적으로 존재한다는 점을 이해하는 것이다. 그러나 현재 대승경전을 읽을 때, 그 내용을 문자 그대로 이해하는 것이 일반적이다. 예를 들어, 경전에서 이 가르침이 아득한 과거부터 계승되었다고 설하면, 이는 현재 경전에 앞서 구전 단계의 경전이 존재했음을 시사한다고 이해한다. 또한 경전을 담당하는 보살의 아란야 거주를 칭송하는 기술이 있으면, 이는 그 경전이 고행을 존중하는 불교 전통의 하나를 계승했다고 이해하며, 팔정도와 사제가 인정되면 전통적 교의와 모순되지 않는 교의를 지닌 부파의 경전으로 이해한다. 그러나 콜은 대승경전은 문학적으로 정교하게 구성되어 있기 때문에, 그 언설을 단순하게 문자 그대로 이해해서는 경전을 구성하는 메커니즘을 해명할 수 없다고 말한다. 중요한 것은, 이러한 언설을 읽는 과정을 통해 독자의 의식 속에서 전통적인 진리와 권위의 표상이 쇄신되고 새로운 것으로 재편되는 과정을 밝히는 것이다. 이러한 기본적인 인식을 바탕으로 콜은 다음과 같이 네 가지 경전을 분석한다.

> 이 각각의 텍스트를 면밀히 읽으면서, 나는 이들의 내러티브가 어떻게 권위, 정통성, 성성聖性을 불교 전통에서 이미 구성되어 있었던 형태로 정리하고, 그 항목들을 자신들 텍스트의 내부에

> 재배치하는지 제시할 것이다. 따라서 네 가지 텍스트 모두에서 내러티브는 새로운 붓다의 형상을 제시하며, 이 붓다는 일단 내러티브의 흐름 속에 자리잡고 나면, 독자에게 전통 전체는 오직 텍스트를 읽는 경험과 책이라는 순수한 물질적 존재 안에서만 이용할 수 있다고 설명한다. 텍스트의 물질성을 최대한 활용하는 뛰어난 전략으로, 이 내러티브들은 붓다의 생생하고 구술적 측면을 재현하는 척하면서, 그 '구술성'을 통해 오히려 텍스트–아마도 패엽 위의– 자체의 순수한 물질성이 곧 붓다의 존재를 나타낸다고 설명한다. 따라서 내러티브의 텍스트화된 형태의 양 측면–즉, 그 기원과 수용–에서 붓다의 존재를 섬세하게 균형 잡는 플롯을 창출함으로써, 이 경전들은 불교의 진정성을 전하는 유일한 매개체 역할을 하도록 설계되었으며, 언제든, 어디서든, 어떤 독자에게든 진리와 정통성을 실현할 것을 약속한다. (Cole〔2005: 1-2〕)

『반야경』『법화경』『유마경』『여래장경』과 같은 초기 대승경전은 각각 전통을 다시 이야기하고, 이를 각 경전 안에서 새로운 형태로 재생하려고 한다. "권위, 정통성, 성성聖性을 불교 전통에서 이미 구성되어 있었던 형태로 정리하고, 그 항목들을 자신들 텍스트의 내부 영역에 재배치하는" 논리이다. 이러한 시도는 서사 경전이라는 텍스트 구조 안에서 이루어진다. 붓다는 경전의 내용을 이야기하는 화자이면서, 동시에 이야기한 결과가 담긴 경권 내부에 존재한다. 즉, 붓다는 경전 내용인 교설의 개현開顯이라는 기원과, 그것이 수용되어 하나의 사물로 형성된 경권이라는 양자의 '형태적 측면'에 서 있다. 앞항에서 초기 대승경전 출현을 "새로운 이념-교의를 전개하는 내러티브의 생성과 그것을 담아내는 경권의 출현, 그리고 쓰는 행위와 그 결과를 동일한 물체로 결실 맺게 하는 현상"으로 이해하고, 이를 "자크 데리다가 사용한 전략적 술어로서의 '에크리튀르(écriture)'에 대한 이해가 필요하다"고 파악한 바 있다. 이 이해와 겹쳐진다.

경전이 설하는 정통성은 '읽는' 행위에 의하면 충분하다. 경전 속에서 불佛이 설한 말은 문자로서만 존재하고 있으며, 불佛이 설법을 듣기 위해서는 사람은 그것을 읽을 수밖에 없다. 독자의 의식이 쓰인 불佛의 말에 오롯이 집중될 때, 불佛의 말을 읽는 행위는 독자의 의식 속에서 불佛로부터 직접 말을 듣는 상황과 겹쳐진다. 오히려 그것은 시각적으로 정지하여 나타나는 문자 언어이기에, 지금 이 순간이야말로 진정으로 불佛의 말을 듣고 있다는, 귀로 들을 때는 얻을 수 없었던 강한 확신을 불러일으킨다. 이는 말을 읽을 때 의식 속에 생기는 직관적 명증성明證性과 연결되고, 정통성이라는 개념 성립을 보증하는 강력한 근거가 된다. 초기 대승경전은 '읽는' 행위를 통해 독자가 불佛과 직접 마주하는 것을 가능하게 한다. 이는 계속해서 경권으로 존재함으로써, 정통성에 대한 의식을 "언제든, 어디서든" 보증한다.

> … 약간 과장해서 말하자면, 각 텍스트는 다음과 같은 약속을 한다. 독자는 다음 내용을 설명하는 내러티브를 읽고 믿음으로써 정통 불교도가 될 수 있다는 것이다. 첫째, '진정한' 불교 전통은 승원이나, 불교가 시작된 이래 불교를 형성해 온 공인된 의례, 규범, 수행의 체계 속에 존재하지 않는다. 둘째, 오히려 그 전통은

> 전통이라는 개념 자체를 수사학적修辭學的으로 극복하고 있는 바로 그 텍스트 속에 온전히 자리잡고 있다는 것이다.
> 그 결과, 이 네 텍스트에서 '구제'는 더 이상 실재의 진정한 본성을 통찰하여 갈애와 무명을 극복하는 직접적인 불교적 과업으로 정의되지 않는다. 오히려 구제는 무엇보다도, 전통 개념을 완전히 재정의하는 이러한 새로운 텍스트 내러티브에 독자가 전념하는 것에 의존하고 있다. (Cole〔2005: 2〕)

초기 대승경전은 현실에 존재하는 불교를 단순히 모사하거나 기록한 것이 아니다. 오히려 그러한 불교의 의의 전체를 뿌리째 뽑아 고스란히 경전 내부로 이식하여 새로운 불교 전통을 수립하려는 것이다. 앞항에서 불탑신앙을 부정적으로 넘어서는 대승경전의 특징을 확인하였다. 이는 불탑에 그치지 않고, 승원에서의 활동이나 법전, 의례, 불교의 활동 전체에 이르고 있다. 불교를 경전 안에 자리매김하고 의미를 부여하며 새로운 가치를 부여하기 위해서는 현실에 존재하는 불교를 경전 위에서 일단 해체해야 한다. 이러한 시도를 통해 초기 대승경전은 자신이 불교의 진정한 전통의 구현자라는 이해를 수립할 수 있다.

(2) 전통을 쇄신하는 초기 대승경전의 구조—공, 자비, 방편

지금까지 논해 온, 서사 경전으로서 대승불교의 특질을, 콜(Cole)〔2005: 330-340〕을 참고하여 초기 대승경전 전체를 관통하는 공空, 자비, 방편이라는 이념-교의를 되짚어보며 다시 한번 확인하고자 한다. 이 이념들은 모두 읽고 쓰는 행위에서 성립하는 대승불교의 양태를 집약하는 개념으로도 기능한다. 우선 대승불교를 대표하는 개념인 '공空'에 대해 살펴보자.

필자는 이전에 '공空'을 '전통적으로 계승·구축되어 온 교의적 개념들과 텍스트의 탈구축을 실현하는 술어'로 규정하고, 그 안에서 대승의 의의를 찾아낸 바 있다(시모다下田〔2002b: 19〕). 『반야경』에서는 '전통불교' 경전에 등장하는 오온五蘊, 십이처十二處, 십팔계十八界, 칠각지七覺支, 사제四諦, 팔정도八正道, 십이연기十二緣起 등 모든 교의들이 그 실천적 맥락의 내실이 제거된 채, 순수하게 언어의 지평으로 이식되었다. 이 점에 대해 콜은 서사 경전과의 관계에서 다음과 같이 이해한다.

> 내러티브 수단으로서의 공空의 레토릭을 읽는 핵심은, 공空, 더 정확하게는 부정과 극복이 더 이상 수레나 운동, 여성의 몸과 같은 일반적인 탐구 대상을 향하는 것이 아니라, 오히려 붓다, 불교 수행, 불성佛性의 전승, 불교 성인의 서열과 같은 대상을 향하고 있다는 점을 인식해야 한다는 것이다. 이렇게 하여 공의 레토릭은 독자를 의례와도 같은 절차를 통해 이끄는 정형화된 공식으로 바뀌었다. 이는 독자들이 오래된 불교와의 관계를 끊고, 텍스트를 새로운 형태의 불교로 받아들이도록 이끌었다. … 〔중략〕 … 따라서 부정을 통해 정체성을 확립하는 일반적인 가부장적 방식과, 이러한 내러티브들에서 실제로 공이 적용되는 방식 사이에는 밀접한 병행 관계가 존재한다. 즉, 단순히 오래된 형태의 법을 무너뜨리기 위해 공에 의존하는 것이 아니라, 오히려 이 저자들은

> 독자들을 이전의 정체성 방식에서 단절시키고, 바로 이런 방식으로 정체성을 새롭게 정의할 수 있는 능력 때문에 텍스트를 아버지로서 받아들이도록 강력히 유도하는 근본적인 목적을 위해 공을 적용했다. (Cole〔2005: 329-330〕)

용수의 설로 대표되는 대승불교의 '공'은, 지극히 정밀한 언어철학을 구성하고 있으며, 불교사상 전체를 지탱하는 기반적 이론으로 기능하고 있다. 한편, 모든 존재에 그 본질이 결여되어 있음을 표명하는 이 교설은, 선행하는 모든 불교 전통의 고정화된 의미를 해체하고 쇄신하는 데 가장 적합한 개념임에 틀림없다. 혹은 반드시 '공'이라는 술어를 사용할 필요조차 없을지도 모른다. 예를 들어 『유마경』에 등장하는 모든 전통 부정의 논법은, 이 경전 자체가 전통의 원천이라는 점을 강렬하게 각인시키며, 독자를 새로운 불교의 정체성 형성으로 이끈다. 이러한 논법은 초기 대승경전에 나타나는 '법멸法滅'사상과도 밀접하게 관련된다. 와타나베(渡辺)〔2011: 89〕가 주목하듯이, "'정법멸진正法滅盡(법멸)'의 맥락에는 대승불교가 성립하기 위한 정법 해석, 즉 정법의 멸진과 결부된 새로운 가르침(정법)의 부흥이라는 구조를 갖추고 있다."

초기 대승경전에 나타나는 자비 역시, 공과 동일한 시점에서 다시 검토할 필요가 있다. 중생을 두루 구제한다는, 일반적으로 이해되는 붓다의 자비라면, 본 장 제2절 (5)항에서 고찰했듯이 불탑=불전의 중심 주제로서 이미 실현되었다. 이에 비해 초기 대승경전에 나타나는 불佛의 자비는, 경전에 설해진 내용, 특히 불설의 진정성에 대한 전면적인 인가認可와 그 증거로서 타자에게 경전을 전달하는 행위와 깊이 관련되어 있다.

콜(Cole)〔2005: 336〕에 따르면, 대승경전의 서두에서 긴 침묵 끝에 불佛이 미증유未曾有의 진리를 중생에게 드러내는 것이야말로, 지금까지 없었던 불佛의 자비의 발현이다. 그러나 이에 이어지는 경의 전개는 제시된 경전 자체의 내용에 의문을 품는 이들을 둘러싼 긴장된 논의로 변한다. 불佛의 자비 행위의 완성을 위해, 경전을 받아들이는 수용자 측의 태도가 문제가 되는 것이다. 자비는 불佛과 중생 사이에 매개 없이 실현되지 않는다. 그것은 대승경전에 나타난 법(dharma)이라는 매체를 통해 실현된다. 삼보 가운데 법보法寶가 지닌 독자적인 의의가 자비의 구체적인 모습으로 드러나는 점이, 불전에서 나타나는 불佛의 자비에 비해 특히 두드러진 특징이다.

경전의 수용을 통해 실현되는 불佛의 자비 행위는 더 높은 완성을 향해 전개되어야 한다. 그것은 타자에게 경전을 선양하는 것이다. 경經이라는 법보法寶의 존재 의의는 끊임없는 계승의 실현, 즉 자신이 경전을 수용한 경험과 동일한 경험을 타인에게도 일으키려는 데 있다. 다양한 대승경전에 공통된, '정법이 멸진해 가는' 말법末法 시대라는 위기의식 속에서 이 과제를 실현하려면, 스스로 불佛을 대신하여 법을 계승하는 보살의 사명을 자각해야만 한다.

이처럼 대승경전이 중생들에게 널리 수용되는 것은, 한편으로는 불佛의 자비 행위가 중생 전체에 퍼져나가는 것이고, 다른 한편으로는 중생 측에서 불佛의 수기授記가 완성되었음을 보여주는 증거이다. 이는 곧 중생 내부에서 불성佛性이 실현된 것이기도 하다. 여래장如來藏

사상의 형성이라는 고유한 사상사적 맥락을 벗어나 그 사상적 의의를 더 넓은 맥락에서 다시 파악한다면, '불성'이라는 이념은 불전과 대승경전에서 중요한 '수기'라는 이념을 발전적으로 계승한 것임을 알 수 있다. 연등불을 비롯한 여러 불佛로부터 수기를 받음으로써 석가보살에게 불佛이 될 인因을 부여받는다는 이해는, 대승 이전 '전통불교'에서도 공유되고 있었다. 불佛로부터 중생을 향해 이루어지는, 불佛의 본성을 전달하는 이 행위는, 대승경전의 경우 해당 경전의 진정성을 수용자가 전면적으로 받아들일 때 완성된다. 실제로, 이전에 논한 바와 같이(시모다下田〔1997: 347〕), 『대승열반경』에서 불성의 존재는 해당 경전을 경권으로 수용하는 자들 사이에서 인정되고 있다. 불佛의 자비, 경전의 전파와 존속, 각 개인 내부에서의 불성의 현현, 이 모든 것은 동일한 사건의 서로 다른 측면에 지나지 않는다.

콜(Cole)〔2005: 338-340〕은 대승경전에 나타나는 또 하나의 중요한 개념인 '방편'에 대해서도, 서사 경전의 의의라는 관점에서 재고하고 있다. 대승경전에 등장하는 방편에 대한 일반적인 이해는, 불佛이나 보살이 중생들을 보리菩提나 열반으로 이끌기 위해 행하는 여러 교묘한 행위이며, 언뜻 보기에는 서사 경전과 아무런 관련이 없어 보인다. 그러나 실제로 경전에 설해진 내용은, 경전 속에 제시된 언설 행위 그 자체이다. 대표적으로 『법화경』에 나타나듯이, 방편은 불佛이 이야기, 비유, 은유, 우화 등을 사용하여 중생들을 진리의 가르침으로 이끄는 수단이며, 『법화경』의 언설을 구성하는 바로 그 행위와 다름없다.

(3) 공동 주관主觀적 언설 공간으로서의 경권 – 보살과 법사에 대한 재고

이상의 고찰을 전제로, 학계에서 오랫동안 당연하게 여겨져 왔던 두 가지 이해에 대해 다시금 검토할 필요가 있다. 그것은 첫째, 초기 대승경전에 등장하는 보살에 대한 이해에 관한 것이고, 둘째, 법사에 대한 평가에 관한 것이다. 전자부터 살펴보자.

지금까지, 특히 일본의 연구자들은 대승불교의 보살을 불전의 보살과 명확히 구별하고, 그 독자적인 의미 부여를 시도해 왔다. 불전에 나타난 보살을 민중에 의한 붓다 '신격화'의 산물로 간주하는 한편, 대승경전에 나타난 보살은 그와 여러 면에서 차별화하고자 했다. 후자를 '누구든지 보살'로 표현한 시즈타니 마사오(静谷正雄)의 이해는, 니시 요시오(西義雄), 야마다 류조(山田龍城), 히라카와 아키라(平川彰)로 이어지는 보살 이해 변천사의 한 도달점이라고 할 수 있다. '원시대승'의 성립과 관련하여, 대승의 기원과 보살의 관계를 언급하면서 시즈타니는 다음과 같이 말한다.

> 그러므로 원시대승의 성립은 '누구든지 보살'의 등장으로 시작된다. 재가·출가를 불문하고, 남녀·빈부·귀천을 가리지 않고, 불佛의 깨달음을 구해 보살행을 닦는 자는 누구든지 보살일 수 있다는 사상은 과연 어디에서 생겨난 것일까? 이 보살은 불전문학이나 부파불교 문헌에서 설해지는 석가보살과 비교하면 천지 차이이다.
> (시즈타니静谷〔1974: 238〕)

확실히 '누구든지 보살'이 될 수 있다는 점은 초기 대승경전에서 설하는 보살상 그 자체라고 할 수 있다. 그러나 본 장에서의 지금까지의 고찰을 전제로 한다면, 그것은 단순히 누구든지 "불佛의 깨달음을 구하여 보살의 행을 닦는다"고 해서 보살이 된다는 뜻은 아니다. 누구든지 경전의 진정성을 수용하고 그 정통성을 수립하며, 경권을 담당하는 존재로 계속 살아가기에 보살이 될 수 있는 것이다. 불전의 보살에서 초기 대승경전의 보살로의 전환은, 경전 밖에서 살아가는 보살에서 경전 안에서 살아가는 보살로의 전환에 있다. 불전의 석가보살과 대승의 보살은 "천지 차이"라는 것도 바로 이 때문이다. 이 점을 제외하면, 나티에(Nattier)〔2003a〕(Cf. 시모다下田〔2004a〕)가 지적했듯이, 대승경전에서 보살이 행하는 바는 불탑=불전의 보살과 아무런 차이가 없다.

서사 경전이 출현하기 이전 구전 시대의 대승을 상정하고, 서사 경전의 존재를 그로부터 파생한 부차적인 현상으로 간주하면, 초기 대승경전의 다양한 특징들은 설명할 수 없다. 본 장 제4절 (3)항에서 논한 바와 같이, 초기 대승경전 이전에 구두 전승의 원시대승을 상정하는 것은 실질적인 의미가 없다. 이 보살들이 대승경전에 쓰여 있는 그대로의 구전 가르침을 간직하고 있었는지, 쓰여 있는 그대로의 보살행을 실천하고 있었는지 여부는 알 길이 없다. 문학적 공간에서의 서술을 현실의 반영으로 간주할 수 있는 보장은 어디에도 없으며, 그렇다고 그것을 부정할 근거 또한 없다. 그것은 검증 불가능하기 때문이다. 월터스의 말을 빌리자면, "텍스트들 그 자체만으로는 우리가 재구성하고자 하는 역사적 정황을 밝힐 수 없다. 그것들은 상상할 수 없을 만큼 오래된 시대를 노래한 시詩이지, 과학적 의미에서의

역사 기록이 아니다.”(Walters〔1997: 236〕)

다음으로 두 번째 문제, 즉 초기 대승경전에 나타나는 법사(다르마바나카)의 역할에 대한 기존 평가에 대해 살펴보자. 지금까지의 연구에서는 법사를 초기 대승경전의 저작자와 거의 동일시했다. 그러나 초기 대승경전에서 일어나고 있는 일을 정확히 파악하고자 한다면, 법사와 서사 경전의 관계를 엄밀히 이해해야 한다. 법사는 문자화文字化된 경전을 음성화音聲化함으로써, 사물로서의 경전을 신체로서의 경전으로 전환시키고, 이를 통해 사본에 생명의 숨결을 불어넣는 역할을 한다. 그러나 이 법사의 목소리가 불佛의 음성으로 인정받으려면, 서사 경전의 문자가 불佛의 음성을 내포하고 있는 것으로 미리 승인되어 있어야 한다. 법사의 존재에 현혹되면, 그 법사의 배후에 있는, 법사가 발화하는 말의 원천이자 정통성을 보증하는 근거인 서사 경전의 존재가 보이지 않게 된다.

법사는 경전에 담긴 시나리오의 재현자일 수는 있지만, 그 시나리오의 제작자라는 보증은 어디에도 없다. 연극에서 연출가와 연기자가 별개의 인물인 것처럼, 혹은 설령 두 사람이 동일인이라 하더라도 그 역할이 전혀 다른 것처럼, 초기 대승경전에서도 법사와 경전의 편찬자는 그 의미가 서로 다르다. 길기트의 경장에서 발견된 『법화경』의 발문跋文에서 법사가 『법화경』을 둘러싼 의례에 관여하는 여러 인물들 중 ‘한 사람’으로 열거된 점 역시, 법사에게 경전의 존재 의의 전체를 넘겨줄 수 없음을 보여준다.

만약 경전 저자가 경전에 등장하는 그대로의 법사였다면, 이는 외부 독자가 쉽게 파악할 수 있는 형태로 저자의 모습을 드러내는 셈이며, 대승경전의 정통성 자체가 성립할 수 없게 된다. 대승경전의 정통성은 그것이 시종일관 붓다의 말이라는 점에 의해 지지된다. 여기에 만일 붓다를 넘어서는 존재, 즉 붓다로 하여금 말하게 하는 제3의 인물이 등장한다면, 경전의 언설 전체가 그 의미를 상실할 것이다. 실제로 초기 대승경전의 편찬자들은 매우 신중하게 경전 저자의 익명성을 끝까지 유지하며, 법사는 어디까지나 등장인물일 뿐 저자로서 의식되지는 않는다.

저자에 관한 익명성은, 정통성을 문제 삼는 대승경전의 언설 구조에서 결정적인 역할을 하고 있다. 애초에 자기 자신의 언설의 진정성을 수립한다는 것은, 타인이 그 진정성을 인가하게끔 만든다는 것을 의미한다. 정통성 수립이라는 행위는 메시지 발신자의 주관主觀과 함께, 이에 호응하는 수신자의 주관을 필요로 하는 지극히 '공동 주관적'인 일이다. 정통성을 주장하려는 언설에서 중요한 것은, 그 언설이 공동 주관성을 성립시킬 수 있는 더 높은 차원의 장場을 형성하고 그 안에 자리잡고 있다는 것이다. 초기 대승경전에서는 이 장이 바로 서사 경전이라는, 서사자의 주관과 독자의 주관을 함께 성립시키는 전례 없는 객체로 실현된다.

공동 주관성을 성립시키는 서사 경전 내부는 일종의 공공公共 공간이다. 그곳에는 아무리 특권적인 인물, 즉 경전의 저자나 편찬자라 할지라도 그 모습을 드러내는 것을 허용하지 않는다. 저자로서의 일인칭 언설이 그 공간에 출현하는 순간, 경전 내부 공간은 사적인 언설 공간으로 바뀌고, 공동 주관성은 순식간에 사라지고 만다. 초기 대승경전에서 외부에 모습을 드러내 경전을 독송하는 법사가, 자신의 말의 정통성을 철저하게 경권의 존재에 귀속시키는 이유는 바로 이러한 중요한 맥락 때문이다.

초기 대승경전은 이야기의 실천자로서의 보살, 그리고 그 실천자를 포함한 이야기 전체의 재현자로서의 법사라는 두 층위의 언설 구조를 지닌다. 그리고 그 둘 모두 경전 내부에 자리하며, 붓다의 이야기 속에 담겨 있다. 본서 제2장에서 "대승경전의 정통성 확보는 -같은 이름의 경전이든 다른 이름의 경전이든- 일관되게 텍스트에 의해, 텍스트 내부에서 이루어진다"(본서 153페이지)라고 말한 것은 바로 대승경전이 지닌 이러한 언설 구조와 공동 주관적 장場의 출현과 깊이 관련되어 있다.

(4) 아버지로서의 경전-거리, 해후邂逅, 상기想起

초기 대승경전을 관통하는 '새로운 정통성 수립'이라는 과제는 앨런 콜의 저서 『아버지로서의 텍스트』(Cole〔2005〕)라는 은유 속에 절묘하게 담겨 있다. 이미 시모다(下田)〔2011d〕에서 논했듯이, 『법화경』 편찬자들은 역사적 붓다의 입멸에 따른 불교의 위상 변화, 그로 인한 붓다 존재 양태의 변용, 그리고 교설 전개와 불탑 전개 사이의 평행 관계 등 불교사의 근간을 이루는 주제들에 대해 매우 의식적이었다. 이러한 불교 역사에 대한 높은 자각은 초기 대승경전 일반에서도 적지 않게 확인되며, 초기 대승경전의 편찬자들은 "권위, 정통성, 성성聖性을 불교 전통에서 이미 구성되어 있었던 형태로 정리하고, 그 항목들을 자신들 텍스트의 내부에 재배치하는"(Cole〔2005: 3〕) 것이 가능했다.

서사 경전의 출현으로 인해 구두 전승 시대에는 이를 수 없었던 언어의 깊은 층위에 도달한 초기 대승경전 편찬자들은, 입멸로 상실한 붓다를 경전의 말 속에서 다시 찾아낼 수 있다는 강한 확신을 품고 있었다. 초기 대승경전 전체에서 드러나는 하나의 중요한 메타포는 '불佛의 자식'이다. 이는 아버지와 헤어져 정체성을 잃은 자식이 방황 끝에 아버지에게 발견되어 그의 부름에 응답함으로써 진정한 자기를 회복한다는, 『법화경』「신해품」의 장자궁자長者窮子 일화에 전형적으로 나타난다.

이 모티브는 다음과 같은 일련의 요소들로 구성된다. 첫째, 자식은 불佛을 아버지로 두고 있으면서도 오랜 시간 떨어져 있었다. 둘째, 자식을 발견하고 진정한 자기를 깨닫게 하는 이는 아버지로서의 불佛이다. 셋째, 자식은 이 너무도 큰 사실을 온전히 받아들이지 못하고, 아버지로서의 불佛을 계속해서 거부한다. 넷째, 그럼에도 불구하고 아버지로서의 불佛은 끊임없는 방편을 자식에게 베풀어, 마침내 자식을 '불佛의 자식'이라는 정체성으로 되돌아오도록 이끈다.

아버지로서의 불佛이 자식으로서의 중생을 발견하고 불佛의 길로 인도한다는 이 모티브는 초기 대승경전 전반에서 다양한 형태로 확인할 수 있다. 거의 모든 경전은, 아버지인 불佛이 자식을 부르고 그 부름에 응한 자식이 현재의 잘못된 정체성－불교 이해－을 버리고, 진리로서의 아버지－법보로서의 교설 내용－에게로 돌아가는 과정을 보여준다.

초기 대승경전에 나타나는 석가불은, 연등불 이전 과거 제불로부터 이어진 계보의 마지막에 위치하는 존재이다. 즉, 석가불 자신도 아득한 제불의 계보에서 가장 가까운 위치에 있는 불佛의 자식이라 할 수 있다. 따라서 진정한 의미에서 불佛의 제자가 된다는 것은, 바로 이 '불佛의 자식의 자식'이 되는 것을 의미한다. 이러한 인식은 '전통불교'의 제자인 성문들에게는 존재하지 않는다. 초기 대승경전은 이러한 인식의 결여를, 근원적 정체성 상실의 결과로 이해한다. 자신이 누구인지를 잊은 이들조차도 경전 속 아버지로서의 불佛의 음성을 들음으로써 불佛의 자식이 되며, 진정한 자기 자신으로 돌아올 수 있다고 말한다.

아득한 과거부터 이어지는 제불 계보에 연결된 이 장대한 자기 동일성 의식이 월터스가 제시한 불탑=불전에서의 붓다와 함께하는 이들의 이야기로 이어진다는 점은 분명하다. 불전은 과거부터 현생에 이르기까지, 수많은 생을 거쳐 온 보살로서의 붓다와 그 여정에 함께한 독각, 성문, 중생들의 장대한 우주적 서사이다. 다만 중요한 차이는 이러한 자기 동일성을 경전의 말 속에서 발견한다는 점이다. 불佛의 입멸 이후, 불佛을 상실했던 자들은 오랜 세월을 거쳐 경전 안에서 다시 불佛을 발견했다. 경전이 곧 아버지였고, 경전이 곧 불佛이었던 것이다.

아득한 과거로부터의 자기 동일성 회복은 곧 불佛과의 해후邂逅이며, 이는 불佛의 자식이 되는 사건과 다름없다. 이 해후는 단순한 만남이 아니라, 재회와 상기想起라는 계기를 전제로 한다. 불佛과의 해후는 마치 처음 겪는 사건처럼 보이지만, 더 깊은 차원에서는 본래의 자기 동일성으로의 회귀이며, 재회이기도 하다. 이 재회가 가능하려면 자기 자신 안에서 망각했던 과거를 기억하고 상기하는 행위가 필수적이다. 초기 대승경전의 말은 분명히 지금 이 순간 새롭게 출현하는 희유한 사건이다. 그러나 그 새로움과 희유함은 오랜 세월 상실되고 망각되었던 불佛, 즉 본래의 자기 기원과 재회하는 희유함, 감동의 새로움으로 표현된다.

이와 같은 구조는 질 들뢰즈(Gilles Deleuze, 1925~1995)가 말하는, 과거와 현재 사이에서 발생하는 차이와 반복, 동일성과 차이성을 둘러싼 존재론적 양상과도 통하는 바가 있다. 정통성의 수립이란 과거가 올바르게 반복됨을 의미한다. 그러나 그 반복은 과거와는 차별화된 현재에서 이루어져야 하므로, 언제나 결정적인 차이를 내포하고 있다.

이 존재론적 기제는 현실에 어떻게 반영될까? 앞서 언급한 불탑 부조의 사례를 다시 떠올려 보자. 포스트 아쇼카 시대의 불탑 부조에는 당시 왕들의 초상이 아닌 과거의 왕 아쇼카가 새겨져 있다. 이는 공동체 내 집단적 기억의 표현으로, 과거 왕의 모습에 겹치도록 하면서 그 당시 왕의 축제를 새긴 것이었다. 이것이 바로 현재에서 과거가 반복되는 사례이며, 차이와 반복을 현재에 동시에 성립시키면서 정통성을 수립하는 양상이다.

과거를 현재에 중첩시켜 현재의 새로운 정통성을 수립하는 이 방법은, 텍스트로서의 경전뿐 아니라 불탑에서도 동일하게 나타난다. 이것이 가능하게 된 이유는 역시 공동 주관主觀을 성립시키는 장場의 출현에 있다. 조각가의 주관과 그것을 감상하는 이의 주관을 중첩시키는 '부조'라는 객체는, 서사자의 주관과 독자의 주관을 중첩시키는 경권과 동일한 기능을 한다. 이처럼 부조는 공동 주관이 형성되는 하나의 장場이 된다. 또한 부조의 작자를 묻는 이는 없다. 이 객체는 익명성이라는 공공성을 실현하고 있다는 점에서도 서사 경전과 다를 바 없다. 이쯤 되면, 불탑과 서사 경전의 유사성이 더욱 뚜렷해지고, 양자 사이에 긴장 관계가 발생하는 이유 또한 분명해진다.

(5) 경이라는 범주 – 여시아문如是我聞

상기와 재회라는 요소가 언설을 구조화하는 핵심이며, 존재론적 기제를 갖춘 텍스트가 '경전'이라는 장르에 포함되고 그 장르를 계속 구성해 온 것은 결코 우연이 아니다. '전통불교'와 대승을 막론하고, 경전은 서두에 "如是我聞一時佛在…"라는 구절을 포함하며, 이 구절이 경전 형식을 사실상 규정한다는 것은 잘 알려진 사실이다. 초기 대승경전의 특징을 이해하기 위해, 마지막으로 이 구절이 지니는 중요한 의미를 확인하고자 한다.

이 서두 구절의 해석을 둘러싼 논의는 근대에 들어 홀슈타인(von Staël-Holstein), 브로우(Brough), 폰 히뉘버(von Hinüber), 라모트(Lamotte), 실크(Silk), 해리슨(Harrison) 등으로 이어져 왔다(시모다下田〔1993: 23, n. 1b〕). 그러나 이 문제를 문헌학적·언어학적으로 본격적으로 제기하면서도 간결하게 논한 연구로는 브로우Brough〔1950〕가 가장 뛰어나다고 할 수 있다. 브로우가 제기한 논점은 다음 세 가지로 요약할 수 있다. 첫째, '일시一時'에 해당하는 산스크리트어 원문은 처격處格(ekasmin samaye)이고 팔리어 원문은 대격對格(ekaṃ samayam)인데, 이 차이를 어떻게 해석할 것인가. 둘째, 끊어 읽기에 따라 '如是我聞, 一時 … evam mayā śrutam/ ekasmin samaye …'와 '如是我聞一時, … evam mayā śrutam ekasmin samaye/ …'로 나뉘는 문제를 어떻게 판단할 것인가. 셋째, 앞의 두 문제를 해결한 다음, 'evam mayā śrutam'이라는 과거수동분사가 사용된 이 서두 구절 전체를 어떻게 이해해야 하는가 하는 점이다.

브로우는 한어·티베트어·산스크리트어·팔리어 경전 및 주석서, 자이나교의 대응 문헌까지 섭렵하며 신중한 분석을 전개했다. 그 결과 팔리어의 대격이 본래 형태이며, 티베트어역 경전에 전승된 '如是我聞一時, …'의 끊어 읽기가 본래의 형태라는 결론을 내렸다. 이 판단에는 중요한 내용이 담겨 있다.

> 먼저, 팔리어 경전 서두의 대격 용법은, 일반적인 '계속'의 의미에 포함되는 사례도 아니며, avyayībhāva도 아니다. 팔리 문헌에서도 드문 사례로, 산스크리트어에 대응 용례가 없으므로, 이 문장이 산스크리트어화되는 과정에서 처격으로 변경될 수밖에 없었다. 한정된 팔리어 사례를 분석하면, 이 시간 대격은 '화자의 개인적 경험 속에 있는 과거를 상기하기에 특히 적합하다'는 점이 드러난다. 따라서 '옛날 옛적에'(Once upon a time)처럼 개인의 경험을 배제하는 영어 번역과는 완전히 상반된다. (Brough[1950: 423])

이 시간 대격에 대한 해석은 'sutam'이라는 과거수동분사 용례의 특징과도 부합한다. 한스 헨드릭슨(Hans Hendriksen)은 그의 명저 『팔리어 동사 부정법 구문』에서 아오리스트(aorist)와 과거분사의 차이를 분석하여, 전자를 '이야기 서술'(narration), 후자를 '전달'(communication)로 구별했다(Hendriksen[1944: 52-53]). 팔리어에는 두 종류의 과거가 구분되어 사용된다. 아오리스트는 이야기 상황을 서술하는 순수한 과거인 반면, 과거분사는 현재에 위치한 화자의 언설로서 이야기 서술 외부에 있는 과거를 서술한다.

> 과거수동분사와 단순과거는 보통 다른 문맥에서 사용된다. 즉, 과거수동분사는 전달적 문맥에서(직접 화법이나 '저자의 방백'[author's asides]에서), 단순과거는 이야기 서술 문맥에서(통상, 진술 외부에 있는 이야기에서 … [중략] …) 나타난다. 위에서 언급한 특징들에 더해, 전달 내용문과 이야기 서술문의 명확한 차이점으로 마지막으로 언급하고 싶은 것은, 전자가 종종 (짧은 진술이나 삽입된 '저자의 방백'에서) 고립되어 나타나는 반면, 후자는 대체로 더 긴 문장 속에서 연속하여 나타난다는 것이다. (Hendriksen[1944: 53], 괄호 안의 내용은 원저자)

즉, 서두의 "如是我聞(evam me sutam)"은 경전의 외부에 서서 그 모습을 숨기고 있는 저자의 방백으로서의 메타적 언설이다. 이는 저자의 내적 경험의 상기想起이며, 그 경험 내용은 상기 행위와 밀접하게 연결되는 시간의 대격에 의해 유도된다. 상기되는 내용은 물론 경전 내용 그 자체이며, 구체적으로는 불佛의 존재와 불佛을 둘러싼 사건들이다. 이처럼 화자의 경험을 환기하는 차원의 언설이 담긴 전통경전에서, 청자는 항상 화자의 현재를 접하면서 동시에 상기 내용인 붓다 재세 시의 과거를 접한다. 이처럼 언설의 시간은 2중 구조를 지니며, 청자의 듣는 행위를 통해 그 시간들이 하나로 융합된다.

전통불교 경전에서 2중화되었던 경전의 언설이, 초기 대승경전에서 '서사 경전'이라는 객체물로 거처를 옮겼을 때, 경전 속에 존재하는 시간은 저자(외견상의 화자)의 시간, 텍스트 내 이야기(외견상의 내용)의 시간, 그리고 그 양자를 동시에 파악하는 독자(외견상의 청자)의 시간으로 3중화된다. 시간의 대격은 처격으로 대체되었고, 그 때문에 서두의 언설은 비교적 서술적 양상으로 치우치게 되었다. 그러나 언설 전체를 철저히 물상화하여 현재라는 시간에 실현시키는 경권의 존재는 이 결함을 충분히 보완하고도 남는다.

이와 더불어, 초기 대승경전에서 붓다는 자신의 정체성, 즉 언설의 정통성에 대해 끊임없이 언급한다. 그와 동시에, 3중화된 시간은 더욱 자기 언급적으로 반전되며, 복잡하게 얽힌 '현재'를 구성한다. 전통경전에서 2중화된 시간이 청자의 듣는 행위를 통해 하나로 융합되었듯이, 초기 대승경전의 독자는 이러한 시간의 반전을 읽는 행위를 통해 3중화된 시간을 하나로 융합한다. 이러한 시간 구조의 언설을 읽고 난 뒤에도, 눈앞에 경권을 마주한 독자에게는 다음과 같은 감각이 동시에 발생한다. 하나는 과거의 불로부터 이어진 아득한 시간의 거리감, 또 하나는 그 불佛과의 해후에 대한 감각, 마지막으로는 이 모든 감각을 아우르는, '지금 여기' 눈앞에 놓인 경권 존재에 대한 놀라움이다.

(6) 초기 대승경전의 저자를 둘러싼 상황

지금까지의 논의를 종합하면, 초기 대승경전을 그 언설 내용에 근거하여 역사학적 방법으로 연구할 때 발생하는 문제점이 더욱 분명해진다.

제1절에서 논했듯이, 역사학적 방법을 적용하려면, "시간과 공간을 명시하는 외부 사실의 존재는 물론, 무엇보다 텍스트 언설 자체가 외부 사물이나 사실의 시간과 장소를 입증할 수 있어야 한다." 그러나 초기 대승경전의 시간 구조는 세 층으로 분화되어 있으며, '이야기하는 붓다'와 '이야기되는 붓다' 사이에서 반사적으로 대응하는 복잡성을 지닌다. 그에 따라 나타나는 장소 또한 이 시간 구조에 따라 다양해진다. 이처럼 복합적인 구조를 지닌 텍스트의 언술을 바탕으로, 역사학적 의미의 역사적 사건을 재구성하는 것은 거의 불가능하다.

더욱 주의할 점은, 초기 대승경전이 애초부터 저자의 존재를 철저히 지우는 구조로 되어 있다는 점이다. 언설의 정통성을 수립하려는 기획을 실현하려면, 본 절 (3)항에서 논한 바와 같이, 저자가 언설 속에 직접 등장하는 것을 철저히 회피해야 한다. 정통성 수립이 공동주관적 행위이며, 언설 공간이 공공의 공간이라면, 그 공간에 외부자의 목소리가 침입하지 않도록 철저히 경계해야 한다. 이 점에 균열이 생기면, 초기 대승경전의 언설 구조는 붕괴하고 만다. 이와 관련하여 콜은, 초기 대승경전의 표면적 구전 전승에 대해 다음과 같이 언급한다.

> 붓다의 구두 설법을 기록하려는 모든 기획은 그 문자화의 기원을 철저히 지우는 과정을 포함했다. … 〔중략〕 … 텍스트의 어젠다는 그것을 만들어낸 기반으로부터 완전히 분리될 때만 달성될 수 있었다. 따라서 텍스트의 목소리는 패엽貝葉 위에 문자로 기록된 형태로부터 순수하고 완벽하게 떠올라야 했고, 그렇게 기록된 문자 체계는 저자와는 분리된 듯 보여야 했다. 저자 자신 또한

> 완전히 증발하여, 이러한 전통의 재구성을 가능하게 하는 기술들에 분명히 주의를 기울인 복잡한 문자 문화에 〔저자 자신이〕 속해 있었다는 흔적을 조금도 남기지 않아야 했다. (Cole〔2005: 331〕)

제3절 (2)항에서 살펴본 바와 같이, 현존 사료로부터 복원 가능한 것은 경전의 전승 형태까지이며, 저자를 특정하는 것은 불가능하다. 더욱이 저자성性이 철저히 삭제되도록 설계된 텍스트를 다룬다면, 저자를 추적하는 일은 거의 절망적이라고 할 수 있다. 이러한 상황에서 '대승경전 제작에 관여한 이들의 배경을 굳이 묻는다면'이라는 전제하에, 본서 제2장에서 다음과 같이 언급했다.

> … 율장과 논장이 인도 어느 지역의 불교 승원에서 어떻게 형성되었는지에 대한 정보가 거의 없듯이, 전통경전과 그 연장선상에 있는 대승경전이 어떤 곳에서 어떻게 형성되었는지에 대한 정보도 거의 없다. 그러나 율장의 규칙이 환경의 변화에 따라 바뀌고, 논쟁의 전개에 따라 논장에 새로운 텍스트가 추가될 때, 그러한 텍스트 제작 활동이 승원 밖에서 이루어졌다고 굳이 생각할 필요가 없다면, 전통경전 편찬이나 대승경전 제작도 다르지 않을 것이다. (본서 162페이지)

또한 다음과 같이 부연했다.

> … '전통불교'의 경장 편찬 활동이 거의 종료되고 그 내용이 고정되

> 면서, 불설을 둘러싼 사상적 활동은 분석적 사고력과 체계적 구성력을 지닌 논장 담당자들에게 집중되었고, 관심은 불설의 술어에 대한 세밀한 분석과 상호 관계 정리, 그리고 그 체계화로 옮겨갔다. 이러한 상황에서 경장經藏을 담당하던 이들 중 일부는, 붓다의 말이 서사 경전 안에 존재하는 것의 중대한 의의를 통찰하고, 참된 불설에 대한 물음과 경전의 존재를 함께 담당하기 시작했다. 즉 대승경전 출현의 기원은 경전 담당자들, 즉 경사經師들에게 있다. (본서 157페이지)

누가 대승경전의 제작을 시작했는지는, 현존 문헌만으로는 '전통불교'의 경전과 마찬가지로 확인할 수 없다. 그러나 경전의 보존과 전승에 대해 문헌 자료가 전하는 바는 대승경전과 '전통불교' 경전 사이에 큰 차이를 보이지 않는다. 이러한 텍스트의 증언은, 역사적으로 확인된 유력한 고고학적 증거인 길기트/나우푸르(Naupur) 경장의 존재에 의해 뒷받침되며, 바주르 사본을 비롯한 간다라어 사본의 존재로부터도 양 계통의 경전 모두 승원에서 전승되었다는 점은 이제 거의 움직일 수 없는 사실로 굳어졌다. 나아가 초기 대승경전의 편찬자들은 전통을 다시 이야기하기 위해 전통불교의 지식에 정통했으며, 이는 시대가 흘러 유식 계통의 대승경전에 이르면 더욱 뚜렷해진다. 이러한 사실을 전제로 할 때, 대승경전이라는 새로운 경전의 제작 장소와 제작자를 굳이 묻는다면, 전통불교 경전과 마찬가지로 제작 장소는 '승원', 제작자는 '경사經師'로 보는 것이 타당하다.

'경사經師'를 둘러싼 상황을 해명하는 데는 여전히 한계가 있다.

애초에 전통불교에서 경전 제작에 관여한 이들이 출가자에 한정되었는지는 불확실하며, 연구 과제로 남아 있다. 폰 히뉘버(von Hinüber)〔1989: 28-29〕가 지적하듯이, 니카야에서 설법사說法師(dhammakathika)라는 칭호를 가진 제1인자는 '칫타'라는 이름의 재가자 일족의 장長(gahapati)이며(AN i, 26.5), 우안거 예외 규정이 보여주듯이 우파사카나 우파시카는 경전을 암송하고 서사했다. 이처럼 경전 전승에는 재가자가 지도적인 역할을 하고 있었다. 이러한 사실이 츠카모토(塚本)〔1966: 387-409〕가 제시한 경전 전승자 명칭들—dhammadhara, dhammavādin, dhammakathika, suttantika, nikāyadhara, pañcanekāyika, dīghabhāṇaka 등—과 어떤 관련이 있는지는, 현재의 사료만으로는 명확히 밝히기 어렵다.

이 이상 저자에 대해 상상하는 것은 연구의 영역을 넘어 추측의 영역에 이르는 일이다. 앞서 본 장에서는 대승경전의 내용을 바탕으로 저자상像을 설정하는 것의 위험성을 거듭 지적했으므로, 필자 자신의 인상을 언급하는 것은 삼가고자 한다. 그 대신, 초기 대승경전에 대해 전례 없는 비판적 독해를 시도하고, 때로는 풍자적인 논의도 서슴지 않는 앨런 콜이 말한 대승경전의 저자상을 참고로 인용하고자 한다. 콜은 전통의 혁신을 경전 내부에서 이어가려고 하는 초기 대승경전의 저자에 대해, 전통에 악의를 품은 저자상부터 순수한 선의로 가득한 저자상까지 세 가지 시나리오를 설정하고, 결론적으로 다음과 같이 말한다.

… 사실, 붓다가 그의 마지막 생애에서 〔전통적 의미의〕 불교를

실천하는 모습으로 나타나지 않는다는 점을 고려할 때, 독자들은 자신들이 기본적 수준의 전통을 거부하는 과정에서 붓다와 더욱 강한 친밀감을 느꼈을 것이다. 따라서 독자들은 전통적 형태의 불교 전통을 포기하는 행위 속에서, 정확히 말하면 창시자 〔붓다〕의 행위를 재현한다는 감각을 얻었을 것이다. 즉, 자신의 이전 정체성, 집, 지평을 버리고, 바로 이 포기 행위 자체의 궁극적 가치를 처음부터 알고 있었던 '진리의 아버지들'의 더 높은 길로 올라가는 것을 의미한다. 이러한 관점에서 보면, 〔초기 대승경전의〕 저자들의 동기는 완전히 자비로운 것은 아니더라도 상당히 따뜻한 것으로 보이기 시작한다. (Cole〔2005: 344〕)

(7) 경전이 드러내는 현실 세계

서사 경전의 생성 활동으로 출현한 대승불교는 마침내 경전 외부 현실에 영향을 미치며, 현실에서 의례와 교단을 형성해 나간다. 마치 예언이 자기실현을 하듯 경권 내용이 현실화되는 양상에 대해, 제2장에서는 다음과 같이 언급한 바 있다. "이러한 이해를, 학계가 오늘날까지 노력을 기울여 온 '대승불교 교단사 해명'이라는 관점에서 다소 과감하게 다시 서술한다면, 특정 의례와 계율, 수행 형태를 갖춘 대승불교 교단이 먼저 존재하고 이를 반영하는 형태로 대승경전이 만들어진 것이 아니라, 대승경전이라는 텍스트 제작 활동의 결과로 텍스트 외부에 대승교단이 성립되었다는, 기존 학계 이해와는 정반대의 결론에 이른다"(본서 122페이지).

이 점은 대승경전 연구에서 중요한 의미를 지닌다. 순수하게 서사 경전으로서 출현한 단계의 대승불교는 사상적 혹은 언어·문학적 방법으로 해명하는 것이 적합하다. 그러나 대승불교가 교단을 형성하기 시작한 단계에서는 텍스트 외부의 사건과 텍스트 내부 간의 대응 관계를 고려하는 역사학적 방법으로 전환할 필요가 있다.

대승경전의 내용을 현실화하여 교단을 형성한 사례는 여러 곳에서 확인할 수 있다. 예를 들어, 인도에서는 텍스트로 존재했던 정토사상이 후대 중국에서는 의례적 실체를 동반하며 나타났다는 점을 시모다(下田)〔2013: 22-28〕에서 이미 논한 바 있다. 여기서 주목할 점은, 경권숭배와 법사숭배의 등장이 바로 이러한 맥락에서 이해될 수 있다는 것이다. 먼저 전자에 대해 살펴보자.

대승경전의 특징 가운데 하나로, 본 장에서 여러 차례 언급한 경권숭배는 후세(布施)〔1934〕, 시즈타니(静谷)〔1974〕, 드루스(Drewes)〔2018〕 등의 연구가 보여주듯이, 대승불교 출현 기원 자체에 위치하는 것이 아니라 어느 정도 발전된 단계에서 등장한 현상이다. 이에 따라, 연구자들은 경권숭배나 서사의 공덕을 언급하지 않는 부분의 내용을 종종 구전 시대의 것으로 간주해 왔다. 그러나 이는 경전에서 설하는 내용을 바탕으로 한 유추에 불과하며, 어떤 역사적 근거로도 뒷받침되지 않는다. 앞서 논했듯이(본서 237~238페이지), 경권숭배는 서사 경전 출현의 결과로 부차적으로 생겨났으며, 경권숭배 등장을 서사 경전 출현 그 자체로 보는 것은 적절하지 않다. 본래 페티시즘은 대상인 물건의 존재와 그 힘에 대한 인식이 결합하면서, 점차 강한 신앙 대상으로 전환되는 발전 과정을 따른다. 중요한 점은, 그러한 신앙이 무엇을 근거로 발생했는지를 밝히는 데 있다.

앞서 살펴본 서사 경전의 특성을 바탕으로, 그 발생 과정은 다음과 같이 상정할 수 있다. 우선, 서사 텍스트로 출현한 경전에 대해 경전 전승자들은 놀라움을 느꼈을 것이다. 본 장에서 거듭 논했듯이, 텍스트가 이전 불교 전통을 모두 포괄하고 새로운 의미를 부여하는, 서사 경전이 지닌 위력에 대한 놀라움이다. 그런데 일단 서사 텍스트의 힘에 대한 놀라움이 생기면, 그 의미와는 무관하게 곧바로 물상으로서의 경전에 대한 놀라움으로 전환된다. 이렇게 하여, 경권이 탑묘塔廟를 대신하는 물상 숭배 의례로 등장한다. 이러한 일련의 변화는 텍스트 외부 의례와의 관계 속에서 다음과 같이 정리할 수 있다. 먼저, 경전의 서사화를 통해 외부 의례가 텍스트 내부로 내재화하고, 다음으로 텍스트는 다양한 의례의 힘을 집약하는 장場으로 전환된다. 마지막으로, 텍스트는 힘을 지닌 물상으로 외부로 형상화되어 현실 의례에 통합된다.

대승불교에서 법사숭배의 등장은 이와 동일한 현상을 대상으로 하되, 말하자면 그것을 역방향으로 실현하는 것이다. 법사는 문자로 된 경전을 음성 경전으로 전환시키며, 서사 텍스트로 존재하는 대승불교를 구두 전승의 불교인 것처럼 현실 속에 부활시킨다. 즉, 경전 내용을 서사 텍스트 내부에서 끌어내어 생활공간으로 형상화하고 현실화하며, 공동체의 장場에 드러낸다. 이는 경전을 신체적 차원의 텍스트로 전환하는 데 핵심적인 역할을 한다. 그러나 법사는 텍스트와 외부 세계를 매개하는 자로 기능할 뿐, 서사 경전을 대체할 수 있는 존재는 아니다. 법사를 매개로 하여 대승경전에 일어나는 변화는 다음과 같다. 먼저, 구두 전승 시대에 외부 세계에 존재하던 일반적인 설법자의 존재가 서사된 경전 내부로 내재화하고, 이후 경권을 독송하는 행위를 통해 경전 내부 세계가 텍스트 외부로 형상화한다. 이러한 과정을 통해 법사(매개자) 역할의 힘이 물상화하고, 그 결과 법사숭배로 이어지는 변화를 일으킨다.

법사는 특정 대승경전만을 전문적으로 독송했다기보다는 여러 경전을 독송했을 가능성이 높다. 제3절 (1)항에서 살펴보았듯이, 길기트 경장에서 출토된 『법화경』의 발문跋文에 등장하는 법사를, 폰 히뉘버는 비문 자료와의 내용 일치를 근거로 유행자遊行者로 간주했다. 이 추정이 옳다면, 그리고 경장에서 출토된 대승경전이 다양하다는 점을 고려하면, 법사는 외부인으로서 경장이 있는 승원을 방문하여 경전을 음성화音聲化하는―또는 서사하는― 의례적 역할을 수행했을 것으로 생각된다. 그때 법사는 요청이 있으면, 『법화경』 이외의 경전 의례에도 관여하도록 요청받았을 가능성이 있다. 실제로 폰 히뉘버도 보고한 바와 같이, 『법화경』과 함께 출토된 *Saṃghāṭasūtra*는 『법화경』보다 더 큰 인기를 누렸던 경전이었다.

그렇다면 대체 무엇 때문에, 초기 대승경전은 '전통경전'과 달리, 현실에서 교단을 생성하는 힘을 가진 텍스트가 될 수 있었을까. 그 핵심 요인은, 초기 대승경전의 언설 공간이 발신자의 존재(서사자의 주관)와 동시에 수신자의 존재(독자의 주관)를 성립시키며, 이로써 공동 주관성을 가능하게 하는 구조를 지니고 있기 때문이다. 이 텍스트는 그것을 대하는 이의 주관主觀을 '텍스트의 주관'으로 동화시키는 기능을 지니며, 텍스트를 매개로 한 자타自他 관계, 즉 교단이 형성되는 구조를 내재하고 있다. 발신자로부터 수신자에게 일방적으로 향하는 전통경전과는 달리, 수신자의 존재로 인해 생명을 얻는 경전이 등장했다. 바로 여기에 대승불교 탄생의 중요한 계기가 있다.

앞서 살펴본 바와 같이, 대승경전은 붓다를 저자로 하는 익명성에 의해 성립되며, 이러한 익명성은 정통성을 문제 삼는 대승경전의 언설 구조에 매우 중요한 의미를 부여한다(본 절 (3)항, 253페이지). 언설의 정통성을 수립하려면, 타자가 그 정통성을 수용해야 하며, 이 정통성 수립이라는 행위는 메시지 발신자의 주관과 이에 호응하는 수신자의 주관을 함께 요청하는, 철저히 공동 주관적인 구조를 지닌다. 정통성을 주장하는 언설에서 중요한 것은, 그 언설이 공동 주관성을 성립시키는 더 높은 차원의 장場에 놓여 있다는 점이다. 초기 대승경전에서 이 장場은, 서사자의 주관과 독자의 주관을 동시에 성립시키고 양자 사이에 개입하는, 지금까지 존재하지 않았던 이상적인 객체로서 서사 경전의 형태로 실현된다. 이러한 구조는 '전통경전'이나 율장에서는 거의 나타나지 않는다. 이들 텍스트에서는 텍스트를 불佛과 동일시하여 신앙의 대상으로 삼으려는 태도가 거의 나타나지 않는다. 그런 의미에서 경권숭배가 발생하지 않았다는 점은 양자 간의 중요한 차이점이다.

제1절에서 살펴보았듯이, 역사학적 방법이 대상으로 삼는 텍스트는 외부의 힘에 의해 형성된, 역사적 '산물'로서의 텍스트였다. 반면, 본 장에서 고찰한 초기 대승경전은 전파 과정을 통해 오히려 역사를 형성하고 변용시키는 힘을 가진, 역사적 '생산자'로서의 텍스트'이다. 이는 그 자체가 역사의 본체로 간주될 수 있다는 의미이다.

이 주장이 다소 생소하게 들린다면, 그것은 인류 정신사 속에서 텍스트가 수행해 온 힘을 탐구하는 방법이 불교 연구자들 사이에서 어느새 망각되었기 때문일 것이다. 고전이나 성전처럼 외부 세계로부터 독립하여 보존·전승되던 텍스트는, 적절한 시기에 외부 세계를 향해 열릴 때 외부 세계를 변용시키고 새로운 제도를 창출한다. 이 경위를 이해하려면, 자본주의라는 강력한 경제 제도가, 성서라는 텍스트와 그것을 손에 쥔 프로테스탄트의 예정설이라는 종교 이념으로부터 탄생한 과정을 상세히 논한 막스 베버(Max Weber)의 이론만으로도 충분할 것이다. 텍스트 안에 담긴 이념은 역사의 궤도를 전환시키는 분기점 역할을 할 수 있다.

경전을 불佛과 동일시하고, 과거에서 미래로 이어지는 수수授受 행위를 텍스트화한 초기 대승경전의 언설은 불교 역사의 핵심을 꿰뚫고 있다. 불교의 역사는 스승인 붓다의 존재만으로 성립하는 것이 아니다. 스승의 말과 그 존재는 이를 받아들이는 제자에 의해 완성된다. 발신자와 함께 수신자가 없다면 불교는 존재할 수 없으며, 제자의 탄생에 의해 생명을 이어온 것이 불교의 역사이다. 과거와 현재 사이에 공동 주관의 장場이 성립하는 바로 그곳에 불교의 존재와 역사가 자리한다. 그것은 현재에만 머무는 것이 아니라, 미래를 향해서도 계속 이어진다. 본서의 제2장 마지막(167~168페이지)에서 대승불교를 '발견적(heuristic)' 개념으로 이해해야 한다고 결론지은 것도 바로 이 때문이다.

시대가 흐르면서 이러한 초기 대승경전 출현 당시의 정신은 점차 사라지고, 결국 서사 경전이라는 형식만을 이용한 방대한 수의 경전들이 양산되기 시작한다. 그것은 마치 자본주의가 프로테스탄티즘 정신이라는 기반에서 분리되어 단순한 경제 제도로서 형해화形骸化되어 세계에 유포된 양상과 유사하다. 겉으로는 동일해 보이는 현상들 속으로 깊이 파고들어, 그 이면에 잠재된 여러 현상의 질적 차이를 섬세하게 식별하는 것, 거기에 불교 연구의 중요한 과제가 놓여 있다. 그러한 작업을 완수했을 때 도출되는 결론의 타당성은, 사람들이 지금까지 알고 있던 사실들에 얼마나 부합하는지에 따라 대략 판단할 수 있을 것이다.

제4장 대승경전 계승의 역사
—1980년대 이후의 대승경전 연구

제1절 1980년대의 대승불교 연구에서 나타나는 동서양의 차이

1980년대까지 일본에서 이루어진 대승불교 연구를 집대성한 「강좌 대승불교」 전 10권은 대승불교 연구에 새로운 지평을 연 총서로, 현재도 그 가치를 인정받고 있다. 이 획기적인 시리즈가 발간된 지 벌써 30년이 지났으며, 최근에는 최신 성과를 반영한 새로운 총서 「시리즈 대승불교」도 간행되었다. 대승불교를 둘러싼 연구 상황은 여러 측면에서 점점 더 복잡해지고 있다. 본 장에서는 지난 25년간의 대승경전 연구 상황을 되돌아보고, 대승불교와 텍스트 연구의 관계를 고찰하고자 한다.

지금으로부터 정확히 30년 전, 폴 윌리엄스(Paul Williams)는 영국에서 『대승불교』(Mahāyāna Buddhism)라는 저서를 세상에 내놓았다. 그 서두에는 다음과 같이 쓰여 있다.

> 대승은 단일하게 통합된 현상이 아니며, 결코 그런 적도 없었다. …〔중략〕… 영성 운동으로서의 대승 내부에는 여러 교리적·철학적 학파들이 존재하며, 특정 학파로 쉽게 분류하기 어려운 사상가들도 있다. 게다가 대승은 쉽게 식별 가능한 통일된 지리적 또는 사상적 기원을 지닌 돌발적인 현상이 아니었고, 천재들(혹은 광신자들)로 구성된 집단이 주도한 계획적인 운동도 아니었다. 그것은 불교란 무엇인지, 그리고 일부 혹은 모든 불교도들이 궁극적으로 무엇에 관심을 기울여야 하는지를 바라보는 대안적이고 독특한 관점으로서 수 세기에 걸쳐 발전해 온 것이다. 초기 수 세기 동안 그것의 성장과 발전은 대승경전이라는 새롭고 독특한 정전正典의 진화를 특징으로 하며, 우리의 관점에서는 그것은 정전의 진화와 거의 동일하다고 할 수 있다.[1]

이 저서의 출현과 서두의 이 구절은 다음 세 가지 이유에서 본장의 도입부로 삼기에 적합하다. 첫째, 근년의 대승불교 연구사에서 1980년대 말 영국에서 이 책이 출간되었다는 사실 자체가 이 시대의 중요한 특징을 보여준다는 점이다. 둘째, 이 구절은 특히 대승불교를 그 흥기와 관련하여 고찰할 때 단일한 기원을 찾으려는 태도에 경종을 울린다는 점이다. 셋째, 이 책이 초기 대승의 특징을 대승경전의 제작에서 발견하고 있다는 점이다. 먼저 첫 번째 점부터 살펴보자.

지난 수십 년간의 대승불교 연구를 돌아보면, 1980년대는 해외와 일본에서 이전과는 다른 경향의 연구 성과가 대조적인 양상으로 등장

---

1 Williams[1989: 3-4].

한 시기였다. 앞에서 언급했듯이, 일본에서는 1981년부터 1985년에 걸쳐 히라카와 아키라(平川彰), 가지야마 유이치(梶山雄一), 다카사키 지키도(高崎直道) 세 명의 편찬자를 중심으로 76명의 집필진이 참여하여 「강좌 대승불교」 전 10권을 발간했다.[2] 이는 제2차 세계대전 후 일본 학계에서 이루어진 대승불교 연구의 총괄적 성과를 집대성한 위업이었다. 제1권 『대승불교란 무엇인가』로 시작하여 제10권 『대승불교와 그 주변』으로 마무리되는 이 시리즈는 반야, 화엄, 법화, 정토, 여래장, 중관, 유식, 인식론·논리학이라는 주제로 구성되었다. 이러한 배열이 『대정신수대장경』 「인도찬술부」의 분류를 대체로 따르고 있다는 점에서도 알 수 있듯이, 근대불교학 성과에 근거하여 대승불교를 빠짐없이 철저히 논하려는 의욕적인 시도였다. 이 성과들이 모두 영어로 번역되었다면, 이후 세계 대승불교 연구의 흐름은 상당히 달라졌을 것이다.

실제로 해외 학계는 물론, 대승에 특별히 관심이 높은 일본에서조차 대승불교만을 이처럼 대규모로 다룬 적은 없었다. 이러한 대규모 기획이 가능했던 것은, 대승불교 연구가 소수 개인의 업적에 국한되지 않고 학계 전체로 확산되어 큰 시대적 흐름으로 자리잡았기 때문일 것이다. 그 이전, 특히 제2차 세계대전 전에는 대승경전을 형성사적 관점에서 비판적으로 연구한 성과가 거의 없었다. 이는 아함이나 니카야에 근거한 이른바 Mainstream Buddhism(여기에서는 '전통불교'로 번역)에 속하는 경전 연구와는 대조적이었다. 후세 코가쿠(布施浩岳)

---

2 히라카와 외(平川ほか) 編[1981-1985].

로 대표되는 『법화경』 형성을 둘러싼 일련의 논의, 츠키노와 켄류(月輪賢隆)의 일부 불전 연구, 산스크리트어 사본에 근거한 텍스트 교정 정도가 예외적으로 있었을 뿐이다. 대승경전 연구는 많든 적든 전통적인 교리 해석의 틀 안에서, 불교학이라기보다는 오히려 각 종파의 교리학 영역에서 진행되어 왔다.[3]

일본 학계는 종파의 교리와 거의 무관하게 존재할 수 있는 '원시'불교 경전에 대한 문헌학적 연구에는 저항감을 보이지 않았던 반면, 종파와 깊은 관련이 있는 대승경전을 근대불교학의 방법론으로 분석하는 것에는 오랫동안 불편함을 느껴왔다. 대승불교 연구가 논서를 중심으로 해명되어 온 이유는 논서가 지닌 명쾌한 논의의 힘 때문이기도 하지만, 종파의 소의 경전에 대한 근대불교학적 접근이 교묘하게 회피되어 온 점도 주요 원인 중 하나였다.

이러한 상황을 크게 바꾼 것은 1968년에 출판된 히라카와 아키라의 대작 『초기 대승불교 연구』이다.[4] 히라카와는 대승경전을 사회사 혹은 경제사적 관점에서 독해했다. 그는 재가와 출가를 가치 대립적인 위치에 놓고, 양자의 긴장 관계로 전개되는 대승 운동을 장대한 규모로 그려냈다. 기성 종파와 관련이 없어 그동안 주목받지 못했던 수많은 경전을 분석 대상으로 삼았고, 그 전체를 베버(Weber) 방식의 종교 유형론적 논술로 구성한 불교사는 당시 일본의 불교학계에는 없었던 참신한 성과로 연구자들에게 큰 충격을 주었다. 히라카와가 도달한 결론은 두 가지 측면에서 중요한 의미를 갖는다. 첫째, 대승의 기원을

---

3 'Mainstream Buddhism'의 용법에 대해서는 Cox[2004]를 참조.

4 히라카와(平川)[1968].

재가불교를 통해 '역사적 붓다'와 직결시킴으로써 대승이 역사적 정통성을 결여한다는 대승비불설론을 극복했다. 둘째, 재가와 출가의 가치 대립 구도에 전쟁 후 일본에서 일어난 재가불교 운동의 융성을 암묵적으로 겹쳐 놓음으로써 절묘한 사회적 현실감을 부여했다.[5]

대승불교의 역사적 정통성과 재가불교의 독자적 의의를 주장하는 이 가설은 당시 일본 불교학계를 설득할 요건을 완비했다. 이후 시즈타니 마사오(靜谷正雄)의 강력한 지지 등에 힘입어 대승경전 연구의 새로운 패러다임이 되었고, 많은 연구자들을 전례 없는 속도로 이 분야의 연구로 끌어들였다.[6] 「강좌 대승불교」에 실린 성과 중 약 70퍼센트가 대승'경전' 연구라는 사실이 보여주듯이, 1980년대에 등장한 일본의 대승불교 연구는 히라카와의 '재가-불탑 기원설'에서 촉발된 경우가 많다.

일본 학계가 대승불교의 재가-불탑 기원설로 거의 기울어진 1980년 전후, 대승경전을 대상으로 삼아 히라카와설에 정면으로 의문을 제기하는 몇몇 논고가 북미와 남반구에서 등장하기 시작했다. 그중에서도 그레고리 쇼펜(Gregory Shopen)의 업적은 기존의 불교 연구 성과를 비판적으로 재검토하게 할 만큼 영향력이 컸다.[7]

그는 기존 불교 연구자들이 일부 고도의 철학 사상 문헌에만 치우쳐 비문碑文 내용이나 도상(icon)을 경시하고, 청빈한 금욕적 승원 생활이

5 불교 연구가 무의식적으로 시대의 요청을 받아들이고 있다는 점에 대해서는 시모다(下田)[2005a]를 참조.

6 시즈타니(靜谷)[1974].

7 Schopen[1975][1979][1985]. Cf. Schopen[1997][2004a][2005a].

라는 기독교 사회의 선입견에 이끌려 고대 인도불교사를 묘사해 왔다고 비판했다. 문헌 자료와 비문 자료를 있는 그대로 분석해 보면, 추상적이고 고상한 사상의 바탕에는 소박한 업과 공덕의 교환 신앙이 존재했고, 무소유의 삶을 추구했다고 여겨지던 출가자들의 실제 모습은 근대적 청빈의 이상과는 전혀 다른 실리 지향적인 승원 생활이었다고 한다. 쇼펜은 이러한 특성을 불교사의 이른바 배경적 '지地'로 파악하고, 사상적 논의의 변천을 그 배경 위에 놓여야 할 '도圖'로 다시 자리매김하려 한다.

이러한 쇼펜의 업적에는 주목할 만한 두 가지 특징이 있다. 첫째, 기존 불교 연구를 비판하는 과정에서, 문화인류학에서 이룬 연구 성과를 원용하여 종교학 분야의 기독교 연구를 비판하고, 이러한 성과를 불교 문헌 연구에 연결하고 있다는 점이다. 일찍이, 서양 근대의 불교 연구가 사상에 편중하는 기독교 연구를 답습하여 현실의 평신도들의 불교 세계를 다루고 있지 않음을 지적한 것은 에드먼드 리치(Edmund Leach), 멜포드 스파이로(Melford Spiro), 스탠리 J. 탐바이아(Stanley J. Tambiah), 가나나트 오베예세케레(Gananath Obeyesekere) 등의 문화인류학자들이었다.[8] 이들이 현대 동남아시아 불교 연구에서 제기한 과제는 그때까지의 서구 불교 연구가 간과해 왔던 문제였으며, 쇼펜은—명시적으로 인용하지는 않았지만— 결과적으로 이 성과들 중 일부를 능숙하게 활용하여 고대 인도불교 연구에도 적용하고 있다.

둘째, 일본 학계에서 제창된 히라카와 아키라의 '재가-불탑 기원설'

---

8 이러한 연구 상황들과 그 의의에 대해서는 시모다(下田)[2009a][2010c] 참조.

을 소개하고 상세히 검토·비판함으로써, 동서양에서 개별적으로 묘사된 불교사를 하나의 경기장에서 대치시켰다는 점이다. 히라카와는 불탑신앙이라는 생활세계 차원의 불교를 파악했으면서도, 이것을 대승경전 제작을 위한 교단적 근거로 해석하며, 하나의 특정한 '도圖'로 이해하였다. 그러나 쇼펜에 따르면, 불탑신앙은 불교 세계 전체의 기초가 되는 '지地'이며, 재가-불탑 기원설은 지地와 도圖의 근본적인 관계를 전도시켜 성립된 것이다. 쇼펜의 연구는 서양의 기존 불교 연구 방법을 재검토하는 동시에, 일본 불교학계의 정설을 비판적으로 검토함으로써 그 학설을 서양에 소개하였고, 결과적으로 동서양의 대승경전 연구를 연결하는 중요한 가교 역할을 했다. 이 연구의 등장으로 대승불교 경전 연구는 불교 연구 전체의 중심 무대에 오르게 되었다. 결과적으로 인도불교 연구에서 중심 과제였던 사상이라는 '도圖'의 가치를 무력화한 점은 다소 과도하다고 볼 수 있지만, 그의 업적이 불교 연구사에서 차지하는 의의는 매우 크다.

앞에서 인용한 폴 윌리엄스의 저서가 출판된 1980년대 말은 이러한 무대가 갖춰진 시기였다. 서양의 불교 연구사를 돌아볼 때, 뒤에 언급할 에드워드 콘즈(Edward Conze)를 제외하면, 팔리불교 연구가 주류였던 영국에서 대승불교를 개관하는 서적이 발간되었다는 사실 자체가 역사적으로 중요한 전환점이었다. 그리고 이후 실제로 유럽과 미국에서 대승경전 연구가 곳곳에서 등장하기 시작한다.

제2절 기원에 대한 물음이 함의하는 것

이제 윌리엄스가 제기한 두 번째 문제로 넘어가 보자. 즉, 대승을 고찰할 때 '기원'을 찾으려는 태도에 내재된 문제점에 대한 고찰이다. 연구 대상의 특성과 그 대상을 다루는 연구자 측의 사정을 고려하여, 제기해야 할 질문과 주의해야 할 점을 신중하게 구분하는 것은 연구를 적절한 방향으로 이끌기 위해 중요하다. 그런 가운데, 대승불교의 역사적 '기원'에 대해 성급한 대답을 요구하지 않는 자세는 지난 25년간 진전된 연구 성과에서 얻어진 귀중한 교훈이라고 할 수 있다. 그러나 본서 제1장에서 논했듯이, 연구자가 기원의 설정이라는 유혹에서 벗어나기는 결코 쉽지 않다.

2004년, 북미 연구자들이 중심이 되어 편찬한 『불교 백과』의 「대승」 항목을 쇼펜은 '오래된 직선적 모델과 대승 '기원'의 시기'라는 주제로 시작한다. 이는 '역사적 붓다로부터 시작된 불교가 소승(또는 승원) 불교로 전개되고, 마침내 기원 전후에 혁신적인 불교 운동인 대승이 흥기하여 불교사를 다시 쓴다'고 하는 기존 이해에 대한 비판이다. 대승의 역사적 실태를 고찰할 때 이러한 '편의적 해석'을 버리는 것이 불가결한 전제라고 한다.[9]

쇼펜은 논하지 않았지만, 이러한 직선적 사관史觀이 생겨난 바탕에는, 팔리불교의 경전-대승에서 볼 때 '소승'의 경전-은 이른바 고타마 붓다의 가르침을 정통적으로 계승한 것으로서 조금도 의심할 필요가

---

9 Schopen[2004b: 492].

없는 반면, 대승불교 경전은 후대에 그 전통 외부에서 만들어진 것이므로 그 출처를 물어야 한다는 연구자들의 뿌리 깊은 관념이 있다. 그러나 제3장(222페이지)에서 논했듯이, 어떤 텍스트든 그것이 정전正典이 되는 것은 정전화正典化라는 작업을 거친 후의 일이고, 이는 '소승'경전에서도 마찬가지이다. 더욱이 현대의 연구 상황에서 가장 오래된 사본에서는 대승과 '소승'이 함께 공존하고 있음이 명백한 지금, 이러한 관념이야말로 버려야 할 것이다.

대승불교를 논할 때 오랜 세월 연구자들이 지녀온 이 직선적 사관에 대한 반성이 일본 학계에서는 거의 이루어지지 않았다. 팔리어 니카야의 경전 내용을 초기불교로 규정하고, 그 기원을 더 이상 묻지 않는 반면, 대승불교의 기원을 둘러싼 논의와 심포지엄은 끊이지 않는다. 재가-불탑 기원이라는 대승불교 기원설의 유효성이 의심받으면서 해외에서는 '교단으로서의 단일한 기원'을 찾는 방법 자체가 의심받기 시작했지만, 일본에서는 재가-불탑 기원설을 대체할 가설이 요구되기 시작했다.

일본과 서구 사이에 보이는 이러한 태도 차이는, 대승불교를 둘러싼 연구 대상과 거기서 추출되는 성과에 대한 기대의 차이와 깊은 관련이 있다. 즉, 단일한 기원에 대한 질문을 제기하지 않고 대승불교의 역사적 의의를 비판적으로 분석하려는 이들에게, 대승은 일정한 시간적 경과를 내포하며 여러 요소가 복잡하게 얽혀 진행되는 과정 또는 다양한 현상의 집합으로 이해되고 있다. 반면, 기원을 묻는 이들에게 대승은 어떤 불변의 동일성을 지닌 실체적 존재로 상정되고 있다.

이 두 관점은 서로 배타적인 것이 아니다. 처음에는 서로 연결되지 않은 현상이나 운동이 산재해 있더라도 '대승'이라는 이름이 동일하게 적용되기 시작하면, 그것들은 명확한 정의에 의해 이해할 수 있는 유의미한 통일체로 점차 변모해 간다. 아상가(Asaṅga)(4세기) 이후, 대승불교에 대한 이론적 변론이 표면화되고 이를 통해 대승이 불설로 정의되기 시작한 것은 아마도 이러한 흐름을 말해 주는 것이다. 니카야나 아비달마에서 불어佛語의 정의를 둘러싼 논의의 전통을 받아들였다고 하더라도, 대승비불설론에 대한 변론이 등장한 것은 다양한 대승경전이 탄생한 시대보다 훨씬 후대의 일이며, 대승으로 추정되는 비문碑文이 출현한 기원 후 5~6세기와 같은 시대이다.[10] 이 사실은 다음을 시사한다. 즉, 애초에 대승불교라는 윤곽이 분명한 실체적 교단이 있었고 그 안에 아상가나 바수반두(4~5세기), 바비베카(6세기)와 같은 대승불설론자들이 속해 있었던 것이 아니다. 오히려 처음에는 독자적인 제도적 실체가 없는 운동으로 시작되었지만, 마침내 주변의 다양한 요소를 끌어들이면서 실체화되어 '대승'이라는 동일한 이름을 갖게 되었고, 마지막에 논사들이 그것을 이른바 고유명사로 이해하게 된 일련의 변화 과정이 있었음을 예상하게 한다. 즉, 하나의 기원에서 대승이 탄생하여 확산·전개된 것이 아니라, 애초에 대승을 구성하는 요소는 여러 현상으로 산재해 있었고, 후대에 이르러 그 본질이 규정되고 통일적인 운동으로 이해되었을 것이다. 이는 기존의 직선적 이해로 파악되던 대승의 역사 전개와는 정반대 방향이다.

---

10 초기불전의 불설을 둘러싼 논의에 관한 자료는 Lamotte[1944: 80-84], MacQueen [1981-82], 본서 제5장 「성전 너머에」를 참조. 대승불교에 대해서는 다카사키(高崎)[1985]를 참조.

이러한 과정을 고려하면, 윌리엄스가 지적했듯이 우선 '대승'을 다양한 서로 다른 현상이나 요소에 부여된 집합적 명칭으로 이해하고, 단일한 기원을 찾으려 하지 않는 접근이 바람직하다. 그 후, 논사들이 그랬듯이, 정의할 수 있고 그런 의미에서 기원을 물을 수 있는 실체로 변화하는 과정을 파악해야 한다.

이 두 가지 이해는 연구 방법으로서 의식적으로 구별한 후, 서로 보완적으로 활용할 필요가 있다. 전자가 대승불교를 외부에서 분석적으로 고찰하는 기술적 태도라면, 후자는 전통 내재적인 해석학적 방법이다. 인도의 여러 논사가 펼친 대승비불설론에 대한 변론이 역사적 실태를 모두 반영한 것이라고 해석할 수는 없지만, 동시에 전통 내부의 목소리에 귀를 기울이지 않으면 복잡하고 다양한 현상들이 왜 하나의 운동으로 표상되었는지에 대한 수수께끼를 풀기 어려울 것이다.[11]

제3절 경전으로서의 대승—텍스트 해독의 진전

대승불교의 다양성은 다양한 경전의 제작에서 현저하게 드러난다. 윌리엄스가 제기한 세 번째 문제, 초기 대승의 특징을 대승경전의 제작에서 찾는 점에 대해 논의해 보자. 사실 윌리엄스의 『대승불교』가 출판되기 8년 전인 1981년, 「강좌 대승불교」 제1권 『대승불교란 무엇인가』의 「대승경전 발달사」에서 다카사키 지키도는 다음과 같이

---

11 본서 제5장 「성전 너머에」 참조.

말했다.

> 대승불교는 교단사적으로 보면, 아직 그 실체가 잘 알려지지 않았다. 그러나 방대한 대승경전군의 존재로 볼 때, 이는 명백한 역사상의 실재이다. 우리가 대승불교의 성립에 대해 이야기할 때도 그 대부분의 자료를 대승경전 자체에서 얻고 있으며, 극단적으로 말하자면 대승경전이 곧 대승불교이다. 특히 이 점은 그 초기에 해당된다.[12]

최초기 대승을 경전 제작에서 찾는다는 점은 대승에 대해 가장 급진적으로 문제를 제기하는 쇼펜에게서도−비록 그 영향력을 상당히 낮게 평가한다는 점은 다르지만− 공통적으로 나타난다. 대승을 일종의 경전 제작 운동으로 파악하는 것은 현재 학계의 연구자들 사이에서 거의 유일한 공통된 이해이다.

실제로 이러한 이해에 상응하듯이, 1980년대 이후 대승불교 연구는 경전 연구에 세계 여러 연구자가 참여하였고, 그 점에서 이전과는 확연하게 시대가 구분된다. 그 성과는 크게 두 가지 방향으로 나눌 수 있다. 하나는 사본의 해독에서 교정에 이르는 순수한 문헌학적 연구이고, 다른 하나는 개별 경전 또는 관련 경전군에 대한 내용 해명이다. 순서대로 살펴보자.

문헌학의 발전 과정에서 새로운 문헌의 발견이 때로 결정적인 의미

---

12 다카사키高崎[1981: 60].

를 갖는다는 것은 말할 것도 없다. 1980년대부터 현재까지를 돌아보면, 인도어, 티베트어, 한어 각 영역에서 대승경전의 획기적인 자료 발견과 간행이 이루어졌다. 대표적인 연구로는 옌스 브로빅(Jens Braarvig)이 이끄는 스코이엔 수집 프로젝트, 다이쇼大正대학이 진행하는 라싸 포탈라궁 소장 경전의 교정 출판, 리처드 살로몬(Richard Salomon)이 주도하는 카로슈티 사본 프로젝트, 그리고 뮌헨대학교를 중심으로 하는 간다라 사본 프로젝트, 바주르 사본 관련 프로젝트 등이 있다.

이러한 프로젝트들의 성과로, 이제까지 존재하지 않는다고 믿어져 왔던 귀중한 대승경전의 원전들이 출현하여 연구자들의 경탄을 자아냈다. 스코이엔 컬렉션에서는 『승만경』 『아자세왕경』 『제법무행경諸法無行經』 등, 다이쇼대학 종합불교 연구소 프로젝트에서는 『유마경』 『지광명장엄경』, 그리고 카로슈티 사본 프로젝트에서는 『현겁경』 『팔천송반야경』, 바주르 사본에서는 특정 대승경전에 해당되지 않는 아촉불 출현 경전 등이 그것이다.[13]

스코이엔 컬렉션은 보존 상태가 대부분 단편에 불과하지만, 3세기 전반까지 거슬러 올라가는 쿠샨 문자로 기록된 『팔천송반야경』 사본을 포함하는 등, 초기 대승경전을 이해하는 데 자료적 가치가 매우 높다. 이에 더하여, 제3권의 간행까지 이미 세계 각지에서 30명이 넘는 연구자들을 결집시켰으며, 사본의 해독 작업 자체가 국제학계의 네트워크 구축에 공헌하고 있다.

또한 주목할 만한 국제 프로젝트로는 오스트리아 빈대학교를 거점으

13 Braarvig[2000-16], 다이쇼대학 종합불교 연구소 범어불전연구회 편(大正大學綜合佛教研究所梵語佛典研究會編)[2004], 마츠다(松田)[2011].

로 진행되는 티베트불전자료 타보사본 정리 작업이 있다. 인도 중북부의 타보 사원에서 수집된 경전 사본군은 전전기前傳期와 후전기前傳期의 어떤 번역어와도 다른 전승을 보여준다. 즉, 1980년대 이후 연구되어 온 칸규르의 여러 계통 중 어디에도 속하지 않는 자료이며, 인도불교를 해명하는 중요한 2차 자료이다.[14] 장소와 시대를 달리하는 새로운 자료의 출현은 새로운 연구의 가능성을 열어주고 있다.

한어 문헌 관련 프로젝트 중 하나를 꼽자면, 일본의 국제불교대학원대학이 진행하는, 일본의 여러 사찰에 보존되어 있는 나라(奈良)·헤이안(平安) 시대의 고사경古寫經 집성 정리 및 공개 작업이 있다. 현재의 조사에 따르면, 이것들은 세계에서 가장 오래된 한역대장경 사본군이며, 수장收藏된 경전 중에는 기존 어떤 대장경 판본과도 다르면서 팔리 장외藏外 문헌과 겹치는 내용이 발견되었다. 대장경의 역사를 추적하는 데 돈황 문서에 못지않은 가치를 지닌 것으로 보이며, 자료 공개가 간절히 기대되는 바이다.[15]

지금까지 사본은 개인이나 연구기관에 비밀리에 보관되어, 특권을

---

14 타보 사본에 관해서는 Tauscher[1999], Steinkellner[1994]를 참조. 또한 칸규르의 계통에 대한 연구에 대해서는 Eimer[1983][1988a][1988c]를 참조. 이 작업과 병행하여 티베트 사원에서 발견된 불교인식론과 불교논리학 관련 사본의 교정 출판도 세계 각국의 지견을 모아 진행되고 있으며, 앞으로도 국제 연구의 모델이 될 것이다. 이미 간행된 것으로는 지넨드라붓디(Jinendrabuddhi)의 *Pramāṇasamuccayaṭīkā* Chapters 1-2 (Steinkellner et al.[2005], Lasic et al.[2012]); 다르마키르티(Dharmakīrti)의 *Pramāṇaviniścaya* Chapters 1-3 (Steinkellner[2007], Hugon and Tomabechi[2011])이 있다.

15 Zacchetti[2003], 오치아이(落合)[2006].

가진 사람만이 이용할 수 있는 경우가 많았다. 그러나 여러 과학 분야가 비약적으로 확대되고 전문 영역이 다양하게 나뉘면서 정보 공유가 이루어지지 않으면 학문 존속 자체가 어려워지는 오늘날 인문학 상황을 고려할 때, 귀중한 자원을 널리 알리는 것은 불교학의 미래를 위해 중요한 과제이다.

이처럼 1차 자료의 발견과 정리가 이루어지면서, 문헌 해독에 필요한 지식도 함께 심화되어 학계의 큰 수확이 되고 있다. 대승경전에 관해서는 앞서 언급한 스코이엔 컬렉션의 연구 성과와 여러 논문들, 교정 텍스트의 주석에 상세한 보고가 있다. 티베트어역과 한역을 자료로 삼은 장 다니틴(Jean Dantinne)의 *Akṣobhyavyūha*, 티베트어역을 주요 자료로 삼은 옌스 브로빅(Jens Braarvig)의 *Akṣayamatinirdeśa*, 울리히 파겔(Ulrich Pagel)의 *Bodhisattvapiṭaka*, 산스크리트어를 기초 자료로 한 앤드류 스킬턴(Andrew Skilton)의 *Samādhirājasūtra* 등 개별 연구로서 대승경전을 해명한 성과는 눈부시다. 스킬턴은 『삼매왕경』에서 말하는 삼매의 의의에 대해, 이것이 요가 실천으로서의 삼매가 아니라 모든 경전의 의의가 집약된 이름이자 개념으로서의 삼매임을 상세히 분석하여, 경전 제작 운동으로서의 대승이라는 특징을 논했다. 이는 불탑신앙으로 대표되는 의례 세계에서 경전이라는 문헌 세계로의 전환을 꾀하는 엘리트 운동으로 대승을 간주하는 쇼펜의 견해와도 일치한다.[16]

근년 주목할 만한 동향으로, 한어 자료를 중심으로 한 연구의 진전이

---

16 Dantinne[1983], Braarvig[1993], Pagel[1995], Skilton[2002].

유럽과 미국에서 하나의 흐름을 형성할 정도로 발전하고 있는 현상이 있다. 에릭 쥐르허(Erik Zürcher)의 연구를 귀감으로 삼아, 여러 서양 연구자들이 속속 등장하고 있다. 폴 해리슨(Paul Harrison)은 『반주삼매경』을, 다니엘 부셰(Daniel Boucher)는 『법화경』『호국장자소문경護國長者所問經』을, 잔 나티에(Jan Nattier)는 『욱가장자소문경郁伽長者所問經』을, 스테파노 자케티(Stefano Zacchetti)는 『광찬경光讚經』을, 그리고 가장 오래된 대승경전을 번역한 지루가참, 선관禪觀 경전류 등을 번역한 안세고, 지겸, 축법호 등의 경전을 상세히 추적하며 산스크리트어 또는 그 속어와 비교하여 해명하고 있다. 이 연구들은 이미 일본에서 연구되고 있던 경전을 훨씬 더 정밀하게 문헌학적으로 해명하고, 이를 통해 불교사에 새로운 견해를 제시하고 있다. 해리슨은 대승경전에서의 불현전佛現前 의식과 삼매의 관계, 서사書寫와 신체화된 기억 간의 관계를 논했다. 나티에는 초기 대승의 보살이 엄격한 수행을 자신에게 부과하는 고행자로서의 이념을 이타利他보다 우선시하며, 자타카나 불전佛傳에 등장하는 보살과 공통점을 지닌다는 점을 논증했다.[17]

중기 인도아리아어와 고대 한어에 대한 풍부한 지식을 바탕으로 경전 독해를 위한 기초자료 정비에 두드러진 활동을 한 연구자로는 가라시마 세이시(辛嶋靜志)가 있다. 그의 대표적인 업적으로는 『정법화경사전』과 『묘법연화경사전』이 있다. 현존 사본의 수에서 다른 경전을 압도하는 법화경을 대상으로, 축법호와 구마라집이라는 대승

---

17 Zürcher[1959][1977][1991], Harrison[1978b][1990][1992][1993], Boucher[1996][2008], Nattier[2003a][2003b], Zacchetti[2005].

경전의 한역에 큰 영향을 미친 역경가들의 번역어를 구절 단위로 상세히 해명한 작업은 학계에 크게 기여하고 있다.[18]

이 외에도 한역과 티베트어역을 주요 자료로 삼아 대승의 특징을 결정하는 데 중요한 경전의 내용을 해명한 연구로는, 조너선 실크(Jonathan Silk)의 『보적경宝積經·보량취회宝梁聚會』, 시모다 마사히로의 『대승열반경』, 미하엘 짐머만(Michael Zimmermann)의 『여래장경』에 대한 연구가 있다. 이들은 각 경전 및 관련 문헌의 연구사를 총괄하면서, 형성 과정과 사상을 새로운 관점에서 논하며 대승경전 연구를 크게 진전시켰다.[19]

이러한 동향을 되돌아보면, 라모트의 연구 방법에 따라, 개별 대승경전의 해독을 통해 대승을 해명하려는 움직임은 1980년대 이후의 하나의 특징이며, 그 이전의 대승불교 연구와 흥미로운 대조를 이룬다. 경전을 사용한 이전의 대승경전 연구에서는 다수의 경전을 고찰의 대상으로 삼아 대승에 대한 장대한 역사적 조감도를 그리려는 시도가 두드러졌다. 히라카와 아키라, 시즈타니 마사오 등은 역경 기록과 번역어 검토를 통해 경전들의 시대적 전후 관계를 정립하여 연구의 큰 틀을 만들고, 그 안에서 대승, 보살, 육바라밀 등 오래된 경전군에 나타난 여러 개념을 매개로 대승불교의 역사적 형성 과정을 해명하고자 했다. 야마다 류조(山田龍城)의 『대승불교 성립론 서설』은 방대한 이본異本이 유포된 반야경군 자료를 상세히 정리했고, 에드워드 콘즈(Edward Conze)의 『반야경 문헌』은 그 형성 과정에 대해 명확한 단계를

18 Karashima[1998][2001].

19 Silk[1994], 시모다(下田)[1997], Zimmermann[2002].

제시하였다. 후지타 코타츠(藤田宏達)의 『원시 정토사상 연구』와 『정토삼부경 연구』는 중국에서 일본으로 전개된 정토사상 해석을 바탕으로 삼아, 본격적인 문헌학적 해명을 통해 인도의 정토교를 그려냈다. 세이포트 루엑(David Seyfort Ruegg)의 『여래장과 종성種姓 이론』과 다카사키 지키도(高崎直道)의 『여래장사상의 형성』은 전자가 티베트에 전개된 『보성론』의 해석학 역사를 따라가며 주요 대승경전 상호 간의 관계를 밝힌 반면, 후자는 반대로 과거 인도로 거슬러 올라가 80여 점의 대승 전적을 여래장사상 형성사에 위치시켰다.[20] 유일하게 1967년에 『입법계품』(Gaṇḍavyūha)에 관한 박사논문을 간행한 루이스 고메즈(Luis O. Gómez)만은 예외이지만,[21] 다른 어떤 연구자를 보더라도 이 시대에는 경전군을 조망하며 큰 사상사를 구축하려는 시도가 이루어졌음을 알 수 있다.

이에 반해, 1980년대 이후는 일단 그려진 사상사를 개별 경전 연구를 심화하는 입장에서 재검토하기 시작한 시대이다. 선행 연구가 더욱 정밀한 검증을 받게 된 현재, 대승불교 역사 전체에 대한 종합적 이해는 오히려 이전보다 복잡하고 불분명해졌다. 그러나 이러한 복잡성의 출현은 하나의 과제가 불교사 전체의 다양한 과제와 결합하면서,

---

20 야마다(山田)[1959], Conze[1960], 후지타(藤田)[1970][2007], Ruegg[1969], 다카사키(高崎)[1974]. 이 외에 자연, 윤리, 환경, 전쟁이라는 테마로 여러 대승경전의 태도를 상세히 분석한 슈미트하우젠의 일련의 연구(Schmithausen[1996])도 귀중한 연구로서 주목할 필요가 있다. 앞으로 이러한 입장에서의 연구가 필수적인 것이 될 것이다.

21 Gómez[1967].

'대승'이 단일한 '지도地圖'로는 표현할 수 없는 복층적 개념임을 보여준다. 이 점과 관련하여 남아 있는 문제들을 이하의 제4절과 제5절에서 개관하고자 한다.

제4절 경계의 해소와 영역의 다양화

대승경전 개별 연구는 인도불교사를 구축하는 데 중요한 몇 가지 주제와 맞물려 진행되기 시작했다. 우선 율의 문제, 붓다관의 문제, 보살 이해의 문제라는 요소가 있다. 첫 번째 율의 문제부터 살펴보자.

인도불교사에서 대승이 독자적인 율을 소유하고 있지 않다는 점은 그 중요한 특징으로 일찍부터 인식되어 왔다. 이를 재가 기원의 문제로 해결하려 했던 히라카와 아키라의 견해를 제외하면, 대승이 율의 차이에 의해 구별되는 니카야가 아니라, 동일한 율에 의거하면서 다른 의견을 가진 학파로 존재하고 있었다는 이해는 대중부 기원설이 광범위한 지지를 받았던 것에서도 알 수 있듯이, 일본과 서구에서 공통적으로 나타난 견해였다.[22]

근년, 교단 분열에 관한 연구가 진행되면서 대승과 부파의 관계에 대해 새로운 문제가 제기되었다. 교단의 분열에 대해, 그동안은 기독교 교회의 시스마(Schisma)를 이해 모델로 삼았던 반면, 율의 기술을 상세히 검토한 하인츠 베헤르트(Heinz Bechert)는 율에서 말하는 승가(불교 교단) 분열은 결계結界(sīmā)의 분단分斷에 따른 자연발생적인

22 이 연구사에 대해서는 시모다(下田)[1997: 16-17, 468-469] 참조.

것이며, 시스마는 물론 부파 분열과도 무관하다고 지적하여 기존의 이해를 완전히 뒤집었다. 이는 기존에 『이부종륜론異部宗輪論』 등의 역사서를 근거 자료로 논의되어 온 부파 분열 문제를 처음으로 율장 기술로 되돌린 획기적인 제언이었다.[23]

이 지적에 반론하는 형태로 파승破僧(saṃghabheda)의 문제를 상세히 검토한 사사키 시즈카(佐々木閑)는 다음과 같은 점들을 제기했다. 파승의 정의에는 파륜破輪(cakrabheda)과 파갈마破羯磨(karmabheda)의 구별이 있으며, 전자는 이설異說을 주장하는 이들의 공주公住를 허용하지 않지만 후자는 허용한다. 여러 부파의 율은 전체적으로 전자에서 후자로 정의를 전환해 왔으며, 이 정의 전환에는 아쇼카왕의 개입이 확인되고 여기에서 대승의 발생이 가능해졌다는 것이다. 매우 흥미로운 주장이지만, 이 설 가운데 율에 관해서는 현재 이자랑이 코삼비 건도犍度와 이주異住(nānāsaṃvāsaka)의 개념을 더욱 면밀히 검토하여 의문을 제기하고 있으며, 대승에 관해서는 이미 본서 129페이지 주 7과 225페이지에서 언급한 문제를 안고 있다.[24]

두 번째, 붓다관의 문제가 있다. 근대의 불교 연구자들은 불佛을 논할 때 거의 예외 없이 80년의 생애에 국한된 '역사적 붓다'만을 의식해 왔다. 그러나 근현대 연구자들이 그려내는 불佛과 불전이나 대승경전에 등장하는 불佛들은 닮은 점이 전혀 없다. 이는 지금까지 대승경전의 정통성에 대한 의문을 낳는 원천이 되어 왔다. 그러나 근년에 나타난 다양한 근대불교학 비판의 논의를 보면, 현존 자료로부

---

23 Bechert[1961].

24 사사키(佐々木)[2000], 이자랑李慈郎[2000], 시모다(下田)[2002a].

터 역사적 붓다만을 재구성하려는 태도가 근대의 특수한 문제이며, 그로 인해 실제로 전승되어 온 붓다상像이 부당하게 무시되어 온 점을 재고해야 함을 알 수 있다.

이 점에 대해, 근년 존 스트롱(John Strong)은 유럽과 미국에서 축적된 방대한 연구 성과를 비판적으로 검토하면서, 두 권의 저서를 통해 경전, 율장, 자타카, 불전 문학에 흩어져 있는 붓다를 전통 내재적 관점에서 부활시키고, 붓다를 둘러싼 이야기가 그 성스러운 유물과 관련을 맺으며 불교 세계에서 전개되는 종교적·사회적·문화적 의의를 훌륭하게 그려냈다. 불佛의 이야기는 과거에 갇힌 역사 기록이 아니다. 그것은 의례, 미술, 순례, 성인상聖人像이라는 종교를 구성하는 요소 전체를 포함하는 장대한 우주이며, 불교의 발전, 변용과 함께 미래에까지 창조되고 계승되는 불교 세계의 청사진과 다름없다.[25]

이러한 관점에서 보면, 전통불교의 불佛과 대승경전의 불佛 사이에는 거의 차이가 없다. 지금까지 대승에서의 붓다관 문제는 후대 논서에서 전개된 2신설 또는 3신설이라는 완성된 단계의 교의적 논의를 통해 설명되어 왔다. 물론 그 자체는 중요한 작업이지만, 거기서 생겨나는 논의를 근거로 하더라도 역사적 불佛과 대승의 불佛 사이의 단절을 메울 수 없는 것은, 인도 논사들의 대승비불설론 검토로 초기 대승의 다양성을 설명할 수 없는 것과 마찬가지이다. 스트롱의 작업을 매개로 하면, 양자의 간극은 의외로 사라져버린다. 연구에서 '대승'을 집합명사로 취급하는 태도는 '불佛'에 대한 연구에도 적용되어야 한다.

---

25 Strong[2001][2004]. 이러한 논의를 바탕으로 한 연구로서 시모다(下田)[2005b]를 참조.

세 번째, 보살 이해의 문제가 있다. 보살이라는 인격 또는 이념이 대승의 핵심이라는 점은 동서양에서 공통적으로 인식되어 왔다. 그러나 일본과 서구 사이에는 큰 차이가 존재한다. 즉, 일본에서는 자타카나 불전의 석가보살과 대승경전에 등장하는 보살 사이의 거리가 극단적으로 벌어졌다. 석가보살은 선택된 초인적인 보살로 간주한 반면, 대승의 보살은 재가불교 운동의 리더로 이해하기 시작하면서 양자는 거의 별개의 존재로 취급되었다. 이는 A. L. 바샴(Basham), 하르 다얄(Har Dayal) 등의 해외 연구자들에게서는 찾아볼 수 없는 이해이다. 히가타 류쇼(干潟龍祥)와 야마다 류조(山田龍城)에서 시작되어, 히라카와 아키라(平川彰), 시즈타니 마사오(静谷正雄)에 이르는 보살 차별화 작업의 바탕에는, 대승경전에 등장하는 보살이 다른 문헌에서 설해지는 보살과는 다른 존재여야 한다는 암묵적 전제가 존재한다.

이러한 해석이 탄생한 전제에는, '역사적 붓다'가 설한 정통 교리로서의 '원시불교'와 역사적 붓다로 가장하여 설한 대승이라는 한 쌍의 견해가 등장한 배경이 있다. 근대에 탄생한 이러한 이해 앞에서, 일본 연구자들은 '원시불교'에서 출발하면서 대승의 역사적 의의를 변론해야 하는 과제를 떠안게 되었다. 대승을 규정하는 중요한 요소인 보살에 대한 고찰도 이러한 흐름에 따라 진행되었는데, 먼저 대승과 비대승 각각에 속하는 여러 문헌에서 사용된 보살이라는 단어 용법의 '차이'를 확정하고, 다음으로 이 차이가 지니는 의의에 대한 해석이 이루어졌다. 그 결과, 설령 「원시불전」에 등장하는 석가보살이 대승불전에 나타나는 보살들과 동일한 특징을 지니고 있더라도, 전자는 대승보살의 '전사前史'로 간주할 뿐이며, 대승의 보살만이 추가적인 고찰 대상이 되어 계속해서 다양한 특징을 부여받는다. 이렇게 하여 마지막에 부여된 속성이 재가불교 운동의 지도자라는 성격이다.[26] 그러나 이미 논했듯이, 대중구제 운동의 기수로서 나서는 보살이라는 이미지에는 연구자 자신이 살아가는 시대의 이념이 짙게 반영되어 있다.[27]

이 문제를 다루면서 재고해야 할 것은, 두 보살을 구별하는 전제인 나이브한 역사적 붓다론과 이에 근거한 대승비불설론이다. 역사적 붓다라는 이념에서 벗어나, 스트롱이 제시했듯이 전통불교의 불佛과 대승의 불佛을 구별할 수 없다는 점을 알게 되면, 두 불교에 나타나는 보살도 마찬가지로 구별하기 어려워진다. 근년 학계에서는 이 경계가 점차 소실되고, 온당하게도 불전의 보살과 대승 보살의 동일성이 다시 주목받으면서, 연구자들은 자타카·불전과 대승의 관계를 재고하는 방향으로 나아가기 시작했다.

제5절 전승 매체의 변화와 대승

대승불교 출현의 문제는 전승 매체의 변용과 경전 편찬 과정의 추이에 대한 고찰을 통해 다시 이해할 필요가 있다. 이 주제는 구두 전승과 문헌 전승의 차이 문제로서, 근년 해외 여러 연구자들에 의해 논의되어 유익한 논고들이 축적되고 있다. 이를 바탕으로 필자 나름의 대승불교 해명에 대한 방향성을 다음과 같이 제시하고자 한다.[28]

---

26 이상의 논의에 대해서는 시모다(下田)[2004a] 참조.

27 시모다(下田)[2005a], Shimoda[2006a].

28 본서 제6장, 제7장 참조.

인도불교에서 서사 행위와 서사 경전의 도입 시기나 그 경위를 자세히 밝힐 수는 없지만, 결과적으로 그것이 불설 전승에 지대한 영향을 미쳤고 이후 불교사를 다시 쓰게 했을 것이라는 점은 의심할 여지가 없다. 서사라는 기술의 등장으로 인해 일어나는 변화는 첫째, 불교도의 세계 인식의 변화, 둘째, 불설 전승의 정통성 개념의 변화, 셋째, 계통이 다른 전승들의 융합과 새로운 불교의 산출이라는 세 가지로 정리할 수 있다. 순서대로 요점을 정리해 보자.

첫 번째, 서사 텍스트의 등장은 구두 전승이라는 형식에 고유한 세계 이해–사람에게서 발화되어 사라지는 음성 언어에 입각하여 대상에 대해 융합적인 청각에 의해 분절된 세계 이해–로부터 사람을 해방시킨다. 발화자로부터 분리되어 발화 현장을 넘어 존속하는 문자로서, 사본이라는 객체에 존재하는 말은 사람을 초월하여 독립된 세계를 만든다. 제6장에서 논하겠지만, 이 서사 텍스트를 대할 때 사람은 객체화, 추상화, 기호화, 논리화를 비약적으로 진행시킬 수 있는, 이전과는 차원이 다른 사고 세계의 거주자가 된다. 이러한 특징을 지닌 사상의 심화 현상은 대승불교에서 두드러지게 나타나며, 서사 행위의 전개와 밀접한 관계를 가지고 있다.

두 번째, 서사 텍스트의 출현이 불설 전승에 대한 정통 의식을 변화시키는 점은 더욱 중요하다. 구두 전승에서는 불설을 판정하기 위한 물적 증거가 존재하지 않는다. 따라서 어떤 가르침이 불설인지 아닌지에 대한 판단은 그 교설이 신뢰할 만한 권위자에게서 나왔는지 여부에 따라 이루어진다. 사대교설에 나타나듯이, 붓다 입멸 후에는 승가의 말, 교설 전승자의 말, 영험한 능력을 지닌 자의 말이 동등한 권위를 가진다. 그러나 서사 경전이 출현했을 때, 그것은 사람으로부터 독립된 권위 있는 불설의 근거가 될 수 있다. 지적 활동 범위를 현격히 넓히는 새로운 매체의 힘은, 여러 면에서 구두 전승에 따른 정통성의 의의를 능가하며 강력한 정통성의 근거가 되었을 것이다.

이미 문자로 기록된 경전이 존재할 경우, 원칙적으로 그 권위를 의심할 방법은 없다. 그것이 과거에 존재하지 않았다는 사실을 누구도 입증할 수 없는 이상, 서사 형태로 존재하는 경이나 율의 권위는 인정할 수밖에 없다. 실제로 인도불교의 사상가나 이론가 중 대승경전을 언급하는 이들에게서는, 대승경전이 존재한다는 사실 자체가 그것을 받아들이고 그 권위를 인정해야 하는 이유로 여겨지는 태도가 분명히 나타난다.

이미 서사된 경전들이 존재할 때, 불교도의 과제는 그중에서 어떻게 적절한 경을 선택하여 각각의 현실에 적용할 것인가, 또는 경전 간 대립을 어떻게 조정할 것인가 하는 해석학적 문제로 변한다. 요의了義와 미요의未了義라는 개념을 사용한 논의의 전개는 이러한 이설異說 간의 조정 행위이지, 흔히 연구자들이 오해하듯 불설과 비불설을 선별하는 작업이 아니다. 불교도들에게 이용 가능한 경전의 집성은, 그곳에서 지혜를 끌어내는 일종의 '지혜의 보고寶庫(thesaurus)'로 볼 수 있으며, 정통과 비정통을 판별하는 작업의 대상이 아니다.

세 번째, 이 점 또한 이상의 두 가지 점 못지않게 중요하다. 불교도의 세계 이해를 변화시키고 전승에서의 정통성의 의미를 다시 쓰는 서사 경전의 출현은, 결집에 의해 고정된 전승과는 다른 광범위한 전승들–예를 들어 후대에 성문승, 독각승, 보살승으로 불리게 되는 연원으로 간주되는 전승-을 모아 융합하는 계기가 될 수 있다. 닫힌 공동체의 존재를 전제로 하는 구두 전승에서는 다른 전승과의 관계는 문제가 되기 어렵다. 그러나 구두 전승이 필사되어 사본이라는 동일한 지평에 투사되었을 때, 다양한 계통의 전승들은 동등한 권리를 지닌 불설로서 서로 참조되는 관계가 형성될 수 있다. 서사 경전의 등장과 함께 여러 전승은 서로 영향을 주고받으며, 분단分斷된 불교의 여러 방면의 구전 텍스트는 서사 텍스트 안으로 재통합될 수 있게 된다.

서사 경전으로 이행함에 따라 발생할 수 있는 이 세 가지 변화는, 불교사를 훨씬 후대까지 살펴보면 불교 문헌 속에 사실로 반영되어 있다. 다만 서사 기술이 도입된 초기에는 그 수용 과정에서 아마 시간차가 있었고, 그 의의에 대한 평가에도 차이가 생겼을 것이다. 구두 전승 체제에 결함을 느끼지 않고, 서사로 이행하였음에도 경전의 발전적 편찬에는 관심을 보이지 않았던 집단에서는 서사를 단지 구두 전승의 보조적 수단으로만 활용했을 것이다. 옛 체제를 유지하며 지금까지와 같은 길을 계속 걸어가는 이들에게는, 목소리를 통해 가르침을 듣는 '성문聲聞'(śrāvaka)이라는 이름이 어울린다.

한편, 이 새로운 사건을 적극적으로 받아들인 이들은 불佛을 둘러싼 다른 장르의 언설, 즉 교의의 말, 계율의 말, 전기傳記 이야기의 말 등을 동시에 다루며 스스로 더 완전한 전통을 세우려는 의식을 지닌다. 이 운동의 특징은, 기존 전승을 넘어선 광범위한 세계를 오로지 경전이라는 텍스트의 장場으로 통합하고, 경전을 불교 세계의 의미를 집약하는 존재로 삼는다는 점이다. '전통불교'의 전승에서는 논서에서 수행해야 할 역할을 경전에서 수행하려 한다. 서사 경전과 만나는 이는 불佛을 둘러싸고 존재했던 과거의 불교 전체와 만나고, 이 경전을 담당하는 이는 불佛을 담당하는 자가 된다.

대승경전에서는 아함이나 니카야 경전에서는 볼 수 없는 주목할 만한 요소들을 확인할 수 있다. 예를 들어, 경전을 불佛 그 자체와 동일시하는 태도, 말과 역사에 대한 통찰을 통해 불교사 전체의 사건을 통합적으로 해석하려는 자세, 선정이나 삼매 등의 실천적 행위와 관련된 술어를 언어만으로 성립하는 차원으로 재생시키려는 시도, 불佛을 둘러싼 기적적인 이야기까지 포함하여 실현해야 할 대상으로 삼으려는 텍스트 원리주의적 경향, 경전을 물상으로 숭배하는 태도 등이 그것이다. 불교의 여러 요소를 융합적으로 포용하려는 그들은 불佛을 둘러싼 여러 전승을 이른바 하나의 길(ekayāna, 일승) 또는 큰 길(mahāyāna, 대승)로 간주하고, 스스로 불佛과 직접적으로 관계를 맺는 보살(bodhisattva)이 된다. 보살들에게 서사 경전의 탄생은, 붓다 입멸 이후 오랜 세월 분단分斷되었던 불교의 전승 내용이 그 어느 때보다 완전한 형태로 재현전하는 사건이었을 것이다.

대승의 근간을 이루는 보살의식은 물론 자타카나 불전에서 오래전부터 인정되었으며, 이는 대승불교를 탄생시킨 중요한 요소로 여겨져 왔다. 그러나 지금 언급한 대승경전이 지닌 여러 특징을 보살의 이념으로만 설명하는 데에는 무리가 있다. 오히려 새롭게 마련된 큰 무대 위에, 오래전부터 존재해 온 보살이 주역으로 등장했다고 생각하는 편이 자연스럽다. 이 무대가 될 수 있는 것은, 전승의 여러 요소 전체를 문자라는 말의 평면에 집약한 서사 경전 외에는 생각하기 어렵다.

위에서 서술한 추정은 대표적인 대승경전 중 하나인 『대승열반경』의 텍스트 구조 분석을 통해서도 뒷받침된다. 『열반경』에서 보살이 등장하는 후반부는, 붓다고사가 니카야를 분류할 때 사용하는 술어에 따라 이루어지는 전반부에 대한 주석이며, 보살은 전승된 선행 부분에 대한 주석자와 다름없다. 선행 경전을 전승하는 보살은 마치 불佛과의 대화를 경으로 남기는 것처럼 후속 부분에 그 주석을 기록한다. 여기서는 다르마와 아비다르마 사이에 경계가 없고, 아비다르마가 다르마와 동일한 텍스트를 구성한다는 점에서 전통불교의 텍스트와 차별화된다. 변용, 전개, 포섭을 의미하는 parivarta라는 이름을 가진 대승경전은, 전승 과정에서 경전 자체가 변용 확대됨을 전제로 하며 아비다르마를 다르마에 포섭하는 광대한 무대가 된다.[29]

이러한 성격을 지닌 대승경전은, 앞서 말했듯이 발신자와 수신자 양측의 상호작용을 가능하게 하는 공동 주관主觀의 장場, 즉 토포스(topos)이다. 여기서는 선행 경전의 수신자가 그대로 동일 경전 후속 부분의 발신자가 되고, 발신자와 수신자가 함께 동일 경전의 제작에 참여하는 구조를 이룬다. 더욱이 그곳에는 교의, 계율, 불전 등 다양한 영역에서 이미 존재하던 불설이 유입되어 있다. 대승불교와 전통불교 간의 견고한 경계를 허물고, 하나의 과제를 불교사 전체의 다양한 과제와 연결시키면서 대승의 실체를 해명하는 근년 학계의 추세는, 오랜 역사 속에서 서로 다른 전승의 경계를 허물고 융합해 온 대승경전의 성격에 상응하는 듯하다.

---

29 시모다(下田)[2000], Shimoda[2006b].

제6절 연구 가설 개념으로서의 '대승'의 정의

이상의 고찰을 바탕으로, 결론을 대신하여 한 가지 과제를 제기하고자 한다. 그것은 '대승을 어떻게 정의할 것인가'라는 오래되고도 새로운 문제이다. 오히려 이 문제는 본 장 처음에 다뤄야 했던 것은 아닐까?

이 질문을 마지막 절까지 미룬 데에는 두 가지 이유가 있다. 첫째, 정의를 내리는 작업은 다수의 합의를 이끌어내기 어려운 힘든 일이며, 결국 논의에 많은 지면을 할애하게 된다. 그리고 일단 정의가 내려지면, 이후 연구의 과반이 그 정의를 사수하기 위한 사례 수집에 빠져 연구의 진전을 가로막게 된다. 바로 대승불교의 발생을 둘러싼 적지 않은 가설들이 현재 그러한 상태에 빠져 있다. 둘째, 대승이라는 개념이 불교 연구사에서 어떤 의의를 지녔는지에 대해 지금까지 학계에서 거의 인식되지 않았기 때문이다. 이는 앞으로 해결해야 할 과제로서 다시 한번 강조할 필요가 있다.

문제가 되는 전형적인 사례를 살펴보자. 대승불교 연구에서 가장 단순한 접근법은, 연구 대상 문헌에 '대승'이라는 용어가 등장하는지 확인하여 등장하는 문헌만 대승 자료로 간주하고 등장하지 않는 문헌은 연구 대상에서 제외하는 것이다. 과거에는 히라카와 아키라와 시즈타니 마사오가, 근년에는 잔 나티에가 이 방법을 사용했다. 이는 물론 시도해 볼 만한 방법 중 하나이다.[30]

일견 타당해 보이는 이 방법은 불교 문헌 전체에서 '대승'이라는

30 히라카와(平川)[1968], 시즈타니(靜谷)[1974], Nattier[2003a].

단어가 외연과 내포를 동시에 명확히 규정할 수 있는 개념으로 작용하는 경우에만 유효하다. 그러나 역사적으로 보나 연구 대상으로 보나, 대승은 텍스트와 장르, 성자관, 수행 이념이라는 서로 다른 범주에 속하는 방광方廣(혹은 方等), 보살, 불佛, 육바라밀 등 여러 개념을 포함하는 상위 개념이지, 단일하게 외연과 내포를 결정할 수 있는 명사名辭가 아니다.

이처럼 복합적인 시스템을 내포하는 고도의 개념을 연구할 때는 단순히 특정 용어의 등장 여부만으로 연구 대상을 한정하고 그로부터 정의를 도출하는 방식으로는 충분하지 않다. 실제로 이 방법을 따르면, 팔리어 문헌은 거의 모두 고찰 대상에서 제외되며, 북전 문헌도 상당량이 제외된다. 그 결과, 대승을 둘러싼 연구 자체가 빈약해진다.

지금까지 학계의 큰 문제점은, 대승을 단지 과거에 존재했던 역사적 개념으로만 이해하려 했다는 점이다. 이는 연구 실태에 맞지 않을 뿐 아니라, 대승 연구에 의해 제기되는 과제 해명에도 부응하지 못한다. 왜냐하면 '대승'이라는 개념은 실제로 그것을 다루는 당시 불교도나 연구자와 함께 내용 자체가 변화해 왔고, 이 과정에도 중요한 의미가 있기 때문이다.

어떻게 특정 연구 대상이 선택되는가 하는, 학문에서 중요한 이 주제에 대해 생각해 볼 필요가 있다. 앞 절에서 대승경전은 발신자와 수신자 양측의 수신 행위를 성립시키는 공동 주관主觀의 장場이며, 선행하는 경전의 수신자가 그대로 동일 경전 후속 부분의 발신자가 되는 구조를 가지고 있다는 점을 언급했다. 시간이 많이 흐른 후대의 연구자들도 실은 경전의 수신자의 일부로서 경전의 계승에 관여하고 있다. 핵심은 과제를 계승하는 행위에 있다. 많은 대승불교 연구에서 이 계승의 구체적 내용이 과거 텍스트에 대한 독해, 평가, 해석이며, 연구자들 역시 이를 동일하게 수행하고 있다. 이는 넓은 의미에서 텍스트 제작에 관여한다고도 볼 수 있다.

예를 들어, 막스 뮐러(F. Max Müller)가 『아미타경』을 「동방성서총서」(Sacred Books of the East)에 포함시키고 인도불교의 맥락에서 복원한 배경에는, 그가 유학생으로 지도한 난조 분유(南條文雄)와 가사하라 켄주(笠原研壽)에게서 받은 영향이 있었다. 이들은 신란(親鸞)에게서 시작된 일본 정토진종淨土眞宗의 전통에 입각한 문제의식을 통해 구축된 지식의 의미를 뮐러에게 전달했고, 이에 뮐러가 설득된 것이다. 고대 인도의 사본이 중국을 거쳐 일본으로 전승되고, 다시 일본에서 근대 영국으로 전해져 발간된 이 텍스트는, 호넨(法然)의 대승불교 해석과 신란의 그 계승이 없었다면 세계의 불교 연구 과제로 등장하지 못했을 것이다. 본 장에서 다룬 연구들은 이러한 계승의 역사를 각각 특유한 모습으로 담고 있다.

따라서 대승은 과거에 존재했다는 의미에서만 역사적인 것이 아니라, 역사와 함께 지속적으로 변화해 왔다는 점에서도 역사적이다.[31] 이러한 맥락 속에서 성립하는 대승불교 연구를 온전히 파악하고자 할 때, 대승이라는 용어의 등장 여부만으로 연구 대상을 한정하는 것은 적절하지 않다.

지금까지 불교학에서는 이러한 방법론적 논의가 충분히 이루어지지

---

31 성전이 지니는 이러한 역사성에 대해서는 스미스(Smith)[1993]가 상세히 논하고 있다. 본서 제5장(308~311페이지) 및 시모다(下田)[2016]를 참조.

않았다. 그래서 사건으로서의 역사와 해석으로서의 역사를 둘러싸고, 연구의 절차와 결론 양쪽에서 종종 혼란이 발생해 왔다. 텍스트 해석에 대한 역사적 연구는 그 자체로 해석학의 일부이기도 하다. 대승이라는 개념은 여러 연구 전체를 아우르는 가설적 개념으로 이해할 필요가 있다.

이는 조지 린드벡(George A. Lindbeck)의 종교 정의를 적용하여, 방광方廣(혹은 方等), 보살, 불佛, 육바라밀 등 다양한 개념을 아우르는 '포괄적인 해석의 틀'로 이해할 수 있다. 이를 통해 대승불교 연구는 역사적 사실에 근거하면서 불교 연구 자체를 더욱 심화시켜 갈 것이다.[32]

---

32 Lindbeck[1984](일본어역은 린드벡リンドベック[2003]). 또한 관련 논의에 대해서는 시모다(下田)[2009c] 참조.

제5장 성전 너머에

— 전통불교 경전과 대승불교 경전의 차이[1]

제1절 성전 연구에 대하여

인류 문명에 현저한 영향을 미친 종교에는 언어로 표현된 교의나 사상이 있으며, 그것들은 문자화되어 흔히 '성전聖典' 또는 '경전經典'이라는 특별한 이름의 서물書物[2] 속에 담겨 있다. 많은 종교에 공통된

---

1 본 장의 내용은 본래 이케가미 요시마사(池上良正) 외 편 『언어와 신체—성스러운 것의 장場과 매체』(이와나미강좌·종교5, 이와나미서점, 2004년)라는 「강좌」의 과제에 맞춰 집필한 것이다. 다른 장에서 '정전正典', '교전敎典'이라는 용어를 사용한 경우에도 강좌의 취지에 따라 텍스트의 성성聖性을 강조하는 '성전聖典'이라는 용어를 사용한 부분이 있다.

2 **옮긴이 주**: '서물書物'은 일본어 '書物'을 그대로 차용한 것이다. 한국어에는 '책', '서적', '문헌', '전적' 등 다양한 대응어가 존재하지만, 단순한 물리적 대상을 넘어 저자가 의도한 '종교적 텍스트'로서의 '書物'이 지니는 특수한 무게감과 다층적인 함의를 충분히 전달하기 어렵다고 판단하였다. 이에 저자의 의도를 최대한 존중하고 해당 용어가 지닌 특수한 뉘앙스를 보존하기 위해 부득이하게 원어 표현을 사용하였다.

이 특징에 익숙해지면, 사람들은 어느새 성전을 종교의 시원始源으로 여기게 된다. 그러나 본래 순서로 보면, 종교의 무언가가 말이 되고 그것이 마침내 서물이 된 것이지, 서물에서 종교가 탄생한 것은 아니다. 실제로 서물을 소유하지 않았던 종교도 적지 않으며, 서물을 소유한 종교에서도 창시자 자신은 그 서물을 저술하지 않았을 뿐 아니라 그것에 아무런 관심을 보이지 않은 경우도 많다(Sheppard[1987: 1407b-1408b]). 누가 봐도 분명한 이 사실에도 불구하고, 일단 종교에 성전이 등장하면 그 서물은 '읽히고 해석된다'는 본래 역할뿐 아니라, 물상物像으로서 '성전 숭배'라는 서물의 의의와는 무관해 보이는 현상까지 빚어내며 계승되어, 제단 깊숙한 곳에 자리잡게 된다.

성전을 둘러싸고 전개되는 이 특별한 현상의 배경에는, 종교와 서물 사이에 마치 서로를 거울로 삼는 듯한 관계를 맺고 있는 양상이 있다. 한번 자신의 일부를 서물에 투영한 종교는 그 영상을 점차 자기 자신의 불변不變의 모습으로 받아들이기 시작하고, 역사의 변천에 휘말리더라도 몇 번이고 그 자화상으로 돌아가 대조하며 거기에 머무르려 한다. 이때 현실과 서물 사이에 발생한 긴장과 알력은 서물 속에 반영되고 ―성전 자체의 수정과 더불어 해석이 추가되는 형태로― 서물 자체가 변화한다. 성전에 일어나는 현실적인 변화와 이념상의 변함없는 모습 사이의 괴리는 더 강한 해석의 힘으로 다시 연결되어 극복되며, 그 결과 성전은 종교의 과거에서 현재까지를 모사模寫할 뿐 아니라 미래까지도 그려내는 존재로 여겨지게 된다.

이처럼 종교와 성전의 관계에서, 순서상으로는 종교가 서물의 창시자이고 서물은 그 일부에 불과하지만, 현실에서는 종종 서물이 종교를 이끌고 제어하는 역전된 관계가 성립하기도 한다. 성전을 고찰할 때, 이와 같은 양자의 대립적이면서도 상보적인 관계에 주의할 필요가 있다.

이러한 성전의 의의는 종교 전통 전체를 짊어지면서 성전을 계승하고, 해석하며, 변화시키려는 노력으로 나타난다. 이를 적절히 평가하기 위해서는 전통 내부에서 이루어진 성전 해석을 면밀히 추적하고, 그 의의를 현대의 성전 연구와 대조할 필요가 있다. 종교가 성전을 만들어내고, 그 서물이 종교를 새롭게 거듭나게 하는 이 두 가지 사건을 모두 적절히 파악하기 위해서는 전통에만 머무르거나 자유로운 해석으로 비약하지 않고, 역사 내재적인 입장에서 비판적으로 고찰해야 하기 때문이다.

본 장은 이러한 의미에서 비판적 입장에 서서, 불교라는 하나의 역사적 종교 안에서 '경전經典'이라는 이름으로 대표되는 서물이 만들어지고, 그것들이 계승되고 변화하는 과정과 그 의의를 고찰함으로써, 성전과 종교 자체의 관계를 생각해 보고자 한다. 이 고찰은 불교 세계에서 서물의 부재不在, 탄생, 계승, 개변改變이라는 일련의 역사를 따라가면서, 그 사건들을 성립시킨 맥락을 복원하고 그 맥락에서의 텍스트와 서물의 역사적 제한성을 밝히며 그 한계를 넘어설 가능성을 시사하는 작업을 통해 이루어진다. 구두 전승의 긴 역사를 지닌 불교의 서물을 고찰함으로써, 성전에서 출발하는 종교에서는 잘 드러나지 않는, 종교 전체 속 성전의 양상이 더 선명해지는 동시에 불교의 역사적 모습이 새로운 형태로 드러날 것이다.

이러한 의미에서의 역사적 비판이라는 방법적 태도가 성전 연구에 대체 왜 필요한지, 우선 이 점에 대해 다음 절에서 부연하고자 한다.

제2절 성전의 역사성과 동일성

성전 연구의 제일인자 윌프레드 캔트웰 스미스(Wilfred Cantwell Smith)는, 성전의 연구를 주도해온 근대의 성서 연구에서는 '성전'이라는 특별한 텍스트의 개념을 배척하고, 일반적인 역사적 문헌과 완전히 동일한 시점에서 다루려는 태도가 우세를 점해 왔다고 말한다. 근대의 이러한 연구에서는 성전이 고대에 출현했을 당시의 형태와 의미를 해명하려는 연구와, 구조주의 등 근현대 문학비평의 개념과 방법을 적용하는 연구라는 두 가지 상이한 태도를 확인할 수 있다고 한다(Smith〔1993: 3-4〕).

첫 번째 태도에 대해 스미스는, 설령 텍스트가 탄생했을 당시의 고대적 상황과 배경을 재현하고 그 텍스트의 말들이 원래 발화되었을 때 지녔던 의미를 해명한다고 하더라도, "그 역사적 시점에 그 텍스트들은 아직 성전이 아니었다는 역설이 있다. 나중에서야 이 텍스트들을 성전으로 대하는 관습이 일어났고, 성전이라는 개념이 등장했다"라고 비판한다. 한편, 두 번째 태도에 대해서 "성서를 '여느 문학처럼' 다루는 것은, 그 텍스트들을 성전 이후의 단계에서 다루는 것이며, 이는 마치 '역사적' 비평이 그 텍스트들을 성전 이전 단계에서 연구하는 것에 대응한다"라고 지적하고 있다(Smith〔1993: 3-4〕).

즉, 전자는 성전이 되기 전 텍스트 양상에 관한 문제이며, 후자는 성전의 성성聖性과는 무관하게 존재하는 텍스트의 의미에 관한 문제이다. 그러나 어느 쪽도 '성전'의 본질을 해명하는 데 도달하지 못하고 있다. 여기서 중요한 것은 "일단 성전이 되고 나면, 그 텍스트들이 성전이라는 점은 사회생활과 개인 신앙에서 풍요롭고 복합적이며 강력한 역할을 텍스트에 부여한다"(Smith〔1993: 4〕)는 점이다. 성전은 현재에도 여전히 이러한 힘을 가지고 있으며, 바로 이 역사적 사실을 연구의 대상으로 삼아야 한다.

여기서 제기된 문제를 불교 연구에 적용해 보면, 고대 인도 세계의 역사 상황에서 불전이 탄생한 당시 상황을 가정하며 그 의의를 고찰하려는 시도가 첫 번째 태도에 해당한다. 이것이 바로 근대에서 현대에 이르는 불교학이 자부심을 가지고 진행해 온 방향이며, 지금까지의 연구 성과 대부분이 이 범주에 포함될 것이다.

반면, 두 번째 태도에 근거한 연구는 거의 찾아볼 수 없다. 이러한 상황에서, 피터 브룩스(Peter Brooks)의 『플롯 찾아 읽기—내러티브의 설계와 의도』(Brooks〔1992〕)에서 촉발된 콜의 연구(Cole〔2005〕)는 귀중한 사례로 꼽을 수 있다. 앞서 제2장과 제3장에서 논한 바와 같이, 분명 이 시도는 불전을 이해하는 데 신선한 요소를 제공해 준다. 다만, 여기에서도 성전의 '성성聖性'이라는 중요한 문제는 고찰 대상에서 제외되었다. 다시 한번 스미스의 견해를 들어보자.

> 성전의 역할을 정확히 관찰한다는 것은, 그 역할이 본질적으로 역사적 성격을 지닌다는 점을 인식하는 것이다. 즉, 그 역할은 시간과 장소에 따라 끊임없이 변화하며, 그 역할이 수행되어 온, 사람들의 삶과 사회의 구체적인 맥락 속에 언제나 얽혀 있었다는

> 점을 의미한다. 이 상황을 정확히 관찰한다는 것은, 성전과 현실–수많은 다양한 현실–이 융합되어 있다는 사실, 끊임없이 변화해 왔다는 사실, 그리고 지속되는 역사적 흐름 속에 통합된 일부로서 적극적으로 작용해 왔다는 사실이 어떤 더 높은 차원의 또는 고정된 실재가 우연히 수정된 결과가 아니라는 점을 인식하는 것이다. 이러한 양상들을 제쳐두거나, 극복하거나, 무시한 채, 변천의 흐름으로부터 분리된 순수한 경전을 이해하고자 하는 시도는 적절하지 않다. 오히려, 바로 이 양상들이 어떤 특정한 텍스트를 성전이 되게 하는 이유이며, 성전의 본질적 특성을 구성하는 것이다. (Smith〔1993: 4〕)

성전성聖典性은 시대와 지역의 한계를 초월한 영원한 것이 아니다. 역사와 함께 전변하는 사람들의 활동 그 자체에 스며들어, 그 전체에 통합적 의미를 부여하고 있다. 이는 단순히 서물에 내재되어 있는 특성으로만 규정할 수 없으며, 서물을 둘러싼 상황에서 서물을 그 상황 송두리째 받아들이는 수용자의 의식 양상과 깊이 관련되어 있다(Graham〔2005: 8195a-b〕). 따라서 성전을 해명하고자 한다면, 그것은 성전의 측면에서 이루어져야 할 뿐 아니라, 이를 수용하는 공동체의 측면에서도 동시에 이루어질 필요가 있다.

다만 여기서 한 가지 주의할 점이 있다. 성전과 이를 수용하는 공동체의 관계를 엄밀한 의미에서 해명할 수 있는 것은, 공동체의 존재가 성전과는 별도로 독자적으로 관찰 가능한 경우에 한정된다는 점이다. 이는 실질적으로 현대를 대상으로 하는 연구가 될 수밖에 없다. 고대 연구에서 공동체의 양상이 성전 존재와 별도로 독자적으로 해명될 가능성은 거의 기대할 수 없으며, 실제로 대상은 성전의 언설 내용을 통해 재구성되는 공동체에 불과하다. 이는 일차적으로 공동체에 대한 해명이 아니라, 성전 언설에 대한 해명이다. 이러한 점에서 불전 연구의 방법적 문제가 있다는 것은 제1장, 제2장, 제3장에서 논한 바와 같다. 이 점에 대해서는 서구의 종교 연구를 포함하여 충분한 고찰이 이루어지지 않고 있다.

이러한 문제를 고려할 때, 고대 성전의 역사성은 원칙적으로 성전의 내용 자체로부터 획득할 수밖에 없다. 순서상으로는 종교를 지탱하는 공동체가 성전의 창시자인 것처럼 보이지만, 현실에서는 성전이 종교의 방향을 결정짓는 힘으로 지속적으로 기능해 오고 있다. 전변하는 역사적 현실을 마주할 때마다 사람들은 성전에 새로운 해석을 부여하고, 그것이 이전과 다름없이 유효하다는 것을 계속해서 증명해 나간다. 이렇게 역사적 존재로서의 성전은 변화하는 역사와 항상 조화를 이루려는 존재이다. 이러한 의미에서 동일성을 지니는 것이며, 단순히 텍스트로서 불변한다는 점에서 동일성을 지니는 것은 아니다.

제3절 체험과 말

"태초에 말씀은 없었다." 불교의 성전을 고찰할 때, 먼저 이 이해에서 출발해야 할 것이다. 불교는 샤카무니 붓다—근대 서양의 용어에 의하면, 고타마 붓다—라고 불리는 창시자를 가진 종교이다. 불교의 여러 텍스트는 역사적으로 실존했던 붓다가 발화한 말에서 기원한 것으로 이해되며, 불교보다 앞서 존재했던 베다에서 우파니샤드에 이르는 인도 정통파의 성전과는 기원과 전통이 다르다. 불교도에게 있어 붓다가 말을 발화하기 전에는 진리의 말은 존재하지 않았고, 붓다가 말을 발화하지 않았다면 불전은 물론 불교 자체가 존재할 수 없었다.

이 중요하고 명백한 사실에도 불구하고, 붓다의 전기들은 공통적으로 기묘한 사건을 전한다. 깨달음을 얻은 직후, 붓다는 말로써 타자에게 가르침을 전하려는 것을 거부하려 했다는 것이다. 6년간의 고행 끝에 마침내 깨달음에 도달한 붓다가 명상 중 연기緣起의 이법을 관찰하던 중, '자신이 도달한 법(dharma)은 심오하여 다른 이들은 도저히 이해할 수 없다'는 생각이 갑자기 의식 속에 번뜩인다. 설법이 헛수고로 끝날 것이라는 우려가 붓다를 무겁게 짓눌렀고, 침묵한 채 안락의 경지를 즐기는 쪽으로 마음이 기울어졌다. 그때, 인도의 최고신 브라흐마(梵天)가 나타나, 붓다가 말을 발화하지 않으면 진리는 이 세상에 드러나지 않고 사라져버릴 것이라고 하며, 세 번이나 설법을 간청한다. 이 목소리에 이끌려 주위 세계에 눈을 뜨게 된 붓다는, 진리와의 격차가 사람마다 다양하며 지은 죄가 깊어 내세에 대한 공포에 떨고 있는 이들도 있음을 깨닫고, 결연히 설법을 선언한다(시모다下田〔1996〕〔1999〕 및 본서 제7장 참조).

'범천권청梵天勸請'이라는 이름으로 알려진 이 에피소드는 불교 역사에서 그 기원으로 간주되는 중요한 사건이다. 다양한 불전이 공통으로 전하고 있을 뿐 아니라, 불교 미술에서는 붓다상이 탄생하는 직접적인 계기로 여겨질 만큼 중요한 모티브이다(미야지宮治〔2005〕). 그런데 붓다를 중생 구제의 이타적 존재로 묘사하는 불교 전통에서, 타인에 대한 자비의 발현인 설법을 단념하려 했던 사건이 전승에서 중요한 위치를 차지하는 것을 어떻게 이해해야 할까?

범천권청 설화에 대해서는 이제까지 정교하게 다듬어진 편의적 해석-인도에서 불교의 정통성을 입증하기 위해 최고신 브라흐마가 붓다에게 설법을 간청하는 모티브를 설정했다는 해석-이 이루어져 왔지만, 문맥에 따르는 한 에피소드의 의도는 단순 명쾌하다. 그것은 붓다의 깊은 선정 체험에서 나타난 연기의 이법을 말로는 전할 수 없다는, 말이 가진 한계를 보여주는 것과 다름없다.

붓다가 설법을 주저한 것은 원칙적으로 어렵지 않게 이해할 수 있다. 말은 공동체 내에서 유지되어 온 사회의 공유 재산이다. 말로 나타내는 순간, 그 내용은 전통 내부에서 공유되어 온 의미로 해석되며, 기존의 사건 중 하나로 간주된다. 만약 붓다가 도달한 경지가 지금까지 누구도 경험한 적이 없는 것이라면, 그것은 말로는 전달할 수 없을 것이다. 공유된 적이 없는 체험의 경우, 그 의미를 전달하기 어렵다.

애초에 경험한 적이 없는 내용을 말로 전달할 수 있는가? 말을 이해하는 것과 체험하는 것은 어떻게 겹치는가? 이 문제는 불교의 성립기에서부터 현재에 이르기까지 그 역사를 관통하는 주제이며, 양자의 대립과 긴장이라는 동일한 기조가 때때로 변주를 동반하며 다양한 사례에서 반복적으로 나타난다. 팔리경전에서 체험에 기초하여 선정을 수행하는 제자들과, 말을 통해 지혜로 사유하고 관찰하는 제자들이 대립하고, 붓다가 이 양자를 중재하는 장면이 나오는 것은 그 초기 사례이다(시모다下田〔1996〕). '팔정도八正道'와 '사제四諦'라는 불교의 기본적인 두 교의를 보면, 전자가 정정正定(선정)의 완성이라는, 말을 초월한 체험을 궁극으로 삼는 반면, 후자는 지혜로 관찰하는 말을 중심으로 한 가르침이다. 또한 '삼학三學'이라 불리는 체계에서는 계戒(습관의 개선) → 정定(선정의 완성) → 혜慧(지혜의 완성)의 단계가 제시되며, 선정 체험은 말에 의한 지혜의 완성을 궁극으로 삼고 있다. 이와 유사한 사례는 셀 수 없이 많다.

이러한 긴장을 동반하면서도, 말이 지닌 힘을 신뢰한 붓다의 설법 결의는 말과 체험의 문제에 대한 불교의 근본적 태도를 결정짓는 계기가 되었다. 말은 즉자적卽自的 체험을 대자화對自化시키는 동시에, 그 힘에 의해 타자를 동일한 체험으로 이끄는 강력한 수단이다.

이러한 이해에 입각할 때, 말을 관념의 차원에 가둔 채 실체화하는 것은 위험하며, 상황을 고려하고 상대를 배려하여 말을 사용하는 실천이 중요한 과제가 된다. 무상無常, 무아無我, 또는 공空이라는 불교 교의는 말의 실체화에서 비롯되는 모든 문제–특히 관념적인 영원불멸의 영혼(아트만)의 존재–를 직접적인 표적으로 삼고 있으며, 또한 십선업도十善業道(daśakuśalakarmapatha)라고 불리는 열 가지 덕목 중 네 항목이나 말 사용에 대한 경계에 할애하는 것은, 말을 실정에 맞게 유연하게 사용하는 것의 중요성을 강조하는 것이다.

붓다가 가르친 이 불교의 근본적인 태도를 '성전'이라는 주제와 관련해 다시 살펴볼 때, 서물에 이르는 전제로서 말에 대한 우려가 있다는 점에 유념할 필요가 있다. 특히 '태초에 말씀이 있었다'는 전제에서 출발하여, '신의 말을 대리하는' 예언자의 존재에서 시작되는 종교와 비교할 때, 불교는 말 이전으로 거슬러 올라간다는 의미에서 다른 입장에 서 있다. 불교에서 진리는 말 자체에 있는 것이 아니라, 그것을 통해 전하고 실현해야 할 내용에 있다. 진리의 말이란 진리로 이끄는 말이며, 진리에 도달하고 나면 그것은 마치 강을 건넌 뒤의 뗏목처럼 버려야 한다(Alagaddūpama-sutta MN I, 134ff.). 팔리어를 근본어根本語(mūla-bhāsā)로 신성시하는 스리랑카 대사파의 이해(Collins〔1988: 53〕)와는 달리, 여기에는 말을 신성시하는 태도가 보이지 않는다.

제4절 사람, 진리, 역사

'범천권청' 설화는 불교에서의 말의 위상을 둘러싸고 또 다른 문제를 제기한다. 불교는 샤카무니 붓다라는 역사적 인물에서 기원하였으며, 세상에 불교의 진리가 현현하기 위해서는 이 인물의 말을 매개로 할 필요가 있었다. 이를 일반화하여 표현하면, 불교의 진리는 역사적 인물을 매개로 특정 역사의 장場에서 특정한 말로 현현한다고 말할 수 있다.

이러한 말의 양상은 인도의 전통 종교인 베다와 비교할 때, 두드러진 불교의 특징이다. 베다 종교에서 성전의 말은 성선聖仙(ṛṣi)에게 천계天啓(śruti)로서 주어졌다. 그곳에서 말은 곧 세계이며, 신이며, 진리이다. 성전의 언어는 말로 표현된 것 이외의 무엇을 전하는 도구가 아니며, 역사적 상황으로부터 독립되어 있다. 이 종교에서 진리의 현현에 관여하는 것은 생득적生得的으로 권능을 부여받은 '브라만'이라는 사제들이며, 역사상의 특정 개인이 아니다. 그들에게는 범천권청이라는 사건 자체가 일어날 수 없다. 반면 불교에서 진리의 말은 사람과 역사와 밀접하게 관련되어 있다. 말은 역사를 초월하여 존재하거나 사람을 벗어나 존재하는 것이 아니라, 특정 발화자나 특정한 역사적 상황 속에 얽혀 있다.

이러한 이해로부터 두 가지 흥미로운 결론이 도출된다. 하나는 성스러운 텍스트의 유동성에 관한 것이고, 다른 하나는 그 형태에 관한 것이다. 전자부터 살펴보자.

말이 역사에 얽혀 있는 한, 붓다의 말조차 시간이 지나면 그대로는 통용되지 않는다. 붓다가 자신의 체험을 말로 역사 속에서 현재화現在化한 것처럼, 붓다를 따르는 불교도들은 말로 전해진 내용을 다시금 자신의 체험을 통해 새로운 말로 현재화해야 한다. 각종 대승경전이나 대승논서에서 확인되는 '밀의어密意語(saṃdhā-bhāṣā)' 해독이라는 주제이다(Ruegg〔1989〕).

그렇다면 불교의 성전은 역사의 흐름에 따라 다시 이야기되고, 다시 쓰이며, 변화하고, 증대되어 갈 것이다. 이 문제는 다음 절 이후에 검토하겠지만, 붓다의 말이 팔만사천법문이라 불릴 만큼 방대한 전적이 된 것은 이러한 진리관에 의해 뒷받침된다. 스미스(Smith)〔1993: 156-163〕가 지적한 바와 같이, 불교의 성전은 고정적이지 않고 유동적이며, 수렴적이지 않고 확산적이다.

다음으로, 텍스트의 형태에 관해서이다. 불교의 진리가 역사와 개인과 밀접하게 관련되고 역사 속에서 새로운 말로 다시 표현되는 것이라면, 진리가 그때그때의 표현자에 의존하는 정도가 커지고, 진리는 사람과 겹치거나 사람 자체로 나타나게 된다.

이 점에 관해서는 전승의 매체와 방법이라는 전혀 다른 관점에서 살펴볼 필요가 있다. 불교에서 텍스트의 전승은 붓다가 입멸한 후

최소 200년에서 300년 동안 구두 전승에 의존할 수밖에 없었다. 구전의 세계에서 텍스트는 사람으로서 존재하며, 진리를 말하는 사람과 진리 그 자체의 중첩은 피할 수 없는 일이다. 경전은 스승의 이야기가 시작될 때 첫 페이지가 열리고, 이야기가 끝날 때 마지막 페이지가 닫힌다.

이러한 경전의 존재 방식은 현재 성전으로 이미지화되는 것과는 상당히 다르다. 성전은 -기독교의 성서나 이슬람교의 꾸란처럼- 서물이며, 그 내용은 고정되고 불변해야 한다는 이해는 불교에 적용되지 않는다. 불교의 텍스트는 서물이 아니라 사람으로서 존재하며, 문자로 존재하기 시작한 이후에도 성장하고 변화해 왔다.

제5절 공공화로서의 성전화

이상과 같은 불교의 진리관과 언어관을 전제로 한다면, 불전은 끝없이 확산될 것이며, 애초에 샤카무니 붓다의 정통적인 하나의 가르침을 추적하는 것은 불가능한 일이 아닐까? 또한 경전이 사람에 의존하여 계속해서 다시 이야기되는 것이라면, 애초에 성전으로서의 의의는 어디에서 인정되며, 어떻게 보장되는 것일까?

이러한 우려는 어떤 말로 가르침을 설해야 할지에 대한 제자의 질문에, 각 지역의 말로(sakāya niruttiyā) 설하라고 지시했다는 유명한 구절에 의해 더욱 고조된다. 물론 이 구절에 대해서는 각 지역의 '작사법' 혹은 '운율법'에 따르라는 의미라고 해석하는 경우도 있으며(Ruegg[2000]), 더 상세한 검토가 필요하지만, 이 지시로 인해 전승의 다양화 흐름이 생겨난 것은 확실하다.

수백 개의 서로 다른 언어를 가진 인도에서 다른 언어-혹은 다른 시작법詩作法-에 의한 전도를 허용한다면, 집단 간 의사소통이 어려워지고 가르침은 분단分斷될 수 있다. 언어의 통일은 교의의 확산을 막고 전승을 견고하게 만드는 중요한 요건이며, 종교 자체의 정체성 확립에 중심적 역할을 한다. 꾸란처럼 번역에 동등한 가치를 인정하지 않는 종교는 이 조건을 가장 간단히 충족하는 대표적인 예이다. 그러나 붓다는 이러한 통제를 하지 않았고, 교의를 남기거나 교단을 남기려는 생각도 하지 않았다.

이러한 우려할 만한 상황에도, 실제로 붓다 입멸 이후 가르침은 무질서하게 확산되거나 해체되지 않고, 오히려 높은 응집성을 지닌 전승 체제 안에 보존되었다. 이러한 실현은 물론 남은 불교도들의 전승 제도를 완성하려는 노력 덕분이지만, 일단 그 노력이 기울여지면 교설의 확산이 일어나기 어려운 조건이 갖추어지기도 했다.

붓다 입멸 직후, 고제高弟 마하가섭(Mahākāśyapa)을 중심으로 제자들이 모여 붓다의 가르침을 확정하는 결집結集(saṃgīti) 작업을 수행했음을 여러 부파의 문헌이 전하고 있다. 이 시점에는 가르침이 모두 기억으로 보존되고 있었으므로, 제자들은 각자 뇌리에 새긴 내용을 함께 암송하고 확인했을 뿐, 현대에서 이해하는 방식의 경전 편찬 작업이 이루어진 것은 아니다. 또한 실제로 문헌이 전하는 형태로 결집 작업이 이루어졌는지, 그 작업이 한 번에 완성되었는지에 대해서도 검토의 여지가 있다.

그러나 현존하는 불교 문헌에 따르면, 붓다 재세 시 적어도 20년

이상 포살布薩(poṣadha)이나 자자自恣(pravāraṇā)라는 고백=참회 의식이 제자들이 모인 가운데 이루어졌다. 실제로 포살 중에 독송되는 「계경戒經」(Prātimokṣasūtra)의 세목細目이 여러 다른 계통에서 놀라울 정도로 일치하는 점은, 이 의식의 기원이 붓다 재세 중으로 거슬러 올라갈 가능성을 시사한다. 승가(불교 교단) 전체가 수행遂行해야 할 가장 중요한 이 공동 합송 의례가 불멸 후 결집의 장場으로 이행했을 가능성은 충분히 있다.

공동 작업을 통해 붓다의 가르침을 확인하는 작업은 가르침을 집약하고 존속시키는 중요한 계기가 되며, 동시에 교의가 확산되어 사라질 위험을 피할 수 있는 수단이 된다. 그 주된 이유는 전승이 구두口頭로 이루어지기 때문이다. 불제자들 중에는 브라만 계급 출신이 적지 않았으며, 이들은 베다 성전을 구전으로 전승할 수 있는 지식과 기술을 가지고 있었다. 또한 슈라마나라는 출가 수행자의 전통과 깊은 관계가 있는 서사시 전승 지식을 지닌 자들이 본래 스스로 슈라마나에 속하는 불교 교단 안에 존재했다. 붓다의 가르침의 보존과 전승은 이러한 사람들의 지식과 기술에 의해 가능했던 것이다(MacQueen〔1981-82〕).

구두 전승의 경우, 전승 내용은 기억의 편의를 위해 세부적인 부분에서는 변형될 수 있지만, 핵심적인 부분이 개변될 가능성은 낮다. 내용의 보존은 조직화된 집단의 기억에 의존할 수밖에 없으므로, 서사된 텍스트라면 가능했을 수정이나 폐기가 쉽게 이루어질 수 없기 때문이다. 물론 앞 절에서 언급했듯이, 불교의 진리관에 따르면 교설은 발전하고 확대될 가능성이 있다. 하지만 실제로 그 실현은 전승 기술이 초래한 제약으로 상당 부분 저지되었을 것으로 추측된다.

부언할 필요도 없이, 보존된 교의 내용은 전승 방법의 제약을 받아 일단 다시 정리된 것들뿐이며, 그 과정에서 붓다의 가르침이 전통적 표현 형식에 실려 기존 지식과 융합되고 기억하기 쉬운 형태로 정리되는 것은 불가피한 일이었다. 이러한 프레임워크로부터 자유로운 붓다의 직설直說을 알기는 거의 불가능하다.

결집에서 주목해야 할 점은, 이 작업이 제자 개개인이 간직하던 붓다의 말을 공공의 장場에 내놓고 인가를 받는 사건이었다는 것이다. 이는 지금까지 개인 단위로 존재하던 붓다의 말을 승가라는 공공의 장에 다시 놓으려는 시도였다. 결집 작업 이후, 붓다의 말은 공공의 공간 안에 존재하기 시작하며, 승가는 단순히 수행자들의 모임을 넘어 붓다의 말이 존재하는 장이 된다. 결집의 완성으로 승가는 붓다 재세 시에 비해 그 존재 의의가 한층 더 강화되었다. 결집은 배타적인 취사선택을 한다는 의미에서의 성전화聖典化를 실현할 수 있는 기회가 아니다. 그러나 붓다가 부재한 가운데, 붓다의 말을 공공화하고, 이를 통해 전통의 전통성을 수립한다는 의미에서 매우 중요한 정전화正典化(canonization) – 물론 이는 구두 전승이므로 문서라는 의미의 '전典'은 아니지만– 작업이었다.

제6절 서사의 도입 – 제2의 성전화

구두 전승 체제하에서 이루어진 교법 전승 역사에, 어느 순간 특필할 만한 변화가 일어난다. 바로 서사 기술의 도입이었다. 스리랑카에 전해진 팔리 역사서『도사島史』에 따르면, 기원전 1세기 왓타가마니 아바야(Vaṭṭagāmaṇī Abhaya) 왕 시대, 거듭된 기근과 전쟁의 참화로부터 교법 전승을 지키기 위해, 교단이 양분될 정도의 격론을 거쳐 승가는 경전의 서사를 단행했다고 한다(*Dīpavaṃsa*, xx.20-21; *Mahāvaṃsa*, xxxiii.100-101). 분명 구두 전승은 언제든 단절될 위험이 있으며, 이 기록은 스리랑카에서 일어난 사건이긴 하지만, 인도 아대륙의 역사적 사실을 어느 정도 반영하고 있을지도 모른다.

실제로, 기원전 3세기 중엽 불교 교단에 절대적인 영향을 미친 아쇼카 왕이 인도 전체에 문자를 보급했으며, 서사는 『도사』가 전하는 시점보다 더 이전으로 거슬러 올라갈 가능성도 있다. 그 이행 과정도 스리랑카의 사례처럼 단번에 이루어진 것이 아니라, 점차적으로 실행되었다고 보는 편이 자연스러울 것이다(Norman〔2012〕, Olivelle〔2012〕).

불멸후의 제1차 결집이 구두 전승 체제를 확립한 '제1의 성전화'라면, 서사 경전의 출현은 순서상 '제2의 성전화'에 해당한다. 다만, 전자가 어디까지나 눈앞의 타자와만 공유할 수 있는 불설의 공공화였다면, 신체에서 외부로 형상화되어 언어로 기록된 경전은 시간과 공간의 제한에서 대폭 해방되어, 훨씬 더 보편적인 형태로 불설의 공공화를 실현하였다. 종교에서 일반적인 의미의 성전이 서사 텍스트로 존재한다는 점을 고려하면, 불교에서 실질적인 의미의 경전은 '제2의 성전화'와 함께 시작되었다고 볼 수 있다.

서사 텍스트로서의 성전의 등장이, 구두 전승의 고유한 제약에서 비롯된 세계 이해로부터 사람들을 해방시키고, 신체에 의존하는 현상세계로부터 독립된 세계를 출현시켰다는 점, 전승자들 사이에 불설의 정통성에 대한 새로운 의식을 형성했다는 점, 그리고 서로 다른 전승을 통합하고 역사를 전체적으로 복원하려는 의식을 싹트게 했다는 점 등, 이러한 변화가 대승경전에서 보살이나 일승一乘 등 다양한 개념의 특징으로 나타난다는 점은 이미 논한 바와 같다(본서 295~299페이지). 지금 여기서 주목할 점은 이러한 변화들이 단지 고대 인도의 대승경전이라는 한정된 맥락에서만 나타난 것이 아니라, 형태를 바꾸면서 현대에 이르기까지 지속되며, 동서양의 연구자들을 끌어들이는 현실을 형성하고 있다는 점이다. 여기서 일어나고 있는 일을 한마디로 요약하면, 불교 지식을 전승하는 매체에서 일어난 '서사화'라는 변화가 불교 지식의 내용 형성에 영향을 미쳤으며, 동시에 오늘날 공유되고 있는 '세계 종교로서의 불교'라는 인식을 성립시켰다는 것이다.

이 주장은 과장되게 들릴 수도 있지만, 사실과 반대되는 가상의 상황을 상상해 보면 이해하기 쉬울 것이다. 만약 불교가 서사된 성전으로 나타나지 않았다면 어떻게 되었을까? 이 경우, 불교는 고대 인도의 사회적 현실 안에 머물 수밖에 없으므로, 불교가 전파될 때 그것이 존재하던 당시 인도의 제도적 현실, 즉 배경까지 통째로 이식될 수밖에 없었을 것이다. 이로 인해 전파지에 실현되는 것은 불교의 수입이라기보다는 고대 인도 사회의 수입이다.

실제로, 이와 거의 동일한 일이 스리랑카에서 일어났다. 잘 알려져 있듯이, 이 섬은 불교화된 독자적인 카스트 제도를 사회 기반으로 삼고 있다. 불교 핵심 교설을 번역하지 않고 팔리어 그대로 수용한 이 나라는 사회적·제도적 차원에서 인도 사회에 동화되었다. 이것이 가능했던 이유는 정치, 경제, 문화, 기후 풍토 등 여러 면에서 인도의 현실을 저항 없이 받아들일 수 있는 조건을 갖추고 있었기 때문이다.

반면, 중국, 한국, 일본 등 동아시아의 불교와 티베트의 불교는 매우 다른 조건에서 성립되었다. 특히 동아시아의 중심인 중국은 정치, 경제, 문화, 사상 등 모든 면에서 다른 나라나 지역의 문화를 받아들일 여지가 없을 정도로 이미 고도의 문명 수준에 도달해 있었다. 이들 지역에 전파된 불교에서 고대 인도의 제도적 현실은 율장이라는 텍스트에 반영된 출가 제도를 중심으로 하는 극히 제한된 부분에서만 찾아볼 수 있다. 그조차도 종종 크게 변형(déformer)되었다. 특히 불교 지식을 담고 있는 언어가 한어漢語라는 인도어와 전혀 다른 언어로 번역되면서, 고대 인도 현실 세계에 고유하고 토착적인 표상의 상당 부분은 여과되어 사상捨象되고, 더 보편화된 개념이나 사상으로 통용될 수 있는 에센스만 추출되어 남게 되었다. 번역을 통한 수용이 가능하려면, 불교 지식은 거의 필수적으로 문자화된 성전으로 존재해야 한다. 이미 논한 바와 같이(본서 165~168페이지), 불교가 성전화聖典化되지 않았다면, 인도와 전혀 다른 사회 제도를 가진 중국에 전파되기는 상당히 어려웠을 것이다.

여기서 중요한 점은, 성전이 된 불교, 즉 언어라는 형식을 통해 고정되고 물상화된 불교가 현실의 불교에서 독립하여 의식으로 향하며, 의식 내부에서 자리를 차지하는 개념으로서의 '불교'로 변모했다는 점이다. 지식은 의식과 현실의 양면에 접하여 형성되며, 지식을 전승하는 매체에서 일어나는 변화는 의식과 현실 양측에 영향을 미친다. 사람으로부터 독립된 언어가 되어 의식에 부합하는 개념이 된 '불교'는 다시 현실의 불교에 작용하여 개념을 구현화하는 힘을 가진 존재로 변화하기 시작한다.

대승경전은 현실의 불교에 이러한 존재 차원의 전환을 불러일으키는 언설 구조를 갖추고 있다. 이미 논했듯이, 대승경전에는 스스로의 언설을 대상으로 삼는 자기 언급적 내러티브가 상당 부분 포함되어 있다. 거기서는 일반적인 언설 행위가 구전의 경우처럼 단순히 수행遂行될 뿐 아니라, 가시화되고 대상화된다(본서 149~150페이지). 또한 경전 서두 구절 '여시아문如是我聞'에 대한 해석에 관해 언급했듯이, '전통경전'에서는 '듣는 자의 현재'와 '이야기하는 자가 회상하는 과거'라는 이중의 시간이 존재한 반면, 대승경전에서는 '독자(외견상의 청자)의 현재', '저자(외견상의 화자)가 회상하는 과거', '텍스트 내 이야기(외견상의 내용)의 더 먼 과거'라는 삼중의 시간이 있다(본서 260~261페이지). 이러한 메타 레벨의 언설을 텍스트 내부 구조로 갖춘 대승경전은 여러 차원을 내포하는 고차원 개념으로서, 개발 언어적 현실의 구속을 넘어 보편적으로 의식의 대상이 되는 번역이라는 행위와 높은 친화성을 가진다.

이 제2의 성전화는 불교의 인식 차원의 고도화를 통해 '불교'를 계속 확대시켜 왔다. 그것이 비약적인 형태로 실현된 것이 바로 '세계종교로서의 불교'라는 인식의 탄생이다. 세계사에서 '불교'가 등장한 것은 근대 서양에서 근대불교학이 출현하면서이다. 그리고 이 불교학의 성립은 팔리어 성전군의 수집과 교정, 출판, 해독이라는 텍스트 해석 행위를 통해 이루어졌다. 불교가 존재하지 않는 서양에서 인식된 '불교'는 그때까지 가장 순수화된 개념이었다. 이 인식 차원에서 성전 코퍼스(corpus)의 출현은 불교 세계의 출현과 같다.

근대불교학에서는 서사 경전을 표방해 온 대승경전보다, 구두 전승을 표방하였을 '전통경전'을 제2의 성전의 대표적 존재로 다루는 역전 현상이 일어났다. 역사가 이렇게 전개된다면, 세계 종교로서의 불교라는 주제에서 진정한 문제는 대승경전과 전통경전의 차이가 아니라, 제2의 성전화, 즉 서사 경전의 존재에 있다는 점이 분명해진다.

제7절 전승 기술의 전환과 대승

이처럼 서사 경전의 등장으로 구전의 제약이 해소되자, 샤카무니 붓다가 가르침에 대해 취했던 태도—말은 내용을 전달하기 위한 수단이며, 역사적 현실에 얽매여 존재하고 상황에 맞게 다시 설해져야 한다는 태도—가 더 자유롭게 표현될 수 있는 조건이 갖추어졌다. 실제로 불교 역사에서 붓다의 말은 여러 차례 다시 표현되었고, 그 결과 현존하는 불교의 성전—'전통불교'와 대승불교 모두—은 방대한 말의 집성이 되었다.

불교 전적 전체의 구체적인 양상을 살펴보면, '전통불교' 경전과 대승경전 사이에는 간과할 수 없는 차이가 존재한다. '전통불교'에서는 한정된 양의 경전과 대량의 주석서라는 구조가 형성된 반면, 대승불교에서는 엄청난 수의 경전이 존재한다. 이 차이는 '전통불교'에서는 어느 시기에 좁은 의미의 경전, 즉 삼장 중 첫 번째에 위치하는 경經(sūtra)의 편찬 작업이 종료되고, 그 이후에는 주석서(abhidharma)가 부가되어 누적된 반면, 대승불교에서는 경전 자체가 확대되고 증광되었음을 말해준다. 이러한 차이는 두 계통의 불교가 '경經'이라는 장르의 성격과 기능을 어떻게 규정하고 해석해 왔는지를 드러낸다.

이에 대해, 지금까지 많은 연구자는 '전통불교'가 역사적 붓다의 존재만을 인정하고 그 가르침만을 불설佛說로 보존한 반면, 대승불교는 역사적 붓다 이외의 다수의 붓다를 만들어내고 이를 통해 경전을 날조해 온 결과라고 해석해 왔다. 그러나 이는 너무 얕은 해석이다. 사실, '전통불교'에서도 경전은 반드시 역사적 붓다의 말만을 의미하지 않으며, 제자나 장로의 말 등도 불설로 간주된다(MacQueen[1981-1982]). 또한 보존과 전승 과정에서, 그때까지 인도의 종교와 문학 전통에 존재했던 지식과 형식에 불설을 융합시키는 것은 전승의 기술상 불가피한 제약이었다. 더욱이 구두 전승에서는 사람을 통하지 않고서는 불설을 주고받는 것이 불가능하며, 이 과정에서는 붓다의 교설을 근거로 사람을 신뢰하는 것이 아니라, 사람에 대한 신뢰를 근거로 불설의 정통성을 인정하는 순서이다. 애초에 구두 전승 단계에서는 붓다의 말과 그 주석의 말은 현실에서 분리될 수 없으며, 이러한 전승 과정을 거쳐 편찬된 텍스트군에서 역사적 붓다의 말만을 추출하는 것은 불가능에 가깝다.

팔리성전으로 대표되는 '전통경전'의 전승 과정에서, 어느 단계에 서사가 도입되면서 사람과 불설이 융합된 상황을 변화시키고, 붓다의 말의 윤곽을 정했을 가능성은 충분히 생각할 수 있다. 단순히 도식화하면, 서사로 이행되기 이전에 전해지던 말의 집성은 경經(sutta)으로 분류되고, 그 후에 부가되는 교설이 주석(aṭṭhakathā)이 되었다고 가정할 수 있다. 그러나 실제로 상황은 그리 단순하지 않다. 서사가 도입된 이후에도 경전을 독송하고, 목소리로 표출하는 것은 중요한 행위로 계속 이어졌다. 또한 경전에 대한 주註, '복주復註', '재복주再復註' 등은 경전을 이해하기 위한 근거로 사용되며, 그 의의에 있어서 경

자체의 증광과 실질적으로 겹친다.

팔리성전에서 경전과 주석서의 경계가 명확해진 것은, 서사되어 보존된 텍스트에는 손을 대지 않고 그 뒤에 주석적 요소를 누적적으로 추가하는 편집 방법이 영향을 미친 것으로 보인다. 이 방법이 가능하려면, 전승된 경전 전체의 서사가 이미 완료되고, 그 전체가 다음 세대에 전달되어야 한다. 팔리 역사서인 『도사島史』의 기술을 인용하여 논했듯이, 서사가 단번에 이루어졌다면, 경전과 주석서가 명확하게 분리된 불전이 형성되었을 것이다. 그러나 이 점에 대해서도, 근년 발견된 간다라어 사본 가운데 아가마에 속하는 다양한 텍스트의 내용을 보면, 기원후에도 전통경전은 닫힌 집성을 형성하지 않았을 가능성 역시 존재한다. 이러한 점을 감안할 때, 경전과 주석을 명확히 구분하는 팔리성전의 형태가 훨씬 더 특수하며, 후대에 재편찬된 결과일 가능성을 염두에 두어야 한다. 적어도 인도 아대륙의 역사 상황을 복원하는 데 이를 그대로 사용하는 것은 위험하다.

팔리성전의 양상과 비교할 때, 북전의 아함이나 대승경전에서는 경전과 주석서의 경계가 모호하다. 구두 전승에서 서사로의 변화는 단번에 일어나지 않고, 서사가 단계적으로 도입되면서 전승의 변화도 완만한 능선을 그리며 일어났을 것으로 추정된다.

이러한 편찬 방법의 차이는 선행 경전을 계승하는 과정에서 두 계통의 사람들의 의식 속에 간과할 수 없는 차이를 만들어냈을 것이다. 서사에 의해 편찬이 끝난 경전을 계승하고 기존 텍스트에 대한 주석자로서 자신을 위치시키는 '전통불교'의 '성문聲聞'들은 어디까지나 경전 외부에 머무른다. 그들은 서사 텍스트에 특별한 의미를 두지 않았다.

반면, '보살'들의 의식은 말하자면 서사된 텍스트의 내부로 들어가 있다. 경전에 해석을 덧붙일 경우에도, 경전의 말에서 분리된 말로서 경전 외부에 놓는 것이 아니라, 경의 말에 융합시켜 동일 경전 내부에 위치시킨다. 사람을 통해서만 들을 수 있었던 불佛의 말을, 서사 텍스트에서 지금 직접 마주하고 있다는 확신이 거기에 있다.

보살들이 경전 내부에서 붓다의 말과 만나고, 그곳에서 일어난 사건을 같은 경전 안에서 전개할 때, 보살들은 샤카무니 붓다라는 과거에서 현재에 이르는 불교의 역사를 계승하면서, 그것을 자신의 역사와 융합시키고, 새로운 역사의 내부에 엮어 넣으려고 한다. 사본이라는 물질에 고정된 말을, 외부 주석자라는 입장에서 계승하는 '전통불교'의 계승자들과 비교할 때, 역사와 함께 다양화되는 요소를 연속적으로 융합하며 경전 내부에 머무는 대승경전의 담당자들은, 『법화경』의 구조에서 나타나듯이 역사, 시간, 이야기에 대한 깊은 이해를 가지고 있다(시모다下田〔2011d〕).

경전의 말과 그것에 관련된 말을 분리시킬 것인가, 융합시킬 것인가. 이는 구전에서 서사로의 전승 기술의 변화 과정에서 필연적으로 선택해야 했던 두 갈래의 길이며, 형식의 측면에서 본다면 불전 편집 방법의 문제에 불과하다. 그러나 이 사건은 동시에 붓다라는 존재로부터 떨어져 목소리를 듣는 자 '성문聲聞'에 머무를 것인가, 아니면 텍스트 '내부'에서 붓다와 접하는 '보살'이 될 것인가 하는 불교도들의 의식 속에 분기점을 새긴 사건이기도 하다.

제8절 불설의 판정 규범－수렴을 향한 모색

깨달음의 경험을 말로 표현하는 것에 대한 주저에서 출발한 불교는 결과적으로 40여 년에 걸친 제자들에 대한 가르침의 역사로 결실을 보았다. 붓다의 입멸 후, 제자들에게 간직되어 있던 붓다의 말은 승가에서 공공의 말로 다시 태어나, 기억에 새겨지는 텍스트로서 사람에서 사람으로 전해졌다. 마침내 이 말은 문자가 되어 사본이라는 하나의 물질 안에 씨앗을 뿌리고, 그곳에서 새로운 말의 꽃을 피웠다. 붓다의 열반 이후 200~500년 사이에 나타난 이러한 일련의 변화에는 붓다의 말을 전승하는 불교도들의 의식 변화가 겹쳐 있다.

본 장을 마무리하기 전에 마지막으로 하나의 주제를 더 다루고자 한다. 그것은 경전 전승의 역사 속에서 불교 자체가 가지고 있는 '불설의 판단 근거'－'사대교설'(cattāro mahapadesā)이라고 불리는 교설－에 대한 이해이다. 지금까지 본 장에서는 불전의 역사를 논할 때 연구자들이 우선적으로 고찰해 온 이 중요한 불전 내부의 목소리에 귀를 기울이지 않았다. 이는 이 문제를 적절히 이해하기 위해서는 관련 논의를 정리하고, 전제를 준비해야 한다고 판단했기 때문이다. 이 교설은 본 장에서 지금까지 고찰해 온 불설의 역사적 전개를 총괄하는 동시에, 앞으로의 역사를 열어가는 역할을 하는 에필로그로서 적합하다.

사대교설은 대략 다음과 같은 내용을 설한다. "한 불교도가 어떤 말에 대해, '나는 이것을 붓다에게 직접 들었다, 장로들이 이끄는 승가로부터 들었다, 경이나 율이나 논을 기억하는 출가자로부터 들었다, 영력靈力을 지닌 출가자로부터 들었다, 따라서 이것은 불설이다'라고 주장하더라도, 이를 그대로 받아들이지 말고, 경(sūtra)에 의해 이해될 수 있는지, 율(vinaya)에 나와 있는지를 확인한 후에 수용해야 한다"(DN ii, 124-126). 여기에서 불설 판단의 근거는 붓다, 승가, 불전 보유자, 권위 있는 출가자라는 '사람의 말'이 아니라, 경과 율이라는 '텍스트의 말'에 있다. 이러한 기준이 성립하기 위해서는 사람과 구별된 형태로 경과 율이 존재해야 하며, 이를 위해서는 이것들이 서사된 텍스트로 존재해야 한다.

이 교설은 경과 율의 형성 과정을 해명하는 데 어떤 직접적인 자료를 제공하는 것은 아니다. 반대로, 본 장에서 고찰해 온 구두 전승에서 서사로 이행한 역사를 전제로 할 때, '사람의 말'에서 '텍스트의 말'로 불설 판정 근거가 이동하는 과정을 보여주는 이 서술은, 불전 형성의 역사적 과정이 반영된 것으로 이해할 수 있다. 이 사대교설은 불전의 계승에 대해 몇 가지 중요한 시사점을 제공한다.

이 교설은 한편으로는 붓다의 말과 더불어 승가의 전승, 경과 율을 암송하여 전수하는 자들의 말, 그리고 권위 있는 수행자의 말이 실제 역사 속에서 동등하게 다루어졌다는 점, 서사를 통해 경과 율이 존재함에도 불설을 둘러싼 문제는 여전히 사람의 말에서 비롯되었다는 점을 나타낸다. 그리고 다른 한편으로는 서사된 경이나 율은 문제시되지 않으며 그 권위에 대해서도 의심이 제기되지 않는다는 점을 보여준다.

애초에 구두 전승에서는 붓다의 설의 정통성을 판정할 수 있는 객관적, 제삼자적 근거가 존재하지 않는다. 어떤 말이 불설인지 아닌지 판정해야 할 때, 그것은 신뢰할 만한 권위자가 설했다는 점을 근거로 붓다의 설로 판정되었다. 따라서 붓다 입멸 후에는 붓다의 말과 함께 승가의 말, 교설 전승자의 말, 영능靈能 있는 권위자의 말도 각각 권위를 갖기 시작했을 것이다. 그러나 서사된 텍스트가 등장하면서, 그것은 사람으로부터 독립된 불설의 새로운 존재 형태로 자리잡기 시작한다. 이러한 텍스트의 말의 탄생은 음성 텍스트와는 다른 세계의 말이 출현했음을 의미하며, 이때부터 불교도들은 이 서로 다른 말의 세계 사이를 넘나들 수밖에 없는 상황에 놓이게 된다. 설령 서사된 텍스트가 존재한다고 해도, 문제는 여전히 사람의 말과의 관계 속에서 발생한다. 사대교설의 이 구절은 그런 어려운 상황에 대처하는 불교도들의 대응으로 볼 수 있다.

이러한 이해를 전제로 하면, 서사된 경과 율의 권위가 그대로 인정되는 의미도 명확해진다. 구전에서 서사로의 변화를 역사 내부에서 경험하고, 그 양자 사이에서 갈등하며 최종적으로 서사를 불설의 근거로 결정한 사람들에게, 서사된 텍스트의 존재 의의는 의심할 여지가 없다.

실제로, 인도 아대륙에서 대승불설론을 옹호하는 후대 사상가나 이론가들은 그것이 존재하므로 부정할 수 없다는 전제를 가지고 있으며, 내용에 대한 평가는 그 위에 놓인 파생적인 것으로 보인다. 사실로서 존재하는 경전을 마주할 때, 불교도들의 과제는 이 여러 경전들 중에서 어떻게 적합한 경전을 선택하여 각각의 현실에 대응시킬 것인가, 또는 경전 상호 간의 대립을 어떻게 조정할 것인가 하는 문제, 즉 해석학의 문제로 전환된다. 여기서 이루어지는 것은 하나의 조정 행위이지, 불설인지 아닌지를 선별하는 작업이 아니다. 앞 장에서 논술한 바와 같이, 대승 논사들에게 모든 경전은 지혜의 말을 추출할 수 있는 시소러스(thesaurus)로 존재하며, 이는 정통과 비정통을 판별하는 작업에 익숙하지 않은 역사 속에서 형성된 기존 문헌군이다.

불전의 이러한 수용 태도를 고려할 때, 지나치게 진위와 옳고 그름을 판정하려는 의식을 가지고 임했던 불교 연구 태도를 다소 반성해야 할 것이다. 근현대 연구는 '역사적'이라는 입장을 일관되게 표명해 왔다. 그러나 거기서 실제로 전개된 주제는 '원시불교'의 순수한 교의 추구라든가, 대승불설·비불설 논쟁이라든가 하는, 역사적이라기보다는 오히려 훨씬 더 '호교護教적'인 양상을 띠고 있다.

이러한 점에서 기독교와 유대교의 '정전正典'에 대해 상세히 논한 다가와 켄조(田川建三)의 연구는 '정전' 개념 자체의 이해를 넘어, 불교의 '정전'과의 차이를 파악하는 데도 중요한 시각을 제공한다.

> 여기서 '정전正典으로서의 권위'라는 것을 엄밀히 생각해 볼 필요가 있다. 존중해야 할 중요한 서물이라는 점과 정전으로서의 권위는 다르며, 정전이란 그것을 통해 자신의 신앙뿐 아니라 삶의 모든 것, 사고방식의 모든 것이 측정되어야 하는 절대적 기준이다. 정전은 절대 불가침의 올바름을 지녀야 하며, 이에 맞춰 자신의 사고방식을 모두 변화시키고 가다듬어 나가야 한다. 반면 '이것은 매우 중요하고 훌륭한 서물이므로 전체적으로는 매우 존중하지만, 이 부분은 잘못되었어요'라고 부분적으로라도 비판을 가한다면 그것은 더 이상 정전일 수 없다. 그러한 의미에서 구약성서가 초기 기독교 교회에서 매우 존중받고 중요시되었던 서물임은 틀림

> 없지만, 정전正典적인 권위를 가졌는가에 대해서는 큰 의문이 남는다. 결론적으로 말하면, 기독교인들에게 「구약」은 권위 있는 중요한 서물이었지만 정전은 아니었다—물론 이 점 역시 개개의 저자들에 따라 상당한 차이가 있기는 하지만—. (다가와田川〔1997: 36〕)

여기서 정전은 완성되어 닫힌 서물로 이해되고 있다. 그러나 불교에서는 '전통불교'와 대승불교를 막론하고, 동일한 경전으로 간주되는 것들에도 대부분 이본異本이 존재하며, 그것들은 때로는 사복음서만큼의 차이를 보인다. 여기서 제시된 정전 이해를 적용한다면, 불교의 정전은 스리랑카나 중국과 같은 다른 세계에 이입移入되기 전에는 존재하지 않았을 것이다.

불전은 불佛의 말을 맡아 지니는 선택된 자들에게 계시된 성전이 아니다. 그것은 최소한 불교도들에게, 역사적으로 오래되고 변하지 않는 말로 존재하기에 '성전'이 아니라, 변화하는 역사 속에서 붓다의 체험 내용으로 이끌어주는 말로 기능한다고 믿기에 '성전'인 것이다.

제 III 부

불교와 매체

제6장 구두 전승과 서사
—팔리성전, 율장, 대승경전

제1절 지식의 전승 형태라는 과제

지난 수십 년 동안 고전을 포함한 텍스트 연구에 큰 영향을 끼친 주제가 있다. 바로 텍스트의 구두 전승과 그에 기반한 문화의 특성이다. '오랄리티(orality)'라는 용어로 총괄되는 이 주제는, 19세기 초 성서聖書 고등 비평이라는 장場에서 전개된 '호메로스 시'의 저자 문제에 관한 논쟁에서 기원한다. 이후 이 논의는 밀먼 패리(Milman Parry)의 등장으로 지식 전승 형태라는 새로운 지평으로 이어졌다.

서양의 문화유산 중 가장 정통한 것으로 평가되며 많은 인문학 연구자의 관심을 받아온 『일리아스』와 『오디세이아』는, 그 성립 배후에 단 한 명의 저자만을 상정해서는 도저히 해결할 수 없는 여러 문제를 안고 있다. 밀먼 패리는 박사논문에서, 호메로스 시의 특징이 구술적 제작 방식에 따른 경제성에서 비롯되었다는 새로운 가설을 발표하여 오랜 의문에 대한 해결의 실마리를 제공했다.[1]

이 가설은 반세기 후 그의 제자 앨버트 로드(Albert B. Lord)에게 계승되었다. 그 성과인 『이야기를 노래하는 가수』(The Singer of Tales)는 세르보크로아티아어 서사시 가수의 인터뷰와 자료 분석을 통해 구두에 의한 지식 전승의 문체적 특징을 밝혀내어, 패리의 가설을 현대 사례로 실증한 것이었다.[2] 이어서 구술 문화(orality)와 대비되는 문자 문화(literacy)의 특징을 플라톤의 저작에서 발견한 에릭 해블록(Eric A. Havelock)의 『플라톤 서설』(Preface to Plato)[3]이 등장하여 이 분야의 연구 발전에 큰 탄력을 주었다. 텍스트의 '구두 전승'과 '문헌 전승'이라는 두 가지 관점은 오늘날 학문의 영역을 넘어 모든 문화를 고찰하는 데 불가결한 주제로 자리잡았다.

인문학의 일반적인 경향과 마찬가지로, 인도불교 성전 연구에서도 이 주제는 오랫동안 고려되지 않았다. 따라서 1980년대까지의 인도불교사는 거의 이 관점이 결여된 채 기술되었다. 그런데 근래에 이 문제를 주제로 삼는 연구자들이 잇따라 등장했다. 눈에 띄는 연구자만 해도 마크 앨론(Mark Allon), 랜스 카즌스(Lance Cousins), 스티븐 콜린스(Steven Collins), 루퍼트 게틴(Rupert Gethin), 해리 팔크(Harry Falk), 리처드 곰브리치(Richard Gombrich), 폴 해리슨(Paul Harrison), 오스카 폰 히뉘버(Oskar von Hinüber), 도널드 로페즈(Donald S. Lopez Jr.), 앨런 콜(Alan Cole) 등 열 명에 달한다.[4] 그럼에도 불구하고 일본 학계에

---

1 Parry[1971]. 밀먼 패리의 박사논문을 바탕으로 한 이 논문집을 통해 그 연구 전체를 조망할 수 있다.

2 Lord[1960].

3 Havelock[1963].

서는 이 문제가 거의 주목받지 못하고 있다. 본 장에서는 구두 전승이라는 관점의 도입이 불전의 내용 이해와 그 형성사에 어떤 영향을 미치는지에 대해 고찰하고, 향후 연구를 위한 지표를 제공하고자 한다.

한 가지 보충 설명을 덧붙이고자 한다. 이 장에서 다루는 주제는 제1장에서 논한 자크 데리다의 파롤(parole, 음성 언어)과 에크리튀르(écriture, 문자 언어)를 둘러싼 논의와 분명히 동일한 범주에 속한다. 그러나 관심의 소재와 분석의 포인트에서 양자 간에는 큰 차이가 있다.

데리다의 고찰에 따르면, 궁극적으로 음성 언어와 문자 언어 모두 에크리튀르의 성질에 스며들어 있고, 둘 사이의 본질적 차이는 인정되지 않는다. 이들 사이의 공통 요소에 대한 분석은 문자, 기호, 흔적, 소리 등을 단서로 하여, 의식 내부의 현상과 외부 텍스트와의 관계라는 언어의 미세한 차원에 초점을 맞추고 있다. 즉, 의식의 내부와 외부가 언어=기호 체계에서 표리일체가 되어 기능하는 관계를 통해, 말과 의식이 융합하고 서로 유발하는 의미 발생의 현장이라고 할 수 있는 무대가 과제로 제시되었다. 여기에서 에크리튀르는 단순히 책이라는 범주를 넘어, 인간의 읽는 행위 전체를 반영하는 세밀한 구성체였다. 데리다의 고찰에서는 분명 에크리튀르의 특성이 더욱 현저하게 나타나

---

4 여기서 언급한 연구자들의 구두 전승에 관한 주요 논문은 다음과 같다. 시모다(下田)[1997: 47-48, 480-482, 340-347], Allon[1997], Cousins[1983], Collins[1992], Gethin[1992], Falk[1990], Gombrich[1988], Harrison[1992][2001], von Hinüber [1989][1993][1994](Cf.Hara[1996]), Lopez[1995]. 그리고 인도 일반의 epic에 대한 구두 전승에 관한 연구는 Blackburn et al.[1989]을 참조.

는 문자 언어가 연구의 중심이지만, 이는 음성과 문자를 대립적인 것으로 간주하고 둘의 차이를 본질화하려는 플라톤의 이해에 대한 비판으로 제시된 것이었다.

이에 비해, 본 장에서는 문자 언어와 음성 언어가 만들어내는 차이를 문제 삼고, 다시 플라톤의 문제 제기로 되돌아가는 형태로 주제를 설정하고 있다. 이는 데리다의 관점에서 보면 비판의 대상이 될 수 있으며, 서양 형이상학이 구축해 온 폐쇄적 영역 내에서의 언어와 의식의 양상을 문제 삼는 것이다.

제1장에서 에크리튀르론을 면밀히 검토하고 그 안에서 대승경전 연구를 위한 준거틀을 찾아낸 본서가, 왜 그것과 상충될 수 있는 이 주제를 다루려고 하는 것인가? 그 이유는 표층적 차원에서 대승경전은 분명히 음성 언어로서의 특성을 나타내고 있기 때문이며, 그것이 더 심층적인 문자 언어와 어떤 관계를 맺고 있는지를 구별하여 이해할 필요가 있기 때문이다. 양자의 고찰에서 계층 차이를 구별하지 않으면, 에크리튀르론에서 논한 대승경전의 특성과 본 장에서 논할 대승경전의 특성은 단지 모순된 것으로만 보일 것이다. 반면, 언어의 계층 차이와 그에 따른 문제 발현 방식의 차이를 파악한다면, 전승 매체와 인식 문제로서 드러나는 대승경전에 대한 고찰은 중층적으로 수행될 수 있게 된다.

제2절 구두 전승에서의 지식의 형태적 특징

먼저, 불교 고유의 논의에서 잠시 벗어나 구두 전승이라는 주제 일반에 대해 개괄적으로 살펴보자. 이 주제와 관련하여 수많은 연구서가 출간되었지만, 월터 옹(Walter J. Ong)의 『구술 문화와 문자 문화』(Orality and Literacy)는 구두 전승과 문헌 전승이라는 문화의 특성을 고찰하는 데 여전히 최적의 입문서라 할 수 있다.[5] 여기에 종교 문헌 전체를 고려하며 문자화된 말의 음성화音聲化에 주목한 윌리엄 그레이엄(William A. Graham)의 『문자 언어의 세계를 넘어서』(Beyond the Written Word)[6]를 함께 고려한다면, '구술 문화'와 '문자 문화'라는 두 문화의 기본적 차이를 먼저 분명히 한 후, 실제 사례 분석에서는 두 문화가 혼합된 상태를 고려해야 함을 알 수 있다. 또한 문자화되었더라도 구술 문화 요소가 강하게 남아 있는 시기와 그 양상을 고려하여 분석해야 함을 알 수 있다.

고대 인도불교 문헌을 둘러싼 환경을 살펴보면, 상황은 확실히 두 문화가 혼합된 모습이다. 불전이 문자화되었다고 해서 현재의 문자 문화에서 보이는 고유한 특징이 한꺼번에 일률적으로 나타난 것은 아니다. 오히려 성전의 문자화가 이루어진 이후에도, 구술 문화의 특징적인 요소가 우위를 점하며 계속 존재했고, 이것이 고대 인도불교 성전을 독특한 형태로 성립시킨 요인이 되었다.[7]

지금까지 불전의 문체적 특징과 관련하여 구두 전승 요소에 주목한

---

5 Ong[1982], 일본어역은 옹(オング)[1991].

6 Graham[1987].

7 무엇보다 앨런(Allon)[1997: 365-367]이 지적했듯이, 패리와 로드 등이 제시한 모델은 텍스트 성립 배경과 그것이 기능하는 세계가 전혀 다른 고대 인도 불전에는 그대로 적용할 수 없다는 점에 주의해야 한다.

연구는 있었지만, 그 내용적 의의에 대해서는 충분한 관심을 기울이지 않았다. 다음 논의를 위한 기본 관점을 세우기 위해 구두 전승 혹은 구술 문화가 지니는 특징을 개관하고자 한다.

어떤 인식이든 일단 성립되고 나면, 그것이 발생하기 이전의 세계를 짐작하기 어려워진다. 우리는 이미 문자에 기반하여 인식이 형성되는 세계에 익숙해진 지 오래되어, 더 이상 문자가 없었던 시대의 인식 세계를 상상하기가 쉽지 않다. 이러한 상황에서 옹은 기존 연구들을 바탕으로, 문자가 존재하지 않는 세계에서 인식이 형성되는 방식과 그 세계의 텍스트 양상을 고찰하여, 그 특징을 다음과 같이 간결하게 정리했다. 첫째, 음성 언어는 힘과 활동을 특징으로 한다. 둘째, '아는 것'과 '생각해낼 수 있는 것'은 동의어이다.[8]

말이란 우선적으로 목소리이고, 발화되는 사건이며, 힘에 의해 발생하는 것이다. 예로부터 말에 힘과 영혼이 깃들어 있다고 생각한 것은, 목소리로 발화되는 말의 양상에 근거한다. 더욱이 말은 신체의 내부에서 발화되어 다른 신체의 내부로 울려 퍼지므로, 다양한 개인을 동일한 세계로 조화롭게 통일하는 힘을 지니고 있다.

나아가, 음성 언어를 구성하는 소리는 사라져버리는 특징이 있으므로 말을 조사하는 것은 불가능하며, 그것이 존재하려면 기억 속에서 되살리는 방법밖에 없다. 이러한 특징을 가진 말을 사고하려면 기억할 수 있는 사고 형식에 담아야 하며, 그렇게 담긴 것을 사고할 수밖에 없다. 강한 리듬이 있고, 균형 잡힌 패턴을 채용하며, 반복과 대구對句

8 옹(オング)[1991: 72-82], Ong[1982: 31-36].

를 사용하고, 두운과 모음운을 맞추며, 형용구를 붙이고, 정형구나 전형적인 주제를 활용하며, 정형화된 속담을 인용하는 것, 이러한 다양한 기법에 의지하는 것은 '음성로서의 말'을 사고하기 위한 중요한 과제이다.

이러한 두 가지 기본적 특징에서 파생되는 성질로서, 구술 문화의 텍스트 문장 구성에는 다음과 같은 특징이 나타난다. 즉, (1) 종속적이기보다 첨가적이고, (2) 분석적이기보다 집합적이며, (3) 장황하거나 '다변적'이고, (4) 보수적이거나 전통주의적이며, (5) 인간의 생활세계에 밀착되고, (6) 논쟁적 어조를 띠며, (7) 객관적 거리를 두기보다 감정이입적이고 참여적이며, (8) 항상성恒常性을 유지하고(고풍스러운 어형語形을 유지한다), (9) 추상적이기보다 상황 의존적이라는 특징이다. 각 항목의 범위 내에서 문자 언어가 그 텍스트의 특징을 충분히 드러내고 있고, 이러한 특징들이 특히 경전이라는 범주의 불전 특징과 겹쳐져 있음을 알 수 있을 것이다.

이러한 구술 문화에서의 텍스트의 특징을 염두에 두면서, 불교 연구의 문제를 '초기불교' 경전, 율장, 대승경전의 순서로 개관해 보자.

제3절 팔리성전에서의 서사의 도입

기원전 1세기 왓타가마니 아바야(Vaṭṭagāmaṇī Abhaya) 왕 시대에 팔리성전이 서사되었다는 것은 전승 기록에 남아 있는 유명한 이야기이다.[9]

---

9 *Dīpavaṃsa*, xx. 20-21, *Mahāvaṃsa*, xxxiii.100-101. 여기서 전쟁이나 기근이라는 큰 재앙을 만났을 때 가르침이 멸망할 가능성을 논하고 있는 점은 흥미롭다(Cf.

이 기록을 그대로 인정하여 이토록 이른 시기에 팔리성전이 문자화되었다고 하더라도, 그 텍스트들은 여전히 목소리로 독송되고 귀로 들려졌을 뿐이다. 결코 우리가 현재처럼 눈으로 보고 손으로 쓰는 것을 전제로 하는 방식으로 바뀐 것은 아니었다.

랜스 카즌스(Lance Cousins)는 팔리경전의 독송과 구두 표현을 전제로 한 특징에 주목한 선구적인 학자이다. 그는 팔리경전이 고정된 서사 텍스트로 존재하는 것이 아니라, 상황에 따라 확대되거나 축소되면서 설해지는 것을 전제로 한다고 가정했다. 예를 들어, 중부中部경전이 '소小'(culla)와 '대大'(mahā)라는 범주로 나뉘어 있는 것도 그 사실을 반영하는 것—즉, 전자가 요약이라면 후자는 확대판이다—이라고 보았다.[10] 한편, 텍스트 연구에서 오랄리티(orality) 문제를 고려하며 팔리성전 산문 부분의 특징을 상세히 분석한 마크 앨론(Mark Allon)은, 문체 변화의 분석 결과를 통해 팔리성전이 구두 전승 세계에서 적어도 세 단계에 걸쳐 성립되었음을 추적하였다.[11]

이러한 연구 가운데 비록 단편이기는 하지만 스티븐 콜린스(Steven Collins)의 논문 「팔리문헌에서의 구두 전승의 특징」은 팔리성전 전체를 폭넓게 조망할 뿐 아니라, 그 고찰의 시사점이 대승경전에도 적용될 수 있다는 점에서 매우 유익하다.[12] 콜린스는 테라와다 불교 전통에서

Rahula[1956: 80-82]). 실제로 크메르 루즈 정권의 승려 학살로 인해 캄보디아에서 구전으로 전해지는 전통적 교리가 거의 사라졌다는 점을 고려하면, 팔리경전이 우려했던 문제는 현대에서도 여전히 유효한 문제임을 알 수 있다.

10 Cousins[1983].

11 Allon[1997].

19세기에 이르기까지 문자로 쓰인 전적은 개인이 읽는 것이 아니라, 타인에게 '들려주기 위한 것'이었다고 결론지었다.

이러한 특징은 인도에서 문자가 광범위하게 사용되기 시작한 최초의 사례인 기원전 3세기 아쇼카 왕 비문에서 이미 확인되며, 그 이후로도 거의 그대로 계승되었다.[13] 문자화된 다양한 텍스트들이 스승을 비롯한 타인과 함께 독송하거나 암송할 목적으로 제작되었음이 팔리 성전 곳곳에서 명확히 언급되고 있다.[14] 일반적으로 '학습'을 의미하는 원어 'anusuṇāti', 'sajjhāyati'는 각각 목소리로 전해진 것을 듣거나 소리 내어 학습함을 의미한다. '교시教示'를 의미하는 'vāceti'는 스승을 따라 소리 내어 말하는 것을 의미하는 동시에 '읽다'라는 뜻도 지니고 있으며, 이중 사역형 'vācāpeti'는 누군가가 쓴 것을 다른 누군가에게 읽게 하는 것을 의미하는 등, 모두 '성聲/문聞(oral/aural)'과 관련된 용어이다.[15]

---

12 Collins[1992].

13 이는 비문의 내용이 읽히는 것이 아니라, '들려지고', '충분히 듣고 배워야 하는' 것이며, 왕 자신도 '가르침의 내용을 들려주자'고 선언한 것으로부터 분명하다. —sotaviyā(Édits séparés du Kalinga I [Bloch[1950: 139]]), bahusrutā(Douzième édit sur rocher XII [Bloch[1950: 123]]), dhaṃmasāvanāni sāvāpayāmi(Les sept édit sur piliers 7 [Bloch[1950: 169]])— 또한 노만(Norman)은 파승 비문의 'vi-svaṃsayitave'를 '이 [비문] 전체를 듣다'로 이해하며(Norman[1987: (14)-(16)]), Rock Edict의 'mādhuratā'라는 말을 콜린스(Collins)[1992: 122]는 법의 문자(dhammalipī)를 읽는 '달콤한 목소리'로 이해한다.

14 Jātakass' Aṭṭhavaṇṇanaṃ … bhāsato… … bhāsato tam me sādhu gaṇhantu sādhavo (*Jātaka* i, 1), Tattha ñāṇaṃ paṇidhāya hāsayitvāna mānasaṃ suṇotha nipuṇe pañhe kankhāṭhānavidālane ti (*Milindapañho*, p.1, v.5).

자주 등장하는 'gantha-dhura'(교법 전승자)와 'vipassanā-/vāsa-dhura'(명상 수행 전승자) 간의 구별에서, 'gantha'는 단순히 '책'을 의미하는 것이 아니라, '암송'의 의미로 이해해야 한다.[16] 그리고 명상 수행 전승자(vāsadhura)도 스승에게 5년간 사사한 후, Pāṭimokkha를 비롯한 몇 가지 텍스트를 암송할 의무가 주어졌다.[17] 지금까지 'gantha-dhura'와 'vipassanādhura'는 서로 대립하는 개념으로, 전자가 교의를 전승하고 교육하는 것과 관련된 반면, 후자는 오로지 실천 수행에 전념하는 것으로 도식적으로 이해되어 왔다. 그러나 실제로는 양자의 역할이 겹치며, 상호 배타적인 존재가 아니다.[18] 이는 탐바이아(Tambiah)가 보고한 근대 태국의 명상 실천자와 텍스트 전승자가 동일인인 사례와도 부합한다.[19]

여기서 주목해야 할 것은 서사 텍스트의 암송이 명상 실천과 병행하여 언급된다는 점이다. 이는 제1장에서도 다루었고(본서 99~101페이

---

15 콜린스는 이 외에도 potthakaṃ olokento āha (*Jātaka* v, 483. 책을 보면서 소리 내어 말한다), paguṇako thero (*Dīpavaṃsa*, iv. 45. 텍스트에 유창하게 된 장로), 경전을 가르치는 수순으로서의 uggaṇhati, pariyāpuṇāti, dhāreti (MN iii, 200)가 각각 주석서(*Papañcasūdanī* v, 8)에서 tuṇhībhūto suṇanto(조용히 듣는다), vācāya sajjhāyaṃ karonto(소리 내어 반복해서 배운다), aññesaṃ vācento(타인에게 가르친다)로 단계적으로 제시되고 있는 사례 등 다수의 예를 들어 명료하게 분석하고 있다.

16 *Samantapāsādikā*, 695 (Cf. DN iii, 94; *Sumaṅgalavilāsinī*, 870).

17 *Paramatthajotikā* ii, 194-195, etc.

18 예를 들어 인도불교에서의 성인 유형을 분석한 뛰어난 저작인 레이(Ray)[1994]에서도 이 양자는 대립 항목으로 이해되고 있다.

19 Tambiah[1984: 56-57].

지) 이하 제5절에서도 논하겠지만, 대승경전에서도 나타나는 특성이며, 불교에서의 텍스트 존재 형태에 대해 깊은 시사점을 준다. 텍스트는 암송됨으로써 명상과 일체화된 맥락을 형성하며, 현대 연구자들이 하는 것처럼 단지 눈으로 읽고 이해해야 할 대상으로만 이루어진 것은 아니다. 텍스트의 말은 명상을 통해 신체화되어야 하며, 거기에는 쓰여진 텍스트를 바탕으로 추상적으로 사유하는 순수한 지적 탐구와는 다른 태도가 존재한다. 소리는 문자에 비해 직접적인 형태로 신체와 일체화되는 특성을 지닌다. 명상과 텍스트의 본질적인 관계는 목소리로서의 텍스트의 양상과 밀접하게 연결되어 있다. 전통적인 불교 세계에서 텍스트는 암송되고 이를 통해 사람에게 내재화되는 것으로서 존재한다.

사정은 아비다르마에서도 마찬가지이다. 루퍼트 게틴이 밝혔듯이, 마트리카(mātṛkā)는 본래 텍스트 자체를 낳는 모태이다.[20]

목소리의 세계에서는 다양한 소리가 하나의 화음을 이루듯이, 목소리를 통해 사유된 전체는 내면을 향해 통일적이고 조화롭게 작용하는 경향이 있다. 전개된 아비다르마 전체의 이론이 하나의 마트리카로 집약되는 구조는 구술 문화의 특징을 반영한 것이라고 볼 수 있다.

제4절 율장 텍스트와 서사

팔리어 율장의 경우, 암송과 문자화라는 문제가 팔리경전이나 아비담

---

20 Gethin[1992].

마와는 다소 다른 형태로 제기된다. 현존하는 율장은 몇 가지 특징으로 미루어 볼 때, 그 성립 단계에서 이미 서사된 텍스트였을 것이다. 폰 히뉘버는 경장과 율장의 병행 표현을 상세히 비교하여, 전자는 음성 언어로서의 리듬을 유지하는 반면 후자는 문자화되면서 리듬이 깨진다는 점, 서사로 보존되었음을 엿볼 수 있는 서술이 곳곳에 보인다는 점을 밝히고, 율장은 경장보다 늦게 제작되었으며, 처음부터 서사된 텍스트로 존재했다고 결론지었다.[21]

이는 현존하는 율장에 관한 한, 충분히 지지할 만한 견해로 보인다. 5대 광율廣律의 「건도부」를 비교해 보면, 내용상 서로 겹치는 부분이 있음에도 대중부의 『마하승기율』만 전혀 다른 구조를 지니고 있다. 이 경우, 본래 율장의 일부 내용 전체가 서사된 텍스트로 존재했고, 이를 전제로 대중부가 구조를 변경하여 편찬했거나, 또는 다른 율장들이 공통된 형식에 따라 편찬되었다고 가정하지 않고서는 달리 설명할 방법이 없다.[22]

율장과 서사 기술의 친화성은, 폰 히뉘버가 말하는 '규칙으로서의 정확성 확보'보다는 오히려 점진적으로 규칙을 누적하고 변경해 나가야 하는 요청에서 비롯된 것이 아닐까. 율의 규칙은 대중부의 『비구니율』(Bhikṣuṇī-vinaya)에서 'arthoutpatti'라는 용어로 나타나며(시모다下田[1993: 284]), 전통적으로 '수범수제隨犯隨制'라는 말로 표현되어 왔듯이, 개별적인 사건이 발생할 때마다 정해졌다. 또한 "소계小戒는 폐지해도 좋다"라는 개조開祖의 허가에도 불구하고, 불교 교단은 한번

21 von Hinüber[1989].

22 사사키(佐々木)[2000] 참조.

정해진 것은 폐지하지 않았다. 대신, 새로운 규칙을 덧붙이는 형태로 기존의 규칙을 수정하는 방식을 취했다. 따라서 율장 텍스트는 시대가 흐름에 따라 확대되는 성질을 지닌다.

그러나 순수한 구두 전승의 세계에서는 텍스트를 무한히 확대하는 것이 불가능하며, 이를 위해서는 서사의 도움을 빌려야 한다. 또한 옹(Ong)〔1982〕이 보여주었듯이, 비록 서사가 이루어졌다고 하더라도, 그것이 현대와 같은 인쇄술을 거친 고도의 문자 문화에 이르지 못한 chirography 단계에 머문다면, 텍스트는 구술 문화 특유의 성격을 띠면서 체계적으로 정리되지 않고 누적적으로 확대되기만 할 것이다. 율장은 바로 이러한 특징을 지니는데, 여러 규칙들이 서로 종속적인 관계로 정리되지 않은 채 종종 상호 모순되면서도 병존하는 상태로 남아 있다.

이러한 점에 대해 현실에서 율장을 운용하는 측면에서 다시 생각해 보면, 현재 남아 있는 율장 중에는 실제로는 적용되지 않는 형해화形骸化된 규칙도 상당히 존재할 것이다. 실제 사건의 해결에서 서사된 율장이 일일이 증거로 제시되기보다는 현전승가에서의 합의적 판단이나 권위를 부여받은 지율사持律師의 판단이 존중되었을 것이다. 율장 내부에 상호 모순되는 규칙들이 공존한다는 점, 그럼에도 승가 운영이 기능했다는 점은, 텍스트의 운용을 둘러싸고 절차적인 차원에서 이를 회통하는 해석이 작용했음을 짐작하게 한다.

이러한 특징을 지닌 율장 편찬의 바탕에는, 붓다의 말 자체가 끊임없이 변화하는 역사적 현실에 대응하여 새롭게 적용될 수 있도록 변화하고 확대되어야 한다는 의식이 깔려 있다. 이는 이설異說을 나열하고 있는 『대비바사론』과 같은 방대한 아비다르마 논서에서도 확인할 수 있으며, 다음 절에서 살펴볼 대승경전에도 공통된다. 앞에서 논했듯이, 대승의 『열반경』은 경전과 주석서라는 두 요소를 모두 지니고 있으며, 전반부를 주석하면서 후속 부분이 제작되는 방식으로 텍스트의 확대를 도모하는 구조를 이룬다.[23] 후속 부분이 전반前半을 한정하는 형태로 전개되므로 내용이 누적적으로 증대된다. 단편 경전의 경우는 다르지만, 방대한 대승경전에서는 그 구조가 율장과 공통점을 가진다. 『마하바스투(Mahāvastu)』와 같은 불전류가 대승경전과 깊은 관련이 있다는 점은 오래전부터 주목되어 왔지만, 이러한 텍스트가 기본적으로 율장 내에 자리한다는 점도 편찬 방법이라는 관점에서 볼 때 양자가 깊은 관계에 있었음을 시사한다. 그 주요한 요소는 서사된 텍스트의 양상이다.[24]

제5절 대승경전에 나타나는 구두 전승적 특성과 서사적 특성의 공존

본서 제1장에서 제3장에 걸쳐 논했듯이, 경권經卷(pustaka)으로 보존

---

23 시모다(下田)[2000].

24 앞에서 팔리경전이 독송을 전제로 하고 있다는 점을 언급했는데, 율 갈마의 수행遂行이 갈마문의 정확한 발음을 통해 이루어진다고 한다면, 서사된 율장도 정확하게 읽히는 것을 예상해야 한다(Cf. von Hinüber[1987]). 그러나 실제로는 출신 지역이 다양한 사람들이 하나의 승가에 공주共住하는 경우가 드물지 않았고, 사계捨戒라는 중요한 행위조차도 지방어로 말하는 것이 허용되었음을 고려하면, 승가 내에서 율장 적용이 phonetic에 얼마나 엄격했는지에 대해서도 의문이 남는다(Collins[1998: 48]).

되고, 경권 예배의 공덕을 찬탄하는 대승경전이 서사된 형태로 존재했음은 틀림없다. 앞 절에서 논한 율장과의 공통성을 비롯하여, 방대한 수의 전적이 단기간에 생성되었다는 점, 새로운 설들이 다양하게 탄생하고 살아남았다는 점 등, 이러한 특징만 고려하더라도 대승에서는 서사된 텍스트를 상정할 필요가 있다. 실제로 대승의 『열반경』은 경전의 앞뒤를 자의적으로 잘라 붙여 새로운 경전을 날조하는 자들이 후세에 등장할 것이라는 우려를 스스로 경전 안에서 표명하고 있다. 이는 경전이 서사된 텍스트로 존재했기에 개찬改竄의 위험성마저 있었음을 경 자체가 분명히 말해 주는 것이다.[25]

본서 제3장에서 상세히 논한 바와 같이, 대승경전의 서사 문제를 텍스트의 내용적 특징의 측면에서 주목하게 한 것은 곰브리치였다.[26] 그는 팔리성전처럼 대규모의 텍스트를 구전으로 정확히 전승하려면, 집단의 조직적인 교육 체제와 인재 확보가 불가결하며, 그러한 상황에서는 새로운 설이 끼어들 여지가 극히 적다고 보았다. 반면 서사된 텍스트의 경우, 전승이 훨씬 용이할 뿐 아니라 공동체 전체의 승인이 필요 없는 새로운 설이 포함될 가능성이 높다고 이해한다. 대승경전은 바로 이 후자의 흐름에서 탄생했다고 보는 것이다. 이는 구두 전승과 문헌 전승의 차이를 도식적으로 설명한 것이며, 불전의 오랄리티

25 담무참 역 『대반열반경大般涅槃經』 Taisho no. 374, vol. 12, 421c26-422a8; 법현 역 『불설대반니원경佛說大般泥洹經』 Taisho no. 376, vol. 12, 894c8-16; Peking Kanjur no. 788, vol. 31, tu141a4-8. 개찬改竄이 '잘라 붙이기'임이 가장 명확하게 드러나는 것은 담무참 역이다.

26 Gombrich[1988].

문제를 연구하는 학자들 사이에서 대체로 지지를 받고 있다. 다만, 이러한 이해는 재고해야 할 몇 가지 중요한 문제를 안고 있음을 이미 논한 바 있다.

이에 더하여, 과연 팔리성전과 대승경전의 차이를 구전과 서사라는 각 특징으로 환원할 수 있는지도 검토해 볼 필요가 있다. 『도사島史』의 기술에 따르면, 팔리성전의 서사 시기는 대승경전보다 늦지 않다. 또한 주목해야 할 점은, 상당수의 대승경전이 팔리성전과 마찬가지로 암송을 공존시키려 했을 뿐 아니라 적지 않은 구전 요소를 짙게 남기고 있는 점이다.

예를 들어, 대승경전의 단계적 성립설을 널리 퍼트린 대표적인 경전인 『법화경』의 경우, 후세 코가쿠(布施浩岳)〔1934〕의 분류에서 서사 요소가 나타난다고 여겨지는 제2류 이하에서도 독송(vāceti)의 권유는 팔리성전과 동일한 형태로 나타난다. 앞서 언급했듯이, 팔리성전에서 서사는 독송을 목적으로 하는 경향이 강하다. 14세기에 성립된 팔리불전으로, 불교 전체의 역사를 기술하고 있는 *Saddhammasaṃgaha*가 마지막 두 장章을 텍스트의 서사와 독송의 공덕에 할애하고 있는 것을 보면, 『법화경』을 비롯한 대승경전과 아무런 차이가 없으며, 서사 관련 기술의 유무 또는 독송 관련 기술을 기준으로 제1류와 제2류의 본질적 차이를 논하는 것이 과연 의미가 있는지 의문이 생긴다.[27] 서사된 것이 존재한다는 것, 서사된 것을 읽는 행위가 존재한다는 것, 이러한 사실을 보여주는 기술로부터 어떤 특별한 정황이 드러나지

27 의정의 기록에 의해서도 『열반경』이 독송되고 있었음은 분명하다(『南海寄歸內法傳』 Taisho no. 2125, vol. 55, 232a8-17).

는 않는다. 이 점을 고려하면, 제3절에서 살펴본 팔리성전의 구두 전승적 특성을 지적한 콜린스의 고찰 또한 재고할 필요가 있다.

또 하나 주목해야 할 것은, 대승경전에서도 팔리성전과 마찬가지로 명상과 텍스트 암송을 통일된 맥락에서 기술한다는 점이다. 해리슨이 지적하듯이, *Śikṣāsamuccaya*에서 샨티데바(Śāntideva)는 수행자는 텍스트를 학습한 후 명상을 위해 아란야(araṇya)로 가야 한다고 가르치고 있다.[28] 이는 텍스트 암송과 명상 수행이 불가분의 관계에 있음을 말하며, 본 장 제3절에서 논한 *Samantapāsādikā*와 *Paramatthajotikā*의 사례에 그대로 대응한다. 앞서 gantha-dhura와 vipassanā-dhura의 중첩에 대해 언급했는데, 이 또한 대승경전에서도 다를 바 없다.

다만, 여기에서도 이 경전이 실제로 명상의 실천에 사용되었는지, 더 나아가 명상 매뉴얼로서 대승경전이 등장한 것인지에 대한 판단은 신중할 필요가 있다. 스킬턴(Skilton)〔2002〕이 논했듯이, 『삼매왕경』에서 열거하는 다양한 종류의 삼매는 실제로 실천을 동반한 수행법이었다고는 보기 어렵다. 무엇보다도, 제1장에서 논했듯이, 본래 텍스트의 장場은 의식의 장으로 기능하므로, 그것은 언제든 명상이라는 경험의 장으로 전화될 가능성이 있다.

옹이 지적한 구술 문화의 특징적인 요소는 대승경전에서도 확인할 수 있다. 이미 필자가 『법화경』의 특징으로 언급한 '화자인 법사와 이야기되는 붓다의 중첩' 또는 '1인칭과 3인칭의 혼동'[29]은 구두口頭에

---

28 evaṃ śrutavatā cittaṃ śodhayitum araṇyam āśrayaṇīyaṃ(*Śikṣāsamuccaya*, Bendall ed., 192.11).

29 시모다(下田)[1999].

의한 텍스트 표현을 전제로 할 때 더 쉽게 설명할 수 있다. 옹이 지적하듯이, "소리의 중심화 작용은 인간의 코스모스 감각에 영향을 끼치고", 거기에서 "인간은 세계의 배꼽"[30]이라는 의식이 나타난다면, 서사 경전이 법사의 존재를 통해 음성 경전으로 재편될 때, 과거불, 미래불, 현재불이 동시에 등장하고 화자와 등장인물이 중첩될 것이다.

구술 문화에서의 '논쟁적 어조'는 대승경전에서도 나타난다. 이 특성에 대해 옹은 다음과 같이 지적한다.

> 구술 문화는 지식을 인간의 생활세계 속에 파묻힌 채로 두고, 그러한 지식을 사람들이 서로 투쟁하는 격투의 맥락 속에 위치시킨다. 〔구술 문화 속에서 살아가는 사람들이−시모다 주〕 속담이나 수수께끼를 인용하는 것은 단순히 지식을 쌓기 위해서가 아니라, 상대방의 관심을 말로 하는 지적 대결로 끌어들이기 위해서이기도 하다. 즉, 속담이나 수수께끼 하나를 말하는 것은 상대방에게 그보다 더 잘 들어맞거나, 혹은 그것과 모순되는 속담이나 수수께끼를 제시하라는 도전이다. 이야기 속에서 인물들이 만날 때는 언제나 자신의 용감함을 자랑하거나 말로 상대를 제압하려는 장면이 등장한다.[31]

이 구절에 부합하는 경전은 『유마경』이다. 대표적인 출가자들을 차례로 제압하는 유마거사의 모습은 옹이 지적한 바와 정확히 일치한

30 옹(オング)[1991: 155-156], Ong[1982: 73].

31 옹(オング)[1991: 97], Ong[1982: 44].

다. 이 '논쟁적 어조'에 대해, 지금까지 연구자들은 재가자가 출가자를 비판하는 교단사적 문제, 즉 대승불교의 재가 기원을 웅변적으로 보여주는 사례로 이해해 왔다. 하지만 옹의 지적에 따르면, 이는 구술 문화의 특징적인 문체 문제이며, 매체 특성의 문제일 뿐, 재가-출가의 대립이라는 사회 배경과는 아무런 관계도 없다.

이렇게 본다면, 대승경전은 곰브리치가 말하듯이 이른바 개인화된 리터러시(literacy) 문화의 특징으로만 설명할 수 있는 것이 아니다. 그것은 '전통불교' 경전과 마찬가지로, 소리로서의 텍스트의 양상, 즉 '성聲 문聞'(oral-aural) 문화의 특징적인 문체 또한 지니고 있다. 즉, 구술 문화와 문자 문화 각각의 특징이 대승경전에 혼재되어 있는 것이다.

구술 문화와 문자 문화의 혼재 상태를 어떻게 해석할 수 있는가, 바로 이것이 과제이다. 물론 일반론적으로 모든 불교는 구두 전승을 전사前史로 지니고 있으며, 대승도 예외는 아니다. 그러나 이러한 지적은 대승경전과 '전통경전'의 관계를 모호한 채로 남겨둘 뿐, 아무런 실질적인 의미를 갖지 못한다. 본서 제1장에서 제3장까지 논했듯이, 대승경전이 지니는 서사 경전으로서의 특징은 경전 내부에서 불교의 의의와 가치를 통합하고, 새로운 불교의 정통성을 이 서사 경전이라는 장場에서 수립하려는 시도이다. 이는 불교세계 전체 역사를 통합하려는 시도이며, 거기에 구두 전승에 대한 설명적 서술이 포함되는 것은 당연한 일일 것이다.

원래 문자로 기록된 경전은 독송을 통해 항상 소리로서의 경전으로 변환되므로, 이 두 지평은 사실상 구별이 불가능해진다. 그럼에도 불구하고, '전통경전'과 대승경전 사이의 차이는 새로운 전통을 수립하려는 의식의 유무有無라는 형태로 명확하게 남아 있다.

곰브리치의 가설과는 대조적으로, 스구로 신조(勝呂信靜)는 『법화경』의 성립사 연구에서, 아무리 단계적으로 경전이 제작되었다고 하더라도 개인 차원의 개편이 허용되었다고 여겨질 만한 이본異本은 존재하지 않으며, 어떤 공동체의 인지認知와 계승 행위가 있었다고 이해한다.[32]

확실히 대승경전은 그 분량과 내용이 매우 다양하다. 그러나 『아미타경』『유마경』『승만경』『호국장자소문경』 등의 소규모 경전과 『법화경』『팔천송반야경』 등의 중규모 경전에서는 일관된 편집 의도가 작품 전체에 미치고 있음을 명확히 확인할 수 있다. 이에 비해 『열반경』과 같이 규모가 큰 경전의 경우, 의도가 단일하게 고정적으로 확립된다기보다는 오히려 유연한 운동으로 이해해야 할 것이다. 이것이 『화엄경』『대집경』등과 같은 거대한 경전이 되면, 자신의 내부에 다양한 경전을 포함하는 경전군의 집성, 즉 텍스트 코퍼스가 된다. 따라서 그 편집 의도는 개별 작품을 더 큰 텍스트 몸체에 포섭하려는 네트워크 형성을 지향한다. 이러한 다양성을 지닌 대승경전 전체는 결코 무질서한 나열이 아니며, 거기에는 서로 다른 레벨의 정체성이 존재하고 있다. 인도, 동아시아, 티베트 등의 전통 속에서 활동했던 대승불교 학승들뿐 아니라, 오늘날 동서양의 대승경전 연구자들이 계속 연구하고 있는 것이 바로 이 자기 동일성 운동의 양상이다.

---

32 스구로(勝呂)[1993].

현존하는 자료에 따르면, 대승경전은 여러 종류의 경전이 동일한 장소에서 발견된 사례가 있다. 따라서 경전 편찬 과정에서의 일정한 정체성을 인정한다면, 개별 경전이 서로 무관하게 독립적으로 존재했다고 보기는 어렵다. 경전의 내용을 살펴보면, 그것들이 서로 밀접한 관계를 가지고 편찬되었음은 분명하므로, 대승경전의 성립을 뒷받침하는 정체성은 개인에게만 귀속될 수 있는 것이 아니며, 어떤 공동 네트워크에 의해 구성되었다고 생각할 수밖에 없다. 다만, 여기서 이 네트워크를 실체적인 공동체 또는 교단으로 간주하면, 기존의 대승불교 교단 기원론으로 되돌아가게 된다. 제도적 교단으로서 어떤 모습을 하고 있든, 중요한 과제는 경전 제작이라는 행위를 계승하는 정체성의 존재와 양태이다. 이는 가시적인 제도로 결실을 보는 것이 아니다.

이 네트워크의 양상에 대해, 여기서는 서사 텍스트의 전승과 목소리로서의 텍스트라는 관점에서 고찰해 보고자 한다. 먼저, 전승 형태에 대해서는 이미 논했듯이(본서 162~163페이지, 263~265페이지), 경전 전승의 지지 기반은 경전 내용에 정통한 경사經師와 재정 지원을 담당하는 재가신자로 구성되었다고 볼 수 있다.[33] 실제로 법현法顯과 지맹智猛 모두 우파사카인 브라만의 집에서 대승『열반경』사본을 입수했다.[34] 그러나 이는 재가자가 직접 경을 제작했다는 것을 의미하는 것은 아니다. 훨씬 후대의 사례이기는 하지만, 태국의 탐마가이(Thammakai) 재단이 수집한 방대한 팔리어 사본군 가운데 한 경전

33 Cf. Blackburn et al.[1989: 1-32].

34『출삼장기집出三藏記集』Taisho no. 2145, vol. 55, 60b2-7(Cf. ibid. 113b13ff).

사본의 발문跋文에는 경전 서사에 재가신자(우파사카)가 관여했으며, 그 내용을 수정할 수 있는 이는 전문가인 출가자에 한정된다고 기록되어 있는 것을 보면, 경 자체의 제작과 그 의미 부여는 아마도 출가자들에게 위임되었을 가능성이 높다. 이와 더불어 탐바이아가 지적했듯이, 실제 서사가 직업적 계층에 속한 이들에 의해 이루어졌다고 하더라도, 그 전문가 계층을 고용한 재가자가 서사를 실행한 것으로 간주되는 점도 고려해야 한다.[35]

다음으로, 목소리 형태로서의 경전에 대해 살펴보면, 대승경전이 어느 단계부터는 암송에 의탁하게 되었을 가능성이 높다. 7세기 의정義淨은 『남해기귀내법전南海寄歸內法傳』에서, 인도에서 『법화경』「보문품」과 대승 『열반경』이 독송되고 있었음을 보고했다(Takakusu[1896: 162]). 대승경전의 실제 이용에 대해 기록한 이 희소한 기록을 존중하여, 만약 대승경전 수용 과정에서 암송과 서사라는 두 역할이 있었다고 한다면, 암송은 출가자가, 서사는 재가자가 하는 역할 분담이 생기고, 하나의 경전을 둘러싸고 양자가 공동체를 구성했을 가능성도 있다. 앞서 논한 바와 같이, 중요한 초기 대승경전에는 경전의 내용에 대한 깊은 이해를 강조하면서도 서사의 공덕을 설하는 전혀 다른 차원의 교의가 공존하고 있다. 전자가 명상과 텍스트 암송을 실천경전의 형식과 해석하는 전문가로서의 경전 수용이라고 한다면, 후자는 경권 숭배로 이어지는 재가자 신자들을 위한 것으로 볼 수 있다. 이 두 가지를 하나에 담는 대승경전은, 암송을 통해 신체화되는 차원부터

35 Tambiah[1968: 85-131, esp. 195].

서사된 물체로서 숭배되는 차원까지 폭넓게 포섭하는 장場이 되었음을 보여준다.

대승경전 자체를 둘러싸고 전개되는 이러한 복층적 기능의 네트워크를 '대승교단'이라고 부른다면, 그 구체적인 내부 실정을 밝혀내는 작업은 대승경전이라는 텍스트를 해명하는 데 직접적으로 기여할 것이다. 여기서 작품의 '저자'에 대한 데리다의 지적을 다시 한번 떠올려 보자. "〔서사된 작품으로서의〕 에크리튀르의 '주체'를 쓰는 이의 지고한 고독과 같은 것으로 이해한다면, 그러한 '주체'는 존재하지 않는다. 에크리튀르의 주체란 … 〔중략〕 … 심적心的인 것, 사회, 세계 등 여러 층 사이의 다양한 관계로 이루어진 시스템이기 때문이다"(본서 43페이지).

각각 목소리와 문자를 통해 출현하는 경전이 서로 다른 기능을 가진다고 한다면, 문자로서의 텍스트 측면에 집중적으로 주의를 기울여 온 본서는 다시 한번 음성으로서의 경전의 의의를 분석하고, 이를 바탕으로 양자를 변별할 필요가 있다. 다음으로 이 과제에 대해 살펴보자.

제6절 음성으로서의 성전의 특성과 그 한계－윌리엄 그레이엄의 이해를 통하여

그레이엄(Graham)〔1987〕은 문자화된 텍스트가 목소리로 존재하는 현상이, 특히 종교 텍스트의 존재 양상으로서 각별한 의의를 지닌다는 점을 심도 있게 연구했다. '종교사에서의 성전의 구술적 측면'(Oral

Aspects of Scripture in the History of Religion)이라는 부제를 가진 이 책은, 텍스트의 문자가 육성이 되고 텍스트로서의 성전이 신체를 통해 외부 세계로 흘러나가 그 공간을 재편성하는 작용을 주제로 다루고 있다. 이는 데리다가 육성을 의식 내부의 이른바 무성無聲 언어로 심화시켜 의식 자체에 대한 해명으로 나아간 것과는 정반대 방향에 있다. 그 취지를 이 책의 결론 부분에서 인용해 보자.

> 아마도 성전의 구술성(oral dimension)에 주목함으로써 얻을 수 있는 가장 중요한 성과는, 그 성전에 대해 공동체가 보이는 지극히 개인적인 참여를 한층 더 생생하게 드러내는 데 있을 것이다. 성전은 단지 권위적인 문서나 교리적 상투어구의 원천만은 아니다. 그것들은 지적·영적 차원의 반응뿐 아니라, 정서적·신체적 반응까지도 불러일으키는 살아있는 말이다. 더욱이, 성전이 그 생명력을 발휘하는 모든 국면 중에서, 예배나 명상과 같은 의미 있는 맥락 속에서 낭송되거나, 노래되거나, 암송될 때처럼 가장 다양한 반응을 이끌어내는 순간은 없을 것이다. (Graham[1987: 162-163])

이러한 음성으로서의 성전이 지닌 의의는, 성전이 다양한 신체 감각과 결합하여 그 기능을 다양하게 발휘한다는 점에 있다.

> 성전의 구술적 사용은 성스러운 텍스트가 수행하는 중요한 감각적 기능을 보여주는 특히 명료한 사례를 제공한다. 성스러운 텍스트의 음성적 차원에 거의 주의를 기울이지 않았기에, 우리는 성전에

대한 이해는 물론 종교적 감성과 실천을 더 깊이 이해하는 데 필수적인 무언가를 놓치고 있었다. 서사된 텍스트에 초점을 맞추는 경향은 우리로 하여금 성전을 신앙 공동체와 분리된 상태로 고찰하게 하거나, 그것의 교의적 해석과 활용에만 지나치게 국한되게 만들었다. 실제로 종교적 텍스트에 가장 깊은 관심을 기울여온 연구자들조차 신앙인 개인이나 공동체가 성전을 주로 구술적으로 활용하는 맥락에서 그 의미를 탐구하는 데에는 거의 관심을 보이지 않았다. 예를 들어, 거의 모든 주요 종교 전통에서 기본적인 요소임에도, 왜 우리는 종교적 텍스트의 기억 암송 기술이나 명상적 활용, 또는 설교, 성가, 찬송가 속에서 성전이 수행하는 역할에 대한 보다 깊이 있는 연구를 찾아보기 힘든 것일까? (Graham〔1987: 164〕)

성전의 음성적 측면에 주목한다는 것은, 성전이라는 물체가 신체화되어 생명체로서 숨 쉬며 존재하기 시작하는 점에 주목하는 것이다. 옹이 논했듯이, 음성은 신체 내부에서 발화되어 다른 신체의 내부로 울려 퍼지며, 다양한 개인을 동일한 세계로 조화롭게 통일하는 힘을 가지고 있다. 경전이 음성이 되어 낭송되고 독송될 때, 거기에는 경전을 중심으로 한 의례의 공간이 자연스럽게 드러난다. 대승경전에서 강조되는 경권숭배는, 그레이엄이 말하듯이 음성으로서의 경전 양상에 주목할 때, 주물呪物숭배와는 다른, 의례 공간의 창출이라는 의미에서 이해할 수 있게 된다.

법사法師(다르마바나카)의 존재를 강조하는 『금광명경金光明經』의 교설을 분석한 히노(日野)〔2018〕의 연구도 이러한 맥락에서 보면 더 쉽게 이해할 수 있다. 현실 의례의 장場으로 그 위치를 옮길 때, 생명 없는 물체로서의 경전은 법사의 목소리가 되고 살아있는 신체로 변함으로써 의례 공간을 역동적으로 만드는 존재로 변모한다. 이러한 차원에서 경전과 법사의 존재는 완전히 겹쳐진다.

여기서 다시 '초기불교'의 경전과 불전·대승경전 간의 차이가 눈길을 끈다. 오온이나 무아, 연기, 사성제, 팔정도 등 거의 정형구로만 구성된 아함이나 니카야 경전이 소리로 낭송되더라도, 특별한 의례적 의미 공간이 창출되지는 않을 것이다. 이와는 대조적으로, 월터스가 논했듯이(본서 제3장 198~207페이지), 운문으로 구성된 『아파다나』『붓다밤사』『차리야피타카』라는 불전문학 3부작은 '불탑'이라는 장場에서 낭송되기에 적합하며, 그러한 의례 공간과 일체화된 장을 창출했을 가능성을 충분히 가정할 수 있다.

이 두 종류의 텍스트와 대조해 볼 때, 대승경전은 그 어느 쪽과도 다른 성질을 지니고 있다. 앞서 살펴본 바와 같이, 대승경전은 분명히 음성 성전으로서 기능하는 요소를 가지고 있다. 그럼에도 불구하고 대승경전은 현전하는 불탑신앙을 상대화하고, 경권 안에 내재화하려 하며, 텍스트 외부에서 공동체적으로 성립하는 기존의 의례 행위를 배척한다. 대승경전은 음성 텍스트가 되었을 때 오로지 불佛의 목소리를 들을 수 있는 공간을 새롭게 창출한다. 여기에, 대승경전이 '초기불교' 경전이나 불전문학과는 다른 뚜렷한 특징이 있다.

이러한 차이에 주목하면서 그레이엄의 이해를 살펴보면, 그것은 불전문학의 성질은 설명할 수 있어도, 대승경전의 성질은 충분히 설명하지 못한다는 것을 알 수 있다. 대승경전에 대한 고찰에서는 목소리로서의 성전의 양상을 넘어, 일단 문자로서의 성전으로 돌아갈 필요가 있다. 본서가 대승경전 연구를 위한 준거틀을 구축하는 데 있어 데리다의 에크리튀르론을 내세우고, 그레이엄의 오랄리티에 의거하지 않는 이유가 여기에 있다.

이는 성전의 존재 차원의 다양성을 비非-표음表音적 에크리튀르라는 관점에서 다시 살펴보고자 할 때 특히 중요해진다. 성전의 응용적 사용 방식은 그레이엄이 논했듯이, 목소리가 되어 청각 대상이 되는 양상으로 끝나는 것이 아니라, 시각 대상으로 활용되는 주목할 만한 사례가 있다. 오닐(O'Neal)〔2018〕이 논했듯이, 일본불교에서는 경전 내용인 문자 자체가 불탑의 구조와 형상에 그대로 겹치는 형태로 도상화된 다양한 사례를 확인할 수 있다. 이는 경전 자체가 불탑임을 시각적인 장場에서 실현한 것으로, 이 경우 의례적 또는 실천적 의미는 대상과 개인 사이에서 성립하며, 개별적인 개인을 연결하는 공동체의 장에 있는 것이 아니다.

제7절 붓다상이 의미하는 것

불전에서의 구두 전승과 서사 문제를 개관해 보면, 매체의 차이와 변용이라는 관점에서 연구를 재고함으로써 지금까지 그려져 온 불교사의 내용이 상당히 달라질 가능성이 있다. 이는 초기불교에서 대승불교에 이르기까지 그 전체에 관련된 문제이다.

마지막으로, 이 주제와 관련하여 경전에서 붓다를 묘사하는 방식에 대해 언급하고자 한다. 일본에서 이루어진 붓다 연구는 '탈脫신화화'라고 불리는 방법을 통해, 남아 있는 문헌에서 현대적 관점으로 합리적인 이해가 가능한 기술만을 취사선택하여 인간으로서의 붓다상을 추출하려는 것이었다. 하지만 이러한 방식으로 얻어지는 역사적 붓다는, 인쇄술의 보급을 거쳐 문자 문화가 완전히 자리잡은 세계에서 길러진 리터러시(literacy)의 지성이 만들어낸 독특한 모습을 하고 있다. 연구자들은 문자가 존재하지 않던 전승 세계에서 붓다가 어떤 모습으로 나타났는지 가정하지 못하고 있다. 하지만 구술적(oral), 청각적(aural) 세계의 인식에 의존하여 붓다가 전승될 수밖에 없었다는 점을 고려하면, 기술 중에서 배제되었던 '신화적' 요소 상당수가 사실은 구술 문화, 즉 오랄리티의 특징이었음을 이해할 수 있다. 나아가 이 점을 고찰해 보면, '전통불교' 경전에 나타나는 붓다와 대승불교 경전에 나타나는 붓다가 생각보다 크게 다르지 않다는 것도 알 수 있을 것이다. 왜 붓다가 32상이라는 터무니없는 모습을 하고 있어야 했는지에 대해 이해하고자 할 때, 다음의 옹의 설명이 도움이 될 것이다.

> 구술 문화에 특유한 기억이 효과적으로 기능하는 것은, 그것이 '무거운'(heavy) 〔등장〕인물, 즉 기념비적이고 잊히기 어려운 인물, 누구나 알 만한 공공성을 띤 인물을 등장시킬 때이다. 따라서 구술 문화에 특유한 인식의 경제성(noetic economy)에서 생성되는 것은 비범한 인물상, 즉 영웅적인 인물상이다. 이러한 인물상은 낭만주의적 이유로 생겨난 것도, 깊게 숙고된 교훈적 이유에서 생겨난 것도 아니다. 그것은 훨씬 더 기본적인 이유, 즉 언제까지라

> 도 기억할 수 있는 형태로 경험을 조직해야 한다는 이유 때문이다. 특징 없는 성격은 목소리로서의 말에만 의존하는 기억술로는 금방 잊히고 만다. 무게감과 기억의 용이성을 확보하기 위해, 영웅적 인물상은 전형적인 인물상(type figures)이 되기 마련이다. … 〔중략〕 … 인간이 아닌 것조차도 영웅적인 차원을 획득한다. 여기서는 기괴한 모습이 또 다른 종류의 기억술적 도움이 된다.[36]

불佛이 지닌 '32상'은 현대적 인식으로 보면 '기괴한 모습'에 지나지 않을지도 모르지만, 그것이 출현하게 된 이유의 한 단면을 위 인용문에서 엿볼 수 있다. 불전의 형성사를 해명하기 위해서는 문헌을 다루는 방법에 대해 지금까지와는 다른, 보다 다양한 관점에서 모색할 필요가 있다. 구두 전승과 서사, 즉 매체의 차이라는 주제는 이를 위한 새롭고 유력한 방법이 될 것이다.

---

36 옹(オング)[1991: 148-149], Ong[1982: 70].

제7장 매체의 전개로서의 불교사

—교전 연구와 인문학의 과제*

제1절 교전의 존재와 종교사

본 장에서는 불교 교전教典의 형성과 그 전승 과정을 매체의 변화라는 관점에서 고찰하여 '종교사란 무엇인가'라는 과제에 답하고자 한다. 이는 종교사 연구에서 부족한 부분을 보완하고, 교전 연구를 통해 인문학의 미래를 모색하려는 시도이기도 하다. 본론에 들어가기 전에 종교사의 일부인 불교사를 고찰하는 데 왜 교전을 주제로 삼고, 나아가 그 전승 매체로 주제를 한정하는지에 대해 다음 두 절을 통해 논하고자 한다. 먼저 본 절에서는 종교사 연구에서 '교전'으로 주제를 한정하는 의미에 대해 살펴보자.

근년 한스 키펜베르크(Hans G. Kippenberg)의 『종교사의 발견』(Die Entdeckung der Religionsgeschichte)이 일본어로 번역되면서, 종교사를 기술하는 작업이 지닌, 거의 문명의 문제 전체를 아우를 정도로 중대한 의의가 일본 학계에서도 널리 알려지게 되었다.[1] 이러한 적극적인 문제 제기에도 불구하고, 종교사 연구의 일환으로 교전의 역사를 다루는 것이 오히려 풍부한 가능성을 구태의연한 주제에 가두는 결과를 가져오지는 않을까? “근대인은 … 〔중략〕 … 종교에 관한 의식 내용이 개인의 삶, ‘문화’, 그리고 ‘국민성’에 미친 막대한 의의를, 전체적으로, 실제로 그러했던 것만큼은 상상하지 못한 채 살아 왔다.”[2] 키펜베르크가 인용하는 베버의 이 지적은 기존 연구가 개별 교전이나 교의에 지나치게 치우쳤음을 한탄하는 듯한 인상을 준다.

교전의 전승이라는 주제로 종교사를 서술하는 의미는 여전히 유효하다. 『종교사의 발견』에서 명시적으로 주제화되지 않은 교전의 문제는 이 저서에서 논해진 다양한 주제들과 맞물리며 중요한 역할을 하고 있다. 키펜베르크가 저서 서두에서 “종교학자들은 자신의 종교사 이해와 종교철학과의 관련성에 거의 주의를 기울이지 않았다”[3]라고 말할 때, 여기서 언급된 종교철학이 아무리 넓은 의미로 사용되었다고 하더라도, 베버가 설득력 있게 보여주었듯이 그것은 종교 윤리의

---

* 본 장의 내용은 본래 이치카와 히로시(市川裕), 마츠무라 카즈오(松村一男), 와타나베 가즈코(渡辺和子) 편 『종교사란 무엇인가 (하권)』(リトン, 2009)라는 논집의 과제에 맞춰 집필한 것이다. 그 관계로 다른 장에서는 ‘성전聖典’이라는 번역어를 사용한 scripture, ‘정전正典’이라는 번역어를 사용한 canon에 대해, 본 장에서는 거의 구별하지 않고 종교라는 맥락에서 텍스트 정도의 의미를 갖는 ‘교전教典’이라는 번역어를 사용하였다.

1 키펜베르크(キッペンベルク)[2005]. 종교사 연구의 철학사적 의의는 이케가미(池上) 외[2004] 및 이치카와(市川) 외[2008]의 제1부 「서양 근대 종교사 연구의 여러 이념과 실천」의 논고들에서도 엿볼 수 있다.

2 키펜베르크(キッペンベルク)[2005: ix]. 강조점은 원문 그대로.

3 키펜베르크(キッペンベルク)[2005: 1].

성립과 밀접한 관련이 있다. 그 종교 윤리 자체는 교전(scripture)에 의해 강하게 규정되며, 종교의 교전화라는 작업은 종교사를 성립시키는 전제이다.[4]

종교에서 '말'이 핵심적인 역할을 한다는 것은 새삼 언급할 필요도 없다. 조지 린드벡(George A. Lindbeck)은 종교를 '언어=문화적 제약'으로 보고, 교리(doctrine)가 현실과 경험을 형성하는 작용에 주목한다. 이러한 이해는 교전을 종교 활동의 중심에 놓을 때 충분한 의미를 갖는다.[5] 왜냐하면, 원리적으로는 분명 종교가 교전을 만들어내는 것이지, 교전이 종교를 만들어낸 것이 아니기 때문이다. 그러나 교전이 일단 탄생하고 나면, 종교는 교전에 의해 규정되고, 교전은 종교에 의해 해석되는 상호 의존적인 관계가 형성된다.[6] 그 원리는 지극히 단순하다. 종교를 둘러싼 경험이나 제도를 세대를 넘어 전달하는 일은, 이해 가능한 언어로 쓰인 텍스트 없이는 거의 불가능하기 때문이다.

키펜베르크의 노작이 개별 사상가들에 의한 종교사가 각기 기초로 삼는 암묵적 철학의 특성에 얼마나 한정되어 있는지를 고찰하는 것이라면, 본 장에서는 그러한 철학의 종류와 관계없이 그 철학들의 표현이 의거하는 틀 자체를 재검토해 보려는 것이다. 그런 점에서 본 장의 관심은 키펜베르크에 비해 보다 형식적인 동시에 보다 원리적이기도

---

4 본 장에서 '교전'이라는 단어는 canon과 scripture 두 가지 의미를 포함하는 개념으로 사용한다. 주로 참고한 문헌으로는 Eliade[1982], Smith[1993]가 있다. 또한 '교전'이라는 용어의 사용에 대해서는 츠치야(土屋)[2002]를 따른다.

5 Lindbeck[1984], 일본어역은 린드벡(リンドベック)[2003].

6 본서 제5장 「성전 너머에」를 참조.

하다.

제2절 전승 매체라는 과제와 인문정보학

본 장에서 '전승 매체'에 주목하는 이유는 무엇인가? 지금까지 교전을 대상으로 한 연구는 키펜베르크가 여러 연구자들의 종교철학 '내용'을 분석했던 것처럼, 대부분 교전 '내용'의 변화를 추적하는 데 초점을 맞추었으며, 가르침을 전승하기 위한 매체나 기술에는 충분한 관심을 기울이지 않았다. 하지만 이러한 매체와 기술은 내용인 메시지의 양상을 제약하고, 때로는 결정짓기까지 하는 요소이다. 더욱이 기술은 끊임없이 발전하므로 교전은 이 발전과 함께 변화할 수밖에 없다. 이러한 역사적 변천을 추적하는 것은 종교사의 중요한 주제이다.

전승 관련 기술과 매체의 변화에 따라, 세계 주요 종교의 교전군은 고대에서 현대까지 최소한 세 차례의 큰 변화를 경험했다. 첫 번째는 문자 사용으로 기억에서 사본으로 전승 매체가 이행한 것이고, 두 번째는 목판이나 활자를 사용한 인쇄술 발전으로 대량 복제가 가능해지고 책의 형태로 만들어진 것이며, 세 번째는 개인용 컴퓨터 보급과 웹 세계 확산을 배경으로 교전이 전자 매체화된 것이다.

이러한 변화들 중 연구자들 사이에서 연구가 이루어진 것은 첫 번째와 두 번째 변혁에 한정된다. 특히 '구텐베르크 혁명'으로 알려진, 활자를 사용한 책으로의 전환과 관련된 두 번째 변화는 일찍부터 많은 학자들의 관심을 받으며 독자적인 연구 흐름을 형성했다. 윌리엄 그레이엄(William A. Graham)과 월터 옹(Walter J. Ong) 등의 연구 성과도

이 두 번째 혁명을 중심으로 하는 연구의 흐름을 형성하는 데 기여했다.[7]

오늘날 종교사 연구에서 부족한 부분은 바로 현재 진행 중인 세 번째 단계와 관련된 과제에 대한 고찰이다. 전 세계에 널리 퍼진 활자 인쇄 문화가 20세기 후반에 전성기를 맞이한 한편, 같은 세기 중반부터 본격적으로 개발된 전산기 기술은 1980년대 이후 눈부신 발전을 이루어 고성능 개인용 컴퓨터가 일반 가정의 서재에까지 보급되었다. 한편, 이러한 기술 개발과 별개로, 각 전문 영역에서 폭발적으로 증가하는 정보를 어떻게 활용하고 교환할 것인가 하는 과제가 정보학의 선도적인 연구자들에 의해 계승되었다. 1945년, 버니바 부시(Vannevar Bush)가 발표한 원시 하이퍼텍스트(hypertext) 개념인 메멕스(Memex)는 1960년 테드 넬슨(Theodor Holm Nelson)에 의해 시작된 제너두(Xanadu) 구상으로 이어졌고, 마침내 1991년에 팀 버너스리(Tim Berners-Lee)가 공개한 월드 와이드 웹(World Wide Web)과 만나면서 세계적인 규모의 전자도서관 구상을 실현 가능한 수준까지 끌어올렸다.[8]

호모 파베르(Homo Faber)로서의 인간은 습득한 지식을 어떤 수단을 통해 사물로 형상화하고 보존하며, 이를 다시 추출하여 정보나 지식으

7 Ong[1982](일본어역은 옹オング[1991]), Graham[1987]. 두 번째 변화에 관심이 집중되는 이유는 이 연구를 주도하는 기독교 문화권에서 구두 전승의 단계는 역사적으로 거의 문제가 되지 않았고, 가르침이 거의 그 역사 초기부터 성전(scripture) 형태로 존재했다는 점과 관련이 있을 것이다. 불교 연구와 관련된 자료에 대해서는 본서 제6장 「구두 전승과 서사」를 참조.

8 이러한 역사에 대해서는 Nelson[1981][1992](일본어역은 넬슨ネルソン[1994]), Berners-Lee[1999](일본어역은 버너스 리バーナーズ=リー[2001]) 참조.

로 의식 속에 내면화하는 활동을 반복하며 문명을 구축해 왔다. 외부로 형상화된 것은 외부 세계에 작용하여 외부 세계를 변화시키는 도구일 뿐 아니라, 문자나 일종의 음성처럼 오직 사람의 의식 내부를 향하며 기억을 보존하기 위한 기억 보조 장치로서도 기능한다. 웹에 접속함으로써 다양한 전문 분야를 횡단적으로 연계하는 개인용 컴퓨터는 네트워크화된 방대한 양의 지식을 사용자에게 제공하는 동시에, 사용자의 정신 속에 떠오르는 다양한 개념을 동일한 공간에서 기술할 수 있도록 한다. 이러한 디지털 환경은 기억 보조 장치인 동시에 외부 세계를 변화시키는 도구이기도 하며, 이는 인류가 지닌 지식, 정보의 발신·축적·교환, 그리고 창조의 방법에 있어 전례 없는 규모와 속도로 변화를 일으키고 있다.

이러한 변화가 종교에서의 교전 전승 과정에 영향을 미치지 않을 리 없다. 그뿐 아니라, 오늘날 인문학을 새로운 방향으로 이끌고 있는 인문정보학(Digital Humanities) 분야의 상징적인 개척자는 1949년에 토마스 아퀴나스 저작의 용어 색인 작업에 착수했던 로베르토 부사(Roberto Busa, 1913~2011) 신부이다. 컴퓨터 개발이 시작된 시기와 거의 동시에 착수된 이 세 번째 단계의 매체 변화는 다름 아닌 교전 연구에서 일어난 사건이었다.[9]

현재, 여러 종교의 교전과 관련 문헌들이 전자 데이터로 전환되면서, 교전에 관한 지식의 축적, 발신, 교환의 형태는 급격히 변화하고 있다.[10]

---

9 Busa[2004]. 다만, 완성 시기는 명확하지 않다. 1970년대에 종이 버전이 간행되었으며, 전자 매체(CD-ROM)로 출판된 것은 1989년이다.

10 현재 기독교 관련 학술 데이터베이스로는 버밍엄대학교(University of Birming-

ham)의 The International Greek New Testament Project(IGNTP, http://cal-itsee.bham.ac.uk/itseeweb/igntp/ index.html [2019-05-28 참조])가 국제적 연대 아래, 그리스어를 중심으로 한 신약성서의 비교 교합을 진행하고 있으며, 요한복음서에 관하여 라틴어, 시리아어, 콥트어 등의 교합 데이터베이스를 공개하고 있다(Electronic Editions of the Gospel). According to John in Greek, Latin, Syriac and Coptic; http://www.iohannes.com [2019-05-28 참조]). 또한 IGNTP와 연대 관계에 있는 뮌스터대학교(Universität Münster)의 INTF에서는 신약성서 관련 사본과 전사傳寫 데이터를 망라한 데이터베이스를 공개하고 있다. Neutestamentliche Textforschung(INTF), http://egora.uni-muenster.de/intf/index_en.shtml [2019-05-28 참조]. 또한 버밍엄대학교에서는 Virtual Manuscript Room이라는 웹사이트를 구축하여, 성서 관련 사본뿐만 아니라 초기 꾸란 사본의 화상을 비롯해, 아랍 관련 사본 화상 등도 일부 공개하고 있다.
불교 관련 자료로는 미얀마 제6결집판을 Vipassana Research Institute(http://www.tipitaka.org [2019-05-28 참조])가, 제판 교합 텍스트를 Dhamma Society (http://studies.worldtipitaka.org/)가 디지털 공개했다(단, 현재는 확인 불가). 고려대장경에 대해서는 한국의 고려대장경연구소가 검색·열람 시스템을 제공·공개하고 있으며(http://kb.sutra.re.kr/ritk/index.do [2019-05-28 참조]), 「대정신수대장경」에 대해서는 일본의 '대장경 텍스트 데이터베이스 연구회 SAT'(http://21dzk.l.u-tokyo.ac.jp/SAT/ [2019-05-28 참조]) 및 대만의 중화전자불전협회 CBETA가 속장續藏을 포함하여 공개하고 있다(http://www.cbeta.org [2019-05-28 참조]). 또한 웨스트대학교(University of the West)와 나가르주나 연구소가 공동으로 Digital Buddhist Sanskrit Canon(http://www.dsbcproject.org [2019-05-28 참조]을, 티베트대장경의 텍스트 데이터에 관해서는 1987년부터 ACIP(Asian Classics Input Project, http://www.asianclassics.org/ [2019-05-28 참조])가 먼저 라싸판 텍스트 데이터를 공개했다. 그 뒤를 이어 Buddhist Digital Resource Center(전신은 Tibetan Buddhist Resource Center)는 경부經部·논부論部 모두, 분량 면에서 현재 가장 충실한 디지털 데이터를 제공하고 있다(https://www.tbrc.org/#!footer/about/newhome [2019-05-28 참조]). 또한 주목할 만한 프로젝트로는 빈대학교

지식의 축적과 교환 매체가 책에서 디지털 데이터로 변화함으로써 발생하는 여러 과제는 지금까지 연구자들이 경험해 보지 못한 새로운 지평을 열어 학문의 연구 방법을 크게 변화시킬 가능성을 지니고 있다. 미국종교학회는 근년 디지털 연구의 가이드라인을 공표했다. 이미 다른 논고에서 검토한 바와 같이, 그 내용은 주목할 만하다.[11] 오랜 시간 동안 책이라는 사물에 의존해 온 종교가 새로운 기술 혁신으로 인해 그 매체로부터 분리되어 유동하는 정보로 변화할 때, 해당 종교에는 어떤 변화가 일어나기 시작하는가? 교전의 역사, 특히 그 매체의 역사로부터 종교사를 추적한다는 주제는 미개척 분야에 대한 도전이며, 개별 사상사로서의 종교사 연구와는 별도로 보편적인 주제로서 독립적으로 탐구해야 할 과제이다.

이와 같은 문제의식에 입각한 본 장의 중심적 논점은 다음의 세 가지이다. 첫째, 불전 형성의 역사를 매체의 변화라는 관점에서 개괄하고 그 역사를 서술한다. 둘째, 근대 일본에서 서적 형태로 등장한

(Universität Wien) 남아시아·티베트·불교학 연구실의 Resources for Kanjur & Tanjur Studies, rKTs, (https://www.istb.univie.ac.at/kanjur/rktsneu/sub/index.php [2019-05-28 참조])가 있으며, 이것들을 종합하면 티베트 관련 디지털 자료의 입수 가능성이 극적으로 향상된다. 최신 정보에 대해서는 미야자키(宮崎)[2019: 252-256] 참조. 또한 괴팅겐대학교(University of Göttingen)의 GRETIL(http://gretil.sub.uni-goettingen.de/gretil.htm [2019-05-28 참조])은 불교 문헌을 포함한 인도 고대·중세 문헌의 텍스트 데이터를 제공하고 있다.

11 AAR Guidelines for Evaluating(Digital Scholarship, https://gallery.mailchimp.com/66ff4385aedad2bb3081a8fd2/files/1c86f797-7169-4a58-9660-72ce5ec04a82/Guidelines_for_Evaluating_Scholarship_in_Digital_Humanities.pdf [참조 2019-05-28]). 이 문제에 대해서는 시모다(下田)[2019d]에서 다소 상세히 논의한 바 있다.

「대정신수대장경大正新脩大藏經」이라는 불전 코퍼스의 의의를 고찰한다. 그리고 셋째, 그것이 전자 매체화되어 웹 세계에 자리하면서 교전의 의미가 변화하는 그 미래의 방향성에 주목한다. 첫 번째 논점부터 살펴보자.

제3절 불교 전승에서의 분산과 통합

불교의 전승을 거시적으로 바라보면, 분산과 통합, 또는 원심遠心과 구심求心이라는 상반된 두 방향의 운동을 확인할 수 있는데, 이러한 현상은 매체의 변화와 기술 발전에 따라 번갈아 등장하며 흥미로운 역사적 패턴을 형성해 왔다.

불교 교전의 역사를 고찰할 때 출발점은, 거의 모든 계통의 부파 전승에서 공통으로 나타나는 '범천권청梵天勸請' 일화이다. 붓다는 깨달음을 얻은 직후, 그 경험이 너무 깊고 심오해서 말로 표현할 수 없다고 여겨, 침묵한 채 홀로 깨달음의 체험을 즐기며 지내려 했다. 그때 인도의 최고신인 브라흐마(범천)가 나타나, 열반에 뜻을 품은 사람들에게 그 가능성을 열어주기 위해 설법할 것을 붓다에게 간청한다.[12] 이 간청을 받은 붓다는 망설임을 이겨내고 타자에게 말문을 열었다.

붓다라는 한 명의 인물 안에만 머물던 깨달음의 체험이 이 결의를 통해 언어의 지평으로 옮겨지자, 한 개인의 유일한 체험은 여러 타인에

---

12 이 내용에 대해서는 시모다(下田)[1999], Shimoda[2004] 참조.

게 분화되어 원심遠心적으로 분산되기 시작했다. 문자를 사용하지 않던 고대 인도 세계에서 제자들은 스승인 붓佛에게서 들은 말을 각자의 기억 속에 개별적으로 새겨 넣었다. 이는 시각을 달리하면, 석가의 단일한 체험을 제자 개개인들이 나누어 가진 양상이기도 하다.

이후 붓다의 입멸이라는 일대 사건에 직면했을 때, 제자들은 가르침이 흩어져 사라지지 않도록 함께 모여 서로 가르침을 확인하는 작업을 수행한다. '결집結集'(saṃgīti)이라고 불리는 이 기획은 여러 제자가 나누어 지녔던 가르침을 하나의 장場에 통합하는 작업이며, 원심遠心적으로 확산되었던 불교는 이를 통해 다시 구심求心적인 방향으로 통합되었다. 결집의 장場에서는 여러 타인 사이에서 경험과 일체화된 말에 각자가 귀를 기울이고, 거기에 자신이 기억한 말을 더해 간다. 개개인의 기억으로 분산되었던 가르침은 다시 공동의 장에 집약되고, 결집을 통해 제자들은 그동안 보지 못했던 가르침 전체와 마주하게 된다.[13] 이렇게 일단 가르침이 공동체에 의해 확인되면, 제자들은 다시 홀로 전도를 위해 먼 길을 나선다. 결집에 의해 일어난 구심적이고 통합적인 운동은 다시 원심적이고 확산적인 운동으로 전환된다.

이렇게 수백 년 동안 사람에서 사람으로 직접 전해져 온 붓佛의 가르침은 어느 시점—스리랑카의 전승에 따르면 기원전 1세기—에 패엽貝葉에 뾰족한 도구로 흠집을 내어 염료를 채워 넣는 방법을 통해 문자로

13 자세히 살펴보면, 물론 석가 재세 시부터 통합과 구심求心 운동은 항상 일어나고 있었다. 보름마다 이루어지는 포살이나 일 년에 한 번 있는 우안거와 같은 공동 의식은 그 대표적인 예로, 이런 의식이 결집으로 이어졌다고 보는 것이 자연스럽다. 여기서는 이해하기 쉽도록 도식적으로 논하고 있다.

전사傳寫되었다.[14] 목소리로서의 말이 문자 언어로 전환되는 중대한 사건이었다. 전승 매체가 목소리에서 문자로 바뀌면서, 그동안 퍼져 있던 가르침이 한데 모여 통합된 후, 사본寫本이라는 새로운 형태의 물질적 존재로 다시 태어났다. 이 매체 변화를 계기로 원심적 확산 운동은 일단 중단되고, 서사라는 행위의 장場에 구심적으로 집약된다. 이후 다양한 가르침이 여러 사본으로 만들어지자, 이번에는 그 사본들이 잇달아 서사되어 불교는 사본의 복제와 확산이라는 형태로 퍼져나간다. 또다시 구심求心에서 원심遠心으로 전환된 것이다.

패엽을 재료로 한 사본은 시간이 지나면 파손되고 마모된다.[15] 교세의 확대에 따라 전파되고 확산된 사본들의 정보는 다시 수집되어 다시 서사되어야 한다. 이 과정에서는 역사의 발전에 따라 교설 자체가 발전하고 새로운 내용이 추가되기도 한다. 게다가 사본에서는 구전에서는 불가능했던 다른 계통 전승과의 비교가 가능해지며, 이에 따라 이본異本의 교합 작업이 필요하게 된다. 보다 확실한 독해를 위한 교합 작업은 붓다고사(5세기), 하리바드라(8세기) 등의 저작에서 공통적으로 언급되는 것으로 보아, 고대 인도에서 보편적인 현상이었다고 볼 수 있다.[16] 이 전체를 집약하는 작업은 이전보다 훨씬 방대해진다.

---

14 *Dīpavaṃsa*, xx. 20-21, *Mahāvaṃsa*, 33. 100-101. 제6장의 주(9) 참조.

15 인도에서는 그 주기가 200년 정도라고 한다(다카시마高島[1999]).

16 하리바드라의 『현관장엄론광명』에서는 여러 전승(pāṭha)이 제시되고 있고, 이독異讀의 옳고 그름이 논의되고 있다. 스즈키(鈴木)[2003]를 참조. 또한 붓다고사에 대해서는 Vinaya 내의 전승의 차이를 논하는 부분이 확인된다. 하야시(林)[2019]를 참조.

역사의 진전과 함께 과거로의 소급 작업은 더욱 대규모로 이루어지며, 그만큼 현재를 복잡하고 풍요롭게 만들어 간다.

불전이 인도 문화권을 넘어 동전東傳하여 한어로 번역되었을 때도 상황은 달라지지 않았다. 한어 문화권에서는 문자를 존중하는 경향이 거의 결정적이라고 할 만큼 강하며, 불교는 당초부터 불전이라는 형태로 존재했다. 당대唐代 무렵부터 시작된 인쇄 기술이 송대宋代에 이르러 본격적으로 발달하면서, 그때까지 서사에 의존했던 불전의 제작 형태가 목판 인쇄로 전환되었다. 판목을 새기는 작업은 서사와 비교할 수 없을 만큼 많은 비용과 노동을 필요로 하지만, 한 번 제작되면 서사와 비교할 수 없는 방대한 양의 경전을 복제할 수 있게 된다. 이후 근대에 이르기까지 약 천 년 가까이, 불佛의 말은 목판 기술과 판목, 종이라는 매체를 통해 전해져 왔다.[17] 사본에서 목판본으로의 이행은, 그 시기는 다소 늦었지만 티베트대장경에서도 마찬가지였다.[18]

기술의 혁신과 매체의 변화는 더욱 진행되었다. 문자를 토대 위에 고정한 목판의 등장으로부터 약 천 년 후, 문자를 평면에서 분리하고 독립시켜 대량 인쇄를 가능하게 한 활자 인쇄술로의 전환이 이루어졌다. 이러한 변화는 11세기 교니膠泥활자, 14세기 왕정王禎의 목활자, 15세기 조선 왕조의 청동활자 사용, 16세기 덴카이판(天海版) 일체경의 목활자 인쇄 등 중국, 한국, 일본에서 선구적이면서도 산발적으로

17 근년의 연구로는 치쿠사(竺沙)[1996]와 노자와(野澤)[1998][2015] 참조.

18 티베트역 대장경의 최초 목판 인쇄는 1410년에 목록부를 추가하여 개판된 106권의 영락판永樂版 칸규르 개판에서 시작된다. 18세기에 들어서는 티베트에서도 칸규르가 개판되었다. 자세한 내용은 이마에다(今枝)[1989]를 참조.

일어난 사례들을 제외하면, 구텐베르크를 계기로 발명된 활판 인쇄술에서 시작된 책의 등장이 근대에 가져온 결과이며, 한역 불전에 관해서는 근대 일본에서 대규모로 일어난 사건이었다.

메이지 유신 시기, 폐불훼석 운동이 잦아들 무렵, 슈겐도(修驗道)와 한학漢學의 가계家系를 잇는 도쿠야마 번(德山藩)의 시마다 반콘(島田蕃根, 1827~1907)은 교부성敎部省의 고위 관료가 되어 대장경 편찬의 뜻을 세운다. 에도시대 학승 닌초(忍澂)의 발자취를 따라 이본異本을 교합하는 비판적 교정본의 필요성을 깨달은 점과, 유신을 계기로 성서가 유포되는 것을 보며 휴대 가능한 경전의 필요성을 절감한 점이 그 배경에 있었다. 이는 곧 다가올 시대를 내다본 것이었다. 미국식 인쇄술을 도입하여 완성한 「대일본교정대장경大日本校訂大藏經」(縮刷藏, 1881~1885)은 교정의 질과 출판 형태면에서 현재까지도 높은 평가를 받고 있다.

이어서 이 축쇄장경縮刷藏經을 본보기로 하여, 마에다 에운(前田慧雲)이 「만장경卍藏經(1902~1905)과 「속만장경續卍藏經」(1905~1912)을, 또한 마츠모토 분자부로(松本文三郎)가 「대일본속장경大日本續藏經」(1914~1922)을 편찬하였다. 메이지 말기에서 쇼와(昭和) 초기까지의 이 시기는 「대정신수대장경」(1924~1934), 「국역일체경國譯一切經」「남전대장경南傳大藏經」「국역대장경國譯大藏經」「쇼와신찬국역대장경(昭和新纂國譯大藏經)」 등 대장경이 잇달아 간행된 주목할 만한 시기였다.[19] 아시아 각지의 불교와 비교할 때 일본불교의 특징은 에도시대

---

19 이 시기의 대장경 편찬 역사와 그 의의에 대한 고찰은 시모다(下田)[2010c] 참조.

에 종파가 제도적으로 고정화된 이후, 각 종파가 독립적으로 존재했다는 점이다. 이에 반해 대장경은 독자적으로 분화된 종파의 벽을 넘어 통일된 불교 세계를 가시화하는 상징적인 존재가 되었다. 텍스트라는 차원에서 통일된 불교 세계가 출현한 것이고, 그 배후에는 원심遠心적으로 분리된 불교를 구심求心적으로 통일하고자 하는 불교인들의 강한 의지가 있었음을 엿볼 수 있다.[20]

이러한 불전 계승 역사의 선두에 위치하는 것이 바로 「대정신수대장경」이다. 이는 전 세계의 불교 연구자들과 불교도들이 동서양을 막론하고 국경을 넘어 공통의 기초로 삼을 수 있는 불전의 거대한 코퍼스(corpus)가 되었다. 이상의 불전 계승 과정에 대한 스케치를 바탕으로, 본 장의 두 번째 논점, 즉 「대정신수대장경」의 특징에 대한 고찰이라는 과제로 들어가 보자.[21]

---

20 불교의 지식과 재산의 전승에서 확인되는 이 두 방향의 상반된 운동에 주목하고, 이를 원심적遠心的(centrifugal)과 구심적求心的(centripetal) 각도에서 파악한 것으로 Strong[2004: 124-149]이 있다. 여기에서는 불佛의 유골과 그것을 모신 불탑의 전개를 불신佛身과의 관계에서 파악한 매우 주목할 만한 분석이 이루어지고 있다. 본 장은 그 논의에 큰 영향을 받았다.
대장경의 편찬이 여러 종파를 넘어 통일된 불교를 가시화하려는 노력의 표현이라는 해석은 에도시대의 덴카이판(天海版)이나 데츠겐판(鐵眼版)에서도 동일하게 인정되는 부분일지도 모른다. 이 경우, 다이쇼(大正)에서 쇼와(昭和)에 걸친 대장경 편찬과의 차이점은 전자가 어디까지나 중국에서 전래된 대장경의 충실한 부활을 지향한 반면, 후자는 일본 독자적인 불교라는 관점을 가지고 있다는 점에 있다.

21 Vita[2003]는 일본 근대의 대장경 편찬에 관한 훌륭한 논문이다. 그밖에 다이조에(大藏會) 편[1964], 최신 연구 성과로는 미야자키(宮崎)[2019]가 유익하다.

제4절 근대불교학과 「대정신수대장경」[22]

근대불교학이 일본에 뿌리를 내린 후 편찬된 「대정신수대장경」은 과거로의 소급과 그 범위를 확장하는 점에서 전례 없는 규모와 장기적인 전망을 지니고 있다. 이는 「대정신수대장경」의 편찬자들이 전통적인 동아시아 불교뿐 아니라, 근대 서양에서 과거로 거슬러 올라가 그려낸 불교사의 확장, 즉 '근대 불교 연구'의 의의를 바탕으로 편찬했다는 점과 관련된다.

이미 몇 편의 논고에서 논했듯이, 지금 연구자들이 고찰 대상으로 삼는 '불교'는 크게 보아 근대 서양에서 창조된 개념이라고 볼 수 있다.[23] 이 '불교'의 중심에는 사상가로서의 한 인물—샤카무니 붓다 또는 고타마 붓다—이 존재하며, 불교에 대한 해명은 이 인물의 사상에 대한 해명과 동일한 과제로 이해되었다. 이처럼 불교 연구는 불교 교전의 내용을 파악하는 작업을 최우선 과제로 삼고, 흩어져 있는 산스크리트어 문헌의 수집과 함께, 무엇보다도 완전한 총서로 전승되고 있는 팔리어 불전, 한어 불전, 그리고 다소 늦었지만 티베트어역 불전의 정리와 출판에 노력을 기울였다. 텍스트 속에서 불교의 존재를 찾으려는 것은 근대불교학이 지향했던 방향이다.

그중에서도 불교의 정통파를 자인하는 팔리어 불전 총서의 출판은 유럽 학계가 첫 번째 목표로 삼은 일이었으며, 1881년 런던에 팔리문헌협회를 설립했다. 이후 이곳에서 출판된 총서는 태국, 미얀마, 스리랑

22 이 절의 논의는 시모다(下田)[2006]를 참조.

23 이 논의에 대해서는 시모다(下田)[2001][2002b][2002d]를 참조.

카, 캄보디아 등에 전해지는 각 전통을 폭넓게 조망하여 엄밀한 텍스트 교정을 한 결과이며, 그 기초는 성서 고등 비평과 서양 고전학을 통해 발전한 문헌학이었다. 전통적인 불교 세계가 대규모로 수행할 수 없었던 방법에 의해 편찬된 팔리 교전이, 본래 불교와는 무관한 땅인 런던에 출현한 것이다.

이 총서의 출판은 한편의 동아시아 불교 국가들에게, 불교 세계가 동남아시아에 독자적으로 존재한다는 사실을 알려준 충격적인 사건이었다. 개별 교전을 포함하는 대규모 집성의 출현은 그 종교에서 발생하는 모든 사건을 해석할 수 있는 기반의 성립을 의미한다. 코퍼스로서의 교전의 탄생은 그 종교 전체를 반영하는 하나의 세계가 출현한 것과 같다.

서양에서 탄생한 불교 이해가 서양 세계에 거의 정착한 19세기 후반은 일본의 개국 시기와 정확히 겹친다. 그리고 그로부터 거의 반세기가 지나, 이 새로운 불교 연구가 일본에 뿌리를 내린 시기가 바로 「대정신수대장경」 편찬 시기에 해당한다. 이후 편찬의 중심인물이 된 다카쿠스 준지로(高楠順次郎, 1866~1945)에게 이미 전 세계에서 간행된 팔리성전의 존재는 큰 사건이었을 것이다. 이 총서의 출현으로 동남아시아 불교 세계가 정통 불교로서 존재감을 드러낸 반면, 동아시아에 유포된 불교는 그 텍스트가 일반적으로 이용할 수 있는 상태가 아니었기에 세계에서 널리 연구 대상으로 삼을 수 없었다. 이러한 상황에 대처하기 위해서는 한역대장경을 근대적인 서적의 형태로 편찬하여 세계에 유포시키는 방법밖에 없었다. 이는 서양 세계에서 거의 접할 수 없었던 독자적인 불교 세계를 제시하는 작업이었다.

전통적인 불교 세계에서의 대장경과 비교했을 때, 이러한 배경에서 탄생한 「대정신수대장경」에는 일본의 근대불교학의 성과를 상징하는 두 가지 특징이 있다. 첫째, 인도 중심의 시점이 확보되었다는 점이다. 둘째, 이를 통해 동아시아 불교 세계의 독자적인 존재가 드러나는 동시에 일본의 불교학이 동아시아의 전통으로부터 독립했다는 점이다. 차례대로 살펴보자.

첫째로 주목할 점은 「대정신수대장경」의 형식적인 면이다. 양적으로는 일부에 불과하지만, 주기注記에서 한역의 이독異讀뿐만 아니라 대응하는 산스크리트어나 팔리어 텍스트와의 비교가 이루어지고 있다는 점, 총서 배열에서 기존 한역대장경과는 달리 대승경전이 아닌 아함부를 첫 번째로 배치한 점, 그리고 제85권에는 영국도서관 및 프랑스국립도서관 소장 돈황 사본의 번각을 다수 게재한 점이다. 이러한 특징들은 이 대장경이 인도를 중심으로 여러 번역들을 비교하려는 의식에 기반하고 있음을 나타낸다. 또한 개조인 붓다의 언설로 여겨지는 텍스트부터 시대순으로 배열하고 있는 점에서 역사적 전개를 의식하고 있음을 보여준다. 이는 모두 근대불교학이 이룩한 불교 이해를 반영하는 특징이다.

둘째로 주목할 점은, 본 총서의 등장으로 한어漢語대장경을 보유한 동아시아 불교 세계가 팔리어대장경을 가진 동남아시아 불교 세계에 버금가거나 그보다 더 거대하고 정교한 사상을 지닌 불교 세계로 가시화되었다는 점이다. 동시에, 이러한 자립을 가능하게 한 일본 불교학이 동아시아 세계, 특히 중국불교 세계로부터 독립하여 '세계사 속의 불교' 연구를 추진하는 주체로서 그 위상을 천명한 것이다.

그동안 동아시아에서 계승되어 온 대장경은 북송北宋 태조의 칙명으로 간행된 개보장開寶藏에서 시작된 한어로 편찬된 텍스트로서, 때로는 모각模刻되고 때로는 발전적으로 계승되면서 동아시아 전역의 많은 유력자들의 요구에 힘입어 널리 유통되었다. 이렇게 동아시아의 불교 국가들은 중국을 중심으로 한 불교 세계를 늘 의식해 왔다. 그런데 「대정신수대장경」은 한역 불전의 내용을 산스크리트어나 팔리어로 쓰인 불전과 비교하며 상대화하고, 인도를 불교 세계의 중심으로 재정립할 것을 선언했다. 동아시아에 불교가 전파된 이후의 중국 중심 구도는 이 대장경의 출현으로 다시 쓰여졌고, 송宋, 원元, 명明, 청淸, 고려의 어떤 판도 이르지 못한 범위, 즉 불교 전체 역사의 전개를 시야에 넣고 근대가 요구하는 '세계사 속의 불교'를 텍스트 집성이라는 형태로 가시화했다. 이 코퍼스의 등장으로, 한어대장경은 인도 '원전原典'의 번역으로서 그 가치를 인정받는 존재로 변했다.

불교 전승 과정은 기술의 진화에 불佛의 말을 다시 담아온 역사와 다름없다. 기술의 진화나 매체의 변화가 일어날 때, 이는 일단 과거의 역사로 거슬러 올라가 과거를 재통합하며 미래로 나아가는 상황을 만들어낸다. 원초의 가르침이 일방적으로 확산되는 것이 아니라, 일정한 확산이 이루어진 후 어느 시점에서 잠시 멈추고 과거로 거슬러 올라가는 동시에, 이전에는 보이지 않았던 과거를 발견하여 그것을 끌어안고 현재로 돌아오는 형태로 불교는 전파된다. 매체의 발전이 여는 전승은 이전보다 더 풍부하고 복잡해지고 있다.

그렇다면 유사 이래 제3의 매체 변혁이 진행되고 있는 현재, 교전 전승은 어떻게 변화하고 있으며, 이는 연구에 어떤 영향을 미치고 있는가? 본 장의 마지막 주제로 들어가 보자.

제5절 제3의 매체 혁명과 교리 연구의 변화

팔리 교전 전집이 간행된 지 120년, 「대정신수대장경」이 편찬된 지 80여 년이 지난 지금, 불교 전승의 매체와 발신 형태는 극적으로 변모했다. 인쇄된 책과 병행하거나 이를 대체하여 전자 매체가 급속히 보급되었다. 근대 인쇄 기술의 보급으로 변화했던 세계는 전자 데이터의 보급으로 더욱 변모했으며, 때로는 전자화되지 않으면 텍스트로서 존재하지 않는 것으로 여겨지는 상황에까지 이르렀다.

이러한 대규모 변화는 교전의 세계에 어떤 영향을 미칠까? 적어도 두 가지 문제를 고려해야 한다. 첫째, 지금까지의 교전 연구 방법이 재고될 필요가 있다는 점, 둘째, 서적의 내부와 외부 사이의 '경계'가 사라지면서 교전을 둘러싼 개념들이 유동화流動化된다는 점이다. 이 두 가지 과제는 텍스트 연구를 수행하는 인문학 전체와 관련된 것임에도 불구하고, 연구자들 사이에서 아직 충분히 인식되고 있지 않다.[24]

---

24 근년 일본 종교학의 정수라고 할 수 있는 「이와나미강좌·종교」(전 10권, 별책 2권)에서 『언어와 신체－성스러운 것의 장場과 매체』(제5권)라는 주제가 설정되었음에도 불구하고, 본 장의 과제는 다루어지지 않았다. 이 시리즈에서는 유일하게 이시이(石井)[2004]가 관련되지만, 여기에서도 인문정보학적 견지에서의 논술은 보이지 않는다. 인문학에서의 텍스트의 의의를 매체의 관점에서 재고하는 최신 연구인 사이토(齋藤) 편[2009] 『텍스트와 인문학』에서도 이 문제가 다루어지지 않은 현 상황을 보면, 이러한 과제 인식의 결여는 일본 인문학 전체의 문제일 것이다. 또한 헤세(ヘッセ)[2001]를 참조.

첫 번째 문제부터 살펴보자. 종이 매체의 교전을 디지털 매체로 전환하는 것은 하나의 지식 체계를 다른 표현 체계로 전환하는 작업이다. 더욱이 아날로그에서 디지털이라는 완전히 다른 기술 체계로의 전환이기 때문에, 이러한 과정에서 옛 체계에 잠재해 있던 여러 문제점이 자연스럽게 드러나기 마련이다.

종이 매체에 문자로 표현된 텍스트 이면에는–때로 가설적으로 상정되는 '음성 텍스트'의 존재를 제외하면– 다른 형태의 텍스트는 존재하지 않는다. 쓰인 문자를 해독하는 언어 코드 체계는 각 독자의 의식 속에 이미 내재되어 있다. 그러나 디지털 매체의 문자 텍스트는 그 이면에 1과 0으로 이루어진, 원리적으로 무수한 조합이 가능한 또 하나의 텍스트, 즉 디지털 데이터(바이너리 데이터)가 존재한다. 이 데이터는 독자의 의식 속에 있는 언어 코드 체계로는 해독할 수 없다. 물론 이 데이터는 무작위적인 것이 아니며, 원元데이터의 정확한 사상寫像이므로, 특정 절차를 통해 해독 가능한 상태로 존재한다. 매체의 변화에 따른 이러한 지식 체계의 전환 과정은 정보학 또는 정보공학의 연구 영역에 속하며, 이 구조적 제약을 이해하기 위해서는 정보학이나 정보공학에 대한 지식이 필수적이다.

컴퓨터 화면에 표시되는 교전을 읽는다는 것은, 문자 경전과 함께 그 이면에 있는 이러한 디지털 텍스트와도 관련되어 있다. 이제 경전을 둘러싼 환경은 기존의 '교전과 독자'라는 양자 관계가 아니라, '교전과 디지털 텍스트, 그리고 독자'라는 삼자 관계로 변모하고 있다.

정보학의 연구 성과를 바탕으로 개발된 디지털 매체를, 기원과 계승 과정이 다른 교전을 읽기에 적합한 형태로 재구성하려면, 연구자들은 교전학과 정보학이라는 두 분야를 아울러 고찰해야 한다. 이는 교전과 독자 사이에 암묵적으로 개재해 온 코드를 체계적으로 명시화하여, 이를 디지털 텍스트에 적절히 반영하기 위함이다. 이를 위해 종교학 연구자들은 교전의 해독 방법을 가능한 한 객관적으로 기술하고, 그 내용을 정보학 분야에 제공해야 할 필요가 있다.

종이 매체의 교전을 전자 매체 형태의 교전으로 전환하는 과정에서 가장 큰 과제는, 이러한 암묵적 표현 방식과 사고 과정을 명시화하는 일이다. 이는 과거에 축적되어 온 종이 매체의 아날로그적 지식 표현을 디지털화하는 작업을 통해 재검증하려는 시도이기도 하다. 디지털화된 교전을 연구 대상으로 삼을 때, 교전 연구에서 새로운 인문학인 인문정보학의 도입은 필수적이다.

다음으로 두 번째 문제, 즉 종이 매체의 텍스트와 관련된 주요 개념의 유동화流動化란 무엇을 의미하는지 살펴보자. 디지털 텍스트는 종이 매체가 지닌 제약을 해소하기 때문에, 텍스트를 둘러싼 여러 차원에서 '경계의 소멸'을 가져온다. 본 절에서는 그중 두 가지 사례를 중심으로 살펴보고자 한다. 첫째, 하나의 텍스트 내부에서 일어나는 경계의 소멸이다.

예를 들어, 한역 불전에서는 예로부터 '권卷'이라는 개념을 사용해 왔다. 이는 교전의 내용 구분과는 무관하게 종이라는 매체의 물리적 크기 제약에서 비롯된 개념으로, 고대 중국의 제지 기술과 환경에 의해 성립된 것이다. 따라서 이러한 제약이 사라지면, '권'이라는 개념은 더 이상 실질적 의미가 없는 단순한 경계 명칭에 불과하게 된다. 그러나 일단 '권'이라는 개념이 확립되자, 종이 사본이 목판 크기의 제약을 받는 판본으로 변하고 나아가 활자 인쇄로 만든 책으로 변화하면서 그 개념이 탄생한 원래의 환경이 소멸했음에도, '권'이라는 개념 자체는 계속 유지되었다. 이는 교전이 번역되고 서사되던 당초부터 이 '권'이라는 지표에 의해 본문 내용의 위치가 특정되고, 그에 따른 논의가 이어져 왔기 때문이다.

현재 경전 정보는 「대정신수대장경」의 체제에 따라 책冊, 페이지, 단段, 행, 그리고 앞서 언급한 '권'의 각 숫자로 지정하는 방식으로 전 세계 연구자들 사이에서 공유되고 있다. 이처럼 경전의 내용과는 직접적 관련이 없으면서도 정보를 외부에서 지정하는 메타정보는 항상 경전 정보 자체와 일체화되어 전해진다.

그런데 새롭게 등장한 디지털 텍스트는 물리적인 공간 형태가 없기 때문에, 이차원적 물체에 고유한 권, 책, 페이지, 단, 행 등의 개념이 원리적으로는 필요하지 않다. 하지만 매체의 형태적 제약에서 비롯된 이 개념들이 필요 없어졌다고 해서 곧바로 폐기해 버리면, 과거 연구 성과와의 연결이 끊어지게 된다. 따라서 낭분산은 이러한 요소들을 메타정보로 부가하는 방식을 계속 유지할 필요가 있다.[25]

가까운 미래에 「SAT 대정신수대장경 텍스트 데이터베이스」가 다른 형식의 교전 코퍼스를 포함한 데이터베이스와 통합 운용될 경우, 이러한 메타정보는 불가피하게 변경될 수도 있다. 이 단계에서 고려해

---

25 이로 인해 권 번호는 자주 생략되는 경향이 있으며, 대정장이 출판되기 이전의 연구 성과와 연결이 끊어지는 불편함도 초래되고 있다. 또한 현재 'SAT 대정신수대장경 텍스트 데이터베이스'에서도 이를 위치 정보로 제공하는 포맷을 개발하고 있다.

야 할 점은 두 가지이다. 첫째, 우리가 의식하지 못한 채 교전 본문에 부여하고 전해 온 정보가 미디어의 특성에 기인한 것인지, 아니면 메시지 내용과 관련된 것인지 그 층위를 명확히 구분하는 것이다. 둘째, 서로 다른 교전 코퍼스 간의 형식 차이를 분석하고, 이를 통일된 방식으로 표현할 수 있는 기법을 개발하는 것이다. 이러한 작업은 과거에 축적된 연구 성과 전체와의 연결을 유지하면서도, 디지털화되고 확대되는 교전 데이터베이스를 더 광범위하게 활용할 수 있도록 하는 중요한 과제가 될 것이다.[26]

디지털화된 텍스트에서 일어나는 '경계의 소멸' 중 두 번째는 여러 텍스트 간의 경계 소멸이다. 서적 형태의 교전에서는 여러 텍스트를

26 현재 디지털 데이터에 메타정보를 추가하는 방법으로는 '마크업'이 일반적으로 사용된다. 이는 데이터를 내용 데이터와 형식 데이터로 계층화하고, 내용 데이터에 대한 의미를 기술하는 방법이다. 대표적인 것으로 XML(eXtensible Markup Language) 규격이 있으며, 인문학에서도 이 XML을 응용하여 자료를 마크업하기 위한 가이드라인이 TEI(Text Encoding Initiative)에 의해 국제적으로 제정되고 있다. TEI는 인문학의 디지털 텍스트를 다루기 위해 1987년에 설립된 국제 컨소시엄으로, 현재는 P5 버전을 공개하고 있다. 인문학에서의 컴퓨터 이용에 관한 국제 조직으로는 1973년에 언어와 문헌 자료 연구를 중심으로 유럽에서 ALLC(Association for Literary and Linguistic Computing)가 설립되었고, 1978년에는 인문학 전반을 대상으로 하는 컴퓨터 이용 연구 지원을 위해 북미에서 ACH(Association for Computers and the Humanities)가 설립되었다. 2006년부터는 ALLC, ACH가 중심이 되어 관련 분야를 총괄하는 조직으로 ADHO(The Alliance of Digital Humanities Organizations)가 결성되었고, 디지털 기술 활용을 통한 인문학의 새로운 가능성을 모색하기 위해 국제회의 Digital Humanities가 매년 개최되고 있으며, 인문정보학 분야를 선도하고 있다.

다룰 때 독자는 각 책을 하나씩 펼쳐 확인할 수밖에 없어, 서로 다른 책을 오가며 비교하는 일이 쉽지 않다. 그러나 디지털 텍스트 환경에서는 여러 텍스트를 한 번에 비교하고 검색하며 고찰하는 작업이 훨씬 용이하다.

본래 불교 교전은 각각 독립적으로 완결된, 폐쇄적 텍스트가 아니다. 어떤 경우에는 하나의 교전이 같은 이름을 유지하면서 증광 확대되고, 또 다른 경우에는 다른 교전의 이름으로 바뀌면서도 그 내용이 발전적으로 계승된다. 이러한 현상에는 불교가 '불설'을 어떻게 이해하는지에 관한 불전의 중요한 특징이 드러나 있다. 불佛의 말은 역사적 맥락에서 분리된 불변의 것이 아니라, 맥락에 따라 문자나 소리(音, vyañjana)의 형태는 바뀌더라도 기능하는 의미(artha)는 일관되게 유지된다고 이해되고 있다. 이러한 불교적 이해를 바탕으로 교전을 해명하고자 할 때, 개별 교전 간 경계가 허물어지고 전체를 하나의 거대한 텍스트로 조망할 수 있게 되는 것은 매우 유효한 일이다.

텍스트 사이에서 일어나는 이 경계의 소멸은 교전과 그 주석서 사이의 경계, 또는 경經(sūtra), 율律(vinaya), 논論(abhidharma)이라는 삼장三藏 사이에 그어진 경계의 소멸로도 이어진다. 불교의 교전군에는 전통적으로 '불설과 그 주석'이라는 구분이 존재해 왔다. 형식적으로는 물론 불설이 주석보다 상위에 위치한다. 그러나 —종교 일반에서 인정되듯이— 실제로 불설의 의미를 결정해 온 것은 후대 주석가들의 해석이었다. 불교 교리 완성에 중요한 기여를 한 바수반두(Vasubandhu), 상좌불교의 교의를 확립한 붓다고사, 티베트불교의 푸툰(Bu ston), 중국불교의 천태지의 등, 전통 내 이러한 사상가들은 모두 교전과 주석, 경·율·

논 삼장 간의 경계를 넘어 불전 전체를 조망하고, 그 폭넓은 이해를 바탕으로 개별 텍스트를 평가했다. 이런 사상가들의 사유 지평에서 불전을 이해하고자 할 때, 텍스트 간의 경계 소멸은 매우 중요한 의미를 갖는다.

교전의 전자화로 인해 발생하는 텍스트 내외 경계의 소멸은 교전 자체의 개념과 교전 연구 모두에 지대한 영향을 미친다. 이는 종교 연구에만 한정되지 않고, 인문학의 미래상과도 관련된 문제이기도 하다. 마지막 두 절에서 이 문제를 개괄적으로 살펴보고자 한다.

제6절 경계 소멸의 진전과 정전正典 개념의 변화

앞 절에서 논한 '텍스트 간 경계 소멸'이라는 문제는, 1차 자료와 이를 바탕으로 한 연구 성과, 더 나아가 지知와 그 소유의 관계를 재고하게 하는 계기가 되며, 결국 정전正典(canon)이라는 개념 자체를 다시 생각하게 만드는 단서가 된다.

종교학을 포함한 인문학의 성립 과정에서, 연구 성과의 기반이 되는 텍스트를 소유한다는 것은 곧 지知를 잠재적 형태로 소유함을 의미한다. 근대 인문학의 역사를 돌이켜보면, 다양한 양상의 지知는 텍스트의 존재를 전제로, 이를 획득하고 정리하며 교정하고 해독하는 행위를 통해 창출되어 왔다. 텍스트 정보는 연구의 기초인 1차 정보이며, 이를 바탕으로 생산된 연구 성과라는 2차 정보와는 그 차원과 층위가 다르다. 실험이든 조사든 독해든, 2차 정보밖에 입수할 수 없다면 연구의 가치는 크게 떨어진다. 서양 근대가 1차 정보의 수집과

정비를 대학, 도서관, 박물관에서 실현함으로써 세계를 향한 인문지人文知의 발신원으로서 자신의 위상을 드러내 왔다는 점은 여기서 더 이상 논할 필요도 없을 것이다.

제4절에서 논한 바와 같이, 불교 문헌에서도 사정은 마찬가지이다. 팔리문헌협회를 중심으로 유럽 연구자들은 팔리어 교전을 동남아시아 불교 국가에서 수집하여 해독·번역·해설한 일련의 성과를 발신하고, 이를 '정전正典'으로 간행함으로써 불교 세계를 구축해 왔다. 서양의 불교 문헌 소유와 해석에 대응하여, 동아시아에 전해진 불교 세계의 근거인 한역 교전을 수집하고 정비하여 세계에 발신한 사업이 바로 「대정신수대장경」 편찬이었다. 이 대장경의 완성으로 런던에 맞설 수 있는 불교의 지적知的 기반이 도쿄에 마련되었으며, 이후 전 세계 불교 연구 중 한어 자료에 기초한 연구 성과는 이 1차 정보를 토대로 생산되고 있다.

이러한 교전 코퍼스(corpus)의 편찬은 하나의 종교 세계를 현출시키는 작업인 만큼, 때로는 본래의 목적과는 달리 왕조나 국가의 위신, 혹은 내셔널리즘의 확립이라는 세계 질서 형성과 결과적으로 연결되기도 한다. 동남아시아 여러 나라, 티베트, 몽골, 중국, 한국에서도 불전 편찬 사업은 당시 왕조나 국가의 존재 의의를 대변하는 역할을 해왔다. 근대에 이르러서도 이런 경향은 변함이 없으며, 스리랑카와 미얀마의 불교 민족주의 발전, 태국의 국가 이념 형성에 있어 서양 근대에 의해 만들어진 팔리 교전군의 존재와 그로부터 복원된 붓다의 이미지가 그 근거가 되었다. 일본에서도 「대정신수대장경」이 이런 의의를 지닌 측면이 있다. 물론 이런 문제는 편찬 사업 자체에서 비롯된 것이 아니라 그 부산물에 불과하지만, 정전正典을 확정하는 일이 이러한 힘과 결부된다는 점을 간과해서는 안 된다.

하지만 전자 데이터라는 정보 매체의 등장과, 이를 통해 정보를 입수하고 교환할 수 있는 공간으로서 웹 세계의 출현은, 이런 문제의 기저에 흐르는 '지知의 소유'라는 문제와 왕조, 국가, 공동체의 위엄 과시라는 과제를 해결할 가능성을 지니고 있다. 원래 '소유'라는 개념은 교환이라는 연속적이고 유동적인 행위 속에서 내부와 외부를 구분하는 경계선을 긋고, 외부와 분리된 유한한 범위의 내부에 정보나 재화를 보존하려는 시도에서 비롯된다. 즉, 소유라는 개념은 '유한성'을 전제로 성립하며, 압도적으로 방대한 양을 지니거나 무한히 교환 가능한 대상에 대해서는 성립할 수 없다.

왕조나 국가, 혹은 막대한 자본력을 지닌 주체에게 집약되어 있던 지知가 디지털 매체로 전환되면서 일반 대중에게 분배되고, 더불어 웹 세계의 등장과 정비로 정보 교환 속도가 급격히 증가함에 따라, 유한성과 교환 불가능성에 기반했던 지知의 소유 개념은 점차 변화하기 시작할 것이다. 적어도, 불전 코퍼스가 전자 데이터화되어 웹 세계에 공개된 이후에는, 교전군의 소유를 국가나 집단의 위신을 세우는 근거로 삼기는 점점 어려워질 것이다.

그 대신, '이 코퍼스에 관여하는 다양한 사람들이 제공하는 정보의 피드백을 교전군 내부에 어떻게 위치시키고 반영할 것인가'라는 새로운 과제가 대두될 것이다. 디지털 매체의 등장은 정보 교환과 직접적인 기록을 통해 이용자 스스로가 편찬 과정에 참여하는 양상을 보이며 정보 자체를 변화시킨다. 지금까지 교전군은 곧 '정전正典군'이었다.

그러나 그중에서 '정전'이라는 고정성을 떠올리게 하는 개념은 수용자에 의해 변용되는 동적인 개념으로 변화할 가능성이 있다. 지식의 공공성을 기반으로 한 크리에이티브 커먼즈(Creative Commons)의 등장과 보급은 이러한 상황을 예견한 것처럼 보이기도 한다.[27]

제7절 교전 연구의 미래상—간間텍스트성, 텍스트 내재성, 초超텍스트성

지식의 축적과 교환이라는 두 활동에 일어나고 있는 혁신은, 전자화된 자료의 활용과 공유뿐 아니라, 연구 성과의 발신 및 교환 체계까지 변화시키기 시작했다. 이에 따라, 오랫동안 종이 매체를 통해 정밀한 연구를 진행해 온 인문학의 학술 공간은 전례 없는 형태로 변화하려 하고 있다. 근년 텍스트 연구와 교리 연구에서 제기된 '간間텍스트성'(또는 상호텍스트성, intertextuality)이나 '텍스트 내재성'(intratextuality) 개념은, 사실 이 제3의 매체 혁명으로 등장한 '초超텍스트성'(또는 하이퍼텍스트성, hypertextuality)을 주제로 삼음으로써 그 문제점이 더 구체적으로 명확해질 수 있다.

앞서 살펴본 것처럼, 불교의 전승 과정은 기술의 진화에 맞춰 불佛의 말을 새롭게 담아온 역사였다. 기술의 진화나 매체의 변화가 일어날 때, 불교도들은 우선 과거 역사를 되돌아보며 이전에는 볼 수 없었던 과거를 찾아내고, 이를 다시 통합하여 미래로 나아갔다. 그 결과,

27 정전성正典性 혹은 성전성聖典性이 공공성을 띠고 있으며, 그 발신자뿐만 아니라 수신자에 의해서 형성되는 개념이라는 점은 스미스나 그레이엄이 강조한 바이며, 제3의 매체 혁명은 이를 가시화하기 시작했다.

매체의 발전이 가져온 불교 전승 내용은 이전보다 더욱 풍부하고 복잡해졌다. 이는 바로 하이퍼텍스트(hypertext)가 보여주는 양상과도 일치한다.

현재 빠르게 데이터베이스화가 진행되고 있는 대장경 텍스트는 한어, 팔리어, 티베트어만으로도 방대한 양에 달한다. 더욱이 산스크리트어 교전의 전자 데이터 공개도 진행되고 있어, 각 언어 전통에 갇혀 전승되어 온 다른 세계의 대장경을 연구자들이 즉각적으로 조망할 수 있는 환경이 조성되고 있다. 개별 경전이 다른 언어로 이루어진 경전 코퍼스 전체 속에 자리 잡고, 개별 연구 성과가 과거부터 현재까지의 전 세계 연구 성과 안에 위치하며, 더 나아가 그 경전군과 연구 성과의 집성이 일체화되면, 연구의 기초인 방대한 1차 자료와 그로부터 생성된 2차 성과물은 경계를 넘어 한눈에 조망할 수 있는 거대한 지식 체계로 변화한다.

이 과정에서 생겨나는 '초超텍스트'는 그 시야의 규모 측면에서 지금까지 종교 연구의 기본 방법 중 하나였던 '비교'(comparative)를 통한 인식보다 한 차원 높은 인식의 세계를 만들어낸다. 예전에는 천부적인 재능을 지닌 소수의 사상가만이 가능했던 세계 전체상에 대한 인식이, 이제는 일반 이용자도 가능해지기 시작한다. 이처럼 더 높은 차원에서 전체를 바라볼 때, 같은 차원에서 비교하면 서로 모순되는 것처럼만 보이는 '간間텍스트성'과 '텍스트 내재성'은, 하나는 사실 확인적(constative)이고 다른 하나는 행위 수행遂行적(performative)이라는 양상 아래 공존해야 할 방법론임이 명확해진다.

모든 교전은 앞선 시대나 동시대에 존재했던 작품을 바탕으로,

이를 인용하거나 삭제, 변형하여 만들어진다. 이는 개별 교전이 코퍼스로 제시될 때 명확하게 드러난다. 이런 점에서 '간텍스트성'은 '초텍스트성'에 포함된다. 한편, 넓은 의미에서 이러한 인용 행위를 가능하게 하는 장場이 계속 존재해 왔다는 사실은, 텍스트를 둘러싼 교환 행위가 더 큰 텍스트의 내부에 있음을 입증하는 것이기도 하다. 이렇게 보면 '텍스트 내재성'도 '초텍스트성'을 바탕으로 성립한다. 텍스트를 둘러싼 이러한 상황은 제3의 매체 혁명을 통해 비로소 객관적인 형태로 드러나게 된 것이다.

제5절부터 여기까지 논한 내용은 검증 데이터가 없는 가설이 아니다. 필자가 이끄는 '대장경 텍스트 데이터베이스 연구회(SAT)'는 불교 연구의 기반 코퍼스인 「대정신수대장경」의 텍스트 부분 85권, 약 1억 자 이상의 한자를 중심으로 한 자료 전체를 디지털화했으며, 이어서 도상부圖像部 12권을 이미지 공유 국제 표준 규격인 IIIF(International Image Interoperability Framework)를 통해 공개했다. 또한 일본인도학불교학회가 30년에 걸쳐 구축한 연구 서지 데이터베이스 INBUDS(지난 120여 년간 일본 내 인도학 불교 연구 관련 학술지와 논집을 대부분 포함)와 찰스 뮬러(A. Charles Muller)가 주도하고 전 세계 70여 명의 연구자가 7만 항목을 기고한 웹 전자 불교 사전 Digital Dictionary of Buddhism(DDB)과 연계하는 등 여러 프로젝트 간의 상호 운용을 실현했다.[28] 여기서 1차 자료인 교전군 코퍼스와 2차 정보인 연구

---

28 이에 관해서는 시모다(下田)[2019a], Shimoda[2017]에서 자세히 논한 바 있다. 또한 나가사키(永崎)·시모다(下田)[2008] 참조. INBUDS: http://www.inbuds.net [2019-05-28 참조], DDB: www.buddhism-dict.net/ddb [2019-05-28 참조].

성과 코퍼스의 연계는 이미 국제적인 규모로 실현되고 있으며, 현재는 불전의 한 글자, 한 구절에 대한 연구 성과를 직접 참조할 수 있게 되었다. 더 나아가, 이 교전 코퍼스는 한국과 태국에서 구축 중인 한어, 팔리어 교전 코퍼스 및 일본과 미국이 공동으로 진행하는 대장경 영역英譯 사업, 독일에서의 인도학·불교학 관련 연구 성과 코퍼스 구축 등과 연계하며, 각 매체의 정보 구조를 분석하면서 상호 참조와 운용이 가능한 학술 네트워크를 구축해 나가고 있다. 개별 텍스트는 이 '초텍스트' 공간 안에서 '간텍스트성'과 '텍스트 내재성'으로 나타나고 있다.

교전을 소유한 종교에 있어 하나의 교전 코퍼스의 탄생은 실질적으로 하나의 종교 세계의 탄생을 의미한다. 그 교전 코퍼스를 둘러싼 연구 성과 전체가 가시화되고 활용할 수 있게 된다는 것은, 그 종교를 둘러싼 역사가 가시화되고 참여할 수 있게 됨을 의미한다. 호모 파베르로서의 인간이, 말로 표현되고 교전이 된 종교를 대상으로 구축해 온 역사는, 매체를 둘러싼 제3의 변혁기를 맞은 현재, 지금까지의 과거 모습을 보여주는 동시에 미래가 나아갈 방향을 시사해 줄 것이다.

제8장 사고思考의 흔적으로서의 텍스트

제1절 과거와의 대화

(1) 흔적과 반복

동서고금을 막론하고 인간은 과거와의 대화를 통해 현재를 이해하고, 미래를 그리며, 세계를 탐구하고, 자기自己를 성찰해 왔다.[1] 이미 지나간 것처럼 보이는 과거는 대화의 상대로서 존재하며, 현재에 작용하고, 새로운 미래로 변하고 있다.

과거가 대화의 상대가 되려면, 비록 미미할지라도 그 존재의 흔적이 오감을 자극하는 어떤 형태로 남아 있어야 한다. 편지, 메모, 스케치, 녹음된 목소리, 기록 영상, 유품과 같은 흔적을 통해 인간은 한때

---

1 본 장의 내용은 본래 아키야마 아키라(秋山聰), 노자키 간(野崎歓) 편 『죽은 자와의 대화(死者との對話)』(도쿄대학출판회, 2014년)라는 논집의 과제에 맞춰 집필한 것이다.

자신이 경험했던 세계를 떠올리거나 타인이 경험했을 세계를 상상하며, 그 이미지를 자신의 현재 의식 속에 그려낸다.

뜨거운 홍차에 적신 마들렌을 한입 베어 문 순간, 예전에 머물렀던 시골 마을 콩브레의 풍경이 구석구석 떠오르듯, 하나의 흔적을 '다시' 접할 때 과거는 현재를 변화시키며 모습을 드러낸다. 백 년이나 전에 출판된 이 장편소설의 구절을 우연히 읽게 된 독자는 그 흔적의 말을 통해, 저자 마르셀 프루스트(Marcel Proust, 1871~1922)의 의식에 '다시' 접하는 듯한 생각에 빠지기도 하고, 먼 이국의 땅으로 초대받기도 한다.

지금 두 군데에서 '다시'라는 말을 썼다. 과거와의 대화에서는 흔적의 존재와 함께 '반복'이라는 요소가 중요한 의미를 갖는다. 한때 자신이 경험했던 일이 아니면 떠올릴 수 없다. 타자가 남긴 흔적을 통해 그 경험을 상상 속에서 접하는 것도, 주체의 차이를 넘어 경험을 반복하는 것과 다름없다. 그 정확성은 여기서 당장 문제가 되지 않는다. 중요한 것은 그것이 자신의 내부에서 타인의 경험을 반복하는 가운데 자신의 경험으로서 명확하게 자각되고 있다는 점이다.

과거와의 대화가 이루어질 때 자기 자신과 세계의 양상은 일변한다. 분명히 자립하고 있다고 생각했던 현재에는 과거가 깊이 스며들어 있고, 미래가 겹쳐져 있다. 제각기 분리되어 있다고 생각했던 자신과 타인 사이의 경계는 사라지며, 타인이 자기 안에 있고 자기가 타인 안에 살고 있다. 일상에서 성립하고 있던 동일성의 관념은 의식의 더 깊은 층에서 흔들리고 있다.

(2) 죽은 자와의 대화

과거와의 대화는 본 장의 주제인 '죽은 자와의 대화'에도 통한다. 여기서는 예를 들어 무당의 공수로 망자의 '영靈'을 '불러내는' 일종의 유사적 대화 장면을 말하는 것은 아니다. 사람은 영원히 작별한 사람과 자신의 내면 형상 공간에서 실제로 대화를 나누는 순간이 있다. "인간 존재에게는 실로 불가사의한 차원이 있다." 동양철학의 태두 이즈츠 토시히코(井筒俊彦, 1914~1993)는 이렇게 회고하며, 세상을 떠난 벗 이케다 야사부로(池田弥三郎)와의 '재회'를 다음과 같이 묘사한다.

> 지금 나는 단지 '환영幻影의 사람'으로서의 그와 만난다. 존재의 차원이 다른 두 사람이 친밀하게 손을 맞잡고 이야기를 나눌 수 있는 기묘한 공간이 그곳에 펼쳐진다.
> …〔중략〕… '환영의 사람' 야사부로와 만날 때마다, 나는 곰곰이 그렇게 생각한다. 그것은 한편으로 내 형상 공간에 나타나는 야사부로가 의외로 화려하고 젊은 모습을 하고 있기 때문일지도 모른다. 학창시절처럼 익살스럽거나 떠들썩한 그를, 그곳에서 오랜만에 만난다. …〔중략〕…
> 현실의 존재 차원에서 나는 둘도 없는 친구 한 사람을 잃었다. 그러나 그는 지금 '꽃을 들고 있는 환영의 사람'의 모습으로 찾아와서는 나를 위로하고, 격려하며, 즐겁게 해준다. 이런 차원에서, 이런 새로운 형태로, 우리의 교유交遊는 앞으로 더욱 깊어질 것이다. (이즈츠井筒〔1983: 348〕)

환영의 사람이 출현하는 공간이 존재함으로써, 사람은 이 세상에서는 더 이상 바랄 수 없었던 '위로'와 '격려' 그리고 '즐거움'을 실제로 몸소 느낄 수 있다. 문득 꿈에 나타난 친구가 놀라울 정도로 생생한 모습으로 자신 앞에 서 있을 때, 눈부실 만큼 압도적인 그 존재에 순간 말문이 막힐지도 모른다. 그 모습 자체만으로도 이미 충분하며, 그를 향해 말을 건네기 위해서는 망설임을 넘어서는 용기가 필요하다. "서로 친밀하게 손을 맞잡고 이야기를 나눌 수 있다"라고 말하는 이즈츠가 야사부로에게 건넨 말은 아마도 한 마디, 기껏해야 두 마디에 불과했을 것이다. 하지만 그것은 유명을 달리한 친구가 자신과 맞닿아 있음을 실감하게 하는 더할 나위 없이 친밀한 순간이었음에 틀림없다.

여기에도 흔적이 존재하며, 그 흔적을 따라가는 반복이 있다. 대학 시절부터 이어진, 50년의 세월에 걸친 국문학자와 민속학자의 친밀한 교유는 이 사상가의 의식 깊은 곳에 다양한 흔적을 남겼을 것이다. 반세기의 세월이 흘러, 결국 병상에 누운 노쇠한 육체에 가려졌던 옛 친구는 그 육체의 소멸과 함께 이즈츠의 의식 속에 생기발랄한 모습으로 선명하게 되살아났다. 일상의 표층적 의식을 만들어내는 강력한 지각의 장벽에서 해방되었을 때, 의식의 깊은 곳에 새겨져 있던 흔적은, 꿈이라는 자유로운 형상 공간에 새로운 이미지로 나타난 것이다.

(3) 매직메모

사실 꿈이라는 형상 공간에는 흔적, 기억, 지각의 관계를 밝혀주는 중요한 단서가 숨어 있다. 이 문제를 평생 연구한 정신분석학자 지그문트 프로이트(Sigmund Freud, 1856~1939)가 이 과제 해명의 중요한 열쇠로서 만년에 연구했던 '매직메모'(Wunderblock; mystic writing pad, 신비스런 글쓰기 판)에 주목하는 것은, 이 세 요소의 관계를 대략적으로 이해하기 위해서도, 또한 사고가 흔적으로 새겨진 텍스트에 대해 고찰하는 본 장의 준비로서도 중요하다.

프로이트가 당시 판매되고 있던, 자유롭게 쓰고 지울 수 있는 이 메모 완구에 매료된 것은, '항상 정보를 갱신하는 지각'과 '흔적을 지속적으로 보존하는 기억'이라는, 인간 의식에 불가결하면서도 언뜻 서로 배척하는 듯한 두 가지 특성을 절묘하게 공존시키는 구조를 보여주었기 때문이다.

> 매직메모는 암갈색의 합성수지 또는 왁스보드 위를 투명한 커버 시트가 덮고 있다. 커버 시트는 상단의 고정된 부분을 제외하고는 보드에서 분리되어 있다. 이 커버 시트는 투명한 셀룰로이드 상부 시트와 반투명의 얇은 파라핀 하부 시트로 구성되며, 두 끝단 부분을 제외하면 서로 분리할 수 있다. 이 장치를 사용하지 않을 때는 파라핀지 아랫면이 왁스보드의 표면에 가볍게 붙어 있다. 이 메모를 사용할 때는 보드를 덮고 있는 셀룰로이드 시트 부분에 글씨를 쓴다. 고대에 점토판이나 밀랍판에 기록하던 방식을 채택하여, 뾰족한 도구로 표면을 긁으면 홈이 파이고, 이것이 기록이 된다. 매직메모에서는 이 긁는 동작이 보드를 덮고 있는 두 겹의 시트를 통해 이루어진다. 시트 위에서 뾰족한 도구로 파라핀지에 덮인 왁스보드 표면에 문자를 새긴다. 이렇게 만들어진 홈은 셀룰

로이드의 회백색 매끄러운 표면 위에서 어두운 글자로 나타난다. 기록을 지우고 싶을 때는 겹쳐져 있는 커버 시트 하단을 살짝 들어 올려, 왁스보드 표면과 파라핀지의 접착을 분리하면 된다. 그러면 글자가 적힌 부분에서 유지되던 왁스보드와 파라핀지의 밀접한 접촉이 끊어지고, 두 표면이 다시 겹쳐지더라도 이 기록은 재현되지 않는다. 매직메모 위의 글자는 사라지고, 새로운 메모를 기록할 수 있는 상태가 된다. (프로이트フロイト〔1996: 308-309〕에서 발췌 요약)

여기서는 매직메모를 구성하는 세 층이 지각, 기억, 흔적, 나아가 이미지와의 관계 속에서 어떤 기능을 수행하는지에 대한 상세한 분석은 생략하고, 이러한 요소들이 비연속적이면서도 밀접한 관계를 이루어 상기想起 행위를 가능하게 한다는 개략적인 이해에 그치고자 한다. 셀룰로이드 시트에 자유롭게 쓸 수 있는 것은 파라핀지가 왁스보드에서 분리되면 다시 원래의 상태로 돌아가기 때문이다. 하지만, 한편으로 그 흔적은 왁스보드에 글씨를 쓰는 힘에 상응하여 보이지 않는 형태로 고스란히 남아 있다. 이와 같은 흔적이 존재하지 않는다면, 기억 또한 성립하지 않으며, 결과적으로 사람의 의식 속에 과거는 존재할 수 없게 된다.

(4) 흔적과 신비체험

흔적이 과거를 재현하는 현상은 죽은 자와의 대화를 열어줄 뿐 아니라, 신비체험으로도 이어진다. 종교 경험을 더할 나위 없이 정밀하게

분석하고 서술한 윌리엄 제임스(William James, 1842~1910)에 따르면, 신비체험의 가장 단순한 단계는 어떤 격언이나 문장의 의미가 특정 계기로 인해 갑자기 더욱 깊은 의미를 지니며 번뜩이는 사건에 있다(제임스ジェイムズ[1970: 182-259]). 그것은 논리적인 문장에 국한되지 않는다. 단 한 단어라도, 한 구절이라도, 바다나 육지에서의 빛의 작용이라도, 향기라도, 악기의 소리라도, 마음 상태가 적절하기만 하다면, 모두 그러한 느낌을 불러일으키는 계기가 될 수 있다. 나아가 이 감각이 흔히 말하는 기시감으로 이어진다는 점도 쉽게 이해할 수 있을 것이다. 언젠가 먼 옛날, 바로 이 장소에서, 바로 이 사람들과 함께, 똑같은 이야기를 나눈 적이 있다는 바로 그 느낌이다.

세상에 기록으로 남아 있는 다양한 신비체험은 이러한 단계가 더욱 고양된 것으로 이해할 수 있다. 제임스는 이러한 경험을 분석하여 다음과 같은 결론을 내리고 있다. 다소 길지만, 앞서 언급한 프로이트의 이해를 보완하는 데에도 도움이 되므로 인용해 보기로 한다.

> 우리가 '합리적 의식'이라고 부르는 의식, 즉 우리의 정상적인 깨어 있을 때의 의식은 단지 하나의 특별한 형태의 의식에 불과하며, 그 주위를 둘러싸고 있는, 아주 얇은 막에 의해 그것과 분리되어 있는, 그것과는 전혀 다른 잠재적 형태의 의식이 존재한다. 우리는 그 존재를 알아채지 못한 채 살아갈지도 모른다. 하지만 필요한 자극을 주면, 한순간에 그런 형태의 의식이 완전한 모습으로 나타난다. 그것은 아마도 어딘가에 그 적용과 적응의 영역을 가지는 명확한 형태의 심적 상태일 것이다. 이와 같은 다른 형태의 의식들

> 을 전혀 고려하지 않는 우주에 대한 어떤 설명도 결코 최종적인 것으로 간주될 수 없다. … 〔중략〕 … 그러한 의식은 명확한 형태를 갖추지는 못할지라도 인간의 태도를 결정할 수 있고, 또한 그 위치를 고정할 수 없더라도 어떤 영역을 개척할 수 있다. … 〔중략〕 … 나 자신의 경험을 되돌아보면, 그 경험들은 모두 내가 어떤 형이상학적 의미를 부여하지 않을 수 없는 종류의 통찰에 집중한다. 그 기조는 언제나 화해이다. 세계에는 다양한 대립이 있고, 이 대립물들의 모순과 갈등에서 우리의 모든 어려움과 고통이 생겨나는데, 그 세계의 대립물들이 마치 녹아서 하나가 된 듯하다. 그 대립물들은 대조되는 종(species)으로서 동일한 속(genus)에 속할 뿐 아니라, 그 종들 중 하나, 즉 더 고귀하고 더 선한 종은 그 자체가 곧 속(genus)이며, 그래서 그 대립자를 빨아들여 흡수해 버린다. (제임스ジェイムズ〔1970: 194-195〕 일부 수정, 강조점 원문)

모든 흔적은 모두 왁스보드에 남아 있다. 끊임없이 생멸生滅을 반복하며 갱신되는 일상의 경험이 셀룰로이드 시트에 기록되는 그때그때의 문자라고 한다면, 여기서 다루는 신비체험은 왁스보드에 보이지 않는 형태로 새겨져 있던 흔적 전체가 갑자기 셀룰로이드 시트에 반영되기 시작한 것과 같은 상황이다. 궁극적 경험이라고도 할 수 있는 예술에서의 계시나 종교에서의 신비체험이 출현하는 데에는, 과거의 경험 전체, 즉 왁스보드에 남아 있던 흔적 전체가 중요한 역할을 한다.

제2절 흔적의 장, 혹은 탈신체성으로서의 텍스트

(1) 흔적을 포괄하는 장場으로서의 텍스트

'죽은 자와의 대화'라는 표현은 쉽게 이해하기 어려울 수 있다. '죽은 자'라는 말 자체에 대화 상대가 영원히 사라졌다는 부재감과 다시는 닿을 수 없는 곳으로 떠났다는 단절감이 담겨 있다. 그 상대와 대화한다는 것 자체가 애초에 성립할 수 없는 것이 아닌가 하는 소박한 생각이 먼저 들기 때문이다.

그러나 지금까지의 고찰을 전제로 하면, 이 부재감과 단절감은 일상적인 지각 세계에서의 체감일 뿐, 심층 의식 차원에서 일어나는 사건이 아님을 알 수 있다. 제임스의 표현에 따르면, 죽은 자로서 사라진 것은 "우리가 '합리적 의식'이라고 부르는" "깨어 있을 때의 의식"에서이지, 그 의식을 "둘러싸고 있는, 아주 얇은 막에 의해 그것과 분리되어 있는" "그것과는 전혀 다른 잠재적 형태의 의식"에서가 아니다. 매직메모에 비유하자면, 죽은 자는 셀룰로이드 시트 위에 쓰인 글자로서는 사라졌지만, 왁스보드의 흔적으로서 소멸한 것은 아니다. 즉, 죽은 자는 지각의 세계에서는 사라졌을지라도 흔적으로는 소멸하지 않았기에, 죽은 자와의 대화는 지각 차원을 넘어선 넓은 의식의 세계, 즉 왁스보드나 잠재의식 차원에서 이루어질 수 있다.

앞서 과거와의 대화를 주제로 논하면서, 흔적의 존재로 인해 자기 자신의 경험 세계를 '상기想起'라는 형태로 반복할 수 있을 뿐 아니라, 타인의 경험을 '상상'이라는 형태로 재현할 수 있다는 점을 언급했다. 즉, 이 왁스보드와 잠재의식은 자타自他의 경계를 넘어 과거 경험 전체를 반복하고 재현할 수 있는 기반을 형성하고 있다는 것이다. 사실, 동서양을 막론하고, 사상의 창출과 계승 활동에서 오늘날까지 왁스보드의 기능, 또는 잠재의식의 기능을 수행해 온 것이 바로 '텍스트' 이다. 본 장에 '사고思考의 흔적으로서의 텍스트'라는 제목을 붙인 것은 이러한 의미를 담고 있다.

본 장과 같이 사상을 주제로 하는 경우에 '텍스트'라고 하는 것은 말로 기록된 문서, 책자 형태의 텍스트가 압도적인 비중을 차지하지만, 문서뿐 아니라 비문碑文, 석기石器, 화폐, 조각상, 지도, 사본, 책, 그림, 건축 등 형상을 지닌 모든 물상이 텍스트가 될 자격을 가지고 있다. 인문학은 이들 전체를 대상으로 성립하며, 다루는 대상의 차이에 따라 고고학, 미술사학, 언어학, 문학이라는 이름을 가지고 있다. 여기서 다루는 텍스트는 모두 과거의 흔적이 집약된 장場이다.

(2) 말과 신체성

일상 세계에서 이루어지는 대화와, 사상을 연구할 때 텍스트를 대상으로 이루어지는 대화 사이의 가장 큰 차이는, 말이 신체를 통해 발화되는가 아니면 신체와 분리되어 있는가 하는 점이다. 일반적으로 대화는 신체를 가진 타인이 눈앞에 있는 상황에서 표정이나 자세, 몸짓과 함께 무엇보다도 −필담을 제외하면− '목소리 말'을 통해 이루어진다. 웅변적인 연설이나 배우의 강렬하고 박력 있는 대사가 보여주듯이, 말은 신체적 요소를 통해 비로소 생명력을 갖는 것처럼 보인다.

앞서 '죽은 자'라는 말에는 살아있는 자와 단절되어 있고 대화가 불가능한 뉘앙스가 있음을 언급했다. 이러한 단절감을 유발하는 가장 큰 요인은 죽음으로 인한 신체 소멸이다. 영정 앞에서 조의문을 낭독하는 경우, 망자의 신체가 소실된 지 얼마 되지 않은 상태이므로 말이 발화되는 공간에는 여전히 신체의 강한 잔존감이 감돌고 있다. 그리고 말을 건네면 건넬수록 응답 없는 세계에서 더욱 두드러지는 것은, 말을 건네는 상대의 신체가 소실되었다는 사실이다. 살아있는 자가 건네는 말은 죽은 자의 소실된 신체 속으로 사라져 간다.

샤먼의 '공수'가 유사적 대화로 보이는 이유 중 하나는, 죽은 자의 신체가 영매라는 제3자의 신체를 통해 굴절된 형태로 대체되기 때문이다. 죽은 자의 말은 무당의 신체에서 발화되는 육성으로서의 말에 완전히 덮이고, 낯선 신체를 두르고 나타난다. 죽은 자가 '죽은 자'인 이유는, 생기 있는 목소리로 말을 더는 다시 발화할 수 없다는 점에 있다. 이 교신은 현재에서 이루어지는 이계異界와의 접촉이기는 하지만, 과거가 된 죽은 자와의 대화는 아니다.

이에 반해, 텍스트라는 대화 상대는 인간으로서의 신체를 가지고 있지 않다. 따라서 텍스트의 말은 애초에 죽은 자의 말로 인식되지 않는다. 그럼에도, 과거에 발신된 말은 현재 존재하는 살아있는 자 이상의 힘으로 말을 걸어온다. 신체의 존재 여부가 문제되지 않는 말이 존재한다는 것, 오히려 신체성을 완전히 불식시켰기에 힘을 발휘하는, 이른바 더욱 투명한 말의 양태가 존재한다는 것, 이러한 양상을 텍스트라는 존재가 보여주고 있는 것이다.

확실히, 많은 경우 말은 신체를 통해 나타나므로, 마치 신체에 종속된 것처럼 보인다. 실제로 서양에서는 소크라테스의 말을 기록한 플라톤(기원전 427~347) 이후 20세기 후반까지 매우 오랜 세월 동안,

음성 언어야말로 영혼을 지닌 것이며 문자 언어는 이차적인 것으로 이해되어 왔다. 그러나 신체를 떠나 말이 존재한다는 사실은, 말의 본질적인 가능성이 신체라는 차원에 고정되어 있지 않음을 보여준다. 말은 지각의 차원이 아니라, 흔적의 차원에서 울려 퍼진다.

제3절 텍스트의 역사, 혹은 흔적의 장의 변화

(1) 소멸하는 신체성

발화자의 신체로부터 말이 분리되어 텍스트 속에 이식되고, 사람의 신체적 상황으로부터 독립하는 현상은 문자 언어 세계에서 특히 두드러진다. 신체에서 목소리로 발화되고 소리로 울리는 말이 문자가 되었을 때, 그것들은 돌이나 판, 종이, 스크린 등 신체와는 별개의 물체 위에 흔적으로 새겨지고, 각인되며, 그려지고, 비춰진다.

문자라는 흔적이 된 말을 담은 텍스트는 대화하는 두 사람을 매개하는 언어 공간이 된다. 이 문자 언어의 공간은 수신자뿐만 아니라, 그 말을 만들어낸 발신자로부터도 독립해 있다. 발신자는 마치 타자와 대화하듯 자신이 만들어냈을 말과 대화를 나누고, 그 결과를 동일한 텍스트에 계속 기록할 수 있다.

말은 신체로부터 분리되어 흔적으로 외부에 새겨짐과 동시에, 제3자성을 띠고 익명성을 지닌다. 물론 거기에 서명署名을 남겨 자기 것으로 만드는 노력은 가능하며, 실제로 사람은 말의 발신원의 정통성을 확보하기 위해 노력한다. 그러나 서명은 해당 말의 외부에 위치하므로 대필이나 위조가 얼마든지 가능하며, 서명을 믿는 행위 자체가 정통성이나 진정성이라는 중요한 개념을 묻는 새로운 과제가 된다. 사실, 말에서의 익명성은 문자 언어에 특유한 과제가 아니다. 일반적으로 목소리로서의 말은 신체에서 발화되므로 그 발신원의 정통성이 의심되지 않는다. 하지만 예를 들어, 전화로 대화가 이루어질 때, 그 목소리의 주체는 시각적으로 차단되어 있으므로, 익명의 목소리를 내거나 가명으로 육성을 전달하여 거짓을 믿게 만들 수 있다. 또는 생전에 녹음된 목소리를 사후에 재생하여 생존을 가장할 수도 있다.

말과 그 발신원의 진정성이라는 과제는 사실 구술 언어와 문자 언어의 차이에서 비롯된 것도 아니고, 말을 지각하는 수단이 청각이냐 시각이냐의 차이에서 비롯된 것도 아니다. 그것은 말이 신체로부터 독립할 때, 말하자면 말이 말로서 순화純化될 때 발생하는 문제로, 오히려 말 자체에 내재된 특성으로 보아야 한다. 이것이 바로 데리다가 정면으로 탐구해 온 '에크리튀르'라는 과제이다.

신체에서 분리된 언어가 지니는 익명성, 가명성, 그리고 반대로 정통성과 진정성이라는 문제는 특히 종교에서 중대한 의미를 지닌다. 기독교나 이슬람교, 불교와 같이 창시자가 존재하는 종교에서는 전승되고 있는 말에 기원의 정통성이 얼마나 확보되어 있는지가 가르침의 성립을 좌우하는 중대사이다. 한편, 유대교나 일본 고유의 종교처럼 특정 창시자가 없는 종교는 전승되는 언어의 정통성이 '사람'으로서의 기원에 의존하지는 않지만, 말의 기원의 의의에는 전적으로 의존한다. '신들의 말'이 현재까지 올바르게 계승되고 있는지 여부는 그 사회의 존립에 영향을 미치는 중대한 관심사인 것이다.

사고思考의 흔적이 텍스트의 형태적 차이에 따라 어떻게 나타나는가, 그것이 종교의 진리 전승이라는 과제와 어떻게 관련되는가, 마지막으로 이러한 점들에 대해 불교를 사례로 삼아 생각해 보고자 한다. 불교의 역사는 인류 역사에서 사고의 흔적으로서의 텍스트가 변천해 온 과정을 응축한 것과도 같다. 이 문제를 고찰하기 위해, 먼저 불교사에서의 오랜 수수께끼를 소개하고, 그 해결 방안을 제시하는 것부터 시작하고자 한다.

(2) 불교사에서의 수수께끼

르네상스 시대에 그리스와 로마에서 자신들의 문명적 뿌리를 발견한 서양 국가들은 대항해 시대를 거치며 18세기에 이르러 동양 문명에 주목하게 되었고, 이 미지의 세계에 대한 본격적인 탐구를 시작했다. 인도·유럽어라는 개념을 탄생시킨 계기가 된 산스크리트어의 '발견'은 서양 국가들에게 자신들의 문명의 기원을 그리스보다 더 과거로 거슬러 올라가게 하는 획기적인 사건이었으며, 이를 계기로 서양 세계에 머물던 인문학 세계에 동양 세계의 인문지人文知가 유입되기 시작했다. 동서양의 지知를 해명의 대상으로 삼는 현재의 인문학의 초석은 바로 이 시기에 구축되었다고 볼 수 있다(Shimoda〔2012〕).

자세한 설명은 생략하지만, 인도 문명의 '발견'에서 불교의 '발견'에 이르기까지 서양 세계는 매우 복잡한 우여곡절을 겪었다(시모다下田〔2010c〕). 그 결과, 서양 지식인들은 19세기 중반에 이르러 인도학, 중국학, 티베트·몽골학을 하나의 지식의 장場으로 집약하여 '근대불교학'을 구축하게 된다. 각 전통 내부에서 불교를 깊이 이해하고 있던 아시아 국가와 지역들은 근대화 과정에서 이 새로운 학문을 도입하여 불교 연구를 다시 시작하게 되었다.

서양 중심의 시각에서 시작된 것이기는 하지만, 전통적 불교 세계를 넓은 시야로 재조명하는 근대불교학은 그동안 깨닫지 못했던 다양한 문제들을 발견하고 이를 해결해 나갔다. 그러나 그 200년에 걸친 역사 속에서 하나의 수수께끼가 남았다. 그것은 대승불교라는 형태의 불교가 도대체 어떤 경위로 발생했는가 하는 문제이다.

현재의 불교 세계는 크게 두 문화권으로 나뉜다. 하나는 동남아시아를 중심으로 유포된, 한때 소승불교로 불렸던 상좌부上座部(테라와다) 불교이며, 다른 하나는 중앙아시아, 티베트, 그리고 동아시아에 전파된 대승불교라고 불리는 불교이다. 이 두 불교는 물론 불교로서의 기본적 성격은 공유하고 있지만, 세부적으로는 많은 부분에서 차이가 있다. 이는 전파된 지역의 특수성을 반영한 차이가 아니라, 애초에 서로 다른 유형의 불교가 존재했고 그것을 선택적으로 수용한 결과로 생긴 것이다.

양자의 가장 큰 차이점은 대승불교는 상좌부 불교가 가지고 있는 전통불교 경전과 함께, 상좌부불교에는 없는 방대한 수와 양의 대승경전을 보유하고 있다는 점이다. 기원 전후에 출현한 것으로 추정되는 대승경전은 공사상, 유식사상, 불성사상, 밀교사상 등 동아시아와 티베트의 불교의 핵심을 이루는 다양한 사상을 설하고 있다. 대승불교를 수용한 나라와 지역에서는 이러한 대승경전에 설해진 교의 내용을 바탕으로 의례, 신앙, 제도를 구축했기에, 두 문화권의 불교에는 큰 차이가 나타나게 되었다. 대승불교의 출현이라는 수수께끼를 해명하기 위해서는 대승경전의 출현이라는 수수께끼를 풀어야 한다.

(3) 대승불교 기원설의 문제점

학계는 지금까지, 이렇게 상이한 제도적 불교를 만들어낸 경전들이 생산되고 편집되려면, 이 경전들을 만들어낼 독자적인 제도와 함께 전통불교와는 다른 별도의 교단이 있었을 것이라고 가정해 왔다. 명확하게 양분된 현재의 불교 세계를 전제로 전통경전과 대승경전의 내용적 차이에 주목한다면, 이는 분명 자연스러운 가정이라고 할 수 있다.

하지만 이 가정에는 큰 문제가 있다. 인도의 고고학적 자료를 비롯한 다양한 역사 자료와 전혀 부합하지 않기 때문이다. 첫째, 대승경전은 출토된 사본의 연대로 보아 기원 전후에 출현한 것으로 간주되는 반면, 비문碑文 자료에서 나타나는 대승교단의 존재는 기원후 5~6세기까지 내려가며, 그 사이에는 500년이라는 시간적 공백이 존재한다. 즉, 오랜 기간 동안 대승경전만 존재하고, 대승교단의 존재는 확인할 수 없는 것이 역사적 실태이다. 둘째, 발굴된 승원과 불탑, 각종 미술 유물 역시 대승교단이 부재했음을 시사한다. 5세기 무렵까지의 건축 양식이나 출토된 유물의 특징은 불교 전체에 공통되며, 대승만의 고유한 것은 존재하지 않는다. 셋째, 5세기 법현(法顯, 337~422)이나 7세기 현장(玄奘, 602~664) 등 중국 순례승들이 기록한 인도 견문록도 같은 내용을 증언한다. 대승과 소승의 승려들은 대부분 동일한 승원에 살았으며, 두 불교의 차이는 독송하는 경전의 차이에 근거한다. 마지막으로, 대승의 독자적인 교단이 성립하려면 독자적인 계율을 가지고 있어야 하지만, 대승에는 독자적인 계율이 존재하지 않는다. 즉, 교단으로 자립할 근거가 없다는 것이다(시모다下田〔2005a; 2005b; 2006〕).

이러한 사실들을 고려한다면, 연구자들은 고대 인도에 대승의 독자적인 교단이 존재했다는 전제를 버리고, 다른 방향을 모색할 수밖에 없다. 그럼에도, 전통경전과 대승경전의 현격한 내용 차이와 이에 따라 양분되어 보이는 현재 불교 세계의 모습에 얽매여, 연구자들은 대승교단의 원형이 고대 인도에 존재했다는 가정을 놓지 못하고 있다. 이로 인해 지난 20여 년 동안 이 문제를 둘러싸고 학계는 거의 답보 상태에 놓여 있다.

(4) 서사 텍스트로서의 대승경전의 출현

이 질문을 해결하기 위해서는 경전이라는 텍스트와 텍스트 외부의 교단 제도와의 관계에 초점을 맞추는 것이 아니라, 텍스트 그 자체의 변천에 주목할 필요가 있다. 사회적 제도는 변하지 않은 채, 전승되는 텍스트의 내용에 큰 변화가 일어난다는, 이제까지 상정되지 않았던 사태를 역사 속에서 찾아내고 해명해야 한다. 문명사적 관점에서 보면, 바로 이런 일이 불교사에서 일어났음을 알 수 있다. 그것은 고대 인도 어느 시기에 불교 지식의 전승 형태가 구두 전승에서 서사로 이행한 것이다.

샤카무니 붓다(기원전 463~383)에 의해 창시된 불교는 개조의 입멸 후 300~400년 동안 오직 구두 전승을 통해 가르침을 계승하였다. 그런데 기원전 1세기경 문자가 도입되면서 가르침의 말이 존재하는 지평은 사본으로 옮겨지기 시작하였다. 이때, 경사經師라고 불리는 경전 전승 전문가들은 서사된 경전을 구두 전승의 보조수단으로만 이용하는 이들과, 서사 언어로 결실을 보는 텍스트의 중요성을 깨닫고 전승된 지식 전체를 재고하는 이들로 나뉘었다. 전자는 '전통경전'의 계승을 이어갔고, 후자는 대승경전을 만들어냈다. 교설 전승 매체의 변화를 둘러싸고 대략 이러한 역사가 드러난다.

구두 전승 시대에는 스승의 뇌리에 기억으로 새겨진 말이 목소리로 발화되고, 제자의 귀를 통해 제자의 뇌리에 목소리 말의 기억으로 새겨졌다. 수세기 동안 불佛의 말은 발신자인 스승과 수신자인 제자가 직접 마주하는 형태, 즉 신체를 동반한 살아있는 자들이 서로 대화하는 방식으로 전승되어 왔다. 그런데 여기에 문자 언어가 출현하고 사본이 등장하면서 불佛의 말은 스승과 제자 모두로부터 독립된 '사본'이라는 제3의 물체 속으로 이전되었다. 사람의 신체로부터 말이 분리되어 자립하고, 신체의 유무를 초월하여 텍스트 속에 흔적으로 새겨진 것이다.

지식의 전승 형태가 파롤(parole)에서 에크리튀르(écriture)로 전환되었을 때 그 의의를 적극적으로 평가하며 탄생한 대승불교 경전의 경우, 말이 신체로부터 해방되어 더욱 순화純化된 말의 세계가 신체 외부에서 서사 경전으로 실현되기에 이르렀다.

이러한 매체 전환의 의의를 자각한 대승경전 편찬자들에게는 이전의 불교에는 존재하지 않았던 주목할 만한 인식이 나타난다. 첫째, 불탑=성유물 숭배와 관련된 외부 의례에 대한 부정적 인식과, 이에 반비례하는 듯한 경전신앙의 선양 의식이다. 둘째, 기존 불설의 진정성과 정통성에 의문을 제기하고, 새로운 정통성을 수립하고자 하는 의식이다. 이 의식들은 서로 깊이 연관되어 있으며, 서사 경전 안에 불교의 모든 것이 포섭된다고 하는, 불교에서의 '성전' 탄생의 자각을 보여준다. 이 점을 조금 더 파고들어 보자.

(5) 불탑신앙의 부정과 경전숭배의 등장

지금까지는 고대 인도불교의 전승 가운데, 오로지 경전이라는 텍스트에만 주목해 왔다. 그러나 실제로는 이 외에도 의례, 수행실천 방법, 조형, 예술, 퍼포먼스 등 다양한 요소들이 있다. 그중에서도 개조인 석가의 유골을 담아 건립된 불탑은 입멸한 붓다를 대신하는 존재로서 불교도들의 숭배를 받아 왔다. 근년의 고고학적 해명에 따르면, 불탑신앙은 붓다의 생애에 대한 장대한 우주적 규모의 이야기인 '불전'이라는 텍스트 발전에 호응하며 발전했고, 왕후, 씨족, 길드 집단, 지역 공동체 등을 끌어들이면서 장대한 축제 공간을 형성해 나갔다고 한다. 산치나 바르후트 등의 거대한 불탑은 예술, 문학, 공예 등 다양한 성속聖俗 활동을 집약하는 네트워크의 중심이었다. 그것은 단순히 불교도들에게 상징적인 존재라는 것에 그치지 않고, 마우리아 왕조와 사타바하나 왕조 등의 제국 건설 이념의 상징적 공간으로 기능했다(본서 202~207 페이지).

그런데 서사 경전으로 출현한 대승경전에는 이러한 불탑신앙에 대한 부정 의식이 전면에 드러나 있다. 눈앞에서 펼쳐지는 축제적 종교 활동에 휘말리는 것을 거부하고, 그러한 행위 전체를 경전 내부의 공간으로 끌어들여 불佛의 언설로 응결시킨다. 불탑신앙이 외부 공간을 축제화하려는 시도라면, 대승경전은 외부 세계를 차단하고 오직 텍스트 내부의 언어 세계를 성역聖域화하려는 시도이다. 여기에서 의례와 실천을 위한 보조수단으로서의 텍스트가 아니라, 반대로 의례와 실천을 내포하고 의의를 부여하는 능동적 텍스트가 탄생하였다. '경전이 곧 붓다이다'라는 의식을 지닌 대승경전 편찬자들에게 불탑신앙은 경전신앙으로 전환된 것이다.

다만, 실제로는 대승경전의 '불탑신앙 부정 의식'은 의례나 도상(icon)보다 문자 경전을 선양하는 데 그쳤고, 현실의 의례를 부정하는 운동으로까지 외부로 드러나지는 않았다. 불교사에서 조형과 텍스트는 상호 보완적인 관계에 있으며, 대승경전이 등장한 이후에도 불탑신앙은 계속되었고, 유골을 대신하여 대승경전을 불탑에 봉안하는 새로운 공존 체제가 형성되어 갔다.

(6) 불설佛說의 정통성 갱신

대승경전이 서사 텍스트로 등장하면서 전승자들 사이에는, 사람에 의존하던 구두 전승을 넘어 새로운 정통성을 수립하려는 의식이 형성되었다. 경전에서 불교의 참된 모습을 세우고 그 정통성을 묻는 것, 이것이 다양한 대승경전에 공통으로 나타나는 가장 큰 특성이다.

이는 수신자와 발신자가 신체를 통해 마주하고 경전과 사람이 겹치는 구두 전승에서는 일어나기 어렵다. 전승의 정통성에 의문을 제기하는 것은 가르침을 기억하고 지금 발화하고 있는 스승의 의의를 부정하는 것과 직결되기 때문에 정통성에 대한 물음 자체가 존재할 수 없다. 전승의 정통성에 대한 검토와 비판이 지속적으로 가능하기 위해서는 사람과 전승이 겹치지 않는 독자적인 매체의 존재가 필요하며, 이를 위해서는 서사 경전의 등장을 기다릴 수밖에 없었다.

문자 형태로 사본에 옮겨진 텍스트는 구두 전승과는 달리 상호 비교가 가능하다. 여기에는 폐쇄적 공동체를 전제로 하는 구두 전승에서는 쉽게 일어날 수 않는, 서로 다른 계통의 전승을 하나로 집약하고 조망하는 시각이 생겨날 수 있는 계기가 있다. 이렇게 서사 경전에서는 불교의 과거 역사 전체에 대해 본격적으로 물음을 제기할 수 있는 환경이 한층 더 형성되어 간다.

정통성에 대한 검토가 지속적 물음으로 성립하려면, 정통성을 주장하는 발신자와 함께 그 주장을 인가하는 수신자가 존재해야 한다. 그러려면 그 정통성에 대한 물음이 이 양자의 주관主觀을 공존시키는 '공동 주관적인 장場'에서 이루어져야 한다. 서사 경전은 바로 그 장場으로 기능한다.

앞에서, 문자라는 흔적이 된 말을 담은 텍스트는 대화하는 두 사람을 매개하는 언어 공간이 되며, 수신자뿐 아니라 그 말을 만들어낸 발신자로부터도 독립해 있다는 점, 그리고 말은 신체로부터 분리되어 흔적으로 외부에 새겨지는 동시에, 제3자성과 익명성을 띤다는 점을 언급했다. 여기서의 자립성과 익명성은 사실 간주관적間主觀的인 장을 성립시키는 공공성과 겹친다. 이 공공화된 장場의 언술의 힘으로, 붓다라는 서명으로써 저자가 익명화되는 동시에 불설의 진정성과 정통성을 검토하는 언설이 대승경전에서 지속적으로 가능해진 것이다.

(7) 텍스트의 타자성

서사 경전으로 완성된 대승경전은 신체를 통한 목소리 말을 넘어 문자로서의 말에 궁극적 의미를 부여한다. 분명, 대승경전에는 법사(다르마바나카)라고 불리는 독송자가 존재했고, 그들은 경전의 계승에서 중요한 역할을 담당했다. 하지만 법사는 문자로서의 말을 목소리로서의 말로 전환하여 재생하는 매개자일 뿐, 문자로 기록된 경전에 있어서는 이차적인 존재에 불과하다. 그들은 경전의 말의 기원으로 나타나지 않는다.

이와 관련하여, 대승경전의 저자 혹은 편찬자를 묻는 문제의 문제점을 부언하고자 한다. 불교사에서 대승경전 출현의 의의를 해명하기 위해, 지금까지 학계에서는 대승경전이 어떤 저자 또는 편찬자에 의해 생성되었는지 추적해 왔다. 그러나 이는 두 가지 점에서 문제점을 내포하고 있다.

첫째, 천 년 가까운 세월 동안 '붓다의 말'을 서사 경전으로 계속 만들어 온 흐름은, 아무리 뛰어나다 해도 특정 개인의 의도에 한정될 수 있는 사건이 아니다. 대승경전의 저자나 편찬자의 존재는 서사 경전의 출현과 계승이라는 교설 계승 역사상의 대사건 위에 위치하는 개개의 점일 뿐, 설령 역사상의 한 지점에서 활동한 저자나 편찬자를 특정할 수 있다고 해도, 이 대승경전 제작 운동의 의의를 환원할 수 있는 기원이 될 수는 없다.

둘째, 이 저자나 편찬자를 특정하는 것이 현재의 자료 상황에서는 애초에 불가능에 가깝다. 연구자들은 대승경전의 내용을 근거로 이 문제를 해명하고자 노력해 왔다. 그러나 경전 내용은 저자나 편찬자들에 의해 만들어진 결과이지, 그들을 만들어낸 원인이 아니다. 경전 내용을 단순하게 당시 사회 환경으로 판단하고, 그 사회 환경에 규정된 저자를 상정하는 것은 원인과 결과의 관계를 뒤집는 것이다.

대승경전의 말이 붓다의 말의 계승이라고 이해하는 불교도들은 경전의 말의 배후에 사람으로서의 특정 저자를 상정하지 않는다. 그들은 어떠한 특정 사람으로부터도 독립하여 존재하는 말의 양태, 즉 에크리튀르(écriture)로서의 언어가 가진 특성에 주의를 기울인다. 대승경전의 이러한 익명성은 저자를 숨기려는 의도에서 비롯된 것이 아니라, 신체를 떠난 말이 지닌 본래적인 익명성에 의한 것이다.

이러한 특성을 지닌 대승경전을 읽을 때, 사람은 저자의 모습을 볼 수 없는 채로, 경전에 새겨진 사고의 흔적을 따라가며 자신의 의식에 그 흔적을 새겨 넣는다. 이때, 문자로 새겨진 흔적으로부터 독자의 의식에 생겨나는 표상에 응답해야 할 주체는 문자로서의 말을 가진 대승경전 외에는 없다. 대승경전의 독자는 경전의 말에 의해 자신에게 새겨진 사고의 흔적의 의미를, 말을 담고 있는 대승경전 그 자체에 되묻는다. 하나의 대승경전의 출현은 다음 대승경전의 생성에 기여하며, 한편으로 원래의 그 경전 자체도 확대된다.

이러한 대승경전은 발신자의 사고思考의 흔적이 새겨진 장場인 동시에, 수신자의 사고의 흔적이 새겨지는 장이기도 하다. 앞서 언급했듯이, 그것은 전승을 전하는 이와 받아들이는 이의 주관이 공존하고 대화하는 공공公共 공간이다. 세대를 넘어 지속적으로 제작되는 대승경전 전체는 불교도들의 과거로부터의 기억의 흔적을 남긴 장대한 왁스보드이며, 나아가 잠재의식의 총체로 간주될 수 있을 것이다.

구두로 전승되는 말, 즉 신체를 매개로 하는 말의 존재를 제일의第一義로 삼는 전통경전과 비교할 때, 공동 주관의 장이 되고 대화를 성립시키는 장이 되는 대승경전의 특징은 텍스트가 지니는 타자성他者性이라고도 말할 수 있다. 타자는 파악할 수 없는 존재인 동시에, 대화의 상대이다. 다음 구절은 이 의미를 훌륭하게 전하고 있다.

> 타자를 이해한다는 것은 오히려 타자가 나의 지知 전체에서 벗어난 존재임을 이해하는 것이다. 어떤 것을 '이해하다(comprendre)'는 것은 그 어떤 것을 포섭하는 것이다. 이해된 존재는 나의 지知에 의해 '포섭되어(comprise)' 있다. 그렇다면, 그러한 포섭 대상이 될 수 없는 자, 그렇기에 훌륭하게 '대화'의 상대가 되는 자를 사람은 타자라고 부르는 것이다. (쿠마노熊野[2006: 330])

'포섭의 대상이 될 수 없는 자'와 '훌륭하게 대화의 상대가 되는 자' 사이에는 현격한 간극이 있다. 이 간극을 받아들이고, 사람을 대화로 이끄는 것, 그것이 바로 사고의 흔적으로서의 텍스트와 다름없다. 잠재의식 차원에 새겨진 흔적의 소재所在는 자기와 타자 어느 쪽의 경계에도 제약받지 않는다. 설령 자기의 흔적이라 할지라도, 그것은 망각의 저편에 있으며, 우연히 만날 기회가 없다면 끝내 그 존재를 깨닫는 일은 없다. 설령 타인의 흔적이라 할지라도, 텍스트에 새겨진 흔적을 접함으로써 그 의미가 번뜩 떠오를 때가 있다. 사고의 흔적으로서의 텍스트는 사람의 신체를 떠나 있으면서도, 동시에 대화의 상대가 되는 타자로서 존재하고 있다.

맺음말

불교는 역사 속에서 다양한 형태로 전개되어 왔으며, 대승경전은 그중 하나이다. 본서는 근대불교학에서 구축된 대승경전 이해를 서양 인문학의 방법론적 성찰에 비추어 검증하고, '대승불교란 무엇인가'라는 학계의 오랜 과제를 해결하고자 했다. 이를 통해 불교 이해의 단초가 될 만한 하나의 인식을 제시했다고 생각한다.

그러나 역사 속에 나타난 불교 전체를 해명한다는 본래의 주제에서 보면, 본서에서 다룬 연구 대상과 접근 방법은 모두 한정적일 수밖에 없다. 이는 대승경전을 중심에 두고 다른 모든 불교의 양상을 그것과의 대비 속에서 이해하며, 그 내용을 근대 인문학의 방법을 통해 고찰하는 방식을 따랐기 때문이다. 따라서 여기서 나타나는 불교의 모습은 '대승경전에서 바라본 불교'이며, 그 내용은 서양에서 형성된 인문학적 인식에 따라 다듬어진 것이다.

대승경전은 대승불교이지만, 대승불교가 곧 대승경전만을 의미하는 것은 아니다. 마찬가지로, 대승경전은 불교 경전이지만 그것만이 유일한 불교 경전인 것도 아니다. 무엇보다 대승불교는 불교이지만, 대승불교만이 불교인 것은 아니다. 또한 서양 인문학은 근대불교학에서 불교 이해를 구축하고 비판할 수 있는 힘을 가지고 있지만, 서양 인문학적 이해만으로 불교를 완전히 이해할 수는 없다.

결국, 본서에서 제시한 불교 이해는 반대 방향, 즉 '전통불교'의 경전이나 율전, 논서, 대승의 논서, 동아시아나 일본에서의 불교 이해 및 그것을 형성해 온 전통적 불교학의 방법이라는 관점에서 다시 검토되어야 한다. 특히 불교사상이 언어의 힘과 그 한계를 자각하며 구성되었다는 점을 고려하면, 언어의 힘을 기초로 성립된 서양 형이상학적 사고의 틀을 채택한 점은 재고될 수밖에 없을 것이다.

이를 기반으로 현재 필요한 것은 이러한 단계로 나아가기 위한 전제를 정리하는 일이다.

불교는 정지靜止된 개념이 아닌 끊임없이 생성되고 발전하는 역사적 존재이다. 이러한 운동체로서의 불교를 해명하기 위해서는 외부에서 정적靜的으로 분석하는 해부학적 방법만으로는 충분하지 않으며, 내부로 들어가 동적動的으로 탐구하는 접근이 필요하다. 이를 위해서는 역사적 존재의 내부에서 태어난 하나의 개념이 어떻게 외부 전체에 영향을 미치며, 반대로 스스로 전체로부터 영향을 받으면서 전개되어 가는지를 추적할 필요가 있다.

불교라는 역사의 내부에서 탄생한 것 중 대승불교만큼 그 역사에 큰 영향을 끼친 개념은 없을 것이다. 그리고 아무리 오랜 역사를 지녔다 해도, 하나의 개념에 대한 인식 형성은 직전 역사 속에서 이루어진 활동에 크게 영향을 받는다. 따라서 대승경전이라는 형태로 등장한 대승불교에 대한 인식이 어떻게 형성되어 왔는지를 주제로 삼고, 그것이 직전의 역사, 즉 근대불교학에서 어떻게 이해되고 있는지를 대조하는 것은 역사적 운동체로서의 불교를 이해하는 데 매우 중요하다.

본서가 목표로 삼은 것은, 생성하는 역사로서의 불교를 파악하기 위해 그 존재 내부에서 유효한 파라미터로 기능하는 개념을 찾아내고, 그 개념을 둘러싼 인식 형성 과정을 명확히 하는 일이다. 역사적 존재로서의 불교 안에서 탄생한 대승경전과 거기에서 나타난 '대승불교'라는 개념, 그리고 그것에 대한 인식 형성 과정은 이러한 파라미터의 운동을 보여주는 최적의 사례라 할 수 있다.

따라서 본서는 근대불교학에서 세워진 '대승경전 비불설론'을 대상으로 삼아 이를 반박하기 위해 그 모순 개념이나 반대 개념으로서 '대승경전 불설론'을 제시하고자 한 것은 전혀 아니다. 오히려, 불교를 진정으로 해명하기 위한 문제는 근대불교학에서 구축된 '대승비불설론'에 이르는 길 위에는 존재하지 않는다는 점을 분명히 하고자 한 것이다. 물론 논술 자체는 기존 대승경전 이해에 대한 여러 학설들과 대립하는 형태로 진행되지만, 이는 그러한 학설들을 대상으로 삼아 부정하려는 것이 아니라, 그것들이 진정한 의미에서 논의의 대상이 될 수 없음을 보여주려는 것이다. 문제의 소재는 차원이 다른 곳에 있다.

본서는 대승경전을 연구 대상으로 삼으면서도 구체적인 경전의 예시를 바탕으로 한 논의는 극히 제한된 부분에서만 전개되고 있다. 이는 본서가 개별 대승경전의 기술을 직접적으로 다룰 수 있는 프레임워크를 제공하려는 것이 아니라, 대승경전의 기술에 대한 다양한 학승과 연구자들의 이해를 위치시킬 수 있는 준거틀을 구축하고, 이를 통해 대승경전의 내용을 이해하고자 했기 때문이다. 이를 위해서는 차원이 다른 메타레벨의 언술이 필요하다.

불교라는 존재를 해명하려면 불교라는 인식의 성립을 해명하는 것이 불가결하다. 이를 위해서는 전통 내부에 있는 학승의 해석이든 전통 외부에서 비판적으로 분석하는 연구자의 해석이든, 역사상 존재하는 해석자들의 불교에 대한 인식 성립 과정을 해명해야 한다. 그 전제는 모든 해석자가 보편적으로 의거할 수밖에 없는 '텍스트와의 대면'이라는 양상에 대한 해명이다. 이 지점까지 문제를 파고들어 비판적으로 수행된 불교 연구는 동서양을 통틀어 지금까지 접한 적이 없다.

불교학계에서 이루어지는 일반적인 논의에 익숙한 사람들에게는 본서의 각 장이 지나치게 우회적이고 난해한 시도로만 보일 것이다. 그럼에도 불구하고, 나의 제자들은 본서의 초기 원고를 꼼꼼하게 읽고 각자 솔직한 감상을 전해 주었다. 함께 공부해 온 젊은 연구자들과의 교류를 통해 본서가 책의 형태를 갖추게 된 것에 깊은 감회를 느낀다. 특히, 야오 후미(八尾史) 씨(현 와세다대학 고등연구소 강사)는 초고와 초교본을 더할 나위 없이 세심하게 읽고 수많은 귀중한 의견을 보내주었다. 박현진 씨(현 도쿄대학 대학원 인문사회계연구과 특임연구원)는 방대한 인용 문헌 전체를 일일이 원본과 대조 확인하는 번거로운 작업을 맡아 정확한 정보를 제공하는 데 기여해 주었다. 이 자리를 빌려 특별히 감사의 마음을 전하고자 한다.

도쿄대학출판회의 고구레 아키라(小暮明) 씨에게서 저서 출판 제안을 받은 것은 벌써 십여 년 전의 일이다. 당시에는 본서와는 다른 주제의 집필 의뢰였고, 이미 다른 출판사를 통해 출판 준비를 진행하고 있었기 때문에 한 차례 거절을 했다. 그러나 시간이 지나 본서와 관련된 주제로 출판을 여러 차례 간곡히 권유해 주셨다. 여러 매체에 흩어져 있던 원고들이 하나로 집약되고 새로운 형태로 정리되어 빛을 보게 된 것은 고구레 씨의 열의에 힘입은 바가 크다. 전문서의 출판이 점점 어려워지고 있는 시대에 독특한 불교 연구서를 세상에 내보낼 수 있게 해주신 것에 깊은 감사를 드린다.

2020년 3월 12일
도쿄대학 문학부 인도철학·불교학 연구실에서
시모다 마사히로

참고문헌

〈1차 문헌〉

(인도어 계통)

Aṣṭasāhasrikā (『팔천송반야경』) = *Aṣṭasāhasrikā Prajñāpāramitā: With Haribhadra's Commentary Called Āloka.* Edited by P. L. Vaidya. Darbhanga: Mithila Institute of Post-Graduate Studies and Research in Sanskrit Learning, 1960.

Dīpavaṃsa (『도사島史』) = *The Dîpavaṃsa: An Ancient Buddhist Historical Record.* Edited and Translated by Hermann Oldenberg. London: Williams and Norgate, 1879.

DN ii = *The Dīgha Nikāya.* Vol. II. Edited by T. W. Rhys Davids and J. Estlin Carpenter. London: PTS, 1903. Reprint, 1966.

DN iii = *The Dīgha Nikāya.* Vol. III. Edited by J. Estlin Carpenter. London: PTS, 1911. Reprint, 1976.

Jātaka i = *The Jātaka: Together with Its Commentary; Being Tales of the Anterior Births of Gotama Buddha.* Vol. I. Edited by V. Fausbøll. London: Trübner, 1877. Reprint, Oxford: PTS, 1990

Jātaka v = *The Jātaka: Together with Its Commentary; Being Tales of the Anterior Births of Gotama Buddha.* Vol. V. Edited by V. Fausbøll. London: Kegan Paul, Trench, and Trübner, 1891. Reprint, London: PTS, 1963.

Mahāvaṃsa = The *Mahāvaṃsa, or The Great Chronicle of Ceylon.* Edited by Wilhelm Geiger. London: PTS, 1908.

Milindapañho (『밀린다팡하』) = *The Milindapañho: Being Dialogues Between King Milinda and the Buddhist Sage Nāgasena.* Edited by V. Trenckner. London: Williams and Norgate, 1880. Reprinted with Milinda-Ṭīkā, London: PTS, 1986.

MN i = *The Majjhima-Nikāya.* Vol. I. Edited by V. Trenckner. London: PTS,

1888. Reprint, 1979.

MN iii = *The Majjhima-Nikāya.* Vol. III. Edited by Robert Chalmers. London: PTS, 1899. Reprint, 1977.

Papañcasūdanī v = *Papañcasūdanī Majjhimanikāyaṭṭhakathā of Buddhaghosâcariya.* Part V (Suttas 131-152). Edited by I. B. Horner. London: PTS, 1938. Reprint, 1977.

Paramatthajotikā ii = *Sutta-Nipāta Commentary: Being Paramatthajotikā II.* Vol. I, *Uragavagga Cūḷavagga.* Editded by Helmer Smith. London: PTS, 1916. Reprint, 1966.

Saddharmapuṇḍarīka = *Saddharmapuṇḍarīka-Sūtram: Romanized and Revised Text of the Bibliotheca Buddhica Publication by Consulting a Skt. MS. & Tibetan and Chinese Translations.* Edited by Unrai Wogihara and Chikao Tsuchida. Tokyo: Sankibo Buddhist Book Store, 1934-1935.

Samantapāsādikā = *Samanta-Pāsādikā: Buddhaghosa's Commentary on the Vinaya Piṭaka.* Vol. III. Edited by J. Takakusu and M. Nagai. London: PTS, 1930. Reprint, 1968.

Sumaṅgalavilāsinī = The *Sumaṅgala-Vilāsinī*: Buddhaghosa's Commentary of the *Dīgha-Nikāya.* Part III (Suttas 21-34). 2nd ed. Edited by W. Stede from Materials Left Unfinished by T. W. Rhys Davids and J. Estlin Carpenter. London: PTS, 1971.

Śikṣāsamuccaya = *Çikshāsamuccaya: A Compendium of Buddhistic Teaching Compiled by Çāntideva Chiefly from Earlier Mahāyāna-Sūtras.* 4 vols. Edited by Cecil Bendall. Bibliotheca Buddhica I. St. Petersburg: Imperial Academy of Sciences, 1897-1902.

Vinayapiṭaka I (『팔리율장』) = *The Vinaya Piṭakaṃ: One of the Principal Buddhist Holy Scriptures in the Pâli Language.* Vol. I, *The Mahâvagga.* Edited by Hermann Oldenberg. London: Williams and Norgate, 1879. Reprint, London: PTS, 1964.

(티베트어역)

'Phags pa yongs su mya ngan las 'das pa chen po'i mdo = 『大谷大學図書館藏影印北京版西藏大藏經』 No. 788.

Shes rab sgron ma'i rgya cher 'grel pa = 『大谷大學図書館藏 影印北京版西藏大藏經』 No. 5259.

(한역) Taisho No.순

『大般涅槃經』 (曇無讖譯) Taisho No. 374.

『佛說大般泥洹經』 (法顯譯) Taisho No. 376.

『根本說一切有部毘奈耶安居事』 (『根本說一切有部律』) (義淨譯) Taisho No. 1445.

『大智度論』 (龍樹造, 鳩摩羅什譯) Taisho No. 1509.

『阿毘達磨大毘婆沙論』 (五百大阿羅漢等造, 玄奘譯) Taisho No. 1545.

『南海寄歸內法傳』 (義淨撰) Taisho No. 2125.

『出三藏記集』 (僧祐撰) Taisho No. 2145.

〈2차 문헌〉

고다 마사토(合田正人)

[2013] 「譯者あとがき」 デリダ[2013: 609 628].

나가사키 키요노리(永崎研宣) · 시모다 마사히로(下田正弘)

[2008] 「「人文系データベース」における相互運用性をめぐる諸問題」 『人文科學とコンピュータシンポジウム論文集』 (じんもんこん2008) 19-26.

넬슨, 테드(ネルソン, テッド) (Theodor Holm Nelson)

[1994] 『リテラリーマシン－ハイパーテキスト原論』 (ハイテクノロジー・コミュニケーションズ譯, 竹內郁雄・齊藤康己監譯) 東京: アスキー出版局.

노에 케이이치(野家啓一)

[2005] 『物語の哲學』 增補新版 (岩波現代文庫・學術139) 東京: 岩波書店.

노자와 요시미(野沢佳美)

[1998] 『明代大藏経史の研究－南藏の歴史學的基礎研究』 東京: 汲古書院.

[2015]『印刷漢文大藏経の歴史－中國·高麗篇』(シリーズ·アタラクシア3) 東京: 立正大學図書館.

다이조에(大蔵会) 編

[1964]『大藏経－成立と変遷』京都: 百華苑.

데리다, 자크(デリダ, ジャック) (Jacques Derrida)

[1972]『根源の彼方に－グラマトロジーについて (上)』(足立和浩譯) 東京: 現代思潮社.

[2000]『ポジシオン』(高橋允昭譯) 新裝版, 東京: 青土社.

[2005]『聲と現象』(林好雄譯) 東京: 筑摩書房.

[2013]『エクリチュールと差異〈新譯〉』(合田正人·谷口博史譯) 東京: 法政大學出版局.

린드벡, 조지(リンドベック, ジョージ·A.) (George A. Lindbeck)

[2003]『教理の本質－ポストリベラル時代の宗教と神學』田丸德善監修 (星川啓慈·山梨有希子譯) 東京: ヨルダン社.

마에다 에운(前田慧雲)

[1903]『大乘仏教史論』東京: 文明堂.

마츠다 카즈노부(松田和信)

[2011]「アフガニスタン寫本からみた大乘仏教－大乘仏教資料論に代えて」桂紹隆·齋藤明·下田正弘·末木文美士編『大乘仏教とは何か』(シリーズ大乘仏教1) 東京: 春秋社, 151-184.

모로 시게키(師茂樹)

[2015]『論理と歴史－東アジア仏教論理學の形成と展開』京都: ナカニシヤ出版.

무카이 아키라(向井亮)

[1987]「〈四依〉の教說とその背景」『印度哲學仏教學』2, 98-111.

[1988]「〈依法不依人〉の成句の起源と展開－〈四依〉說の問題として」『印度哲學仏教學』3, 141-154.

미야지 아키라(宮治昭)

[2005]「ガンダーラにおける最初期の仏像について」眞鍋俊照編『仏教美術と

歷史文化』(眞鍋俊照博士還曆記念論集) 京都: 法藏館, 5-25.

바바 노리히사(馬場紀寿)

[2008]『上座部仏教の思想形成－ブッダからブッダゴーサへ』東京: 春秋社.

버너스 리, 팀(バーナーズ=リー, ティム)

[2001]『Webの創成: World Wide Webはいかにして生まれどこに向かうのか』(高橋徹監譯) 東京: 毎日コミュニケーションズ.

사사키 시즈카(佐々木閑)

[2000]『インド仏教変移論－なぜ仏教は多様化したのか』東京: 大藏出版.

[2002]「部派仏教の概念に關するいささか奇妙な提言」『初期仏教からアビダルマへ』(櫻部建博士喜壽記念論集) 京都: 平樂寺書店, 57-71.

사이토 아키라(齋藤晃) 編

[2009]『テクストと人文學－知の土台を解剖する』京都: 人文書院.

쇼펜, 그레고리(ショペン, グレゴリー) (Gregory Schopen)

[2000]『大乘仏教興起時代インドの僧院生活』(小谷信千代譯) 東京: 春秋社.

스구로 신조(勝呂信靜)

[1993]『法華経の成立と思想』東京: 大東出版社.

스기모토 타쿠슈(杉本卓洲)

[1984]『インド仏塔の研究－仏塔崇拜の生成と基盤』京都: 平樂寺書店.

스즈키 켄타(鈴木健太)

[2003]「『現觀莊嚴光明』が註釋對象とした『八千頌般若経』」『印度學佛教學研究』50-2, 922-920.

시모다 마사히로(下田正弘)

[1993]『藏文和譯『大乘涅槃経』(I)』(インド學仏教學叢書4) 東京: 山喜房佛書林.

[1996]「《さとり》と《救い》－インド仏教類型論再考」『宗教研究』308, 25-46.

[1997]『涅槃経の研究－大乘経典の研究方法試論』東京: 春秋社.

[1999]「「梵天勸請」說話と『法華経』のブッダ觀－仏教における眞理の歷史性と超歷史性」『中央學術研究所紀要』28, 69-99.

[2000]「註釋書としての〈大乘涅槃経〉－ニカーヤ·アッタカターとの1致にみ

る涅槃経の展開形態」『アビダルマ仏教とインド思想』(加藤純章博士還暦記念論集) 東京: 春秋社, 327-339.

[2001]「〈近代仏教學〉と〈仏教〉」『佛教學セミナー』73, 97-118.

[2002a]「大乘涅槃経の教団をめぐる歴史的狀況－第一類「金剛身品」を中心として」『初期仏教からアビダルマへ』(櫻部健博士喜壽記念論集) 京都: 平樂寺書店, 103-116.

[2002b]「生活世界の復權－新たなる仏教學の地平へ」『宗教研究』333, 1-27.

[2002c]「口頭伝承から見たインド仏教聖典研究についての覺え書き」『印度哲學仏教學』17, 30-45.

[2002d]「未來に照らされる仏教－仏教學に与えられた課題」『思想』943, 206-222.

[2004a]「菩薩の仏教－ジャン・ナティエ著『ア・フュー・グッド・メン』に寄せて」『法華文化研究』30, 1-18.

[2004b]「聖なる書物のかなたに－あらたなる仏教史へ」『言語と身体－聖なるものの場と媒体』(岩波講座・宗教5) 東京: 岩波書店, 25-52.

[2005a]「仏教研究と時代精神」『龍谷史壇』122, 27-55.

[2005b]「〈物語られるブッダ〉の復活－歴史學としての仏教學を再考する」『仏教とジャイナ教』(長崎法潤博士古稀記念論集) 京都: 平樂寺書店, 357-379.

[2006]「近代仏教學の展開とアジア認識－他者としての仏教」『東洋學の磁場』(岩波講座・「帝國」日本の學知3) 東京: 岩波書店, 175-214.

[2009a]「伝承といういとなみ－實踐仏教の解釋學」『親鸞教學』93, 23-44.

[2009b]「媒体の展開としての仏教史－教典研究と人文學の一將來像」市川裕・松村一男・渡辺和子編『宗教史とは何か(下巻)』(宗教史學論叢14) 東京: リトン, 451-476.

[2009c]「書評と紹介: 藤田宏達著『淨土三部経の研究』」『宗教研究』362, 253-261.

[2010a]「戰前日本における仏教研究」『宗教研究』363, 80-81.

[2010b]「教典」星野英紀ほか編『宗教學事典』東京: 丸善, 22-25.

[2010c] 「近代仏教學の形成と展開」奈良康明·下田正弘編 『仏教の形成と展開』(新アジア仏教史02·インドII) 東京: 佼成出版社, 13-55.

[2011a] 「経典研究の展開からみた大乗仏教」桂紹隆·齋藤明·下田正弘·末木文美士編『大乗仏教とは何か』(シリーズ大乗仏教1) 東京: 春秋社, 39-71.

[2011b] 「セッションNo.5の發表に關するコメント: 経典研究の可能性を再考する－三氏への応答として」『日本佛教學會年報』76, 175-207.

[2011c] 「経典を創出する－大乗世界の出現」桂紹隆·齋藤明·下田正弘·末木文美士編『大乗仏教の誕生』(シリーズ大乗仏教2) 東京: 春秋社, 37-71.

[2011d] 「〈涅槃経〉経典群の編纂過程から照らす〈法華経〉－〈法華経〉の構造解明のための準備として」『法華文化研究』37, 1-17.

[2013] 「初期大乗経典のあらたな理解に向けて－大乗仏教起源再考」桂紹隆·齋藤明·下田正弘·末木文美士編『智慧/世界/ことば－大乗仏典 I』(シリーズ大乗仏教4) 東京: 春秋社, 3-100.

[2014a] 「近代人文學史からみた仏教學と宗教學－マックス·ミュラーの偉業」松村一男·下田正弘監修『比較宗教學の誕生－宗教·神話·仏教』(宗教學名著選2) 東京: 國書刊行會, 608-629.

[2014b] 「思考の痕跡としてのテクスト」秋山聰·野崎歡編『死者との對話』(人文知2) 東京: 東京大學出版會, 43-62.

[2016] 「仏教研究の死角　ウィルフレッド·キャントウェル·スミスの理解から」『智慧のともしび－アビダルマ佛教の展開』(三友健容博士古稀記念論文集) 東京: 山喜房佛書林, 83-102.

[2017] 「仏教學の方法と未來－領域獨存から超域共存へ」『印度學佛教學研究』65-2, 525-535.

[2018] 「変貌する學問の地平と宗學の可能性」智山勸學會編, 元山公壽監修『日本仏教を問う－宗學のこれから』東京: 春秋社, 207-241.

[2019a] 「コメント: 仏教學のフロンティアと比較思想－言語論的轉向からの照射」『比較思想研究』45, 58-63.

[2019b] 「デジタル化時代の人文學と中國研究－學術インフラの整備と國際學術ネットワークへの貢獻に向けて」『中國－社會と文化』34, 5-19.

[2019c]『デジタル學術空間の作り方－仏教學から提起する次世代人文學のモデル』東京: 文學通信.

[2019d]「エクリチュール論から照らす仏教研究－大乘経典研究準據枠構築のこころみ」『インド哲學仏教學研究』27, 1-53.

시즈타니 마사오(静谷正雄)

[1974]『初期大乗仏教の成立過程』京都: 百華苑.

아다치 카즈히로(足立和浩)

[1972]「譯者あとがき（I）」デリダ[1972: 359-395].

야마구치 즈이호(山口瑞鳳)

[2010]『評說 インド仏教哲學史』東京: 岩波書店.

야마다 류조(山田龍城)

[1959]『大乘仏教成立論序說』京都: 平樂寺書店.

야스마루 요시오(安丸良夫)

[1996]『〈方法〉としての思想史』東京: 校倉書房.

오치아이 토시노리(落合俊典)

[2006]「學術フロンティア「奈良平安古寫経研究據点の形成」の研究概要と現狀, 意義につ いて」『いとくら－學術フロンティア「奈良平安古寫経研究據点の形成」ニュースレター』1, 3-4.

오카다 유키히로(岡田行弘)

[2015]「『八千頌般若』と『法華経』の共通性－構想·教說の展開·物語をめぐって－」『印度學佛教學研究』63-2, 914-907.『印度學仏教學研究』63-2, (181)-(188).

옹, 월터(オング, ウォルター·J.) (Walter J. Ong)

[1991]『聲の文化と文字の文化』(櫻井直文·林正寛·糟谷啓介譯) 東京: 藤原書店.

와타나베 쇼고(渡辺章悟)

[2011]「大乘仏典における法滅と授記の役割－般若経を中心として」『大乘仏教の誕生』(シリーズ大乘仏教2) 東京: 春秋社, 73-108.

우에다 노보루(上田昇)

[2001]『ディグナーガ, 論理學とアポーハ論－比較論理學的研究』東京: 山喜房佛書林.

이마에다 요시로(今枝由郎)

[1989]「チベット大藏経の編集と開版」長尾雅人ほか編『チベット仏教』(岩波講座·東洋思想11) 東京: 岩波書店, 325-350.

이시이 켄지(石井研士)

[2004]「電子メディアの可能性と宗教のゆくえ」『宗教のゆくえ』(岩波講座·宗教10) 79-101.

이자랑李慈郎

[2000]「コーサンビー犍度における二種の不同住地」『韓國仏教學SEMINAR』8, 299-321.

이즈츠 토시히코(井筒俊彦)

[1983]「幻影の人－池田彌三郎を憶う」『中央公論』1161, 344-348.

[2014]「「書く」－デリダのエクリチュール論に因んで」『意味の深みへ－1983年-1985年』(井筒俊彦全集8) 東京: 慶應義塾大學出版會, 182-212.

이치카와 히로시(市川裕)·마츠무라 카즈오(松村一男)·와타나베 카즈코(渡辺和子) 編

[2008]『宗教史とは何か (上巻)』(宗教史學論叢13) 東京: リトン.

이케가미 요시마사(池上良正)ほか 編

[2004]『宗教史の可能性』(岩波講座·宗教3) 東京: 岩波書店.

이토 즈이에이(伊藤瑞叡)

[2007]『法華経成立論史－法華経成立の基礎的研究』京都: 平樂寺書店.

제임스, 윌리엄(ジェイムズ, W.) (William James)

[1970]『宗教的経験の諸相 (下)』(桝田啓三郎譯) 東京: 岩波書店.

츠치야 히로시(土屋博)

[2002]『教典になった宗教』札幌: 北海道大學図書刊行會.

츠카모토 케이쇼(塚本啓祥)

[1966]『初期仏教教団史の研究－部派の形成に關する文化史的考察』東京: 山喜房佛書林.

치즈카 타다미(遅塚忠躬)

[2010]『史學概論』東京: 東京大學出版會.

치쿠사 마사아키(竺沙雅章)

[1996]「宋代仏教社會史について」宋元時代史の基本問題編集委員會編『宋元時代史の基本問題』(中國史學の基本問題3) 東京: 汲古書院, 453-474.

가라시마 세이시(辛嶋静志)

[2005]「初期大乘仏典は誰が作ったか－阿蘭若住比丘と村住比丘の對立」『仏教と自然』(仏教大學總合研究所紀要別冊) 45-70.

가지야마 유이치(梶山雄一訳)

[1974]『八千頌般若経 I』(大乘仏典2) 東京: 中央公論社.

가지야마 유이치(梶山雄一)・단지 테루요시(丹治昭義) 訳

[1975]『八千頌般若経 II』(大乘仏典3) 東京: 中央公論社.

키펜베르크, 한스(キッペンベルク, ハンス・G) (Hans G. Kippenberg)

[2005]『宗教史の發見－宗教學と近代』(月本昭男・渡辺學・久保田浩譯) 東京: 岩波書店.

키다 겐(木田元)・노에 케이이치(野家啓一)・무라타 준이치(村田純一)・와시다 키요카즈(鷲田清一) 編

[1994]『現象學事典』東京: 弘文堂.

쿠마노 스미히코(熊野純彦)

[2006]「解說」エマニュエル・レヴィナス『全体性と無限 (下)』(熊野純彦譯) 東京: 岩波書店, 321-353.

다가와 켄조(田川健三)

[1997]『書物としての新約聖書』東京: 勁草書房.

타니 타다시(谷貞志)

[2012]「「刹那滅」論証－時間實体 (タイム・サブスタンス) への挑戰」桂紹隆・齋藤明・下田正弘・末木文美士編『認識論と論理學』(シリーズ大乘仏教9) 東京: 春秋社, 259-294.

다이쇼대학 종합불교연구소 범어불전연구회(大正大学綜合佛教研究所梵語佛典研究会) 編

[2004]『梵藏漢對照『維摩経』『智光明莊嚴経』』三分冊, 東京: 大正大學出版會.

다카사키 지키도(高崎直道)

[1974]『如來藏思想の形成－インド大乘仏教思想研究』東京: 春秋社.

[1981]「大乘経典發達史」平川彰・梶山雄一・高崎直道編『大乘仏教とは何か』(講座大乘仏教1) 東京: 春秋社, 59-88.

[1985]「總說 大乘仏教の〈周辺〉－補論 大乘非仏說論の諸資料」平川彰・梶山雄一・高崎直道編『大乘仏教とその周辺』(講座大乘仏教10) 東京: 春秋社, 1-34.

다카시마 준(高島淳)

[1999]「インドにおける「とき」－劫・輪廻・業」佐藤次高・福井憲彦編『ときの地域史』(地域の世界史6) 東京: 山川出版社, 20-50.

도미야마 타카오(富山太佳夫)

[2002]「歷史記述はどこまで文學か」小森陽一ほか編『フィクションか歷史か』(岩波講座・文學9) 17-40.

프로이트, 지그문트(フロイト, ジークムント) (Sigmund Freud)

[1996]「マジック・メモについてのノート」竹田青嗣編『自我論集』(中山元譯) 東京: 筑摩書房, 303-312.

하야시 타카츠구(林隆嗣)

[2019]「誰創造了圣典?－上座部佛教中巴利注釋文獻的意義与作用」『人文宗教研究』11, 108-126.

하야시마 오사무(早島理)

[1982]「唯識の實踐」平川彰・梶山雄一・高崎直道編『唯識思想』(講座大乘仏教8) 東京: 春秋社, 145-176.

하카마야 노리아키(袴谷憲昭)

[1987]「四依 (catuṣ-pratisaraṇa) 批判考序說」『インド學仏教學論集』(高崎直道博士還曆記念論集) 東京: 春秋社, 269-291.

[2002]『仏教教団史論』東京: 大藏出版.

헤세, 칼라(ヘッセ, カルラ) (Carla Hesse)

[2001]「デジタル時代の人文科學と図書館」A. カーナン編『人文科學に何が起きたか』(木村武史譯) 東京: 玉川大學出版部, 106-120.

혼조 요시후미(本庄良文)

[1989]「阿毘達磨仏説論と大乗仏説論－法性，隱沒経，密意」『印度學佛教學研究』38-1, 410-405.

후세 코가쿠(布施浩岳)

[1934]『法華経成立史』東京: 大東出版社.

후지타 요시미치(藤田祥道)

[1998]「仏語の定義をめぐる考察」『インド學チベット學研究』3, 1-51.

후지타 코타츠(藤田宏達)

[1970]『原始淨土思想の研究』東京: 岩波書店.

[2007]『淨土三部経の研究』東京: 岩波書店.

후쿠다 요이치(福田洋一)

[1994]「日本のチベット學10年－山口瑞鳳博士の研究を中心に」『仏教學』36, 55-79.

후쿠다 타쿠미(福田琢)

[2011]「『遊行経』における說法の意味」『日本佛教學會年報』76, 117-145.

히노 에운(日野慧運)

[2018]『金光明経の研究－說法師と経典編纂についてのケーススタディ』(インド學仏教學叢書23) 東京: 山喜房佛書林.

히라오카 사토시(平岡聡)

[2012]『法華経成立の新解釋－仏伝として法華経を讀み解く』大藏出版.

히라카와 아키라(平川彰)

[1964]『原始仏教の研究－教団組織の原型』東京: 春秋社.

[1968]『初期大乗仏教の研究』東京: 春秋社.

히라카와 아키라(平川彰)·가지야마 유이치(梶山雄一)·다카사키 지키도(高崎直道) 編

[1981-1985]『講座大乗仏教』全10巻, 東京: 春秋社.

Abeynayake, Oliver

[1984] *A Textual and Historical Analysis of the Khuddaka Nikāya*. Colombo: Tisara Press.

Allon, Mark

[1997] *Style and Function: A Study of the Dominant Stylistic Features of the Prose Portions of Pāli Canonical Sutta Texts and Their Mnemonic Function.* Studia Philologica Buddhica Monograph Series 12. Tokyo: International Institute for Buddhist Studies of the International College for Advanced Buddhist Studies.

[2018] "The Formation of Canons in the Early Indian *Nikāyas* or Schools in the Light of the New Gāndhārī Manuscript Finds." *Buddhist Studies Review* 35, no. 1/2, 225-244.

Almond, Philip C.

[1988] *The British Discovery of Buddhism.* Cambridge: Cambridge University Press.

Bareau, André

[1962] "La construction et le culte des stūpa d'après les Vinayapiṭaka." *Bulletin de l'École française d'Extrême-Orient* 50, no. 2, 229-274.

Bechert, Heinz

[1961] "Aśokas "Schismenedikt" und der Begriff Sanghabheda." *Wiener Zeitschrift für die Kunde Süd- und Ostasiens und Archiv für indische Philosophie* 5, 18-52.

[1976] "Buddha-Feld und Verdienstübertragung: Mahāyāna-Ideen im Theravāda-Buddhismus Ceylons." *Bulletin de la class des letters et des science morales et politiques* 5e. série, vol. 62, 27-51.

Berners-Lee, Tim

[1999] *Weaving the Web: The Original Design and Ultimate Destiny of the World Wide Web by Its Inventor.* San Francisco: HarperSanFrancisco.

Blackburn, Stuart H. et al.

[1989] eds. *Oral Epics in India.* Berkeley: University of California Press.

Bloch, Jules

[1950] *Les inscriptions d'Asoka: Traduites et commentées.* Paris: Les Belles Lettres.

Boucher, Daniel

[1996] "Buddhist Translation Procedures in Third-Century China: A Study of Dharmarakṣa and His Translation Idiom." PhD diss., University of Pennsylvania.

[2008] *Bodhisattvas of the Forest and the Formation of the Mahāyāna: A Study and Translation of the Rāṣṭrapālaparipṛcchā-sūtra*. Studies in the Buddhist Traditions. Honolulu: University of Hawai'i Press.

Braarvig, Jens

[1993] *Akṣayamatinirdeśasūtra*. 2 vols. Oslo: Solum Forlag.

[2000-16] ed. *Manuscripts in the Schøyen Collection: Buddhist Manuscripts*. 4 vols. Oslo: Hermes Publishing.

Brooks, Peter

[1992] *Reading for the Plot: Design and Intention in Narrative*. Cambridge: Harvard University Press.

Brough, John

[1950] ""Thus Have I Heard…"." *Bulletin of the School of Oriental and African Studies, University of London* 13, no. 2, 416-426.

Brown, Robert L.

[1986] "Recent Stupa Literature: A Review Article." *Journal of Asian History* 20, no. 2, 215-232.

Busa, Roberto A.

[2004] "Forward: Perspectives on the Digital Humanities." In *A Companion to Digital Humanities*, edited by Susan Schreibman, Ray Siemens, and John Unsworth, xvi-xxi. Oxford: Blackwell Publishing.

Buswell, Robert E., Jr.

[2004] ed. *Encyclopedia of Buddhism*. 2 vols. New York: Macmillan Reference USA.

Chakrabarti, Dilip K.

[1995] "Buddhist Sites Across South Asia as Influenced by Political and

Economic Forces." *World Archaeology* 27, no. 2, 185-202.

Cole, Alan

[2005] *Text as Father: Paternal Seductions in Early Mahāyāna Buddhist Literature*. Berkeley: University of California Press.

Collins, Steven

[1992] "Notes on Some Oral Aspects of Pali Literature." *Indo-Iranian Journal* 35, no. 2/3, 121-135.

[1998] *Nirvana and Other Buddhist Felicities: Utopias of the Pāali Imaginaire*. Cambridge: Cambridge University Press.

Cousins, Lance S.

[1983] "Pali Oral Literature." In Denwood and Piatigorsky[1983: 1-11].

Cox, Collett

[2004] "Mainstream Buddhist Schools." In Buswell[2004: 501-507].

Cunningham, Alexander

[1854] *The Bhilsa Topes; or, Buddhist Monuments of Central India*. London: Smith, Elder.

[1879a] *Report of a Tour in the Central Provinces in 1873-74 and 1874-75*. Archaeological Survey of India 9. Calcutta: Office of the Superintendent of Government Printing.

[1879b] *The Stūpa of Bharhut: A Buddhist Monument Ornamented with Numerous Sculptures Illustrative of Buddhist Legend and History in the Third Century B.C.* London: W. H. Allen.

Dantinne, Jean

[1983] *La splendeur de l'inébranlable (Akṣobhyavyūha)*. Tome 1, *Chapitres I-III: Les auditeurs (Śrāvaka)*. Publications de l'Institut Orientaliste de Louvain 29. Louvain-la-Neuve: Université catholique de Louvain, Institut orientaliste.

Deeg, Max

[2005] *Das Gaoseng-Faxian-Zhuan als religionsgeschichtliche Quelle: Der älteste Bericht eines chinesischen buddhistischen Pilgermönchs über seine Reise nach*

Indien mit Übersetzung des Textes. Studies in Oriental Religions 52. Wiesbaden: Harrassowitz Verlag.

Denwood, Philip and Alexander Piatigorsky

[1983] eds. *Buddhist Studies: Ancient and Modern*. Collected Papers on South Asia 4. London: Curzon Press; Totowa: Barnes & Noble Books.

Derrida, Jacques

[1967a] *La voix et le phénomène: Introduction au problème du signe dans la phénoménologie de Husserl*. Paris: Presses universitaires de France. 4e éd., Quadrige. Paris: PUF (Presses universitaires de France), 2009. Page references are to the 2009 edition.

[1967b] *L'écriture et la différence*. Paris: Éditions du Seuil.

[1967c] *De la grammatologie*. Paris: Éditions de Minuit.

[1999] *Sur parole: Instantanés philosophiques*. La Tour d'Aigues: Éditions de l'Aube.

Drewes, David

[2010a] "Early Indian Mahāyāna Buddhism I: Recent Scholarship." *Religion Compass* 4, no. 2, 55-65.

[2010b] "Early Indian Mahāyāna Buddhism II: New Perspectives." *Religion Compass* 4, no. 2, 66-74.

[2018] "The Forest Hypothesis." In *Setting Out on the Great Way: Essays on Early Mahāyāna Buddhism*, edited by Paul Harrison, 73-93.

Dutt, Nalinaksha

[1941] *Early Monastic Buddhism*. Vol. 1. Calcutta Oriental Series 30. Calcutta: Calcutta Oriental Press.

[1945] *Early Monastic Buddhism*. Vol. 2. Calcutta Oriental Series 30. Calcutta: Firma K.L. Mukhopadhyay.

Dutt, Sukumar

[1962] *Buddhist Monks and Monasteries of India: Their History and Their Contribution to Indian Culture*. London: George Allen & Unwin.

Eimer, Helmut

[1983] *Some Results of Recent Kanjur Research*. Heft 1 of *Archiv für Zentralasiatische Geschichtsforschung: Heft 1-6*. Sankt Augustin: VGH Wissenschafts-verlag.

[1988a] "A Note on the History of the Tibetan Kanjur." *Central Asiatic Journal* 32, no. 1/2, 64-72.

[1988b] ed. *Indology and Indo-Tibetology: Thirty Years of Indian and Indo-Tibetan Studies in Bonn*. Indica et Tibetica 13. Bonn: Indica et Tibetica Verlag.

[1988c] "Arbeiten zur Überlieferung des tibetischen Kanjur am Indologischen Seminar/SFB 12 in Bonn." In Eimer[1988b: 35-42].

Eliade, Mircea

[1982] *A History of Religious Ideas*. Vol. 2, *From Gautama Buddha to the Triumph of Christianity*. Translated by Willard R. Trask. Chicago: University of Chicago Press.

Falk, Harry

[1990] "Goodies for India: Literacy, Orality and Vedic Culture." In *Erscheinungsformen kultureller Prozesse*, edited by Wolfgang Raible, 103-120. Tübingen: Gunter Narr Verlag.

Fergusson, James

[1873] *Tree and Serpent Worship:Or Illustrations of Mythology and Art in India in the First and Fourth Centuries after Christ; From the Sculptures of the Buddhist Topes at Sanchi and Amaravati*. 2nd ed. London: W. H. Allen.

Franco, Eli

[2009] "Meditation and Metaphysics: On their Mutual Relationship in South Asian Buddhism." In *Yogic Perception, Meditation and Altered States of Consciousness*, edited by Eli Franco in collaboration with Dagmar Eigner, 93-132. Wien: Österreichischen Akademie der Wissenschaften.

Fussman, Gérard

[1986] "Symbolisms of the Buddhist *Stūpa*." *Journal of the International Association of Buddhist Studies* 9, no. 2, 37-53.

[2004] "Dans quel type de bâtiment furent trouvés les manuscrits de Gilgit." *Journal Asiatique* 292, no. 1/2, 101-150.

Gethin, Rupert

[1992] "The *Mātikās*: Memorization, Mindfulness, and the List." In Gyatso[1992: 149-172].

Ginzburg, Carlo

[1991] "Checking the Evidence: The Judge and the Historian." *Critical Inquiry* 18, no. 1, 79-92.

Gombrich, Richard F.

[1988] "How the Mahāyāna Began." *Journal of Pāli and Buddhist Studies* (パーリ學仏教文化學) 1, 29-46.

Gómez, Luis O.

[1967] "Selected Verses from the Gaṇḍavyūha: Text, Critical Apparatus and Translation." PhD diss., Yale University.

Graham, William. A.

[1987] *Beyond the Written Word: Oral Aspects of Scripture in the History of Religion*. Cambridge: Cambridge University Press.

[2005] "Scripture." In *Encyclopedia of Religion*. 2nd ed. Lindsay Jones, editor in chief. Vol. 12, 8194-8205. Detroit: Thomson Gale.

Gyatso, Janet

[1992] ed. *In the Mirror of Memory: Reflections on Mindfulness and Remembrance in Indian and Tibetan Buddhism*. SUNY Series in Buddhist Studies, edited by Matthew Kapstein. Albany: State University of New York Press.

Habata, Hiromi

[2007] *Die zentralasiatischen Sanskrit-Fragmente des Mahāparinirvāṇa-mahāsūtra: Kritische Ausgabe des Sanskrittextes und seiner tibetischen Übertragung im Vergleich mit den chinesischen Übersetzungen*. Indica et Tibetica 51.

Marburg: Indica et Tibetica Verlag.

Hara, Minoru

[1996] Review of *Untersuchungen zur Mündlichkeit früher mittelindischer Texte der Buddhisten: Untersuchungen zur Sprachgeschichte und Handschriftenkunde des Pāli III*, by Oskar von Hinüber. *Indo-Iranian Journal* 39, no. 2, 163-168.

Harrison, Paul

[1978a] *The Tibetan Text of the Pratyutpanna-Buddha-Saṃmukhāvasthita-Samādhi-Sūtra: Critically Edited from the Derge, Narthang, Peking and Lhasa Editions of the Tibetan Kanjur and Accompanied by a Concordance and Comparative Table of Chapters of the Tibetan and Chinese Versions*. Tokyo: Reiyukai Library.

[1978b] "Buddhānusmṛti in the Pratyutpanna-Budda-Saṃmukhāvasthita-Samādhi-Sūtra." *Journal of Indian Philosophy* 6, no. 1, 35-57.

[1990] *The Samādhi of Direct Encounter with the Buddhas of the Present: An Annotated English Translation of the Tibetan Version of the Pratyutpanna-Budda-Saṃmukhāvasthita-Samādhi-Sūtra with Several Appendices Relating to the History of the Text*. Studia Philologica Buddhica Monograph Series 5. Tokyo: International Institute for Buddhist Studies.

[1992] "Commemoration and Identification in *Buddhānusmṛti*." In Gyatso[1992: 215-238].

[1993] "The Earliest Chinese Translations of Mahāyāna Buddhist Sūtras: Some Notes on the Works of Lokakṣema." *Buddhist Studies Review* 10, no. 2, 135-177.

[2001] "The Anatomy of Revelation: Rewriting the History of Mahāyāna Buddhism." Lecture at "Investigating the Early Mahāyāna" conference, held under the auspices of the Stanford Center of Buddhist Studies at Asilomar, California, 14-18 May 2001.

[2003] "Mediums and Messages: Reflections on the Production of Mahāyāna Sūtras." *The Eastern Buddhist*, New Series 35, no. 1/2, 115-151.

Havelock, Eric A.

[1963] *Preface to Plato*. Cambridge: Belknap Press of Harvard University Press.

Hawkes, Jason

[2009] "The Wider Archaeological Contexts of the Buddhist Stūpa Site of Bharhut." In Hawkes and Shimada[2009: 146-174].

Hawkes, Jason and Akira Shimada

[2009] *Buddhist Stupas in South Asia: Recent Archaeological, Art-Historical, and Historical Perspectives*. SOAS Studies on South Asia. New Delhi: Oxford University Press.

Hendriksen, Hans

[1944] *Syntax of the Infinite Verb-Forms of Pāli*. Copenhagen: Einar Munksgaard.

von Hinüber, Oskar

[1987] "Das buddhistische Recht und die Phonetik des Pāli: Ein Abschnitt aus der Samanntapāsādikā über die Vermeidung von Aussprachefehlern in *kammavācās*." Studien zur Indologie und Iranistik 13/14, 101-127.

[1989] *Der Beginn der Schrift und frühe Schriftlichkeit in Indien*. Akademie der Wissenschaften und der Literatur, Abhandlungen der Geistes- und Sozialwissenschaftlichen Klasse, Jahrgang 1989, Nr. 11. Mainz: Akademie der Wissenschaften und der Literatur; Stuttgart: Franz Steiner Verlag.

[1993] "From Colloquial to Standard Language: The Oral Phase in the Development of Pāli." In *Premier Colloque Étienne Lamotte: Bruxelles et Liège 24-27 septembre 1989*, 101-113. Louvain-la-Neuve: Université catholique de Louvain, Institut orientaliste.

[1994] *Untersuchungen zur Mündlichkeit früher mittelindischer Texte der Buddhisten: Untersuchungen zur Sprachgeschichte und Handschriftenkunde des Pāli III*. Akademie der Wissenschaften und der Literatur, Abhandlungen der Geistes- und Sozialwissenschaftlichen Klasse, Jahrgang 1994, Nr. 5. Mainz: Akademie der Wissenschaften und der Literatur; Stuttgart: Franz Steiner Verlag.

[2012] "The *Saddharmapuṇḍarīkasūtra* at Gilgit: Manuscripts, Worshippers, and Artists." *The Journal of Oriental Studies* 22, 52-67.

Hugon, Pascale and Toru Tomabechi

[2011] eds. *Dharmakīrti's Pramāṇaviniścaya: Chapter 3*. Sanskrit Texts from the Tibetan Autonomous Region 8. Beijing: China Tibetology Publishing House; Vienna: Austrian Academy of Sciences.

Jones, Gareth S.

[1996] "The Determinist Fix: Some Obstacles to the Further Development of the Linguistic Approach to History in the 1990s." *History Workshop Journal* 42, 19-35.

Karashima Seishi

[1998] *A Glossary of Dharmarakṣa's Translation of the Lotus Sutra正法華經詞典*. Bibliotheca Philologica et Philosophica Buddhica 1. Tokyo: International Research Institute for Advanced Buddhology, Soka University.

[2001] *A Glossary of Kumārajīva's Translation of the Lotus Sutra妙法蓮華經詞典*. Bibliotheca Philologica et Philosophica Buddhica 4. Tokyo: International Research Institute for Advanced Buddhology, Soka University.

Kern, Hendrik

[1884] trans. *The Saddharma-Pundarîka: Or the Lotus of the True Law*. The Sacred Books of the East 21. Oxford: Clarendon Press.

Kosambi, Damodar D.

[1962] *Myth and Reality: Studies in the Formation of Indian Culture*. Bombay: Popular Prakashan.

Koselleck, Reinhart

[1972] "Einleitung." In *Geschichtliche Grundbegriffe: Historisches Lexikon zur politisch-sozialen Sprache in Deutschland*. Band 1, edited by Otto Brunner, Werner Conze, Reinhart Koselleck, xiii-xxvii. Stuttgart: Klett-Cotta Verlag.

Lamotte, Étienne

[1944] *Le traité de la grande vertu du sagesse de Nāgārjuna (Mahāprajñāpāramitāśāstra)*. Tome 1, *Chapitres I-XV: Première partie (Traduction annotée)*. Bibliothèque du Muséon 18. Louvain: Bureaux du Muséon.

Lasic, Horst, Helmut Krasser, and Ernst Steinkellner

[2012] eds. *Jinendrabuddhi's Viśālāmalavatī Pramāṇasamuccayaṭīkā: Chapter 2.* 2 vols. Sanskrit Texts from the Tibetan Autonomous Region 15. Beijing: China Tibetology Publishing House; Vienna: Austrian Academy of Sciences.

Lévi, Sylvain

[1890] *Le Théatre Indien.* Paris: Émile Bouillon, Libraire-Éditeur.

Lindbeck, George A.

[1984] *The Nature of Doctrine: Religion and Theology in a Postliberal Age.* Philadelphia: Westminster Press.

Lindtner, Christian

[1997] "Cittamātra in Indian Mahāyāna until Kamalaśīla." *Wiener Zeitschrift für die Kunde Südasiens / Vienna Journal of South Asian Studies* 41, 159-206.

Lopez, Donald S., Jr.

[1995] "Authority and Orality in the Mahāyāna." *Numen* 42, no. 1, 21-47.

Lord, Albert B.

[1960] *The Singer of Tales.* Harvard Studies in Comparative Literature 24. Cambridge: Harvard. University Press.

MacQueen, Graeme

[1981-82] "Inspired Speech in Early Mahāyāna Buddhism I." *Religion* 11, 303-319; II, *Religion* 12, 49-65.

Manné, Joy

[1990] "Categories of Sutta in the Pāli Nikāyas and Their Implications for Our Appreciation of the Buddhist Teaching and Literature." *Journal of the Pali Text Society* 15, 29-87.

Masuda Jiryo

[1925] "Origin and Doctrines of Early Indian Buddhist Schools: A Translation of the Hsüan-Chwang Version of Vasumitra's Treatise異部宗輪論Translated with Annotations." *Asia Major: A Journal Devoted to the Study of the Languages, Arts and Civilizations of the Far East and Central Asia* 2, 1-78.

Misra, Ram N.

[1981] *Yaksha Cult and Iconography*. New Delhi: Munshiram Manoharlal.

Mus, Paul

[1932] "Barabuḍur: Les origins du stūpa et la transmigration, essai d'archéologie religieuse comparée (1)." *Bulletin de l'École française d'Extrême-Orient* 32, no. 1, 269-439.

[1933] "Barabuḍur: Les origins du stūpa et la transmigration, essai d'archéologie religieuse comparée; cinquiéme partie." *Bulletin de l'École française d'Extrême-Orient* 33, no. 2, 577-980.

Nattier, Jan

[2003a] *A Few Good Men: The Bodhisattva Path According to the Inquiry of Ugra (Ugraparipṛcchā)*. Studies in the Buddhist Traditions. Honolulu: University of Hawai'i Press.

[2003b] "The Ten Epithets of the Buddha in the Translations of Zhi Qian 支謙." *Annual Report of The International Research Institute for Advanced Buddhology at Soka University for the Academic Year 2002*, vol.6, 207-250.

[2005] "The Proto-History of the *Buddhāvataṁsaka*: The *Pusa benye jing* 菩薩本業經 and the *Dousha jing* 兜沙經." *Annual Report of The International Research Institute for Advanced Buddhology at Soka University for the Academic Year 2004*, vol.8, 323-360.

Nelson, Theodore H.

[1981] *Literary Machines: The Report on, and of, Project Xanadu Concerning Word Processing, Electronic Publishing, Hypertext, Thinkertoys, Tomorrow's Intellectual Revolution, and Certain Other Topics Including Knowledge, Education and Freedom*. Swarthmore, PA: Self-published.

[1992] *Literary Machines: The Report on, and of, Project Xanadu Concerning Word Processing, Electronic Publishing, Hypertext, Thinkertoys, Tomorrow's Intellectual Revolution, and Certain Other Topics Including Knowledge, Education and Freedom*. Sausalito, CA: Mindful Press.

Norman, K. R.

[1987] "Aśoka's "Schism" Edict." *Buddhist Seminar* (佛教學セミナー) 46, (1) -(33).

[2012] "The Languages of the Composition and Transmission of the Aśokan Inscriptions." In Olivelle et al.[2012: 38-62].

Olivelle, Patrick

[1993] *The Āśrama System: The History and Hermeneutics of a Religious Institution.* New York: Oxford. University Press.

[2012] "Aśoka's Inscriptions as Text and Ideology." In Olivelle et al.[2012: 157-183].

Olivelle, Patrick, Janice Leoshko, and Himanshu Prabha Ray

[2012] eds. *Reimagining Aśoka: Memory and History.* New Delhi: Oxford University Press.

O'Neal, Halle

[2018] *Word Embodied: The Jeweled Pagoda Mandalas in Japanese Buddhist Art.* (Harvard East Asian Monographs 412) Harvard University Press.

Ong, Walter J.

[1982] *Orality and Literacy: The Technologizing of the Word.* London: Methun.

Pagel, Ulrich

[1995] *The Bodhisattvapiṭaka: Its Doctrines, Practices and Their Position in Mahāyāna Literature. Buddhica Britannica Series Continua 5.* Tring: Institute of Buddhist Studies.

Parry, Milman

[1971] *The Making of Homeric Verse: The Collected Papers of Milman Parry.* Edited by Adam Parry. Oxford: Clarendon Press.

Rahula, Walpola

[1956] *History of Buddhism in Ceylon: The Anuradhapura Period 3rd Century BC—10th Century AC.* Colombo: M. D. Gunasena.

Ray, Reginald A.

[1994] *Buddhist Saints in India: A Study in Buddhist Values and Orientations*. New York: Oxford University Press.

Reynolds, Frank E.

[1976] "The Many Lives of Buddha: A Study of Sacred Biography and Theravāda Tradition." In *The Biographical Process: Studies in the History and Psychology of Religion*, edited by Frank E. Reynolds and Donald Capps, 37-61. The Hague: Mouton.

Ruegg, David Seyfort

[1969] *La théorie du Tathāgatagarbha et du Gotra: Études sur la sotériologie et la gnoséologie du Bouddhisme*. Publications de l'École française d'Extrême-Orient 70. Paris: École française d'Extrême-Orient.

[2000] "On the Expressions *chandaso āropema, āyataka gītassara, sarabhañña* and *ārṣa* as applied to the 'Word of the Buddha' (*buddhavacana*)." In *Harānanda-laharī: Volume in Honour of Professor Minoru Hara on his Seventieth Birthday*, edited by Ryutaro Tsuchida and Albrecht Wezler, 283-306. Reinbeck: Dr. Inge Wezler, Verlag für Orientalistische Fachpublikationen.

Sasaki Sizuka

[2004] "*Araṇya* Dwellers in Buddhism." *Buddhist Studies* (仏教研究) 32, 1-13.

Schmithausen, Lambert

[1996] "Buddhismus und Glaubenskriege." In *Glaubenskriege in Vergangenheit und Gegenwart*, edited by Peter Herrmann, 63-92. Göttingen: Vandenhoeck & Ruprecht.

[2014] *The Genesis of Yogācāra-Vijñānavāda: Responses and Reflections*. Kasuga Lectures Series 1. Tokyo: International Institute for Buddhist Studies.

Schopen, Gregory

[1975] "The Phrase '*sa pṛthivīpradeśaś caityabhūto bhavet*' in the *Vajracchedikā*: Notes on the Cult of the Book in Mahāyāna." *Indo-Iranian Journal* 17, no. 3/4, 147-181.

[1979] "Mahāyāna in Indian Inscriptions." *Indo-Iranian Journal* 21, no. 1,

1-19.

[1985] "Two Problems in the History of Indian Buddhism: The Layman/Monk Distinction and the Doctrines of the Transference of Merit." *Studien zur Indologie und Iranistik* 10, 9-47.

[1997] *Bones, Stones, and Buddhist Monks: Collected Papers on the Archaeology, Epigraphy, and Texts of Monastic Buddhism in India*. Studies in the Buddhist Traditions. Honolulu: University of Hawai'i Press.

[2004a] *Buddhist Monks and Business Matters: Still More Papers on Monastic Buddhism in India*. Studies in the Buddhist Traditions. Honolulu: University of Hawai'i Press.

[2004b] "Mahāyāna." In Buswell[2004: 492-499].

[2005a] *Figments and Fragments of Mahāyāna Buddhism in India: More Collected Papers*. Studies in the Buddhist Traditions. Honolulu: University of Hawai'i Press.

[2005b] "The Mahāyāna and the Middle Period in Indian Buddhism: Through a Chinese Looking-Glass."In Schopen[2005a: 3-24].

[2005c] "The Bones of a Buddha and the Business of a Monk: Conservative Monastic Values in an Early Mahāyāna Polemical Tract." In Schopen[2005a: 63-107].

[2005d] "On Sending the Monks Back to Their Books: Cult and Conservatism in Early Mahāyāna Buddhism." In Schopen[2005a: 108-153].

[2005e] "Sukhāvatī as a Generalized Religious Goal in Sanskrit Mahāyāna *Sūtra* Literature." In Schopen[2005a: 154-189].

[2005f] "The Inscription on the Kuṣān Image of Amitābha and the Character of the Early Mahāyāna in India." In Schopen[2005a: 247-277].

[2009] "On the Absence of Urtexts and Otiose Ācāryas: Buildings, Books, and Lay Buddhist Ritual at Gilgit." In *Écrire et transmettre en Inde classique*, edited by Gérard Colas and Gerdi Gerschheimer, 189-219. Paris: École française d'Extrême-Orient.

Sharf, Robert H.

[1995] "Buddhist Modernism and the Rhetoric of Meditative Experience." *Numen* 42, no. 3, 228-283.

Shaw, Julia

[2007] *Buddhist Landscapes in Central India: Sanchi Hill and Archaeologies of Religious and Social Change, c. Third Century BC to Fifth Century AD*. London: The British Association for South Asian Studies, The British Academy.

[2009] "Stūpas, Monasteries, and Relics in the Landscape: Typological, Spatial, and Temporal Patterns in the Sanchi Area." In Hawkes and Shimada[2009: 114-145].

Sheppard, Gerald T.

[1987] "Canon." In *Encyclopedia of Religion*. Mircea Eliade, editor in chief. 2nd ed., Lindsay Jones, editor in chief, Detroit: Thomson Gale, 2005. Vol. 3, 1405-1411. Page references are to the 2005 edition.

Shimada Akira

[2006] "The Great Railing at Amarāvatī: An Architectural and Chronological Reconstruction." *Artibus Asiae* 66, no. 1, 89-141.

Shimoda Masahiro

[2004] "Brahmā's Entreaty to the Buddha to Teach: The Transmission of the Dharma Reflected in the Lotus Sutra." *The Middle Way: Journal of the Buddhist Society* 78, no.4, 227-235.

[2006a] "Reconsidering Bodhisattva in the Light of Recently Developed Studies." Lecture at the School of Oriental and African Studies (SOAS), University of London, 3 February 2006.

[2006b] "*Mahāyānasūtra* as Auto-Commentary: As Evidenced in the *Mahāparinirvāṇasūtra*." Lecture at the School of Oriental and African Studies (SOAS), University of London, 10 February 2006.

[2009] "The State of Research on Mahāyāna Buddhism: The Mahāyāna as Seen in Developments in the Study of Mahāyāna Sūtras." *Acta Asiatica: Bulletin of the Institute of Eastern Culture* 96, 1-23.

[2010] "Some Reflections on the History of Buddhist Canons in Ancient India." In *Indian Philosophy and Text Science*, edited by Toshihiro Wada, 33-57. Delhi: Motilal Banarsidass.

[2012] "Embracing a Distant View of the Digital Humanities." Keynote lecture at Digital Humanities 2012, University of Hamburg, 20 July, 2012. ⟨http://21dzk.l.u-tokyo.ac.jp/CEH/index.php?English%20DH2012%20Keynote⟩

[2017] "The SAT Taishō Text Database: A Brief Hstory." In *Reinventing the Tripitaka: Transformation of the Buddhist Canon in Modern East Asia*, edited by Jiang Wu and Greg Wilkinson, 175-185. Lanham: Lexington Books. "The SAT Taishō Text Database." In *Revisiting Tripiṭaka: Transformation of the Buddhis Canon in Modern East Asia*, edited by Jian Wu and Greg Wilkinson, 175-186. Lanham: Lexington Books.

Shono Masanori

[2010] "A Re-edited Text of the *Vārṣāvastu* in the *Vinayavastu* and a Tentative Re-edited Text of the *Vārṣikavastu* in the *Vinayasūtra*." *Acta Tibetica et Buddhica* 3, 1-128.

Silk, Jonathan A.

[1994] "The Origins and Early History of the *Mahāratnakūṭa* Tradition of Mahāyāna Buddhism with a Study of the *Ratnarāśisūtra* and Related Materials." 2 vols. PhD diss., University of Michigan.

Sircar, D. C. and K. G. Krishnan

[1963] "Two Inscriptions from Nagarjunikonda." *Epigraphia Indica* 34, 17-22.

Skilton, Andrew

[2002] "State or Statement?: *Samādhi* in Some Early Mahāyāna Sutras." *The Eastern Buddhist* 34, no. 2, 51-93.

Smith, Wilfred C.

[1993] *What is Scripture: A Comparative Approach*. London: SCM Press.

Steinkellner, Ernst

[1994] "A Report on the 'Kanjur' of Ta pho." *East and West* 44, no. 1, 115-136.

[2007] ed. *Dharmakīrti's Pramāṇaviniścaya: Chapters 1 and 2.* Sanskrit Texts from the Tibetan Autonomous Region 2. Beijing: China Tibetology Publishing House; Vienna: Austrian Academy of Sciences.

Steinkellner, Ernst, Helmut Krasser, and Horst Lasic

[2005] eds. *Jinendrabuddhi's Viśālāmalavatī Pramāṇasamuccayaṭīkā: Chapter 1.* 2 vols. Sanskrit Texts from the Tibetan Autonomous Region 1. Beijing: China Tibetology Publishing House; Vienna: Austrian Academy of Sciences.

Strong, John S.

[2001] *The Buddha: A Short Biography.* Oxford: Oneworld.

[2004] *Relics of the Buddha.* Princeton: Princeton University Press.

Takakusu Junjiro

[1896] trans. *A Record of the Buddhist Religion as Practised in India and the Malay Archipelago (A.D. 671-695) by I-Tsing*: With a Letter from the Right Hon. Professor F. Max M Müller. Oxford: Clarendon Press.

Tambiah, Stanley J.

[1968] "Literacy in a Buddhist Village in North-East Thailand." In *Literacy in Traditional Societies*, edited by Jack Goody, 85-131. Cambridge: Cambridge University Press.

[1984] *The Buddhist Saints of the Forest and the Cult of Amulets: A Study in Charisma, Hagiography, Sectarianism, and Millennial Buddhism.* Cambridge Studies in Social Anthropology 49. New York: Cambridge University Press.

Tauscher, Helmut

[1999] "The «Admonitory Inscription» in the Tabo 'Du khaṅ." In Petech and Luczanits[1999: 29-94].

Thomas, Edward J.

[1927] *The Life of Buddha: As Legend and History.* London: Kegan Paul.

Vita, Silvio

[2003] "Printings of the Buddhist "Canon" in Modern Japan." In *Buddhist*

Asia. Vol. 1, *Papers from the First Conference of Buddhist Studies Held in Naples in May 2001*, edited by Giovanni Verardi and Silvio Vita, 217-245. Kyoto: Italian School of East Asian Studies.

Walters, Jonathan S.

[1997] "Stūpa, Story, and Empire: Constructions of the Buddha Biography in Early Post-Aśokan India." In *Sacred Biography in the Buddhist Traditions of South and Southeast Asia,* edited by Juliane Schober, 160-192. Honolulu: University of Hawai'i Press. Reprinted in Hawkes and Shimada[2009: 235-263]. Page references are to the 2009 edition.

Warder, A. K.

[1967] *Pali Metre: A Contribution to the History of Indian Literature*. London: Pali Text Society.

Williams, Paul

[1989] *Mahāyāna Buddhism: The Doctrinal Foundations*. The Library of Religious Beliefs and Practices. London: Routledge.

Young, Serinity

[1999] *Dreaming in the Lotus: Buddhist Dream Narrative, Imagery, and Practice*. Boston: Wisdom Publications.

Zacchetti, Stefano

[2003] "The Rediscovery of Three Early Buddhist Scriptures on Meditation: A Preliminary Analysis of the *Fo shuo shi'er men jing*, the *Fo shuo jie shi'er men jing* Translated by An Shigao and Their Commentary Preserved in the Newly Found Kongō-ji Manuscript." *Annual Report of The International Research Institute for Advanced Buddhology at Soka University* 6, 251-299.

[2005] *In Praise of the Light: A Critical Synoptic Edition with an Annotated Translation of Chapters 1-3 of Dharmarakṣa's Guang zan jing 光讚經, Being the Earliest Chinese Translation of the Larger Prajñāpāramitā*. Bibliotheca Philologica et Philosophica Buddhica 8. Tokyo: International Research Institute for Advanced Buddhology, Soka University.

Zimmermann, Michael

[2002] *A Buddha Within: The Tathāgatagarbhasūtra; The Earliest Expositions of the Buddha-Nature Teaching in India*. Bibliotheca Philologica et Philosophica Buddhica 6. Tokyo: International Research Institute for Advanced Buddhology, Soka University.

Zürcher, Erik

[1959] *The Buddhist Conquest of China: The Spread and Adaptation of Buddhism in Early Medieval China*. 2 vols. Leiden: E. J. Brill.

[1977] "Late Han Vernacular Elements in the Earliest Buddhist Translations." *Journal of the Chinese Language Teachers Association* 12, no. 3, 177-203.

[1991] "A New Look at the Earliest Chinese Buddhist Texts." In Shinohara and Schopen[1991: 277-300].

찾아보기

【ㅇ】

【ㅈ】

역자 후기

텍스트가 여는 새로운 불교의 지평 – 시모다 마사히로 교수님의 『불교와 에크리튀르』를 번역하며

존경하는 시모다 마사히로 교수님의 역저, 『불교와 에크리튀르: 대승경전의 기원과 형성』의 한국어판 번역을 마무리하며 소회를 적는다. 도쿄대학 대학원 연구생 시절부터 지금까지 15년이 넘는 시간 동안 시모다 교수님의 가르침을 받아온 제자로서, 스승의 학문적 정수가 담긴 이 책을 번역하는 작업은 더없는 영광이자, 그 사유의 깊이를 몸소 체감하는 배움의 여정이었다.

시모다 교수님의 학문적 여정은 1997년 출간된 기념비적인 저작 『열반경 연구: 대승경전의 연구 방법 시론』(이자랑 역, 2018)에서 그 단초를 발견할 수 있다. 이 책은 출판 당시 학계에 큰 반향을 불러일으켰으며, 그 탁월한 성과를 인정받아 1997년 일본종교학회상을 수상하는 영광을 안기도 했다. 당시 저자는 논서와 달리 비논리적이고 때로는 모호해 보이는 경전의 언설을 외부의 논리로 재단하는 대신, 텍스트 내부로 깊숙이 들어가 말 하나하나가 갖는 의미를 집요하게 파고드는 '문헌 내재적 독해'를 주창하며 대승경전 연구의 새로운 이정표를 세웠다. 『열반경』이라는 텍스트가 스스로 드러내는 목소리에 귀를 기울였던 그 치열한 방법론적 모색은, 지난 20여 년간 대승경전 전반과 불교사 전체를 아우르는 거대한 사유의 체계로 확장되고 심화되었다. 그 오랜 천착의 결실이 바로 지금 우리 앞에 놓인 역저, 『불교와 에크리튀르』이다.

본서는 지난 200년간 근대불교학이 풀지 못한 난제, 즉 "고대 인도에서 출현한 대승불교를 어떻게 이해할 것인가"라는 거대한 물음을 다시 정면에서 마주한다. 그러나 저자가 책 전반에서 보여주듯, 이 물음은 단지 불교사 내부의 쟁점에 그치지 않는다. "텍스트란 무엇인가", "역사란 무엇인가", "우리는 텍스트를 통해 과거와 어떻게 마주하는가"라는, 인문학 전체를 관통하는 보다 근본적인 문제들과 밀접하게 얽혀 있다.

저자는 19세기 이후 문헌학·역사학적 방법을 중심에 두고 독자적인 연구 영역을 구축해 온 근대불교학이, 그 출발점이었던 서양 인문학의 사유와 점차 괴리되었다는 점을 날카롭게 지적한다. 특히 고대 인도에서의 대승불교 출현을 둘러싼 문제는, 불교학이 역사·언어·텍스트에 대한 인문학의 성찰을 충분히 받아들이지 못한 채, 경전을 '과거 사실을 반영한 자료'로만 취급해 온 태도와 깊이 연결되어 있다. 『불교와 에크리튀르』는 이러한 상황에 대한 반성 위에서, 서양 인문학, 특히 자크 데리다의 '에크리튀르(écriture)' 개념을 도입하여 '대승불교의 기원'을 새롭게 해석하고자 한다.

에크리튀르는 단순한 '문자'나 '기록'이 아니라, 인간의 말과 사유를 성립시키는 언어=기호적 현상 전체를 가리키는 개념으로 이해된다. 저자는 이 단어를 경전 연구, 나아가 불교 연구의 피상적인 변화를 넘어, 연구 자세에 내재된 문제를 조명하고 그 방향을 수정하는 힘을 지닌 '방법적 가설'로 사용한다. 그 힘은 이 단어의 기존 의미에서 나오는 것이 아니라, 오히려 일반적인 의미 범위를 크게 넘어 사상, 역사, 종교, 문화에 대한 고찰을 촉발하는 기능에서 비롯된다.

이러한 방법론을 통해 저자가 도달한 결론 가운데 가장 인상적인 것은, 대승불교의 출현을 둘러싼 통념을 뒤집는 다음과 같은 테제이다. "역사적 실체로서의 대승불교 교단이 먼저 존재하고 이를 반영하는 형태로 대승경전이 만들어진 것이 아니라, 대승경전이라는 텍스트 제작 활동의 결과로 텍스트 외부에 대승교단이 성립되었다." 여기서 말하는 '텍스트'는 단지 특정 시대나 사회상을 수동적으로 반영한 '역사적 산물'이 아니라, 전파와 수용의 과정 속에서 자신의 주위에 역사를 형성하고 기존 세계를 변화시키는 힘을 지닌 '역사적 생산자'이다. 이는 텍스트 외부의 힘으로부터 독립하여 다양한 형태로 구체화되거나 전개되는 텍스트의 역사를 해명하는 일이자, '텍스트 속의 역사'를 밝히려는 시도이다.

대승경전을 둘러싸고 제시된 여러 '기원설'–재가–불탑 기원설, 아란야 비구 기원설, 촌락 비구 기원설, 특정 의례 집단 기원설 등–은 대체로 경전에 기록된 언설을 곧바로 '과거 외부 세계의 사실'로 환원하는 추론 구조를 공유하고 있다. 시모다 교수는 이러한 접근을 비판적으로 검토하며, 우리가 확실히 포착할 수 있는 것은 '지금 여기 있는 텍스트'와 '그 텍스트를 읽으며 사유하고 있는 자신의 의식'이라는, 엄격한 출발점으로 되돌아갈 것을 제안한다. 여기서 요구되는 것은 텍스트의 양상, 자신의 의식의 양상, 나아가 이들 양자의 관계라는 세 가지 국면의 해명이다.

이러한 문제 설정을 바탕으로 책은 크게 세 부분으로 나뉘어 대승경전의 탄생과 전개를 여러 층위에서 조망한다.

제I부 '불교와 에크리튀르'는 본서의 이론적 토대와 텍스트론적 관점을 제시한다. 제1장에서는 자크 데리다의 이론을 토대로 텍스트 배후의 '저자'나 '역사적 사실'을 복원하려는 기존 역사학적 태도의 한계를 지적한다. 나아가 저자는 에크리튀르를 단순한 기록물이 아니라 원작자, 연출가, 배우, 관객 등 다층적인 관계가 얽혀 있는 '극劇(théâtre)'의 무대에 비유된다. 연극 무대 위에서 고전적 주체로서의 단일한 저자가 사라지고 수많은 관계 속에서 의미가 발생하듯, 대승경전은 선행하는 불교 전통과 의례, 나아가 불교 외부의 이문화異文化적 맥락까지지도 서사 시스템을 통해 텍스트 내부에 복층적으로 끌어들여(내부화하여) 창작적으로 다시 쓴 결과물로 이해된다. 즉, 대승경전은 고정된 텍스트가 아니라, 전승자와 수용자가 끊임없이 의미를 재구성하는 '에크리튀르적 무대'인 것이다. 이 '텍스트라는 무대' 위에서 '읽기(렉튀르)'는 단순한 수용에 그치지 않고, 기표記標(시니피앙)와 기의記意(시니피에)의 관계를 발동시켜 새로운 의미를 산출하는 또 다른 '쓰기(에크리튀르)'가 된다. 수신자가 다시 발신자로 전환되는 이 역동적인 순환 구조 속에서 대승경전은 끊임없이 재생되고 새롭게 만들어지며, 저자는 이러한 역동성이야말로 대승경전이 지속적으로 증광·파생될 수 있었던 구조적 원동력임을 역설한다.

이어지는 제2장에서는 이를 바탕으로 대승불교의 기원 문제를 정면으로 다룬다. 저자는 '서사書寫라는 기술의 도입이 대승경전이라는 텍스트를 낳았고, 그 텍스트가 비로소 대승 교단을 형성했다'는 결론을 도출한다. 서사 경전의 등장은 불설佛說을 사람으로부터 독립된 '물체'로 해방시켰고, 이로 인해 '참된 불설이란 무엇인가'를 묻는 새로운 정통성 수립 운동이 가능했음을 밝힌다.

이러한 방법론적 틀을 바탕으로, 제II부 '불교와 성전'에서는 대승불교의 기원 문제를 '성전(Scripture)'이라는 개념을 매개로 새롭게 조명한다. 저자는 "성전이란 무엇인가", "성전은 어떻게 공동체 안에서 권위를 갖게 되는가"라는 물음을 면밀히 추적한다. 구두 전승 시대의 권위가 '사람(스승)'에게 있었다면, 서사 기술의 도입 이후 권위의 중심은 '텍스트(경권)'로 이동했다. 이 과정에서 닫힌 정전을 지향한 '전통불교'와 달리, 대승불교는 주석적 해석을 경전 내부로 융합시켜 텍스트 자체를 끊임없이 증광增廣시키는 '열린 성전'의 길을 택했음을 규명한다. 이는 대승경전이 단순한 기록물이 아니라, 저자와 독자의 의식이 만나 대승의 정통성을 수립하는 '공동 주관의 장場'이자, 새로운 불교 세계를 창출하는 능동적 주체였음을 보여준다.

마지막으로 제III부 '미디어론'에서는 논의가 더욱 넓은 시간적 시평으로 확장된다. 여기서 저자는 불교사를 '교단과 사상의 역사'로만 보는 시각을 넘어, '매체의 역사'라는 관점에서 다시 그려내고자 한다. 구전, 서사, 인쇄, 디지털이라는 네 가지 큰 매체의 변화를 따라가면서, 이러한 변화가 지식의 형성·전승·검증 방식을 어떻게 바꾸어 왔는지를 차분히 추적한다. 제III부의 중요한 논점 가운데 하나는 마지막 장에서 전개되는 '텍스트의 타자성'에 대한 논의일 것이다. 저자는 텍스트를 '사고의 흔적'이면서 동시에 '자기 자신을 떠나 타자로서 존재하는 대화 상대'라고 규정한다. 저자의 신체와 의식에서 한번 떨어져 나온 텍스트는 시간과 공간을 넘어 타자에게 도달하여, 그 사람의 의식 안에서 새로운 사유를 촉발한다. 이 과정에서 텍스트는 단순한 정보가 아니라, '죽은 자와 살아 있는 자, 과거와 현재를 이어주는 매개'로 기능한다.

맺음말에서 저자는 본서가 근대불교학에서 구축된 대승경전 이해를 서양 인문학의 방법론으로 검증하여 '대승불교란 무엇인가'라는 학계의 오랜 난제를 해결하고자 한 시도였음을 밝힌다. 하지만 저자는 동시에 본서의 접근법이 가진 한계 또한 분명히 하고 있다. 대승경전을 중심에 두고 서양 인문학의 틀로 분석하였기 때문에, 여기서 그려진 불교는 어디까지나 "대승경전에서 바라본 불교"이자 "서양에서 형성된 인문학적 인식에 따라 다듬어진" 불교일 수밖에 없다는 것이다. 저자는 불교가 정지靜止된 개념이 아닌, 끊임없이 생성되고 운동하는 역사적 존재임을 강조하며, 본서의 목적이 단순히 '대승불교 비불설론'을 반박하거나 옹호하는 차원에 머무는 것이 아님을 역설한다. 오히려 기존의 논쟁이 진정한 의미의 불교 해명에 닿지 못하고 있음을 보이고, 불교라는 인식이 어떻게 형성되는지를 규명하는 '메타 레벨'의 준거틀을 마련하는 데 그 의의를 두었다.

저자가 인정하듯, 본서가 그려내는 불교의 모습은 특정한 관점과 인식의 틀 안에서 재구성된 것일지도 모른다. 하지만 오히려 이러한 '자기 한계의 인식'이야말로 이 책을 '최종 해답'이 아닌, 대승경전과 대승불교의 기원 문제를 이해하기 위한 하나의 유효한 준거틀로 자리매김하게 하는 힘이 된다. 따라서 『불교와 에크리튀르』는 대승불교의 실상을 단정하는 책이 아니라, 그 물음을 새롭게 사유하기 위한 방법적 지평을 여는 책으로서 더욱 빛을 발한다. 그런 점에서 본서는 불교학자에게는 대승경전을 바라보는 새로운 방법론을, 인문학자에게는 텍스트와 인간, 역사와 서사의 관계에 대한 깊은 통찰을 제공하는 동시에, 디지털 시대의 인문학이 나아갈 길을 사유하게 하는 이론적 지침서이기도 하다.

이제 이 책은 독자들에게 새로운 과제를 던져준다. 서양 인문학은 불교 이해를 비판적으로 구축할 힘을 가지고 있지만, 그것만으로 불교를 온전히 해명할 수는 없다. 본서가 제시한 방법론을 발판 삼아, 이제는 반대로 전통불교의 경전과 논서, 그리고 동아시아의 불교 이해를 통해 서양의 형이상학적 틀 자체를 재검토하고 불교 이해의 지평을 더욱 넓혀 가야 할 것이다. '생성하는 역사로서의 불교'를 파악하기 위해 텍스트 내부로 깊숙이 들어가는 이 여정에, 한국의 독자 여러분도 함께해 주시기를 기대한다.

번역 과정은 학문적 도전의 연속이었다. 그동안 불교학 관련 논문은 여러 편 번역해 보았으나, 단독 저서를 번역하는 것은 이번이 처음이었다. 처음에는 내용을 충분히 소화하기보다는 우선 문자에 충실한 직역을 목표로 초벌 번역을 마쳤다. 그러나 다시 처음부터 차근차근 읽어 내려갈수록, 역자의 이해 부족으로 인한 어색한 문장과 논리의 흐름을 따라가기 어려운 대목들이 곳곳에서 드러났다. 이대로는 저자의 의도를 온전히 전달할 수 없다는 위기감에, 참고 문헌으로 제시된 자크 데리다의 저작들을 찾아 읽어 보기도 했지만, 서양 철학에 대한 소양 부족으로 인해 그 깊이를 충분히 헤아리기에는 역부족이었다.

이러한 난관 속에서 시모다 교수님께서는 번역 과정에서 마주친

난해한 구절과 의문점들에 대하여 그때마다 친절하고 자세하게 설명해 주셨다. 스승과 주고받은 이 문답은 나에게 또 하나의 소중한 '대화의 장'이었다. 텍스트를 매개로 하여 스승과 제자가 서로의 사유를 확인하고 조정해 가는 이 경험은, 이 책에서 말하는 '텍스트의 타자성과 대화성'을 현실 속에서 직접 체험하게 해 준 소중한 시간이기도 했다.

본 번역은 대한불교진흥원의 '대원불교 학술·콘텐츠 공모' 지원을 받아 수행되었다. 불교학 연구의 저변을 넓히고 깊이 있는 학술서의 출판을 위해 귀중한 지원을 아끼지 않은 재단 측에 깊은 감사의 말씀을 올린다.

부족한 역량 탓에 혹여나 스승의 위대한 학문적 성과에 누가 되는 것은 아닐까 하는 불안감이 작업 내내 나를 짓눌렀다. 돌이켜보면 이는 박사학위 논문을 집필할 때 느꼈던 고뇌보다도 훨씬 무거운 것이었다. 내 논문의 부족함은 오롯이 내가 감당하면 될 일이지만, 번역의 오류는 자칫 원저자인 스승의 학문적 업적에 흠집을 낼 수도 있다는 두려움 때문이었다. 마감일을 몇 번이나 넘기는 상황 속에서도 언제나 "괜찮다, 잘하고 있다"고 말하며 다독여 주고, 자신의 박사논문 준비로 여념이 없는 와중에도 기꺼이 원고를 함께 읽으며 교정을 도와준 사랑하는 아내와, 지칠 때마다 천진난만한 미소로 더할 나위 없는 힘을 준 아들에게 이 번역의 결실을 가장 먼저 전하고 싶다.

아울러 부족한 역자를 믿고 본서의 번역을 제안해 주신 동국대학교 이자랑 교수님께 깊은 감사를 드린다. 같은 스승을 모신 선배 연구자이자 이 책의 가치를 누구보다 깊이 이해하고 계시는 교수님의 조언과 격려가 없었다면, 서양 철학과 불교학을 넘나드는 이 난해한 작업에

감히 뛰어들 엄두를 내지 못했을 것이다.

또한 운문사 한문불전승가대학원 강사 종본 스님께서는 원고를 세심하게 정독하며 귀한 조언을 아끼지 않으셨다. 스승을 함께 모신 도반으로서 베풀어 주신 따뜻한 관심과 세심한 가르침에 깊은 감사의 마음을 전한다.

부디 『불교와 에크리튀르: 대승경전의 기원과 형성』이 한국의 독자들에게 불교 경전을 단지 '읽히는 대상'이 아닌, '읽기를 통해 끊임없이 새로이 태어나는 세계'로 다시 마주하게 하는 계기가 되기를 바란다. 이 번역에 남아 있는 모든 오류는 전적으로 역자의 미숙함에서 비롯된 것이며, 본서가 던지는 지적 긴장과 울림이 독자들에게 온전히 가닿기를 간절히 희망한다.

2025년 12월 7일

박현진

지은이 시모다 마사히로(下田正弘)

도쿄대학 대학원 인문과학연구과 인도철학・불교학 문학박사.
도쿄대학 대학원 인문사회계연구과 교수, 런던대학교 객원 교수, 빈 대학교 객원 교수, 일본인도학불교학회 이사장, 일본 디지털・휴머니티즈학회 회장 등을 역임하였다.
현재 무사시노대학 웰빙학부 교수, 동 대학원 불교학연구과 교수, 도쿄대학 명예교수, 일반재단법인 인문정보학연구소 대표이사, 일반재단법인 불교학술진흥회 이사장, 대정신수대장경 데이터베이스 연구회(SAT) 대표를 맡고 있다.
주요 저서로 『열반경 연구-대승경전의 연구 방법 시론』, 『장문일역 『대승열반경』(I)』, 『신아시아불교사』 전 15권(편저), 『시리즈 대승불교』 전 10권(편저) 등이 있으며, 일본종교학회상(1997), 태국의회 불교공로상 최고상(2011), 팔리학불교문화학회 공로상(2015), 나카무라 하지메 동방학술상(2021) 등을 수상하였다.

옮긴이 박현진

금강대학교 불교문화학부 및 동 대학원 석사과정을 졸업하고, 도쿄대학 대학원 인문사회계연구과 인도철학・불교학 석사 및 박사과정을 졸업, 「불화엄경 적멸도량회 연구」로 문학박사 학위를 취득하였다.
도쿄대학 특임연구원, 무사시노대학 연구원, 일본인도학불교학회 간사 등을 역임하였으며, 현재 일본 일반재단법인 인문정보학연구소 불전텍스트연구부문 전임연구원, 센슈대학 객원강사로 있다.

대원불교 학술총서 39

불교와 에크리튀르

초판 1쇄 인쇄 2025년 12월 22일 | 초판 1쇄 발행 2025년 12월 30일
지은이 시모다 마사히로 | 옮긴이 박현진 | 펴낸이 김시열
펴낸곳 도서출판 운주사
(02832) 서울시 성북구 동소문로 67-1 성심빌딩 3층
전화 (02) 926-8361 | 팩스 0505-115-8361

ISBN 978-89-5746-907-1 93220 값 28,000원
http://cafe.daum.net/unjubooks 〈다음카페: 도서출판 운주사〉